Let's Talk Mutual Funds का हिंदी अनुवाद

बात म्युचुअल फंड की

बात म्युचुअल फंड की

म्युचुअल फंड से
मेहनत कराने का स्मार्ट तरीका

मोनिका हालन

अनुवाद : धीरज अग्रवाल

हार्पर
हिन्दी

प्रथम प्रकाशन 2024

हार्पर हिन्दी

(हार्परकॉलिंस पब्लिशर्स इंडिया) द्वारा प्रकाशित 2024

बिल्डिंग नं. 10, टावर A, 4th फ्लोर,
डीएलएफ साइबर सिटी, फेज II, गुरुग्राम 122002, भारत
www.harpercollins.co.in

P-ISBN: 9789356996793
E-ISBN: 9789356996397

टाइपसेटिंग : निओ साफ्टवेयर कन्सलटैंट्स, प्रयागराज (इलाहाबाद)

मुद्रक: थॉमसन प्रेस (इंडिया) लिमिटेड

विषय-सूची

1

पैसा अच्छी चीज़ है

पैसा अच्छी चीज़ है। हर किसी के पास यह उसकी ज़रूरत से ज़्यादा होना चाहिए। लेकिन पैसे के बारे में जो बात सबसे ज़्यादा मायने रखती है वो यह है कि आप इसे कमाते कैसे हैं और खर्च कहां करते हैं।

ज़्यादातर लोग पैसे के बारे में सोचना तब तक शुरू नहीं करते जब तक उन्हें इसकी ज़रूरत ना पड़ जाए। आम तौर पर जब आप किशोरावस्था से युवावस्था की तरफ जाते हुए जीवनशैली से जुड़े खर्च करना शुरू करते हैं और आपके माता-पिता आपके रास्ते में रोड़े अटकाते दिखते हैं, तब आपको अहसास होता है कि अपने पिता को एटीएम की तरह इस्तेमाल करने की भी एक्सपायरी डेट है। या, जब आप आखिरकार अपने पैरों पर खड़े हो जाते हैं और अपनी छोटी सी पहली तनख्वाह में किसी दूसरे शहर में रहने जाते हैं, तब आपको अचानक घर में खाना पकाने की अहमियत का पता चलता है—जिसे लेकर आपकी मम्मी हमेशा ही गुस्सा होती रहती थीं। अब आपके पैसे, महीना ख़त्म होने से पहले ख़त्म हो जाते हैं। हर महीने। हर बार। आपको पैसे की याद तब आती है जब आपको किसी

इमरजेंसी में इसकी अचानक ज़रूरत पड़ने लगती है जैसे नौकरी चले जाने पर या जब मोटा मेडिकल बिल चुकाना पड़े। या जब आप एक घर खरीदना चाहते हैं और आपका पैसा ईएमआई की ज़रूरत पूरी नहीं कर पाता। फिर, जब आप रिटायरमेंट के नज़दीक होते हैं और आपको अहसास होता है कि आपका पैसा उतने दिनों तक साथ नहीं दे पाएगा जितना आपने सोचा था। रिटायरमेंट की गुलाबी छवियों में पूरी तस्वीर नहीं दिखाई देती—इन छवियों को भविष्य में सामने लाने के लिए पैसे के जिस भंडार की ज़रूरत होती है, उसे वे छिपा देती हैं।

ज़्यादातर लोग पैसे के बारे में तब तक नहीं सोचते जब तक कि वे ऐसा करने पर मजबूर ना हो जाएं, क्योंकि ज़्यादातर घरों में, पैसे के बारे में बात करना सख्त वर्जित है। 'घबराना क्यों, मैं हूं ना' मध्यवर्गीय भारतीय पिताओं की तरफ से सबसे ज़्यादा सुनाई देने वाली बात है। सेक्स पर बातचीत के बाद, पैसे पर बातचीत ही हमारे परिवारों में सबसे ज़्यादा मुश्किल है। लेकिन, पैसे को लेकर बातचीत के वर्जित होने के पीछे एक वजह है और इसका थोड़ा रिश्ता भारत के अतीत से भी है।

एक बार जब विदेशी हमले शुरू हुए, ऐतिहासिक रूप से समृद्ध हमारा राष्ट्र धीरे-धीरे गरीबी की तरफ बढ़ने लगा। फलते-फूलते काम-धंधे और कारोबार, जो मंदिरों को बैंक और केंद्र मानकर उनके आसपास चलते थे, उन्हें खत्म होने में सैकड़ों साल लगे। एक अस्थायी स्थिति से हमेशा-हमेशा के लिए गरीबी की हालत में धकेलने का आखिरी वार अंग्रेज़ों ने भारत पर वर्षों तक अपने कब्जे में रखने के दौरान किया। आखिरी झटका था 1943 में आया बंगाल का अकाल। उस राष्ट्र की मनोदशा के बारे में सोचिए जिसने अपने करीब तीस लाख लोगों को भूख से मरते देखा। जब किसी राष्ट्र के पास खाना तक नहीं होता है, वो मानने लगता है कि गरीबी उसका भाग्य है और कोई भी चीज़ उसकी हालत नहीं सुधार सकती। अगर आपको पता होता है कि आपके पास ऐसी कोई चीज़ है जो टिकने वाली नहीं है, तो यही बेहतर होता है कि उसे छोड़ दिया जाए। गौर करें कि कैसे पैसे को हाथ का मैल कहा जाता है, या किस तरह अमीर लोगों को गंदा कहा जाता है। बिना कुछ गलत किए भी कोई शख्स अमीर बन सकता है,

यह सोच अभी भी भारत के लिए नई है, क्योंकि पुरानी सोच आज़ादी के बाद के वर्षों के समाजवादी अतीत में पूरी तरह डूबी है।

धन को लेकर हमारी सोच को हिंदी सिनेमा से बेहतर तरीके से कोई नहीं दिखाता। 1957 में *मदर इंडिया* में ऐसा बुरा साहूकार था जो गरीबों को अपना शिकार बनाता है और अपनी ताक़त का इस्तेमाल कर उन्हें कुचलता है। गरीबों के पास सिर्फ उनकी नैतिकता है जिसे छोड़ने से वे इनकार कर देते हैं। 1970 के दशक में यह 'गंदी' अमीरी साहूकार से तस्कर के पास चली जाती है। मशहूर फिल्म *दीवार* में, अमीर शख्स के पास उसकी गाड़ी, बंगला और दौलत थी—और गरीब शख्स के पास उसकी मां तो होती है, लेकिन कोई कार, बंगला या दौलत नहीं। फिल्म यह साबित करने में कोई कसर नहीं छोड़ती कि गरीबी इज़्ज़त की निशानी है और अमीर लोग भ्रष्ट हैं। इस दशक के खत्म होते-होते इंदिरा गांधी के शासन में भारत वैचारिक तौर पर और भी वामपंथी हो गया। 1976 में हमारे संविधान की प्रस्तावना को बदल दिया गया था और उसमें धर्मनिरपेक्ष और समाजवादी शब्द जोड़ दिए गए थे। इससे पहले के दशकों के दौरान, आज़ाद भारत के नेताओं ने तय कर लिया था कि मुनाफा एक गंदा शब्द है और व्यापारों के मालिक बुरे लोग हैं। यह बैंकों, इंश्योरेंस कंपनियों, कोयला खदानों, एयरलाइनों के राष्ट्रीयकरण और कोका-कोला जैसी बहुराष्ट्रीय कंपनियों को देश से बाहर करने का दौर था।

मशहूर फिल्म *काला पत्थर* में इस दौर के माहौल को दिखाया गया है, जहां बुरा आदमी कोयले की खदान का मालिक है और गरीब कोयला मज़दूरों और उनके परिवारों के खून, पसीने और ज़िंदगी की कमाई बटोर रहा है। बुरा आदमी अमीर है, अच्छे लोग गरीब हैं। और उनकी मुक्ति राष्ट्रीयकरण के माध्यम से सरकार के हाथों में है।

फिर भारत को थोड़ी सी आर्थिक आज़ादी मिली—राजनीतिक आज़ादी के चार दशकों से भी ज़्यादा समय के बाद—जब 1991 में, निजीकरण के दरवाज़े खोले गए और अर्थव्यवस्था की नींव पर नौकरशाहों की पकड़ ढीली हुई। इस संदेश को मुंबई तक पहुंचने में एक दशक और लग गया, लेकिन जब एक सहस्राब्दी खत्म हो रही थी और दूसरी शुरू,

तब फिल्म *दिल चाहता है* ने धन-संपत्ति को लेकर भारतीय आबादी के एक बड़े हिस्से के बदलते रुख को उजागर किया। फिल्म ने पृष्ठभूमि में धन को रखा और उसमें एक ऐसी महिला भी दिखाई गई जो शराब पीती है लेकिन ना तो वह कोई वेश्या है और ना ही गंदी लड़की! और फिर, 2019 में, *गली बॉय* में मुंबई की झुग्गियों में रहने वाला एक लड़का कुछ बड़ा करने का ख्वाब देखता है—अपनी मरती हुई मां या शादी के लायक बहन के लिए नहीं, बल्कि खुद के लिए। *अपना टाइम आएगा*—वह एक मंत्र की तरह इसे बार-बार दोहराता है।

पैसा धीरे-धीरे एक गंदी चीज़ से ऐसी चीज़ में बदल गया है जिसे पाने की लोग चाह करते हैं, लेकिन इसके प्रति हमारा बुनियादी नज़रिया नहीं बदला है। मुझे एक ऐसे स्कूल में भाषण देने जाना था जिसमें मुंबई के एक से बढ़कर एक अमीर परिवारों के बच्चे पढ़ने जाते हैं। मेरे दिमाग में उलझन थी कि मैं दिग्गज उद्योगपतियों, फिल्मी सितारों, बैंकरों, वकीलों के बेटे-बेटियों को पैसे के बारे में क्या बताऊंगी।

जब मैंने इस कार्यक्रम का आयोजन कर रहे ग्यारहवीं कक्षा के दो छात्रों से बात की, मैंने उनके साथ उस मुद्दे पर चर्चा की जिसके बारे में मैं इक्कीसवीं सदी के नौजवानों से बात करना पसंद करती हूं—आपको अमीर क्यों होना चाहिए। मैंने कहा कि पैसा अच्छी चीज़ है—इसमें बुराई नहीं है। हम इसे कैसे कमाते हैं और इसे कैसे खर्च करते हैं, इससे जुड़े नैतिक मूल्य हो सकते हैं, लेकिन अमीर होने की इच्छा अपने आप में अच्छी बात है।

करीब तीस सेकेंड तक वे खामोश रहे। उनमें से एक ने पूछा कि क्या मैं उनके माता-पिता को बता सकती हैं कि पैसे की चाह रखना सही है। यह सवाल चौंकाने वाला था। मैंने सोचा था कि उनके घरों पर आम बातचीत पैसों के इर्द-गिर्द होती होगी। इसलिए, मैंने उनसे थोड़ी गहराई से बात की और मुझे पता चला कि स्कूल जाने वाले बच्चों की मौजूदगी में अमीर से अमीर घरों में भी खाने की मेज़ पर पैसे कमाने की साफ़ चाहत जताना सही नहीं माना जाता। रुपए-पैसे, धन-दौलत और इसके इस्तेमाल से जुड़ी असहजता अभी भी बहुत ज़्यादा है।

ना केवल घरों में पैसे से जुड़ी बातचीत करना अस्वीकार्य है, बल्कि हमारी शिक्षा प्रणाली भी अगली पीढ़ियों को उनके रुपए-पैसे को संभालने के लिए सशक्त या सक्षम नहीं करती है। इंजीनियरिंग, चिकित्सा, खगोल विज्ञान, कानून और अर्थशास्त्र के कॉलेज नौजवानों को कड़े पाठ्यक्रमों और परीक्षाओं से गुज़रना तो सिखा सकते हैं, लेकिन उन ग्रेजुएट्स को इस बात की कोई जानकारी नहीं है कि वे अपनी पहली तनख्वाह का क्या करेंगे जिसे पाने के लिए उन्होंने इतनी कड़ी मेहनत की है।

भले ही बाज़ार बदल गया है, भारतीय लोग अभी भी फिक्स्ड डिपॉज़िट (एफडी), सोना, जीवन बीमा और रियल एस्टेट में ज़रूरत से ज़्यादा निवेश करते हैं और म्युचुअल फंड जैसे नए प्रोडक्ट से डरते हैं जिन्हें एक औसत छोटे निवेशक के लिए डिज़ाइन किया गया है। हालांकि किसी एफडी या मनी-बैक इंश्योरेंस पॉलिसी से गारंटी चाहने वाला वही निवेशक बीच-बीच में नई पॉन्ज़ी स्कीमों में बेतहाशा पैसा लगा सकता है, जैसा कि ढेरों लोगों ने 2020-21 के क्रिप्टो 'करेंसी' एपिसोड के दौरान किया।

लेकिन आप मुझे एक चीज़ बताइए: *हम हैं नए, अंदाज़ क्यों हो पुराना?* निवेशकों को उन प्रोडक्ट्स का इस्तेमाल करके सोच-समझकर जोखिम क्यों नहीं उठाना चाहिए, जो खास तौर पर उनके लिए ही डिज़ाइन और रेगुलेट किए जाते हैं?

मध्यवर्गीय भारत अपने पैसों को लेकर जो सोचता है, उसमें पांच चीज़ें बदलने की ज़रूरत है।

पहली बात, यह सोचना बंद करें कि रुपए-पैसे से जुड़ा फैसला सिर्फ एक बार का फैसला है। यह आपकी ज़िंदगी में बार-बार आने वाला फैसला है। जितनी जल्दी आप अपने दिमाग में फर्स्ट-प्रिंसिपल्स पर आधारित (किसी भी चीज़ पर तब तक सवाल करना जब तक आप बुनियादी जवाब ना हासिल कर लें) रोडमैप अपनाएंगे, आपका पैसा उतने बेहतर ढंग से आपके काम आएगा। मैंने देखा है कि लोग निवेश से जुड़े हर फैसले को एक-दूसरे से अलग देखते हुए सोचते हैं।

उन्हें इस बात का बिलकुल अहसास नहीं होता है कि उनके पैसे की

कहानी दरअसल कहीं ज़्यादा बड़ी है जिसका असर उनके निवेश के पूरे जीवनकाल पर होना चाहिए। हर फैसला असल में दूसरे किए गए फैसलों पर निर्भर करता है और वह फैसला परिवार की पूरी वित्तीय तस्वीर को देखे बिना नहीं किया जा सकता। आज 5 लाख रुपए कहां लगाए जाएं या कौन से पांच फंड खरीदे जाएं, इसी ढंग से वे निवेश के फैसले लेते हैं। आम तौर पर इसका अंत नाकामी में होता है क्योंकि जब तक कि एक अच्छी तरह सोची गई रणनीति नहीं होगी, आप पिछले साल के जीतने वाले से इस साल के हारने वाले में बदल जाएंगे। जिस दिन आप वाकई में इस बात को समझ जाते हैं कि अपनी मनी-लाइफ को संभालने से आप बच नहीं सकते, आपका अपने रुपए-पैसे पर नियंत्रण शुरू हो जाता है।

दूसरी बात, लंबी अवधि का निवेश आपका पहला लक्ष्य बिलकुल नहीं है। लक्ष्य है एक ऐसी वित्तीय योजना बनाना जो आपकी ज़िंदगी में रुपए-पैसे से जुड़े सारे पहलुओं को ध्यान में रखे, जैसे कि जब आपको ज़रूरत हो तो लिक्विडिटी हो, जब आप घर खरीदना चाहते हों तब पैसे हों, जब मुश्किल वक्त आए तब आपके पास अतिरिक्त पैसे हों। एक व्यापक वित्तीय योजना में निवेश शुरू करने के पहले एक कैश-फ्लो सिस्टम, एक इमरजेंसी फंड और जीवन और स्वास्थ्य बीमा का होना शामिल होता है। अगर आपके पास ऐसी व्यापक वित्तीय योजना नहीं है, तब आपको मेरी किताब *बात पैसे की* (2018) पढ़नी चाहिए, जिसमें इसे विस्तार से समझाया गया है। हमें अपने पोर्टफोलियो में कम से कम तेरह-चौदह प्रोडक्ट्स रखने होते हैं, इसलिए हमें एक ऐसी प्रोडक्ट कैटेगरी की ज़रूरत है जो सबसे ज़्यादा विकल्प पेश कर सके। म्युचुअल फंड की मदद से हम अपने तत्काल और छोटी-, मध्यम- और लंबी-अवधि के लक्ष्यों की दिशा में आगे बढ़ सकते हैं, और इस तरह यह एक ऐसी प्रोडक्ट कैटेगरी है जो ज़्यादातर वित्तीय समस्याओं का समाधान कर सकती है।

तीसरी बात, आपको बेकार बीमा-सह-निवेश योजनाओं में अपने पैसे को बर्बाद करना रोकना होगा। इन योजनाओं में ना तो अच्छा लाइफ कवर मिलता है और ना ही अच्छा रिटर्न। इससे भी बुरा यह है कि ये योजनाएं फंदे की तरह बनाई जाती हैं और आप अपने पैसे का एक

अच्छा-खासा हिस्सा गंवा देते हैं अगर आप पॉलिसी में पंद्रह-बीस सालों तक बने ना रहें। वापस जाइए और *बात पैसे की* के जीवन बीमा अध्याय को दोबारा पढ़िए, अगर आप पहली बार उस अध्याय को पढ़ने के सदमे से उबर चुके हैं।

चौथी बात, इस धारणा पर फिर से विचार कीजिए कि रियल एस्टेट आपके लिए लंबी अवधि का सबसे अच्छा निवेश है। यह एक अतरल संपत्ति है—जब आपको पैसे की ज़रूरत होगी तब आप एक टॉयलेट नहीं बेच पाएंगे, आपको तीन कमरों का पूरा घर बेचना पड़ेगा। रियल एस्टेट की खरीद और बिक्री में लेन-देन की लागत भी बड़ी होती है और उससे भी बुरी बात यह है कि रियल एस्टेट सेक्टर में अभी भी सौदे नकद में खूब होते हैं। साथ ही, इसकी कीमत बढ़ने को लेकर जो आम धारणा है, वह भी पूरी तरह सच नहीं है। हम अभी साल 2023 में हैं, और रियल एस्टेट बाज़ार का ठंडापन अपना एक दशक पूरा कर चुका है और अभी भी कोई नहीं बता सकता कि कीमतें कितनी हवा-हवाई हैं। यील्ड मेट्रिक (सालाना किराया और प्रॉपर्टी की बाज़ार कीमत का अनुपात) के अनुसार, कीमतें गिरने की अभी काफी गुंजाइश है क्योंकि आज यील्ड सिर्फ 1.5-2 प्रतिशत हैं। इसे प्रॉपर्टी की कीमत के कम से कम 4 फीसदी के बराबर होना चाहिए। अगर प्रॉपर्टी में निवेश कर्ज़ लेकर किया है, तब यील्ड का ज़्यादा होना ज़रूरी है।

पांचवीं बात, आपके पास अपने पैसे को इक्विटी यानी शेयरों में लगाने के अलावा कोई विकल्प नहीं है। शेयरों में पैसे लगाने का मतलब यह नहीं समझें कि आपको खुद शेयर खरीदने हैं या दिन भर उनकी ट्रेडिंग करनी है। इसका मतलब है कि दौलत खड़ी करने के लिए कम जोखिम उठाते हुए म्युचुअल फंड का इस्तेमाल करके भारतीय शेयर बाज़ार में निवेश किया जाए। आपको शेयर बाज़ार को जुए के अड्डे की तरह देखना बंद करना होगा। यह उन लोगों के लिए हो सकता है जो सट्टेबाज़ी करना पसंद करते हैं। लेकिन यह ऐसी भी जगह है जहां आप इंडेक्स फंड (अध्याय 4 में विस्तार से समझाया गया है) जैसे प्रोडक्ट्स के साथ सोचा-समझा जोखिम लेकर, काफी कम लागत के साथ एक बड़ा फंड बना सकते हैं।

यह किताब म्युचुअल फंड्स के बारे में है—जो भारत में छोटे निवेशकों के लिए एक शानदार प्रोडक्ट है। मैं ऐसा इसलिए कह रही हूं क्योंकि कैपिटल मार्केट के इस हिस्से के लिए नियम-कायदे सबसे सख्त हैं। यह किताब *बात पैसे की* की अगली कड़ी है और मैं इसे लोगों की मांग पर लिख रही हूं! आपमें से कई पाठकों ने पहली किताब पढ़ने के बाद मुझसे कहा कि मैंने आप लोगों को निवेश के लिए तैयार कर दिया लेकिन आप म्युचुअल फंड्स के बारे में और ज़्यादा जानना चाहते हैं। तो यह किताब आ गई है। मुझे उम्मीद है कि यह आपको अपने पैसे और अपनी ज़िंदगी पर नियंत्रण रखने का एक नया तरीका सिखाएगी।

चलिए म्युचुअल फंड को समझते हैं!

2

म्युचुअल फंड की बुनियादी बातें

आपकी आखिरी सांस तक पैसा ही आपका सच्चा दोस्त है। उसके बाद इसके कोई मायने नहीं रह जाते। लेकिन तब तक, इसका ख्याल रखिए।

म्युचुअल फंड क्या है?

देखा जाए तो, कोई म्युचुअल फंड सिर्फ एक पाइप है जो आपकी बचत को शेयरों और बॉन्ड जैसी सिक्योरिटीज़ के एक समूह से जोड़ता है। पहले सिर्फ शेयरों की बात करते हैं और मान लेते हैं कि हर शेयर किसी बॉक्स में रखे एक मोती की तरह है। बाज़ार में हज़ारों मोती हैं। आप पूरे बॉक्स में से कुछ मोती खरीद सकते हैं। इनमें से कुछ मोती बेशकीमती निकल आएंगे और आपके पैसे को दोगुना या तिगुना कर देंगे। कुछ कीमती पत्थर होंगे जो अच्छा मुनाफा देंगे। कुछ सिर्फ लकड़ी या पत्थर होंगे और उससे भी कम कीमत के रह जाएंगे जितना आपने एक मोती के लिए खर्च किया था। बाकी बचे थोड़े वक्त बाद मिट्टी में बदल जाएंगे और आपका पैसा डूब जाएगा। आप चाहते हैं कि आपकी बचत और बढ़े और कुछ मोती

खरीदना चाहते हैं ताकि आपको एक अच्छा रिटर्न मिले। आपके सामने जो मोतियों का ढेर है, उनमें से पांच मोती आप कैसे चुनेंगे? क्या आप हर मोती की जांच-परख कर सकते हैं? क्या आपके पास इतना वक्त और जौहरी की पारखी नज़र है कि आप हर मोती की असली कीमत का अंदाज़ा लगा सकें? हर मोती चमकदार दिखता है। मान लीजिए कि आपने ज़रूरी जांच-परख कर ली और पांच मोतियों को चुनकर उन पर 1 लाख रुपए खर्च कर दिए, लेकिन साल भर बाद वे सारे मोती मिट्टी में बदल जाते हैं। आपके 1 लाख रुपए की कीमत गिरकर शून्य रह जाती है—आप अपना सारा पैसा गंवा देते हैं। कैसा हो अगर वे सारे मोती कीमती बन जाएं और आपका पैसा दोगुना हो जाए? कैसा हो अगर दो मोती कीमती बन जाएं और बाकी तीन मिट्टी में बदल जाएं? कैसा हो अगर खुशकिस्मती से सारे पांच मोती कीमती बन जाएं? यह बदकिस्मती होगी कि सभी पांच मोती मिट्टी में बदल जाएं। लेकिन आपको एक साल बाद तक पता नहीं चलेगा कि आपने क्या खरीदा है, तो इस वक्त आप किसी फैसले पर कैसे पहुंचेगे?

कैसा रहे अगर आप मोती चुनने के लिए किसी विशेषज्ञ को रख सकें? आप उसकी सेवाओं के लिए पैसे देते हैं, जिसमें मोतियों का आपका पोर्टफोलियो संभालने के लिए खरीद-बिक्री की लागत भी शामिल है। लेकिन ऐसा विशेषज्ञ बहुत ज़्यादा पैसे लेगा और हो सकता है कि आप ऐसे शख्स का खर्च ना उठा सकें। अच्छे फंड मैनेजरों की फीस आपकी सालाना कमाई से भी ज़्यादा हो सकती है, उस पैसे की तो बात ही छोड़ दें जो आप निवेश करना चाहते हैं! लेकिन कैसा हो अगर आपके जैसे निवेशक एक साथ आ जाएं, अपनी-अपनी बचत इकट्ठा करें और मोतियों की एक विशेषज्ञ को नियुक्त करें? इस विशेषज्ञ को कुछ नियम-कायदे मानने होंगे और आप सभी लोग मिलकर निगरानी करेंगे कि वह अपना काम सही से करती रहे। आप साल दर साल उसके प्रदर्शन का मूल्यांकन करेंगे और अगर आप पाते हैं कि वह अपना काम अच्छी तरह नहीं कर रही है और निवेशकों के दूसरे समूह के पास मोती चुनने वाला बेहतर शख्स है, आप उसे निकाल देंगे और किसी बेहतर को नियुक्त कर लेंगे। आप अगर व्यक्तिगत रूप से किसी विशेषज्ञ को नियुक्त करते तो उसकी

तुलना में सामूहिक रूप से विशेषज्ञ का प्रति व्यक्ति खर्च काफी कम होगा।

फिर हुआ ये कि कुछ मोती चुनने वाले विशेषज्ञ निवेशकों का पैसा लेकर भाग गए, और सरकार ने कुछ नियम बनाए। अब आपके पास कुछ नियमों के दायरे में दूसरे लोगों के साथ सामूहिक रूप से मोती खरीदने का एक रास्ता है, जिसमें बाज़ार के नियम-कायदों की निगरानी होती है, और इससे न केवल आपकी लागत कम होती है, बल्कि धोखाधड़ी और किसी के आपके पैसे लेकर भाग जाने से भी सुरक्षा मिलती है। हो सकता है कि विशेषज्ञ का फैसला अभी भी 100 प्रतिशत सही नहीं हो, लेकिन चूंकि उसके पास बड़ी मात्रा में पैसा है, वह खरीदारी में विविधता ला सकता है, या कम से कम तीस से पचास अलग-अलग मोती खरीद सकता है, जबकि आप ज़्यादा से ज़्यादा पांच मोती खरीद पाते। अगर उसके कुछ मोती मिट्टी में भी बदल जाते हैं, तब भी कुल नुकसान कम होगा। इसलिए कुल मुनाफा भी कम हो जाएगा क्योंकि कुछ मोती अच्छा प्रदर्शन करेंगे और बाकी नहीं करेंगे। आपका जोखिम कम हो जाता है और आपके पास अलग-अलग मोतियों का एक सेट होगा जिससे आपको कुल मिलाकर अच्छा मुनाफा मिलेगा।

इस उदाहरण की मदद से आप आसानी से समझ सकते हैं कि म्युचुअल फंड इंडस्ट्री और बाज़ार कैसे काम करते हैं—बस मोतियों की जगह शेयर और बॉन्ड रख दें और आपके दिमाग में पूरी तस्वीर साफ़ होने लगेगी। म्युचुअल फंड दरअसल निवेश का एक माध्यम है जिसका इस्तेमाल आप शेयर, बॉन्ड, सोना, रियल एस्टेट और इन सबका मिश्रण खरीदने के लिए करते हैं। कोई म्युचुअल फंड स्कीम एक तयशुदा ढंग से निवेश करने की पेशकश करके निवेशकों से पैसे जुटाती है। हो सकता है कि यह सिर्फ एक इक्विटी स्कीम हो जो लार्ज-कैप में पैसा निवेश करना चाहती है। (मार्केट कैप को समझने के लिए पेज..., अध्याय 4 देखें) या मिड-कैप में। या फार्मा शेयरों में। या विदेशी शेयरों में। या अच्छा रिटर्न देने के मकसद से फंड मैनेजर जो भी चाहता है, उसे करने के लिए आपसे व्यापक अनुमति ली जाए। ये ऐसे बॉन्ड हो सकते हैं जो लगभग तीन महीने में मैच्योर हो जाते हैं, जिससे आपको बेहद छोटी अवधि का एक प्रोडक्ट

मिलता है। या ऐसे बॉन्ड भी हो सकते हैं, जो साल भर में मैच्योर होते हैं, जिससे आपको निवेश के लिए थोड़ा लंबा समय मिलता है।

अगर आप किसी म्युचुअल फंड के उद्देश्य को पहले समझ लेते हैं, आपके लिए यह समझना बेहद आसान हो जाता है कि इसका बाज़ार कैसे काम करता है। इससे आपको इन जैसी गलत दलीलों से सावधान रहने में मदद मिलेगी कि 'एसआईपी में बेहतर ब्याज़ मिलता है।' म्युचुअल फंड बाज़ार से जुड़े प्रोडक्ट होते हैं और गारंटीड रिटर्न या ब्याज़ नहीं देते और एसआईपी कोई प्रोडक्ट नहीं है, बल्कि एक रास्ता है, जो हम आगे देखेंगे। बचत का उद्देश्य उन्हें निवेश में बदलना है। और ऐसा किया जाता है बैंक एफडी, पीपीएफ, शेयर, बॉन्ड, रियल एस्टेट और गोल्ड जैसे प्रोडक्ट्स के ज़रिए जो अलग-अलग एसेट क्लास—इक्विटी, डेट और रियल एस्टेट के दायरे में आते हैं।

इक्विटी का मतलब होता है लिस्टेड और अनलिस्टेड दोनों तरह की कंपनियों के शेयर। डेट के दायरे में फिक्स्ड-रिटर्न प्रोडक्ट्स जैसे एफडी, पीपीएफ, सरकारी बॉन्ड और ज़्यादा जोखिम वाले कॉरपोरेट डिपॉज़िट और कॉरपोरेट बॉन्ड आते हैं। आपके पास शेयरों, बॉन्ड और सोने में सीधे निवेश करने का विकल्प होता है, और कई लोग ऐसा करके अच्छे नतीजे भी हासिल करते हैं। लेकिन दूसरे कई लोगों को म्युचुअल फंड के रास्ते से जाना बेहतर लगता है जो इन एसेट (इक्विटी, डेट और सोना) में निवेश को कम जोखिम वाला बना देता है।

एक म्युचुअल फंड निवेशकों से पैसे इकट्ठा करता है और इसे लिस्टेड सिक्योरिटीज़ के एक समूह में लगाता है। ये सिक्योरिटीज़ 'लिस्टेड' होती हैं यानी इनमें शेयर बाज़ार में खरीद-बिक्री की जा सकती है। (मैं आगे बढ़ने के पहले आपको बाज़ार की बुनियादी जानकारी के लिए *बात पैसे की* पढ़ने की सलाह दूंगी, अगर आप मेरी बात समझ नहीं पा रहे हैं।) दरअसल, म्युचुअल फंड निवेशकों और निवेश किए गए पैसे को बढ़ाने के मकसद से खरीदे गए शेयरों, बॉन्ड और सोने के बीच एक कड़ी बनाता है। पैसा कितना बढ़ेगा, यह इस बात पर निर्भर करता है कि निवेशक किस कैटेगरी का म्युचुअल फंड चुनता है। (कैटेगरी को बेहतर तरीके से समझने

के लिए पेज 38, अध्याय 4 पर जाएं।) निवेशक खुद से फंड मैनेजमेंट में वक्त बर्बाद करने की बजाय इस काम में विशेषज्ञता और विविधता की बड़ी सुरक्षा की उम्मीद करता है, क्योंकि हर स्कीम में पच्चीस से पचास शेयर या बॉन्ड या दोनों रहते हैं।

म्युचुअल फंड सही हैं क्योंकि निवेश का मतलब सिर्फ ऊंचा रिटर्न नहीं है

म्युचुअल फंडों के ज़्यादातर नए निवेशक ऊंचे रिटर्न की कहानियों से आकर्षित हो जाते हैं। यह सही है कि म्युचुअल फंड पर टैक्स काटकर मिलने वाला रिटर्न ज़्यादातर पारंपरिक विकल्पों से बेहतर हो सकता है, लेकिन ज़्यादातर निवेशक सेब की तुलना संतरे से करने की गलती कर बैठते हैं। किसी फिक्स्ड डिपॉज़िट के रिटर्न की तुलना किसी इक्विटी फंड से करना गलत होगा। लेकिन अगर हम एक सेब की तुलना दूसरे सेब से भी करते हैं तो देखते हैं कि डेट (एफडी, बॉन्ड, इत्यादि) के एक जैसे एसेट क्लास के भीतर भी, किसी म्युचुअल फंड के ज़रिए बॉन्ड्स के पोर्टफोलियो में एफडी या किसी मनी-बैक लाइफ इंश्योरेंस पॉलिसी से ज़्यादा रिटर्न देने की क्षमता है। हम रिटर्न की इस अवधारणा को अध्याय 6 के शुरुआती पन्ने में बेहतर ढंग से समझेंगे। और फिर टैक्स काटकर मिलने वाले रिटर्न के बारे में हमारी समझ बेहतर होगी अध्याय 8 में पेज 149 से।

ऊंचा रिटर्न किसी म्युचुअल फंड की कई विशेषताओं में सिर्फ एक है, हालांकि निवेशक स्वाभाविक रूप से इसे ही सबसे ज़्यादा देखते हैं। लेकिन निवेश रिटर्न के अलावा भी काफी कुछ है। मिसाल के लिए, लिक्विडिटी एक काफी बड़ी विशेषता है। काम आने के लिए ज़रूरी है कि पैसा आपके पास रहे। लिक्विडिटी को समझने के लिए एक म्युचुअल फंड की तुलना किसी रियल एस्टेट निवेश से करते हैं। आप जानते हैं कि किसी प्रॉपर्टी को बेचना कितना मुश्किल है, इसमें कितना लंबा वक्त लगता है और आपको पूरी प्रॉपर्टी बेचनी होती है भले ही आपको उस वक्त पूरे पैसे के सिर्फ एक हिस्से की ज़रूरत हो। म्युचुअल फंड में यह लिक्विडिटी आसानी से मिलती है क्योंकि आपका पैसा एक से चार कार्य दिवसों के

बीच आपके पास लौट आता है। आपको अपनी पूरी हिस्सेदारी बेचने की ज़रूरत नहीं होती और आप एक तयशुदा रकम निकाल सकते हैं या यह फैसला कर सकते हैं कि आपको म्युचुअल फंड के कितने यूनिट बेचने हैं। जब हम निवेश को रिटर्न से कहीं ज़्यादा के नज़रिए से देखते हैं, हम समझने लगते हैं कि हमारे वित्तीय जीवन में म्युचुअल फंड इतने अहम क्यों हैं। अच्छी तरह से चुने गए म्युचुअल फंड भविष्य की लिक्विडिटी की ज़रूरतों को पूरा करते हुए किसी एफडी के मुकाबले हमें ऊंचा रिटर्न देते हैं।

एक दोस्त ने बीस साल पहले उस छोटे भारतीय शहर के ठीक बाहर कुछ ज़मीन खरीदी थी जहां वह रहता है। बेशक, बीस वर्षों में, कुछ लाख बढ़कर कुछ करोड़ बन गए। उसके छोटे कारोबार को नुकसान हुआ और उसे अपने और अपने परिवार के सभी कर्ज़ों को चुकाने के लिए ज़मीन बेचने की ज़रूरत पड़ी। ज़मीन बेचकर मिले पैसों से कर्ज़ पूरा चुक जाता, और साथ ही थोड़े पैसे और बच जाते। लेकिन दो साल तक उसे मनचाही कीमत पर कोई खरीदार नहीं मिला। सौदे पूरे होते-होते रद्द हो जाते। साथ ही यह दिक्कत थी कि खरीदार 40 प्रतिशत से 60 प्रतिशत के बीच नकद भुगतान करना चाहते थे ('काला' धन जिस पर टैक्स नहीं चुकाया गया है)। उसे बैंक का कर्ज़ चुकाना था और उसे 'सफेद' धन की ज़रूरत थी। इसलिए उसे यह पता लगाना पड़ा कि काले को सफेद कैसे बनाया जाए—उसने मुझे बताया कि इसकी लागत 5 प्रतिशत से 15 प्रतिशत के बीच है। तभी स्थानीय माफिया को अपने इलाके में इस बड़े ज़मीन सौदे की जानकारी मिली और दोस्त के पास माफिया के फ़ोन आने लगे कि उसे सौदे की कीमत का कुछ हिस्सा चाहिए। एक सौदा हुआ भी लेकिन वह व्यक्ति पीछे हट गया और अपनी अग्रिम रकम वापस पाने के लिए ज़मीन को विवाद में डालने की धमकी दी ताकि मामला दशकों तक खिंच जाए। दोस्त को आखिरकार एक पूरी तरह से साफ़-सुथरा खरीदार मिल गया और वह वित्तीय संकट से बाहर आ गया, लेकिन उसका सफर दर्दनाक था।

जब आप देरी, तनाव, धमकियों और डर की इस कहानी की तुलना अपने लैपटॉप पर कुछ कीज़ दबाकर आसानी से अपने म्युचुअल फंड

पोर्टफोलियो को बेचने से करते हैं, आप समझने लगते हैं कि निवेश का मतलब सिर्फ ऊंचा रिटर्न नहीं होता, इसमें यह भी देखना होता है कि इसे खरीदने, बेचने और पास रखने की लागत क्या है और इसे खरीदना और बेचना कितना आसान है।

म्युचुअल फंडों के बारे में एक और चीज़ जो मुझे आकर्षित करती है, वह है खरीद-बिक्री में आसानी, जब एक बार आप कागज़ी कार्यवाही के चक्कर से निकलकर उस प्लेटफॉर्म पर पहुंच जाते हैं जिसके ज़रिए आपको खरीद-बिक्री करनी है। जब आपको यह समझ आ जाता है कि निवेश का मतलब साल में एक बार की फर्राटा दौड़ नहीं बल्कि ध्यान से चुने गए उत्पादों के समूह में महीने-दर-महीने नियमित रूप से पैसे लगाना है, तो खरीद-बिक्री में आसानी की अहमियत बढ़ जाती है। साल में एक बार का नज़रिया आम तौर पर तब काम करता है जब कोई एजेंट घर आए और आपसे चेक पर दस्तखत कराकर ले जाए। हर महीने के निवेश का मतलब है कि आपको एक सिस्टम बनाना होगा। मुझे म्युचुअल फंड में निवेश करना आसान लगता है क्योंकि इसे करने के लिए ढेरों विकल्प हैं। (म्युचुअल फंड खरीदने के अलग-अलग विकल्पों को देखने के लिए अध्याय 13 के पेज 223 पर जाएं।) आप किसी ऐसे व्यक्ति को चुन सकते हैं जो हर बार आपके निवेश का चेक ले जाए या आप अपने बैंक, या डीमैट एकाउंट के ज़रिए एक सिस्टम बना सकते हैं, या फिर आप किसी फिनटेक एप्लिकेशन का इस्तेमाल कर सकते हैं, या म्युचुअल फंड इंडस्ट्री के विकसित किए गए ट्रांजेक्शन प्लेटफॉर्म म्युचुअल फंड यूटिलिटी की मदद से आप सीधा निवेश कर सकते हैं। आपका रास्ता जो भी हो, एक बार जब आप म्युचुअल फंड में निवेश को अपने किसी खास इन्वेस्टमेंट एकाउंट, या उस बैंक एकाउंट से जोड़ देते हैं जिसमें आप निवेश के लिए बचत करते हैं, तब निवेश के लिए बस कुछ कीज़ दबाने भर होते हैं। मुझे खरीद-बिक्री में बहुत कम समय और पैसा खर्च करना पसंद है। आप जिस प्लेटफॉर्म का इस्तेमाल करने का फैसला करते हैं, उसमें निवेश का सिस्टम बनाने के लिए शुरुआत में आपको समय ज़्यादा लगता है। उसके बाद तो बस जीवन भर आप इसे आसानी से इस्तेमाल कर सकते हैं। एक बार

पाइपलाइन बनाइए और फिर उसे हमेशा के लिए इस्तेमाल करते रहिए।

तीसरी वजह जो म्युचुअल फंड को आकर्षक बनाती है, वह है निवेशकों के लिए तुलना में आसानी। यह महत्वपूर्ण है कि प्रदर्शन, लागत और जोखिम के अलग-अलग पैमानों पर फाइनेंशियल प्रोडक्ट्स के बीच तुलना की जा सके। मार्केट रेगुलेटर—सिक्योरिटीज़ एंड एक्सचेंज बोर्ड ऑफ इंडिया (सेबी)—ने प्रोडक्ट की विशेषताओं और उससे जुड़ी घोषणाओं के ऐसे मानक बनाए हैं कि अब अलग-अलग फंडों की तुलना उनके वर्गों के बेंचमार्क से करना आसान है, यह देखने के लिए कि प्रोडक्ट कितना अच्छा प्रदर्शन कर रहा है। इसके मुकाबले, जब आपको कोई पारंपरिक बीमा पॉलिसी बेची जाती है, आपको बस ढेर सारी अस्पष्ट जानकारी दे दी जाती है। आपको बताया जाता है कि इसमें अच्छा रिटर्न है, बोनस है, डेथ बेनेफिट है और मुफ्त लाइफ कवर है। लेकिन अगर आप ऐसी ही मिलती-जुलती पॉलिसियों में मिल रही सुविधाओं की तुलना करना चाहें, तो ऐसा करना बेहद मुश्किल है। ज़्यादातर एजेंट आपको यही कहेंगे कि ऐसा नहीं किया जा सकता। लेकिन जहां तक म्युचुअल फंड की बात है, आप देखते हैं कि जोखिम, लागत और पिछले प्रदर्शन जैसी हर छोटी जानकारी की तुलना की जा सकती है। वैल्यू रिसर्च, क्रेडिट रेटिंग इन्फॉर्मेशन सर्विसेज़ ऑफ इंडिया लिमिटेड (क्रिसिल) और मॉर्निंगस्टार जैसी स्वतंत्र डेटा एनालिटिक कंपनियां आपको उनके आंकड़ों को देखने और ऑनलाइन टूल्स का इस्तेमाल करके एक्सपेंस रेश्यो, जोखिम और पिछले सालों के रिटर्न जैसे पैमानों पर तुलना करने का विकल्प देती हैं। वे बेंचमार्क की तुलना भी करती हैं ताकि आप आसानी से देख सकें कि आप जिस स्कीम में निवेश करना चाहते हैं, वह अच्छा प्रदर्शन कर रही है या नहीं और क्या फंड इस लायक है कि आप उस पर खर्च कर सकें।

और फिर आता है लागत का मुद्दा। किसी भी वित्तीय उत्पाद में उसकी खरीद, रख-रखाव और उसकी बिक्री की लागत महत्वपूर्ण होती है, खासकर तब जब इसे लंबी अवधि तक रखना होता है। एक बार फिर से रियल एस्टेट का उदाहरण लेते हैं—खरीदने और बेचने के लिए समय और पैसे दोनों के मामलों में यह एक महंगी संपत्ति है। आम तौर पर सौदे

की कीमत का एक प्रतिशत दलाली होती है और फिर जब आप खरीदते हैं तब स्टांप ड्यूटी और जब बेचते हैं तब कैपिटल गेन्स टैक्स देना होता है। जब प्रॉपर्टी पास में होती है, तब हर साल टैक्स और रख-रखाव के खर्चे उठाने पड़ते हैं। जब एक किरायेदार जाता है और दूसरा आता है, तब हर बार प्रॉपर्टी की रंगाई-पुताई में खर्च करना होता है। कुछ ऐसे महीने भी हो सकते हैं जब आप किरायेदार की तलाश कर रहे होते हैं और उनमें आपको प्रॉपर्टी से कोई किराया नहीं मिलता। हर वित्तीय उत्पाद की एक लागत होती है और मुझे म्युचुअल फंड इसलिए पसंद हैं क्योंकि इनकी लागत तय है, मानकीकृत है और उनकी एक सीमा है जिसे तोड़ा नहीं जा सकता। (लागत के बारे में ज़्यादा जानकारी के लिए अध्याय 6 का पेज 99 पढ़ें।) किसी इंडेक्स फंड को 0.005 प्रतिशत की स्टांप ड्यूटी और 0.20 प्रतिशत से भी कम के सालाना एक्सपेंस रेश्यो के साथ खरीदना मुमकिन है। साफ़-सुथरा लागत ढांचा म्युचुअल फंड के लिए एक अतिरिक्त फायदा है। मिसाल के लिए, यूलिप में भी एक्सपेंस रेश्यो होता है लेकिन उसमें मृत्यु-दर की लागत शामिल नहीं होती—इसलिए आपको एक के बजाय दो संख्याएं देखनी होती हैं, जिससे तुलना मुश्किल हो जाती है।

पांचवी बड़ी खासियत है म्युचुअल फंड स्कीम में अपने-आप मिलने वाला डाइवर्सिफिकेशन। किसी लार्ज-कैप स्कीम में आम तौर पर पचास से सत्तर स्टॉक्स में निवेश होता है। सभी पचास स्टॉक्स की कीमत के एक साथ नीचे जाने की संभावना बहुत कम होती है, सिवाय किसी मंदी या कोविड-19 जैसी आपदा की परिस्थितियों में। कुछ कंपनियां अच्छा प्रदर्शन करेंगी, कुछ नहीं करेंगी और मोटे तौर पर, रिटर्न इंडेक्स रिटर्न के आसपास होंगे। लेकिन अगर आप स्टॉक्स चुनते हैं और कंपनियों के साथ-साथ दूसरे वैश्विक और घरेलू घटनाओं पर नज़र रखने का हुनर आपके पास नहीं है, तब यह मुमकिन है कि आपके चुने हुए सभी पांच से सात स्टॉक्स एक साथ ही कमज़ोर प्रदर्शन दिखाएं। बाज़ार में मौजूद म्युचुअल फंड वर्गों में से सावधानी से खरीदारी करके आप ऐसा पोर्टफोलियो बना सकते हैं जो आपको निवेश में बेहतरीन विविधता देता है जिससे जोखिम को घटाने और रिटर्न को बढ़ाने में मदद मिलती है।

म्युचुअल फंड के पक्ष में छठी वजह है कि उनका इस्तेमाल अलग-अलग एसेट क्लासेज़ में या किसी एक एसेट क्लास में भी काफी विविधता भरा पोर्टफोलियो बनाने में किया जा सकता है। किसी भारतीय थाली के बारे में सोचिए—इसमें सभी ज़रूरी पोषक तत्व होते हैं—कार्बोहाइड्रेट, प्रोटीन, फैट, मिनरल्स, चीनी। आप सिर्फ रोटी या कटोरी भर-भरके दाल नहीं खाते। आप एक मिला-जुला भोजन करते हैं। खाने वाले व्यक्ति की उम्र और हालात के हिसाब से थाली में रखी चीज़ों की तादाद बदल जाएगी। सत्रह साल का कोई नौजवान पूड़ियां और आमरस पर टूट सकता है (अगर आपने पूड़ियां और आमरस नहीं खाया है, तब मैं क्या कहूं!), लेकिन सत्तर साल का कोई डायबिटीज़ मरीज़ बाजरे की रोटी के साथ सब्ज़ियां और दाल खाना पसंद कर सकता है—थोड़ी-थोड़ी मात्रा में। म्युचुअल फंडों का इस्तेमाल ऐसा पोर्टफोलियो बनाने में हो सकता है जिसमें इक्विटी, डेट, सोना और रियल एस्टेट है। इक्विटी के भीतर भी, आप अलग-अलग मार्केट कैप और अलग-अलग शैली के फंड मैनजरों के फंड्स का पोर्टफोलियो बना सकते हैं।

म्युचुअल फंड का उपयोग ऐसा पोर्टफोलियो बनाने के लिए किया जा सकता है जिसमें इक्विटी, डेट, सोना और रियल एस्टेट हो। इक्विटी के भीतर, आपके पास अलग-अलग मार्केट कैप और अलग-अलग फंड मैनेजर स्टाइल की विविधता वाला पोर्टफोलियो हो सकता है। उदाहरण के लिए, हो सकता है कि कुछ फंड मैनेजर तेज़ी से बढ़ने वाली कंपनियों में निवेश करें और कुछ ऊंचा डिविडेंड देने वाली—इन दोनों दृष्टिकोणों को फंड मैनेजर 'स्टाइल' कहा जाता है। डेट के भीतर, आप छोटी और मध्यम अवधि की ज़रूरतों का ध्यान रखते हुए एक पोर्टफोलियो बना सकते हैं। अपने दम पर ऐसा करने के लिए, पोर्टफोलियो बनाते समय स्टॉक्स और बॉन्ड खरीदने के काम में बहुत ज़्यादा वक्त लगेगा और फिर इसे मैनेज करना एक और बड़ा काम होगा क्योंकिं आपको अपने पोर्टफोलियो के हर प्रोडक्ट पर नज़र रखने की ज़रूरत होगी।

मैं पोस्ट-ग्रेजुएट छात्रों की एक कक्षा को म्युचुअल फंड की बुनियादी बातें पढ़ा रही थी और मुझे उन्हें यह समझाने में जूझना पड़ा कि

उनका नज़रिया निवेश से सिर्फ सबसे ज़्यादा रिटर्न कमाने का नहीं होना चाहिए। आने वाली ज़रूरतों के लिए निवेश उत्पादों का मतलब सिर्फ सबसे अच्छा रिटर्न नहीं है, बल्कि पैसे की सुरक्षा, उसकी लिक्विडिटी, निवेश की लागत और जोखिम को समझना भी है। जब तक आप इस सोच से अलग नहीं होते कि सबसे अच्छा प्रदर्शन करने वाली स्कीम खरीदेंगे और हर साल 'जीतेंगे', आप अपने खास वित्तीय लक्ष्यों को हासिल करने के लिए म्युचुअल फंड का पूरा इस्तेमाल नहीं कर सकेंगे।

हम सुरक्षित एफडी निवेश से सीधे डे ट्रेडिंग, फ्यूचर्स एंड ऑप्शंस और क्रिप्टो कॉइन में निवेश करके बहुत ज़्यादा जोखिम लेने की गलती करते हैं। लंबी अवधि में अपने पैसे को वृद्धि का उपहार देने के लिए अनुकूल जोखिम उठाने का एक मध्य मार्ग भी है।

आप सही रास्ते पर हैं अगर समझते हैं कि

1. निवेश का मतलब केवल रिटर्न नहीं है;
2. निवेश में लिक्विडिटी भी होनी चाहिए;
3. निवेश में विविधता होनी चाहिए;
4. निवेश में लागत का ख्याल रखना चाहिए;
5. निवेश के लिए ट्रांजैक्शन आसान होने चाहिएं; और
6. निवेश का मतलब है कि जब आपको ज़रूरत हो, तब आपके पास पैसा हो।

3

नियम-कायदों की सुरक्षा पेटी

नियम-कायदे, सीटबेल्ट की तरह, आम तौर पर परेशान करते हैं, लेकिन जब चीज़ें बिगड़ती हैं, तब वे जीवन बचा सकते हैं। और पैसे भी।

आपको म्युचुअल फंड्स के बारे में क्यों जानना चाहिए? क्यों ना उन्हीं प्रोडक्ट्स के साथ बने रहें जिन्हें आप जानते हैं—फिक्स्ड डिपॉज़िट, बीमा पॉलिसी, रियल एस्टेट, सोना? म्युचुअल फंड्स में निवेश शुरू करने के लिए इतनी मशक्कत क्यों? आखिर क्या इसे इतना शानदार निवेश माध्यम बनाता है? क्यों ना सीधे उन्हीं सिक्योरिटीज़ को खरीद लिया जाए जिनमें ये फंड्स पैसा लगाते हैं? इसे समझने के लिए, हमें पूरे परिदृश्य को समझना होगा। हमें देखना होगा कि क्यों म्युचुअल फंड्स को छोटे निवेशकों के लिए अनुकूल बाज़ार से जुड़े निवेश की खास हैसियत मिली है। इसके लिए आप मेरे साथ बने रहें क्योंकि इसका सीधा संबंध आपके पसंदीदा पोर्टफोलियो से नहीं है, लेकिन जब तक आप इस प्रोडक्ट कैटेगरी में भरोसा नहीं करेंगे और उन नियम-कायदों को नहीं समझेंगे जो इसे किसी ज़ालसाज़ी से सुरक्षित बनाते हैं, आप बाज़ार की किसी तेज़ गिरावट में या सट्टेबाज़ों से प्रेरित बुल मार्केट के दौरान इससे छुटकारा पाने की इच्छा

संजोए रखेंगे।

चूंकि वित्तीय उत्पाद दिखाई नहीं देते, इस्तेमाल से पहले उन्हें समझने के लिए एक माइंड-मैप की ज़रूरत होती है। ज़्यादातर लोगों को म्युचुअल फंड का परिचय बैंक डिपॉज़िट के ऊंचा रिटर्न देने वाले विकल्प के रूप में दिया जाता है। पैसा गंवाने का यह एक पक्का तरीका है। हम जान चुके हैं कि कोई भी म्युचुअल फंड सिर्फ एक पाइप है जो आपकी बचत को अलग-अलग एसेट क्लास (इक्विटी, डेट, सोना) और उनके मिश्रण से जोड़ता है। अब अगर यह पाइप किसी ऐसे शख्स के हाथों में है जो पैसे अपने पास रख ले या ऐसा कुछ करे जो आप नहीं चाहते, तो दिक्कत की बात है। कई दशकों के दौरान म्युचुअल फंड बाज़ार के नियमों को औसत निवेशकों के लिए अलग-अलग जोखिमों को कम करने के उद्देश्य से तैयार किया गया है, जो आम तौर पर वित्त, कानून और अर्थशास्त्र के विशेषज्ञ नहीं होते हैं।

घोटाले और शेयर बाज़ार

जिन निवेशकों ने बहुत ऊंचे रिटर्न का वादा करने वाली संदिग्ध योजनाओं में निवेश करके अपनी उंगलियां जला ली हैं, वे जानते हैं कि सबसे बड़ा जोखिम यह है कि कोई आपके लिए या पैसे बढ़ाने वाले उत्पादों में निवेश करने के बजाय आपके पैसे लेकर भाग जाए। हॉफ़लैंड फाइनेंस, सीआरबी, सारदा, सहारा ये सभी नाम ऐसे हैं जिनमें घरेलू बचत के पैसे गायब हो गए। रियल एस्टेट और सोने जैसे निवेश का फायदा यह है कि आप अपने निवेश को देख सकते हैं, पहन सकते हैं और उसमें रह सकते हैं। बैंकिंग में दशकों के भरोसे के बाद भारत में बैंक एफडी पर भरोसा बना है, हालांकि जब सहकारी बैंक नाकाम हो जाते हैं तो उनकी डिपॉज़िट में भी लोगों का पैसा डूब जाता है। किसी रेगुलेटर का सबसे बड़ा काम बाज़ार में भरोसा बनाना है ताकि निवेशक धोखाधड़ी के जोखिम से सुरक्षित महसूस करें। सेबी ने म्युचुअल फंड को धोखाधड़ी मुक्त बनाने की दिशा में अच्छा काम किया है, लेकिन इसका सफर लंबा रहा है, जिसकी शुरुआत शेयर बाज़ार घोटाले से हुई।

1992 शेयर बाज़ार के बड़े घोटाले का साल था जब बैंकिंग की

एक खामी पैसों को एक बड़े शेयर बाज़ार बुलबुले तक पहुंचाने का रास्ता बन गई थी। हर्षद मेहता नाम का एक दलाल इस घोटाले का चेहरा था जिसके दायरे में बैंक, राजनेता और शेयर बाज़ार के ताक़तवर लोग थे। यह घोटाला आया था भारत में 1991 के आर्थिक सुधारों के ठीक बाद, जो भारतीय अर्थव्यवस्था को लाइसेंस राज से आज़ाद करने वाले थे। वित्त समेत कई क्षेत्रों में निजी कंपनियों को भागीदारी की इजाज़त मिलने वाली थी। लेकिन सुर्खियां बटोरने वाले शेयर बाज़ार घोटाले ने भारत में पुराने तौर-तरीकों से चल रहे सिक्योरिटीज़ मार्केट की असलियत और खुले बाज़ार पर नज़र रखने के लिए एक रेगुलेटर की कमी को उजागर कर दिया। शेयर बाज़ार घोटाले के बाद, 1992 में, कैपिटल मार्केट रेगुलेटर—सिक्योरिटीज़ एंड एक्सचेंज बोर्ड ऑफ इंडिया—बनाया गया। यह एक वैधानिक निकाय था यानी इसे संसद में कानून पारित करके मंजूरी दी गई थी। इसे जल्दी ही म्युचुअल फंडों के कारोबार के लिए नियमों का मसौदा तैयार करने की जिम्मेदारी दी गई।

एकाधिकार से खुले बाज़ार तक म्युचुअल फंड का सफर

सरकारी म्युचुअल फंड के रूप में यूनिट ट्रस्ट ऑफ इंडिया (यूटीआई) की स्थापना 1963 में की गई थी। बाकी सरकारी कंपनियों को मंजूरी के पहले पूरे चौबीस सालों तक बाज़ार पर इसका एकाधिकार था। उस दौरान नीति निर्माताओं और सरकार को निजी क्षेत्र पर इतना अविश्वास था कि उन्हें बाज़ार में आने से ही रोक दिया गया। ऐसा नहीं है कि सरकारी (पीएसयू) फंड बहुत कामयाब रहे या उन्होंने काफी तारीफ बटोरी। आज, यह अजीब लगता है कि जब म्युचुअल फंड बाज़ार को निजी कंपनियों के लिए खोलने की कोशिशें हुईं तो ऐसे नैतिकता भरे व्याख्यान और भाषण दिए गए जिनमें मुनाफा कमाने वाली निजी और विदेशी बुरी कंपनियों के हाथों घरेलू बचत के डूब जाने की आशंका जताई गई। लेकिन, सच यह है कि जब भी भारत में कोई आर्थिक सुधार होता है, सत्ताधारी उन्हीं तर्कों को बार-बार पेश करते हैं और जिनमें आम जनता के हित दिखाए जाते हैं। और पीछे मुड़कर देखें तो, निवेशकों को जानबूझकर धोखा देने वाला इकलौता म्युचुअल फंड पुराना यूटीआई था क्योंकि यह अपनी मुख्य स्कीम यूनिट 64 में लगातार

अव्यवहारिक लाभांश देता रहा जो पोर्टफोलियो के वास्तविक मूल्य को नहीं दिखाता था और सिर्फ एक काल्पनिक संख्या थी। यह आज के एक और बहुत बड़े संस्थान की तरह डरावना है, जो रिटायरमेंट पर सुनिश्चित रिटर्न की गारंटी देता है, लेकिन अभी इस बात को छोड़ते हैं।

1987 में, यूटीआई के एकाधिकार को चुनौती दी सात सरकारी बैंकों और इंश्योरेंस कंपनियों ने, जिनमें शामिल थीं भारतीय स्टेट बैंक (एसबीआई), केनरा बैंक, भारतीय जीवन बीमा निगम (एलआईसी) और जनरल इंश्योरेंस कॉर्पोरेशन ऑफ इंडिया (जीआईसी)। ये शुरुआती दिन थे और कारोबार के नियम-कायदे अभी भी तय नहीं हुए थे। नियम-कायदों की इस कमी ने काफी बाद में इनमें से एक फंड हाउस को परेशान किया जब अदालतों ने निवेशकों को दी गई गारंटी के लिए इसे जिम्मेदार ठहराया। लेकिन अभी फ्लैशबैक में ही रहते हैं! बाज़ार कैपिटल इश्यूज़ (कंट्रोल) एक्ट 1947 के अधीन था जो तय करता था कि समाजवादी भारत में पूंजी पर किसका नियंत्रण रहेगा और शेयर बाज़ार में नए इश्यू की कीमत क्या होगी। शेयर बाज़ार कुछ दलालों के नियंत्रण वाले एक क्लब जैसा था। यह खर्चीला था, जहां एक सौदे की लागत कुल मूल्य का 5 फीसदी थी (अब यह घटकर कुछ आधार अंकों तक रह गया है), सौदे की असली कीमत को लेकर कोई पारदर्शिता नहीं रहती थी क्योंकि बाज़ार में सौदे आज की तरह स्क्रीन पर नहीं, बल्कि एक बड़ी सी खुली जगह में ज़ोर से बोलकर या इशारों से किए जाते थे।

बदलाव का दबाव नब्बे के दशक में सतह पर आने लगा था और 1991 के सुधारों के साथ यह फूट पड़ा जब भारत एक देश के रूप में दिवालियापन के कगार पर पहुंच गया। भारत के पास उस प्रणाली को अलविदा कहने के अलावा कोई विकल्प नहीं था जो उसके नागरिकों की कीमत पर सिर्फ कुछ लोगों को फायदा पहुंचाती थी, और नागरिकों के नाम पर तरक्की, बढ़ोतरी और विकास को सख्ती से दबा दिया गया था। सुधार की उस होड़ में, भारतीय पूंजी बाज़ार का पूरा रंग-रूप बदल गया। नीति-निर्माता इस बात पर सहमत हुए कि म्युचुअल फंड छोटे निवेशकों के लिए एक अच्छा माध्यम है और निजी क्षेत्र को अनुमति देने से पहले कुछ नियम-कायदे बनाने की ज़रूरत है। इसने 1993 में म्युचुअल फंड इंडस्ट्री के लिए औपचारिक नियमों के पहले सेट को जन्म दिया। उसी

साल, कोठारी पायनियर ने भारत में निजी क्षेत्र का पहला म्युचुअल फंड स्थापित किया। इसे बाद में फ्रैंकलिन टेंपलटन म्युचुअल फंड ने खरीद लिया। 1996 में, म्युचुअल फंड के नियम बदले गए, लेकिन शुरुआती नियम-कायदे आज भी बुनियाद में हैं। उस समय की यूटीआई को छोड़कर सभी म्युचुअल फंडों को इन नियमों के तहत लाया गया। लेकिन यूटीआई को इसके बाहर रखने का नुकसान कुछ सालों बाद छोटे निवेशकों को हुआ जब यूटीआई की यूनिट 64 स्कीम का बुलबुला फूट गया और सरकार को दखल देना पड़ा। आखिरकार 2003 में यूटीआई पूरी तरह सेबी के अधिकार क्षेत्र में आई।

म्युचुअल फंड इंडस्ट्री को धोखाधड़ी से बचाना

पिछले वर्षों के दौरान सेबी ने म्युचुअल फंड में छोटे निवेशकों के संरक्षक के रूप में अपनी भूमिका को बहुत गंभीरता से लिया है। नीतिगत दृष्टिकोण यह है कि सीधे शेयरों में निवेश करने वाले, पोर्टफोलियो मैनेजमेंट स्कीमों और ऑल्टरनेट इन्वेस्टमेंट फंड के निवेशक बाज़ार के उतार-चढ़ाव को समझने और उन्हें संभालने के ज़्यादा काबिल हैं। म्युचुअल फंड में पैसा लगाने वाले छोटे निवेशकों की तुलना में यहां रेगुलेटर के नज़र रखने की ज़रूरत कम है। रेगुलेटर म्युचुअल फंडों के लिए बेहद कड़ी व्यवस्था रखता है और लगभग हर कदम नियमों और निगरानी के तहत होता है। हमें यह बात इसलिए जानने की ज़रूरत है क्योंकि हम म्युचुअल फंड को बेहतर ढंग से समझने की कोशिश कर रहे हैं। हमें यह समझना चाहिए कि इस नीति का क्या मतलब है और इसका उद्देश्य म्युचुअल फंड में हो रहे घरेलू बचत के निवेश में धोखाधड़ी और बदनीयती को किस तरह रोकना है।

किसी वित्तीय उत्पाद में सबसे बड़ा जोखिम धोखाधड़ी का होता है। होता क्या है कि जो इकाई पैसे इकट्ठा करती है वह उसे लेकर भाग जाती है—पैसे को कागज़ी कंपनियों में डाल देती है और फिर खुद को दिवालिया घोषित कर देती है। इसे समझने के लिए उन रियल एस्टेट बिल्डरों को देखिए जिन्होंने ग्रेटर नोएडा के बाज़ार को एक बुरे सपने में बदल दिया, और यह सिखा दिया कि पैसे की हेराफेरी, बदनीयती और नियम-कायदों

का ना होना घरेलू बचत को कितना नुकसान पहुंचा सकता है। शहरी भारतीयों को घर खरीदने के सपने में लुभाया गया, फिर बिल्डरों ने उनके पैसे को बेईमानी से हड़प लिया और पीछे छोड़ गए आधे-अधूरे भूतिया शहर और ढेर सारे नाराज़ निवेशक।

घोटालों के बाद और दुनिया भर में ढांचों को ध्यान में रखते हुए, भारतीय म्युचुअल फंड का ढांचा तीन-स्तरीय बनाया गया—स्पॉन्सर, ट्रस्ट और एसेट मैनेजमेंट कंपनी (एएमसी)। भारत ने ट्रस्ट ढांचा चुना है ताकि ना तो स्पॉन्सर और ना ही एएमसी पैसे की हेराफेरी करके गायब हो जाएं। निवेशकों का पैसा एक ट्रस्टी कंपनी या एक ट्रस्टी बोर्ड के पास होता है। यह नियम अभी (2023 में) लागू है लेकिन सेबी इन नियमों में बदलाव कर सकती है। भारत में ट्रस्ट के नियम बेहद सख्त हैं—अगर ट्रस्टी को निवेशकों के पैसे की धोखाधड़ी या दुरुपयोग का दोषी पाया जाता है, तब ट्रस्टी अपनी निजी जायदाद गंवा सकते हैं और उन्हें जेल की सज़ा हो सकती है।

कारोबार को एक स्पॉन्सर शुरू करता है जो म्युचुअल फंड चलाकर मुनाफा कमाना चाहता है। उदाहरण के लिए, एसबीआई म्युचुअल फंड की स्पॉन्सर एसबीआई और फ्रांस के अमुंडी हैं, एचडीएफसी म्युचुअल फंड की स्पॉन्सर एचडीएफसी और एबीआरडीएन इन्वेस्टमेंट मैनेजमेंट लिमिटेड हैं। मिरे एएमसी की स्पॉन्सर दक्षिण कोरियाई मिरे एसेट ग्लोबल इन्वेस्टमेंट्स कंपनी लिमिटेड है।

स्पॉन्सर फंड प्रबंधन के लिए एक कंपनी बनाते हैं जिसे XYZ एसेट मैनेजमेंट कंपनी या एएमसी कहा जाता है। एएमसी को म्युचुअल फंड भी कहा जाता है। इस तरह, स्पॉन्सर बिज़नेस लगाता है, एएमसी अपनी सेवाओं के लिए शुल्क लेती है और निवेशक के फंड को ट्रस्टी कंपनी शेयरों, बॉन्ड, सोना या रेगुलेटर से मंजूर किसी और सिक्योरिटी और एसेट में लगाती है।

एक म्युचुअल फंड निवेशक के रूप में, आपको यह समझने के लिए भारत में इंडस्ट्री के ढांचे को जानना चाहिए कि आपका पैसा किसी के द्वारा हड़पे जाने के जोखिम से पूरी तरह सुरक्षित है। भारत में रेगुलेशन के बाद से, किसी भी म्युचुअल फंड ने निवेशकों का पैसा नहीं लूटा है। फंड मैनेजर गलत फैसले ले सकते हैं, बहुत ज़्यादा शुल्क वसूलने की

कोशिश कर सकते हैं और लागत और प्रदर्शन को छुपा सकते हैं, 'फ्रंट रनिंग' कर सकते हैं और कई ऐसे काम कर सकते हैं जो पैसे का प्रबंधन करने वाले दूसरे लोग करते हैं। लेकिन एक चीज़ जो वे नहीं कर सकते, वह है आपका पैसा लेकर गायब हो जाना।

निवेशकों की भलाई के लिए सेबी के सात बड़े कदम

सेबी ने 1996 से लेकर अब तक म्युचुअल फंड को सस्ता, अधिक पारदर्शी और निवेशकों के लिए उपयोगी बनाने के उद्देश्य से म्युचुअल फंड नियमों में लगातार बदलाव किए हैं। चूंकि उत्पाद की लागत और उन्हें कहां रखा जाता है, यह निवेश के नतीजों के लिए बेहद अहम है, इसलिए छिपी हुई लागत को रोकने, पूरी लागत को कम करने और प्रक्रिया को साफ़ बनाने के लिए सेबी ने नियमों को कई बार संशोधित किया है। हालांकि कई महत्वपूर्ण नियम बदले गए हैं, मैं उन बड़े बदलावों का जिक्र करूंगी, जो आपके पैसे पर सबसे ज़्यादा असर डालते हैं। उनमें से कई को लागू होने से रोकने के लिए इंडस्ट्री ने कड़ा विरोध किया। लेकिन खास तौर से 2017 के बाद, जब अजय त्यागी ने सेबी अध्यक्ष का पद संभाला और तत्कालीन पूर्णकालिक सदस्य माधबी पुरी बुच ने इंडस्ट्री पर काम करना शुरू किया, बदलाव की रफ्तार और तेज़ी बढ़ गई है। डेटा, बिग डेटा, एनालिटिक्स और फिर रेगुलेशन का उपयोग बहुत अच्छे से किया गया है।

2006: सेबी ने 6 प्रतिशत के एनएफओ लड्डू को खत्म कर दिया

सेबी वित्तीय उत्पाद की कीमत में छिपी हुई लागतों को हटाने में सक्रिय रहा है, खासकर इंश्योरेंस रेगुलेटर की तुलना में।

निवेशक आम तौर पर यह नहीं पूछते हैं कि उनके निवेश किए गए पैसे का कितना हिस्सा वास्तव में उनके काम आएगा और कितना लागत के रूप में काटा जाएगा। उदाहरण के लिए, एक पारंपरिक बीमा पॉलिसी, अप्रैल 2023 तक, पहले साल में निवेश करने से पहले आपके पैसे का 42 प्रतिशत तक काट लेती है।

2006 के पहले, म्युचुअल फंड्स को किसी नए फंड ऑफर

(एनएफओ) का 6 प्रतिशत निवेशक से वसूलने की अनुमति थी। एनएफओ म्युचुअल फंड की तरफ से पेश की जाने वाली किसी नई स्कीम का शुरुआती इश्यू होता है, और पहले के नियमों के अनुसार ऐसे किसी नए ऑफर की मार्केटिंग और डिस्ट्रीब्यूशन के खर्च को निवेशकों के फंड से काटा जा सकता था। मान लीजिए कि एक एनएफओ ने 1,000 करोड़ रुपए इकट्ठा किए, तो उसमें से 60 करोड़ रुपए मार्केटिंग और डिस्ट्रीब्यूशन पर खर्च किए जा सकते थे। इसके अलावा, निवेशकों को हर म्युचुअल फंड स्कीम में खरीदारी के लिए 2.25 प्रतिशत का फ्रंट लोड देना होता था। (लोड को बेहतर ढंग से समझने के लिए अध्याय 6 में पृष्ठ 101 पर जाएं।)

निवेश के पहले का यह लड्डू या प्रोत्साहन अंत में म्युचुअल फंड एजेंटों के पास पहुंचता था, जो फंड हाउस से निवेश के 8 प्रतिशत से 9 प्रतिशत के बीच कमीशन निकाल लेते थे। न केवल निवेशकों को ऊंचे कमीशन में पैसा खोना पड़ रहा था, बल्कि कमीशन काटने का यह तरीका उन्हें एक और तरीके से नुकसान पहुंचा रहा था। एजेंट बाज़ार से मिल रहे ऊंचे रिटर्न का लालच देकर ज़्यादा कमीशन वाला एनएफओ बेच देते थे। बाज़ार की तेज़ी उनकी बिक्री की रफ्तार को बढ़ा देती और 2004-06 में ढेरों निवेशकों ने पैसे लगाए। लेकिन एक बार जब उन्होंने अपना कमीशन वसूल लिया, तो एजेंट निवेशकों को पुरानी स्कीम बेचने और फिर दूसरा एनएफओ खरीदने के लिए प्रेरित करते। इस अवधि में एजेंटों ने किसी भी निवेशक की तुलना में कहीं अधिक पैसा कमाया। क्या यह वैसा नहीं लगता जैसा आज भी जीवन बीमा की मनी-बैक और एन्डाउमेंट पॉलिसियों में होता है? वहां एजेंट आपके पहले साल के प्रीमियम का 40 प्रतिशत से ज़्यादा वसूल रहे हैं और पुरानी पॉलिसियों को छोड़कर आपको नई पॉलिसियां बेचने के लिए उन्हें प्रोत्साहन दिया जा रहा है। लेकिन, इंश्योरेंस रेगुलेटर के विपरीत, सेबी एक बेहद सक्रिय रेगुलेटर रहा है, और उसने 2006 में 6 प्रतिशत फ्रंट कमीशन खत्म करके उस पर सख्ती से लगाम लगाई। एम. दामोदरन तब सेबी प्रमुख थे और मुझे याद है कि जब मैंने द *इंडियन एक्सप्रेस* में 'चर्न स्कैम' की खबर ब्रेक की थी, तब उनसे एक बातचीत में पूछा था कि उन्होंने नियम में एक खामी क्यों छोड़ दी। उन्होंने पहले ओपन-एंडेड फंडों को एनएफओ फीस लेने से रोका था, लेकिन

जैसे ही इंडस्ट्री ने क्लोज-एंडेड स्कीम लाने की हड़बड़ी दिखाई, उन्होंने 2008 में उस श्रेणी के फंडों के लिए भी इसे बंद कर दिया। (ओपन-एंडेड और क्लोज-एंडेड फंडों के बारे में पढ़ें अध्याय 5, पृष्ठ 70 पर।) उन्होंने कहा कि उन्हें फंड से बेहतर बर्ताव की उम्मीद थी और इसलिए उन्होंने क्लोज-एंडेड स्कीमों को पहले नए नियम के दायरे से बाहर रखा था! इंडस्ट्री और एजेंटों ने खूब रोना-धोना मचाया, उन्होंने कहा कि इंडस्ट्री खत्म हो जाएगी। उन्होंने कहा कि निवेशकों को नुकसान होगा, लेकिन सेबी निवेशकों की भलाई के लिए मज़बूती से खड़ा रहा। 2006 के अंत में म्युचुअल फंड इंडस्ट्री 3.23 लाख करोड़ रुपए का मैनेजमेंट कर रही थी, जो 2008 के अंत तक बढ़कर 4.13 लाख करोड़ रुपए हो गया।

2009: सेबी ने अग्रिम कमीशन हटाया

वर्ष 2009 तक, म्युचुअल फंड निवेशकों को हर बार किसी स्कीम में निवेश करने पर 2.25 प्रतिशत का अदृश्य शुल्क देना पड़ता था, जिसे फ्रंट लोड कहा जाता था। यह शुल्क एएमसी निवेशकों के पैसे से काटकर प्रोडक्ट बेचने वाले एजेंट को दे देती थी। इसका मतलब यह है कि अगस्त 2009 तक, आपके निवेश किए गए हर 1 लाख रुपए पर 2,250 रुपए एजेंट के पास कमीशन के रूप में जाते थे और बचे पैसों का निवेश किया जाता था। 2009 में, तत्कालीन सेबी अध्यक्ष, सी.बी. भावे ने एक बेहद अहम सवाल किया: म्युचुअल फंड बेचने वाला किसका एजेंट है? अगर वह म्युचुअल फंड का एजेंट है, तो फंड को एजेंट को अपने पास से (एक्सपेंस रेश्यो के माध्यम से) कमीशन देना चाहिए और निवेशक का पैसा नहीं काटना चाहिए। निवेशक पहले से ही एएमसी को एक्सपेंस रेश्यो के ज़रिए भुगतान कर रहा है—कोई और शुल्क लगाने के बजाय उसका इस्तेमाल करें। उन्होंने 2.25 प्रतिशत का फ्रंट लोड हटा दिया और भारतीय म्युचुअल फंड को बगैर लोड वाला दुनिया का पहला फंड बना दिया। और साथ ही, यूनिट लिंक्ड इंश्योरेंस पॉलिसियों में बड़े पैमाने पर गलत तरीके से हो रही बिक्री को रोकने की कोशिश में इस प्रोडक्ट के सेबी के अधिकार क्षेत्र में होने का दावा भी किया। इस मुश्किल लड़ाई में बड़े व्यापारों और सरकारी हितों के सामने वो हार गए और उन्हें सेबी में अपने बेहद उपयोगी

कार्यकाल का विस्तार नहीं मिला। यह निवेशकों के लिए बड़ा नुकसान था। लेकिन इंडस्ट्री यह कहते हुए सदमे में घिर गई कि दुनिया में कहीं भी म्युचुअल फंड शून्य अग्रिम कमीशन वाला उत्पाद नहीं है। इंडस्ट्री खत्म होने की भविष्यवाणी की गई। लेकिन एक बार फिर, सेबी ने अपनी दृढ़ता कायम रखी और कहा: यह फ्रंट लोड गलत बिक्री की वजह बनता है और म्युचुअल फंड छोटे निवेशकों के लिए उत्पाद है, इसलिए यह अदृश्य शुल्क हटाया जाता है। अख़बारों में स्वतंत्र संपादकीय लिखे गए कि इंडस्ट्री ख़त्म हो जाएगी। किस्से गढ़े गए कि बाज़ार सिकुड़ने से निवेशकों को नुकसान होगा। बाज़ार सिकुड़े भी, और 2009 के अंत तक इंडस्ट्री के मैनेजमेंट के पास जो 6.65 ट्रिलियन रुपए थे, वे अगले कुछ सालों तक नीचे आए लेकिन 2012 में वे फिर पुराने स्तर पर लौट आए।

2013: सेबी ने डायरेक्ट प्लान की अनुमति दी

1 जनवरी 2013 से, निवेशकों को किसी म्युचुअल फंड प्लान में सीधे निवेश करने का विकल्प मिला और उनके लिए अब किसी एजेंट के माध्यम से निवेश करने की मजबूरी नहीं थी। जो निवेशक स्कीम चुनने और अपने पोर्टफोलियो को मैनेज करने का सारा काम खुद करते थे, उन्हें भी म्युचुअल फंड में आवेदन जमा करने के लिए एजेंटों को ट्रेल कमीशन का भुगतान करना पड़ता था। डायरेक्ट प्लान म्युचुअल फंड तक पहुंचने के लिए एक और दरवाज़ा खोलने जैसा है, लेकिन इसकी लागत कम है। रेगुलर और एजेंट द्वारा बेची गई स्कीमों के मुकाबले डायरेक्ट प्लान में कमीशन और वितरण की लागत कम होने वाली थी। याद रखें कि सेबी के अग्रिम कमीशन पर रोक लगाने के बाद से एजेंटों का कमीशन अब एक्सपेंस रेश्यो से आता है। इसलिए, आदर्श रूप से, डायरेक्ट प्लान के एक्सपेंस रेश्यो को रेगुलेर प्लान के एक्सपेंस रेश्यो से 0.85 से 1 प्रतिशत तक कम होना चाहिए। लेकिन इंडस्ट्री ने इस नियम की समस्या का भी हल निकाल लिया, और 2018 तक, सेबी को पता लगा कि डायरेक्ट और रेगुलर प्लान के एक्सपेंस रेश्यो में सही मायने में कोई अंतर नहीं था। कोई बिचौलिया ना होने पर भी म्युचुअल फंड कंपनियां डायरेक्ट इन्वेस्टर से वितरण की लागत वसूल रही थीं! इसलिए, अक्टूबर 2018 में, सेबी ने

म्युचुअल फंड कंपनियों से डायरेक्ट प्लान के एक्सपेंस रेश्यो कम करने को कहा ताकि रेगुलर प्लान में कमीशन की लागत साफ़ दिखे। अब ऐसा हो गया है और डायरेक्ट प्लान के एक्सपेंस रेश्यो रेगुलर प्लान के मुकाबले 0.25 से 1 प्रतिशत कम हैं। 2013 के अंत तक म्युचुअल फंड इंडस्ट्री के एसेट्स अंडर मैनेजमेंट (एयूएम) 8.25 लाख करोड़ रुपए थे।

2018: सेबी ने अग्रिम ट्रेल कमीशन पर रोक लगाई

जब आप किसी इंडस्ट्री पर उतने लंबे समय तक नज़र रखते हैं जितना मैंने किया है, आप देखने लगते हैं कि यह नियम को तोड़ने के लिए उसकी किसी भी खामी या व्याख्या का इस्तेमाल करती है। 2009 में म्युचुअल फंड से फ्रंट लोड हटाने के नियम के बाद, यह उम्मीद थी कि एजेंटों को ट्रेल कमीशन एक्सपेंस रेश्यो से मिलेगा और इस वजह से उनके हित निवेशकों के साथ जुड़ेंगे। (ट्रेल कमीशन को समझने के लिए अध्याय 6 में पृष्ठ 104 पर जाएं।) जैसे-जैसे निवेशकों का धन बढ़ेगा, ट्रेल कमीशन भी बढ़ेगा क्योंकि वह पूरे पोर्टफोलियो का एक तय प्रतिशत होता है। एजेंट निवेशकों को अच्छे प्रदर्शन वाला फंड बेचने के लिए प्रोत्साहित होंगे और इक्विटी निवेशक को लंबी अवधि के लिए बने रहने को कहेंगे, क्योंकि हर साल उसे कुल एसेट अंडर मैनेजमेंट का करीब एक प्रतिशत ट्रेल कमीशन के तौर पर मिलता है। थोड़े समय तक ऐसा चला लेकिन फिर कुछ चालाक लोगों ने पहले साल का ट्रेल कमीशन एडवांस में लेना शुरू कर दिया। इसका मतलब था कि म्युचुअल फंड साल के अंत तक इंतज़ार करने के बजाय एजेंटों को साल की शुरुआत में अपने मुनाफे और पूंजी से भुगतान करने लगे। फिर एजेंट दो साल, फिर तीन साल और फिर पांच साल के लिए अग्रिम भुगतान के लिए दबाव डालने लगे। 2017 तक, कुछ बड़े वितरक भुगतान के समय अगले पांच वर्षों में निवेश का 5 प्रतिशत से ज़्यादा देने के लिए एएमसी पर दबाव डाल रहे थे। सेबी ने पहले अग्रिम भुगतान को निवेश के 1 प्रतिशत तक सीमित किया, और फिर 2018 में इस पर पूरी तरह से रोक लगा दिया। कोई भी एडवांस कमीशन एजेंटों को गलत तरीके से प्रोडक्ट बेचने के लिए बढ़ावा देना है और रेगुलेटर की बार-बार की कार्रवाई ने प्रोडक्ट को गलत तरीके से बेचना मुश्किल बना दिया

है। लेकिन, एक बार बहस निवेशकों के बारे में नहीं, बल्कि म्युचुअल फंड एजेंटों के रोज़गार के नुकसान के बारे में हुई, इंडस्ट्री के कारोबार बंद होने के बारे में हुई। लोगों ने फिर कहा कि इंडस्ट्री खत्म हो जाएगी। उन्होंने कहा कि निवेशक बाज़ार के अनियमित हिस्सों में चले जाएंगे! लेकिन 2018 के अंत तक एसेट अंडर मैनेजमेंट था 22.86 लाख करोड़ रुपए।

2019: म्युचुअल फंड पर एक्सपेंस रेश्यो घटा

सेबी ने 2019 में एक्सपेंस रेश्यो की सीमा घटा दी, उन म्युचुअल फंड स्कीमों के लिए जिनमें मैनेज किए जाने वाले एसेट (एयूएम) का आकार काफी बड़ा था। (इस कटौती की बेहतर समझ के लिए अध्याय 6, पृष्ठ 103 पढ़ें और जानें कि यह आपके लिए क्यों मायने रखता है।) जैसे-जैसे म्युचुअल फंड स्कीम का आकार बढ़ता है, इसकी तय लागत लगभग स्थिर रहती है। सैद्धांतिक रूप से, बड़े फंडों के एक्सपेंस रेश्यो में भारी कमी आनी चाहिए, लेकिन ऐसा नहीं हुआ। फंडों ने इसका फायदा निवेशकों को देने के बजाय एजेंटों को फायदे पहुंचाए या अपने लिए भारी मुनाफा कमाया। सेबी फिर से हरकत में आई और इक्विटी और डेट फंड दोनों पर कुल खर्चों को कम कर दिया। इक्विटी फंडों के लिए, 50,000 करोड़ रुपए से अधिक की संपत्ति वाली रेगुलर स्कीमों में अधिकतम शुल्क 1.75 प्रतिशत से घटाकर 1.05 प्रतिशत कर दिया गया। डेट फंड के लिए यह आंकड़ा 0.80 फीसदी है। विक्रेताओं की ट्रेल कमीशन की लागत ना होने की वजह से डायरेक्ट प्लान सस्ते होते हैं। इस तरह निवेशक की कुल लागत कम हो गई है। 2019 के अंत में एयूएम 26.54 लाख करोड़ रुपए था।

2020: फंड को 'लेबल के अनुसार' बनाना

निवेशकों के लिए महत्वपूर्ण है कि उन्हें वही प्रोडक्ट मिले जो उन्होंने खरीदा है, खासकर जब प्रोडक्ट दिखाई ना देता हो। ऐसे प्रोडक्ट में, लेबल निवेशकों के लिए काफी ज़्यादा अहमियत रखता है और प्रोडक्ट को 'लेबल के अनुसार' होना चाहिए। मिसाल के लिए, यदि केक के लेबल

पर अंडा-मुक्त लिखा है, तो वास्तव में केक में अंडे नहीं होने चाहिएं। म्युचुअल फंड कंपनियां उन स्कीमों में ज़्यादा जोखिम वाले फंड मिला रही थीं, जिन पर कम जोखिम वाली योजनाओं का लेबल लगा था और यह निवेशकों को गुमराह कर रहा था। जैसे-जैसे इंडस्ट्री बड़ी होती गई, सेबी को म्युचुअल फंड स्कीमों को लेबल करने के तरीके को व्यवस्थित करने की ज़रूरत महसूस हुई। अक्टूबर 2017 में, सेबी ने लार्ज-कैप, मिड-कैप और स्मॉल-कैप शेयरों को परिभाषित किया ताकि उनमें निवेश करने वाले फंड स्पष्ट रूप से बता सकें कि निवेश कहां है। रेगुलेटर ने कुछ श्रेणियों जैसे कि अधिक क्रेडिट जोखिम लेने वाले डेट फंड स्कीमों में फंड कंपनियों को 'जोखिम' के बजाय 'अवसर' शब्द का उपयोग करने से रोककर लेबलिंग में सुधार करने की भी कोशिश की। (क्रेडिट जोखिम को बेहतर ढंग से समझने के लिए अध्याय 7 में पृष्ठ 127 पर जाएं।) उदाहरण के लिए, क्रेडिट ऑपर्च्युनिटी फंड को 'क्रेडिट रिस्क' फंड के रूप में नया लेबल दिया गया। इस कैटेगरी की स्कीमें जोखिम उठाने के लिए तैयार डेट फंड निवेशकों के लिए हैं, जिन्हें कम क्रेडिट गुणवत्ता वाले पेपर खरीदने में कोई आपत्ति नहीं है, क्योंकि इससे उन्हें ऊंचा रिटर्न मिलने की संभावना बनती है। लेकिन इसे ऑपर्च्युनिटी कहना उस जोखिम को नहीं दिखाता है जो निवेशक उठाने जा रहे हैं। इसलिए सेबी ने इन्हें नया लेबल देकर क्रेडिट रिस्क फंड का नाम दिया।

इसी साल, सेबी ने ओपन-एंडेड म्युचुअल फंडों को भी छत्तीस श्रेणियों में वर्गीकृत किया, जिनमें हरेक में निवेश करने के लिए अच्छी तरह से परिभाषित मानदंड थे। उदाहरण के लिए, एक मल्टी-कैप योजना को लार्ज, मिड और स्मॉल-कैप में निवेश करना होगा और हर कैप में कम से कम 25 प्रतिशत स्टॉक होने चाहिएं। हर फंड हाउस को किसी एक श्रेणी में सिर्फ एक स्कीम रखने की अनुमति थी। 2020 तक, श्रेणियों की संख्या सैंतीस हो गई क्योंकि सेबी ने इंडस्ट्री की मांग पर एक और इक्विटी श्रेणी—फ्लेक्सी-कैप फंड की अनुमति दे दी। (इसके बारे में और पढ़ें अध्याय 4 में पृष्ठ 44 पर।) समझें कि सेबी ने क्या करने का प्रयास किया है—श्रेणियों की संख्या को सीमित करके चुनाव आसान बनाना, यह परिभाषित करना कि हर श्रेणी में क्या रखा जा सकता है और फिर हर फंड हाउस को उस श्रेणी में सिर्फ एक स्कीम रखने की अनुमति देना। 2020 के अंत में एयूएम 31.02 लाख करोड़ रुपए था।

2021: एक डायनेमिक रिस्क-ओ-मीटर के माध्यम से जोखिम को साफ़-साफ़ बताना

निवेशकों को किसी स्कीम के जोखिम को मापने का तरीका मिले, इसके लिए सेबी ने मौजूदा रिस्क-ओ-मीटर को डायनेमिक बना दिया, जिसमें पहले जोखिम तय करने के तरीके बदलते ही नहीं थे। (रिस्क-ओ-मीटर और इसके इस्तेमाल के बारे में ज़्यादा जानकारी के लिए अध्याय 7 में पृष्ठ 136 पढ़ें।) फंड हाउसों को हर महीने पोर्टफोलियो के जोखिम का मूल्यांकन करना होता है और एसोसिएशन ऑफ म्युचुअल फंड्स इन इंडिया (एएमएफआई) की वेबसाइट पर जोखिम की रीडिंग को अपडेट करना होता है। साल में एक बार, उन्हें यह बताना होता है कि साल भर में जोखिम की रीडिंग कितनी बार बदली। यह डेट फंडों में खास तौर पर उपयोगी है और यह एक बेहतरीन उपकरण है जिसका उपयोग आपको यह मूल्यांकन करने के लिए करना चाहिए कि क्या ऐसे फंड में निवेश करना है जिसकी जोखिम रेटिंग में बहुत ज़्यादा बदलाव आते हैं। 2021 के अंत में एयूएम 37.73 लाख करोड़ रुपए था।

~

सेबी की तरफ से लाए गए बदलावों और लगातार सख्त होते नियमों को देखते हुए, यह कहना सही है कि म्युचुअल फंड इंडस्ट्री ऐसी नहीं है जो खत्म हो गई या जिसने निवेशकों को सेवा नहीं दी। रेगुलेटर की हर कार्रवाई पर विरोध की आवाज़ कम होती गई हैं क्योंकि पिछले कुछ वर्षों में इस बात के सबूत मज़बूत हुए हैं कि निवेशकों के फायदे का उत्पाद वास्तव में इंडस्ट्री के फायदे का है। यहां मैंने कुछ बड़े बदलावों का जिक्र किया है, लेकिन फाइनेंशियल सेक्टर में रेगुलेटर का काम कभी खत्म नहीं होता है। मुझे उम्मीद है कि जल्दी ही ट्रेल कमीशन की लागत के नियमों पर सेबी की नज़र जाएगी। साथ ही, मुझे कुछ वर्षों में इंडेक्स फंडों को लेकर और अधिक नियम-कायदों की भी उम्मीद है।

जब आप सेबी द्वारा सुधार का अगला दौर शुरू करने पर अख़बारों में "मर गए, लुट गए" वाली खबरें देखें, तो वापस आकर इस अध्याय को पढ़ें और याद रखें कि सेबी का कदम आपके हित में है। एक म्युचुअल

फंड निवेशक के रूप में, आपको यह जानना होगा कि फंड मैनेजर के लिए नियमों में खामियां ढूंढ़ना और मनमानी करना कितना आसान है। एक स्कीम से दूसरी स्कीम में सिक्योरिटीज़ के ट्रांसफर से लेकर लंबी अवधि के बॉन्ड को तकनीकी आधार पर छोटी अवधि के तौर पर बताने तक, इंडस्ट्री में यह सब होता रहा है। लेकिन सेबी और म्युचुअल फंड इंडस्ट्री में बीच चल रहे चूहे-बिल्ली के इस खेल से आपको निराश नहीं होना है, बल्कि आत्मविश्वास पैदा करना है। कम से कम रेगुलेटर को पता है कि इंडस्ट्री में क्या चल रहा है, और वह निवेशकों के हित को सबसे ऊपर रखने के लिए नियमों में लगातार बदलाव करता रहता है।

दूसरे कई रेगुलेटर इतने सक्रिय नहीं हैं और उन्हें इस बात की परवाह नहीं रहती है कि निवेशकों के लिए पारदर्शिता हो या ऐसे नियमों और कामकाज के तरीकों पर कार्रवाई की जाए जो निवेशकों को नुकसान पहुंचाने वाले हैं। उदाहरण के लिए, अगर आप दूसरे प्रीमियम का भुगतान नहीं करते हैं तो लाइफ इंश्योरेंस रेगुलेटर बीमा कंपनियों को आपका पूरा पहला प्रीमियम काट लेने की इजाज़त देता है। अगर पांच प्रीमियम के बाद आप छठा प्रीमियम नहीं देने का फैसला लेते हैं, तो रेगुलेटर की तरफ से इंश्योरेंस इंडस्ट्री को आपकी आधी जमा पूंजी हड़प लेने की इजाज़त है! हम यहां रिटर्न की बात नहीं कर रहे हैं। यहां आपका मूलधन ही डूब जाता है।

सेबी के नियम भारतीय म्युचुअल फंडों के गलत तरीके से प्रोडक्ट बेचने की आशंका को कम करते हैं क्योंकि उन्होंने सभी प्रकार के फ्रंट कमीशन हटाकर यह पक्का किया है कि प्रोडक्ट बेचने वाले एजेंट को नाजायज़ फायदे ना मिले, साथ ही ऐसे नियमों में बदलाव करके प्रोडक्ट को पहले से ज़्यादा सुरक्षित बनाया गया है, जिन पर आम तौर पर नज़र नहीं जाती। प्रोडक्ट से जुड़ी सारी अहम बातों का पता होना अच्छा है और ढेरों स्वतंत्र विश्लेषक हैं जो आपको आसान तरीके से फंड के प्रदर्शन, एक्सपेंस रेश्यो और पोर्टफोलियो के बारे में समझाते हैं। लेकिन याद रखें कि फाइनेंशियल सेक्टर हमेशा रेगुलेटर से कुछ कदम आगे रहता है और समय के साथ बुरी आदतें पनपने लगती हैं। आदर्श स्थिति तो यही है कि उन फंड कंपनियों को चुनें जिनका मैनेजमेंट अच्छा है और जो निवेशकों के हित को आगे रखने के लिए जाने जाते हैं। जैसा कि मैं अक्सर कहती हूं,

निवेश का मतलब सिर्फ एक या दो साल में बहुत ऊंचा रिटर्न कमाना भर नहीं है, बल्कि अपने जीवनकाल में एक निवेश भागीदार साथ रखना है।

अगले अध्याय से, हम म्युचुअल फंड स्कीम को चुनने की प्रक्रिया शुरू करेंगे। आपको बना-बनाया खाना देने के बजाय, मैं चाहती हूं कि आप अपना काम खुद करें ताकि यह प्रक्रिया आपके पूरे निवेशकाल तक जारी रहे। हो सकता है कि आज का बना-बनाया खाना कल आपके अनुकूल ना हो। लेकिन अगर आपको फैसले लेने के कदमों की जानकारी है, तब आप खुद से यह कर सकते हैं। यह प्रक्रिया आसान नहीं है, लेकिन इसे एक बार करें, भले ही इसमें कितना भी लंबा समय लगे—यह एक बार की कड़ी मेहनत है जिसका मीठा फल आपको पूरे निवेशकाल तक मिलता रहेगा। आगे के काम के लिए आगे बढ़ते हैं!

एक व्यक्तिगत निवेशक के रूप में, हमें ऐसे रास्ते की ज़रूरत है जिसमें खेल के नियम सिर्फ इंडस्ट्री और एजेंट के मुनाफे के बजाय हमारे पक्ष में हों। निवेशकों के हित में लगातार काम करने वाले एक अच्छे रेगुलेटर ने भारत में औसत परिवार के लिए म्युचुअल फंड को एक बेहतरीन विकल्प बना दिया है।

आप सही रास्ते पर हैं अगर आप यह समझते हैं कि म्युचुअल फंड

1. धोखाधड़ी के जोखिम से मुक्त हैं;
2. बाज़ार के ख़राब प्रदर्शन के जोखिम से मुक्त नहीं हैं;
3. गलत फैसले लेने वाले फंड मैनेजरों से मुक्त नहीं हैं;
4. में ऐसे खर्च हैं जो तय हैं, और समझने और तुलना करने में आसान हैं;
5. में जो लेबल लगा है, वह सच है—आपको ज़्यादातर वही मिलता है जो आप खरीदना चाहते हैं; और
6. प्रोडक्ट की कीमत में कोई फ्रंट कमीशन नहीं है।

4

चुनाव के विकल्प

कोई विकल्प ना होने से बेहतर है कि कुछ विकल्प हों। लेकिन, आम समझ के विपरीत, जब फैसले लेने की बात आती है तब बहुत ज़्यादा विकल्प होने से बेहतर है कम विकल्पों का होना।

फ़िल्म *इंग्लिश विंग्लिश* में एक दृश्य है जहां शशि (श्रीदेवी अभिनीत) मैनहटन के एक कैफे में ढेर सारे विकल्पों से इतनी डर जाती है कि रोने लगती है। मुझे भी कभी-कभी ऐसा ही लगता है जब किसी कैफे में मेरे सामने विकल्पों की भरमार हो जाती है। किस तरह की कॉफ़ी (दस विकल्प), कौन सा फ़्लेवर (सात विकल्प), दूध के साथ या बगैर दूध के। अगर दूध लेना है तो किस तरह का दूध (बस आपके पास ऊंट के दूध का विकल्प नहीं होता!), यहां पीना है या लेकर जाना है? क्या आप खाने के लिए कुछ लेंगी? क्या, नहीं! हे भगवान! बस एक कॉफ़ी चाहिए, यार।

भले ही कॉफ़ी के विकल्प महत्वपूर्ण हैं, लेकिन इनका आपके निवेश के फैसलों की तरह, आपके भविष्य पर कोई दूरगामी असर नहीं पड़ता। हमारा भविष्य और हमारी जीवनशैली उन विकल्पों पर निर्भर करती है जिन्हें हम आज चुनते हैं। और जब म्युचुअल फंड वह निवेश माध्यम

है जिसे हमने चुना है, तब हमें फंड के सभी विकल्पों को और उनमें पैसे लगाने और निकालने के तरीकों को समझने की ज़रूरत है। आपको खीझ आ सकती है, लेकिन मैं इसे बार-बार दोहराऊंगी कि इसे एक बार समझ लें और आपके लिए निवेश से जुड़े बड़े फैसलों की ज़िंदगी भर की दिक्कत दूर हो जाएगी। आपको बड़े और डरावने विकल्प नहीं, बल्कि ऐसा विकल्प चुनने की ज़रूरत होगी, जिसे धीरे-धीरे बढ़ाया जा सके, और अभी हम यही करने की कोशिश करने जा रहे हैं।

भारत में विकल्पों की भरमार हमारे लिए थोड़ी नई चीज़ है। हममें से जो लोग नई सहस्राब्दी से पहले पैदा हुए थे, वे कम सप्लाई वाले देश में पले-बढ़े थे। एक से ज़्यादा विकल्प होना ही विलासिता थी, भले ही वे विकल्प खराब गुणवत्ता और सेवा वाले हों। फिर आया 1991 और कारोबार के चारों ओर की बेड़ियां ढीली हो गईं। बाज़ार की ताक़त बढ़ गई और भारतीयों को विकल्प मिल गया। दो कार कंपनियों से बढ़कर विकल्प दो दर्जन से भी ज़्यादा हो गए। टेलीफ़ोन कनेक्शन के लिए इंतज़ार की लंबी कतारें नहीं, अब एक-दूसरे से मुकाबला करने वाली कंपनियां आपकी मांग पर ब्रॉडबैंड लेकर हाज़िर थीं। आज जितनी बड़ी तादाद में विकल्प मौजूद हैं, उन्हें देखने के लिए हमें अब और कुछ नहीं बस सुपरमार्केट घूमकर आ जाना है। मुझे अपने भरोसेमंद लेकिन दम तोड़ रहे बारह साल पुराने टीवी सेट को बदलने के लिए एक टीवी की तलाश थी। स्क्रीन धीरे-धीरे गर्म हो जाती और मुझे पूरी स्क्रीन पर तस्वीर देखने के लिए ऊपरी आधे और निचले आधे हिस्से के बीच की लकीर गायब होने में दस-पंद्रह मिनट लगते। जब यह समय एक घंटा और उससे भी ज़्यादा हो गया, तब मैं समझ गई कि टीवी बदलने का समय आ गया है। आलस के अलावा, पहले टीवी को दम तोड़ने की इजाज़त ना देने की एक वजह थी किसी दूसरे टीवी के चुनाव का फैसला लेने का डर। इन बारह वर्षों में, पसंदीदा टीवी के इतने विकल्प हो गए हैं कि मुझे यह भी नहीं पता था कि कहां से शुरू करें। बहुत ज़्यादा विकल्पों की यह मुश्किल (ऐसा वाकई में होता है!) मुझे कोई एक फैसला लेने से रोक रही थी।

क्या आपने मशहूर जैम स्टडी के बारे में सुना है? कोलंबिया बिज़नेस स्कूल में अर्थशास्त्री और विकल्प सिद्धांत (चॉइस थियरी) विशेषज्ञ शीना अयंगर ने साल 2000 में एक अनूठे अध्ययन में साबित किया कि ज़्यादा

विकल्पों की वजह से खरीदारी के फैसले और संतुष्टि दोनों कम होती है। प्रयोग इस तरह था: अमेरिका के एक महंगे स्टोर में, खरीदारों को खरीदारी से पहले अलग-अलग तरह के जैम का स्वाद चखने के लिए बुलाया गया। काउंटर पर हर घंटे जैम के विकल्पों की संख्या बदल दी जाती थी—पहले घंटे में, चौबीस अलग-अलग स्वाद के जैम पेश किए जाते थे और दूसरे घंटे, केवल छह। इस आधार पर कि ज़्यादा विकल्प बेहतर हैं, हम सोचेंगे कि जिस काउंटर पर चौबीस तरह के जैम हैं, वहां ज़्यादा बिक्री होगी, है ना? लेकिन नहीं! अध्ययन में पाया गया कि बड़े जैम काउंटर ने स्टोर में मौजूद 60 फीसदी खरीदारों को आकर्षित किया, जबकि छोटे जैम काउंटर पर केवल 40 फीसदी लोग सैंपल लेने के लिए रुके। ज़्यादा विकल्प वाले काउंटर पर औसतन 1.5 जैम चखे गए और कम विकल्प वाले काउंटर पर 1.4 जैम चखे गए। लेकिन जब बिक्री की बात आई, तो चौबीस जैम वाले काउंटर पर सिर्फ 3 फीसदी लोगों ने खरीदारी की, जबकि छह जैम वाले काउंटर पर गए लोगों में से 30 फीसदी ने खरीदारी की। न केवल ज़्यादा विकल्प वाले काउंटर पर बिक्री कम रही, बल्कि बाद के शोध से पता चला कि वे खरीदार अपने फैसले से कम संतुष्ट दिखे। उन्हें यह ज़्यादा महसूस हुआ कि जो जैम उन्होंने नहीं खरीदा, वह बेहतर था क्योंकि उनके पास ढेरों विकल्प थे। इसी तरह हम कई बार निवेश के अपने फैसले टाल देते हैं—क्योंकि बाज़ार में बहुत ज़्यादा विकल्प हैं। और, इससे भी बुरी बात यह है कि अगर आपको जैम का स्वाद पसंद नहीं आता है तो उसकी बोतल को आप बगैर किसी ज़्यादा फिक्र के हटा सकते हैं, लेकिन निवेश फैसलों का असर ज़िंदगी भर पड़ता है—गलत फैसलों के नतीजे जेब पर भारी पड़ेंगे। इसलिए, हम सबसे अच्छे रिटर्न की उम्मीद के साथ पर्फेक्ट निवेश उत्पाद की तलाश करते हैं और, चूंकि पर्फेक्शन जैसी चीज़ की उम्र बहुत कम होती है, हम नाकाम हो जाते हैं। जब हम फैसला कर रहे होते हैं, तो मूल्यांकन और चुनाव करने के लिए हम बाज़ार से जुड़े वित्तीय उत्पादों की सिर्फ एक मापक इकाई का इस्तेमाल करते हैं—ऊंचा रिटर्न। लेकिन जब हम जोखिम, लिक्विडिटी, टैक्स पर असर, लागत और निवेश से निकलने के विकल्प जैसी दूसरी खासियतों को नज़रअंदाज़ करते हैं—तो हम गलत फैसले कर लेते हैं।

म्युचुअल फंड चुनने के विकल्प

हमारे देश में 1,200 से अधिक म्युचुअल फंड योजनाएं हैं जिनमें अलग-अलग विकल्पों को मिलाकर 10,000 से भी ज़्यादा विकल्प सामने आते हैं। अगर आप किसी विकल्प के सारे पैमानों को ध्यान में रखे बिना कोई योजना चुनते हैं तो आप नुकसान में रह सकते हैं। जब आप कार चुनते हैं, तो आप कहां से शुरू करते हैं? आप पहले एक कैटेगरी चुनते हैं। हैचबैक, सेडान, एसयूवी, लक्ज़री—यही होता है ना शुरुआती पैमाना? फिर आप अपनी पसंदीदा कैटेगरी के भीतर कार की खासियतों पर गहराई से सोच सकते हैं। हम म्युचुअल फंड के साथ भी ऐसा कर सकते हैं। हम पहले एक कैटेगरी चुनते हैं और फिर उसमें से एक स्कीम चुनते हैं।

2016 में सेबी ने पाया कि म्युचुअल फंड कंपनियां एक जैसी कई योजनाएं लॉन्च कर रही थीं जो निवेशकों को भ्रमित कर रही थीं। उदाहरण के लिए, एक फंड हाउस ने अलग-अलग नामों से चार लार्ज-कैप स्कीमें लॉन्च कर रखी थीं। मैं एक अख़बार के लिए जब पर्सनल फाइनेंस के पन्नों का संपादन करती थी, तब एक बार एक पोर्टफोलियो का विश्लेषण करते वक्त चार स्कीमों में मुझे 90 प्रतिशत शेयरों की ओवरलैपिंग मिली थी। एक दूसरे पोर्टफोलियो में बैलेंस्ड फंड था जिसमें मिड-कैप स्टॉक थे। सेबी ने पाया कि फंड्स स्कीम के लेबल के मुताबिक स्टॉक नहीं चुन रहे थे या पोर्टफोलियो में स्टॉक और बॉन्ड उस इन्वेस्टमेंट थीम के अनुसार नहीं थे जिसका वादा निवेशकों से किया गया था। यह काफ़ी कुछ इस तरह से था—आप एक बस स्टेशन पर हैं, वहां जाने के लिए बसें तैयार हैं और बस के आगे और पीछे की खिड़कियों पर जाने की जगहों के नाम लिखे हैं। आप दिल्ली में हैं और बसें नोएडा, गुरुग्राम और फ़रीदाबाद जा रही हैं। आप गुरुग्राम की बस में चढ़े क्योंकि आप साइबर सिटी जाने और एक दोस्त से मिलने की योजना बना रहे थे।

वैसे, साइबर सिटी गुरुग्राम में एक जीवंत जगह है जहां कई खूबसूरत हैंगआउट ऑप्शंस हैं। और अगर आप वहां जाएं तो.... ओह, सॉरी, यह किताब म्युचुअल फंड के बारे में है! तो, हम गुरुग्राम जाने की कोशिश कर रहे हैं और बस पर लगा लेबल कहता है गुरुग्राम, लेकिन बस ड्राइवर के दिमाग में कुछ और ही है और आपको पता चलता है कि आपको

फ़रीदाबाद ले जाया जा रहा है। साइबर सिटी के खूबसूरत लाउंज में आपका इंतज़ार कर रहा दोस्त नाराज़ तो हुआ ही, और आप वहां पहुंच गए जहां आपको जाना नहीं था। कितना बेतुका है ना आपको किसी और ही जगह पहुंचा देना जबकि गंतव्य कुछ और ही था? तो, बिलकुल यही हो रहा था म्युचुअल फंड इंडस्ट्री में—पोर्टफोलियो के शेयरों और बॉन्ड्स का उन स्कीमों के लेबल से कई बार कोई लेना-देना ही नहीं रहता था, वे निवेशकों को गुमराह कर रहे थे और उन्हें उससे कहीं ज़्यादा जोखिम उठाने के लिए मजबूर किया जा रहा था जितना वे चाहते थे।

सेबी ने बाज़ार में व्यवस्था लाने के लिए दो काम किए। पहला, इसने बहुत अच्छी तरह से परिभाषित पोर्टफोलियो की खासियतों के साथ ओपन-एंडेड फंडों के लिए सैंतीस कैटेगरी बना दीं। (हम ओपन-एंडेड फंड को बाद में अध्याय 5, पृष्ठ 70 में समझेंगे।) दूसरा, इसने हर फंड हाउस को हर कैटेगरी में सिर्फ एक स्कीम रखने की इजाज़त दी। क्लोज-एंडेड फंड इस वर्गीकरण से बाहर थे—इसके बारे में ज़्यादा जानकारी पृष्ठ 71, अध्याय 5 में। कैटेगरी बनाते वक्त इस बात को ध्यान में रखा गया कि एक अच्छी तरह से डाइवर्सिफाइड पोर्टफोलियो के लिए निवेशकों की ज़रूरतें क्या हैं और भविष्य में अलग-अलग अवधि में उनको पैसे की कितनी ज़रूरत पड़ सकती है।

बहुत सारी एक जैसी स्कीमों के मसले पर बहस लगातार चलती रहती थी, और 2009 से 2021 तक सेबी की म्युचुअल फंड कमिटी की एक सदस्य के तौर पर, एक बार मैंने वन-बकेट-वन-स्कीम का आइडिया सुझाया था। फिर मैंने इस बारे में *मिंट* में एक लेख लिखा।[1] सलाहकार समिति की छह महीने से ज़्यादा लंबे समय तक चली प्रक्रिया के बाद आखिरकार पांच समूहों में सैंतीस कैटेगरी बनाई गईं। इक्विटी में ग्यारह कैटेगरी, डेट में सोलह, हाइब्रिड में छह, सॉल्यूशन-ओरिएंटेड में दो और बाकी में दो कैटेगरी हैं।

टेबल 4.1

ओपन-एंडेड फंड्स के लिए म्युचुअल फंड की सैंतीस कैटेगरीज़

	इक्विटी	डेट	हाइब्रिड	सॉल्यूशन ओरिएंटेड	दूसरी स्कीम
1	मल्टी-कैप	ओवरनाइट	कंज़र्वेटिव हाइब्रिड	रिटायरमेंट फंड	इंडेक्स/ ईटीएफ
2	लार्ज-कैप	लिक्विड	बैलेंस्ड/ एग्रेसिव हाइब्रिड	चिल्ड्रेंस फंड	फंड ऑफ फंड (ओवरसीज़/ डोमेस्टिक)
3	लार्ज एंड मिड-कैप	अल्ट्रा-शॉर्ट ड्यूरेशन	डायनेमिक एसेट एलोकेशन/ बैलेंस्ड एडवांटेज		
4	मिड-कैप	लो ड्यूरेशन	मल्टी-एसेट एलोकेशन		
5	स्मॉल-कैप	मनी मार्केट	आर्बिट्राज		
6	डिविडेंड यील्ड	शॉर्ट डूयूरेशन	इक्विटी सेविंग्स		
7	वैल्यू/कॉन्ट्रा	मीडियम ड्यूरेशन			
8	फोकस्ड	मीडियम टू लॉन्ग ड्यूरेशन			
9	सेक्टोरल/ थीमैटिक	लॉन्ग ड्यूरेशन			

10	ईएलएसएस	डायनेमिक बॉन्ड			
11	फ्लेक्सी-कैप	कॉर्पोरेट बॉन्ड			
12		क्रेडिट रिस्क			
13		बैंकिंग एंड पीएसयू			
14		गिल्ट			
15		गिल्ट विद टेन ईयर कॉन्स्टैंट ड्यूरेशन			
16		फ्लोटर			

अब आपको कैटेगरीज़ और उनके इस्तेमाल के सबसे सही वक्त बारे में गहराई से जानने के लिए कमर कसने की ज़रूरत है। मैं आपको भविष्य में फंड चुनने में आत्मनिर्भर बनाने की कोशिश कर रही हूं—इसलिए अगर आप इसे एक बार समझ लेंगे तो कभी भी यह सवाल नहीं पूछेंगे कि 'क्या अभी म्युचुअल फंड खरीदने का सही समय है?'

इक्विटी की ग्यारह कैटेगरीज़

टेबल 4.2

इक्विटी की ग्यारह कैटेगरीज़			
	इक्विटी	**स्कीम की खासियत**	**स्कीम का प्रकार**
1	मल्टी-कैप	कुल परिसंपत्ति का न्यूनतम 65% इक्विटी और संबंधित वित्तीय साधनों में	लार्ज, मिड और स्मॉल-कैप शेयरों में से हरेक में न्यूनतम 25% निवेश

इक्विटी की ग्यारह कैटेगरीज़			
	इक्विटी	**स्कीम की खासियत**	**स्कीम का प्रकार**
2	लार्ज-कैप	कुल परिसंपत्ति का न्यूनतम 80% लार्ज-कैप शेयरों और संबंधित वित्तीय साधनों में	मुख्य रूप से लार्ज-कैप शेयरों में निवेश
3	लार्ज एंड मिड-कैप	कुल परिसंपत्ति का 35-35% लार्ज और मिड-कैप शेयरों और संबंधित वित्तीय साधनों में	लार्ज और मिड-कैप दोनों शेयरों में निवेश
4	मिड-कैप	कुल परिसंपत्ति का न्यूनतम 65% मिड-कैप इक्विटी और संबंधित वित्तीय साधनों में	मुख्य रूप से मिड-कैप शेयरों में निवेश
5	स्मॉल-कैप	कुल परिसंपत्ति का न्यूनतम 65% स्मॉल-कैप इक्विटी और संबंधित वित्तीय साधनों में	मुख्य रूप से स्मॉल-कैप शेयरों में निवेश
6	डिविडेंड यील्ड	कुल परिसंपत्ति का न्यूनतम 65% डिविडेंड देने वाले शेयरों में	मुख्य रूप से डिविडेंड देने वाले शेयरों में निवेश

इक्विटी की ग्यारह कैटेगरीज़			
	इक्विटी	स्कीम की खासियत	स्कीम का प्रकार
7	वैल्यू\ कॉन्ट्रा	कुल परिसंपत्ति का न्यूनतम 65% वैल्यू स्टॉक या एक विपरीत निवेश रणनीति में	मुख्य रूप से वैल्यू स्टॉक या एक विपरीत निवेश रणनीति में निवेश
8	फोकस्ड	कुल परिसंपत्ति का न्यूनतम 65% अधिकतम तीस शेयरों में	फंड को कैप स्ट्रैटेजी बतानी होती है- अधिकतम तीस मल्टी/ लार्ज/मिड/स्मॉल-कैप शेयर
9	सेक्टोरल/ थीमैटिक	कुल परिसंपत्ति का न्यूनतम 80% किसी खास सेक्टर या थीम में	फंड को सेक्टर या थीम बतानी होती है
10	ईएलएसएस	कुल परिसंपत्ति का न्यूनतम 80% साफ़ तौर पर बताए गए शेयरों और संबंधित वित्तीय साधनों में	स्कीम में 3 साल का लॉक-इन होता है और निवेश पर 80सी के नियमों के तहत छूट मिलती है
11	फ्लेक्सी-कैप	कुल परिसंपत्ति का न्यूनतम 65% इक्विटी और संबंधित वित्तीय साधनों में	फंड मैनेजर के फैसलों के मुताबिक लार्ज/मिड/ स्मॉल-कैप शेयरों में निवेश

अगर आपको याद नहीं है कि परिसंपत्ति के रूप में इक्विटी का क्या मतलब है, तो एक बार फिर से *बात पैसे की* में अध्याय 8 पढ़ें। आपको लंबी अवधि में अपने पैसे को बढ़ाने के लिए अपने पोर्टफोलियो में इक्विटी की ज़रूरत होती है। आपको सभी ग्यारह कैटेगरीज़ की नहीं, बल्कि कुछेक की ज़रूरत होती है। लेकिन, जिस चीज़ की आपको ज़रूरत नहीं है, उसे हटाने के लिए, हमें पूरी सूची देखनी होगी और यह समझना होगा कि किस

कैटेगरी का दायरा कितना है और निवेश शैली क्या है।

हम बाज़ार में शेयरों को उनके मार्केट कैप के आधार पर तीन हिस्सों में बांट सकते हैं। मार्केट कैप का मतलब है किसी कंपनी के शेयरों की संख्या और उसकी बाज़ार कीमत का गुणा, इसका कंपनी के टर्नओवर या मुनाफे से संबंध नहीं होता और इसका इस्तेमाल कंपनी के आकार को समझने के लिए किया जाता है। लार्ज-कैप शेयर वे होते हैं जो मार्केट कैप के हिसाब से भारत में स्टॉक एक्सचेंजों पर सूचीबद्ध टॉप 100 स्टॉक्स हैं। मिड-कैप शेयर होते हैं 101वें से 250वें स्टॉक के बीच। और 251वें के बाद से स्मॉल-कैप शेयर शुरू हो जाते हैं। लार्ज-कैप स्टॉक आम तौर पर बड़ी, प्रतिष्ठित और परिपक्व कंपनियों के होते हैं। निवेशक आमतौर पर अपने इक्विटी पोर्टफोलियो में रिटर्न को स्थिरता देने के लिए लार्ज-कैप का उपयोग करते हैं। मिड-कैप तेज़ी से बढ़ने वाली कंपनियां हैं जो अगर बढ़ती रहीं तो एक दिन उनमें लार्ज-कैप बनने की क्षमता है। इनका उपयोग निवेशक लार्ज-कैप शेयरों की तुलना में अधिक रिटर्न कमाने के लक्ष्य के साथ करते हैं हालांकि इनमें थोड़ा ज़्यादा जोखिम होता है। स्मॉल-कैप बाज़ार का सबसे ज़्यादा जोखिम भरा हिस्सा है, लेकिन इसमें बहुत अधिक रिटर्न देने की क्षमता है। लेकिन स्मॉल-कैप में काफ़ी उतार-चढ़ाव देखने को मिलता है और हो सकता है कि किसी साल एक स्मॉल-कैप शेयर सबसे अच्छा प्रदर्शन करे और अगले ही साल सबसे खराब प्रदर्शन। उनका जादू देखने के लिए आपको एक दशक तक अपने निवेश और अपनी भावनाओं पर नियंत्रण रखने के काबिल होना होगा।

तो, हमारे पास तीन बुनियादी कैटेगरीज़ हैं—लार्ज, मिड और स्मॉल-कैप फंड। अभी हमें उनके जोखिम और रिटर्न के बारे में थोड़ी-बहुत जानकारी है। अगली तीन क्रॉस-कैप कैटेगरीज़ हैं—मल्टी-कैप, फ्लेक्सी-कैप और लार्ज एंड मिड-कैप। याद रखें कि सेबी की कवायद तब हुई जब अलग-अलग कैटेगरीज़ में निवेशकों के हज़ारों करोड़ रुपए पहले से लग चुके थे। फ्लेक्सी-कैप और लार्ज एंड मिड-कैप दो ऐसी कैटेगरीज़ थीं। फ्लेक्सी-कैप कैटेगरी में फंड मैनेजर को किसी भी मार्केट-कैप के शेयर में निवेश करने की इजाज़त होती है, इकलौती रोक यह है कि 65 प्रतिशत पैसे इक्विटी में लगने चाहिए। फंड मैनेजर निवेशित रकम को लार्ज, मिड और स्मॉल-कैप शेयरों के बीच अपनी समझ से बार-बार फेरबदल कर सकता

है। इससे फंड मैनेजर को अगले कैप साइकिल का पूर्वानुमान लगाने और निवेशकों के लिए सबसे ऊंचा रिटर्न कमाने के लिए समय देने की बड़ी सुविधा मिलती है। मुझे लगता है कि अगर फंड मैनेजर ऐसे पूर्वानुमान लगाने में वाकई में अच्छे होते, तो इस कैटेगरी के फंड ने इक्विटी में बाकी सभी को पीछे छोड़ दिया होता। लेकिन हकीक़त में हमें यह बेहतर प्रदर्शन नज़र नहीं आता। औसतन, फ्लेक्सी-कैप फंड में लगाए गए पैसे ज़्यादातर लार्ज-कैप शेयरों में निवेशित रहते हैं।

एक मल्टी-कैप फंड अपने लेबल पर खरा उतरता है क्योंकि इसकी शर्तों में निवेश का स्तर साफ़-साफ़ बताया गया है। फंड मैनेजर को तीनों मार्केट कैप में से हरेक में एयूएम का कम से कम 25 प्रतिशत निवेश करना होता है। आम तौर पर लार्ज-कैप में 50 प्रतिशत, मिड-कैप में 25 प्रतिशत और स्मॉल-कैप में 25 प्रतिशत निवेश किया जाता है। इस कैटेगरी ने पिछले सालों में कैसा प्रदर्शन किया है, इसे आंकने के लिए हमारे पास पर्याप्त आंकड़े नहीं हैं। मेरा अनुमान है कि वे फ्लेक्सी-कैप कैटेगरी से बेहतर प्रदर्शन करेंगे क्योंकि फंड प्रबंधक मिड-कैप और स्मॉल-कैप के सबसे अच्छे शेयरों को चुनने के लिए मजबूर होंगे, जिनमें ऊंचा रिटर्न देने की क्षमता है लेकिन जोखिम भी ज़्यादा है।

याद रखें कि फंड मैनेजर के लिए लार्ज-कैप के प्रति झुकाव रखना कहीं अधिक सुरक्षित है क्योंकि यह कम जोखिम वाली रणनीति है। लेकिन अगर मैं, एक निवेशक के रूप में, ऑफ-रोडिंग करना (उबड़-खाबड़ रास्तों पर गाड़ी चलाना) चाहती हूं और खुद को उत्तेजना से भरना चाहती हूं तो मैं ट्राम क्यों लूंगी? अगर मैं एक ऐसा फंड खरीद रही हूं जो अलग-अलग मार्केट कैप के शेयरों में निवेश करता है, तो उसे लार्ज-कैप के छाते में सुरक्षित रहने के बजाय वाकई में हर मार्केट कैप के शेयरों में पैसे लगाने चाहिए। फंड कैटेगरीज़ इसलिए बनाई गई हैं ताकि वो आपके निवेश पोर्टफोलियो की ज़रूरतों और निवेश शैली से मेल खाएं और आपके लिए सबसे बेहतर प्रोडक्ट पेश कर सकें।

अगली तीन कैटेगरीज़ का महत्व ज़्यादातर छोटे निवेशकों के पोर्टफोलियो में सीमित रहता है—ये हैं डिविडेंड यील्ड, फोकस्ड और वैल्यू/कॉन्ट्रा फंड। डिविडेंड यील्ड फंड का लक्ष्य उन शेयरों में निवेश करना है जो आपको ऊंचा डिविडेंड देते हैं। पिछले दस सालों के दौरान

इस कैटेगरी ने औसत लार्ज-कैप फंड की तरह प्रदर्शन दिखाया है और करीब-करीब इंडेक्स के बराबर रिटर्न दिया है। आप इस कैटेगरी के बजाय कम लागत वाला इंडेक्स फंड भी खरीद सकते हैं। आप इंडेक्स फंड और उनके उपयोग के बारे में ज़्यादा जानकारी पृष्ठ 198 पर अध्याय 11 में ले सकते हैं।

फोकस्ड फंड किसी भी मार्केट कैप या शैली में अधिकतम तीस शेयरों की सीमा के भीतर निवेशित रहते हैं और निवेशक को बेहद चुनिंदा शेयरों के पोर्टफोलियो का फायदा देते हैं। याद रखें कि लार्ज-कैप के टॉप 100 शेयरों के दायरे में 6 अप्रैल 2023 को लगभग 16 लाख करोड़ रुपए के मार्केट कैप वाली रिलायंस इंडस्ट्रीज़ से लेकर 47,280 करोड़ रुपए के मार्केट कैप वाली शेफ़लर इंडिया तक शामिल है। (मार्केट कैप के मामले में रिलायंस इंडस्ट्रीज़ शेफ़लर इंडिया से लगभग 30 गुना बड़ी है।) हो सकता है कि कोई फंड मैनेजर तीस शेयरों का पोर्टफोलियो लार्ज-कैप शेयरों के टॉप 30 से बनाए और कोई दूसरा सबसे नीचे के 30 स्टॉक चुने। मुझे उम्मीद है कि आपने ध्यान दिया होगा कि लार्ज-कैप फंड में उसी कैटेगरी के टॉप तीस शेयरों की तुलना में लार्ज-कैप शेयरों का निचला हिस्सा जोखिम भरा होता है और मिड-कैप फंड में टॉप तीस शेयरों में निचले तीस शेयरों की तुलना में कम जोखिम होता है। कोई फंड मैनेजर अपनी एक अलग निवेश शैली बनाकर ऊंचा रिटर्न हासिल करने की कोशिश कर सकता है। इस कैटेगरी का इतिहास दिखाता है कि इसमें मिलने वाला रिटर्न हमेशा एक जैसा नहीं रहा है यानी यहां पोर्टफोलियो में एक सीमित संख्या में स्टॉक होने का ऊंचा जोखिम दिखता है। इसलिए, एक परिपक्व अनुभवी निवेशक, इस कैटेगरी का उपयोग ज़्यादा रिटर्न के टार्गेट के साथ कर सकता है, लेकिन नए निवेशक को निश्चित रूप से इससे दूर रहना चाहिए। यह सिर्फ गैर-ज़रूरी जोखिम है जिसे उठाने से बचना चाहिए।

इसके बाद वैल्यू/कॉन्ट्रा फंड आते हैं। फंड हाउस दोनों में से किसी एक को चुन सकते हैं—या तो उनके पास वैल्यू फंड होगा या कॉन्ट्रा फंड। म्युचुअल फंड कंपनियां दोनों चाहती थीं! दोनों को एक कैटेगरी में रखने के पीछे सेबी का तर्क यह है कि एक वैल्यू स्ट्रैटजी दरअसल कॉन्ट्रेरियन स्ट्रैटजी है—तो एक अलग कैटेगरी की ज़रूरत कहां है? दरअसल, हम

उस तर्क को आगे बढ़ाते हुए कह सकते हैं कि बाकी कैटेगरीज़ के फंड मैनेजर भी उन शेयरों की पहचान करने की कोशिश करते हैं जो समय के साथ बढ़ेंगे। ग्रोथ बनाम वैल्यू की बहस को वॉरेन बफेट ने ख़त्म कर दिया था (अगर आप बफेट को नहीं जानते तो शायद आप बाकी दुनिया से अलग-थलग हैं!) जब उन्होंने 2000 में बर्कशायर हैथवे के शेयरधारकों को एक चिट्ठी में लिखा: 'बाज़ार के ऐसे टिप्पणीकार और इन्वेस्टमेंट मैनेजर, जो "ग्रोथ" और "वैल्यू" शैलियों को निवेश के विपरीत दृष्टिकोणों के तौर पर दिखाते हैं, वे अपना अज्ञान दिखा रहे हैं, न कि अपनी विशेषज्ञता। वैल्यू इक्वेशन में ग्रोथ केवल एक हिस्सा भर है, आमतौर पर प्लस, और कभी-कभी माइनस में।'

अगली कैटेगरी है ईएलएसएस या इक्विटी लिंक्ड सेविंग स्कीम। इस स्कीम में सेक्शन 80सी के फायदे मिलते हैं। (इस बारे में ज़्यादा जानकारी के लिए टैक्स पर अध्याय 8 में पृष्ठ 151 पढ़ें।) इन फंडों को बेचने से पहले तीन साल का लॉक-इन होता है। यहां आपको एक आंकड़ा बताती चलूं—ईएलएसएस कैटेगरी में दस साल के सालाना रिटर्न का औसत लगभग 15 फीसदी है। 6 अप्रैल 2023 को सबसे खराब फंड ने 12 फीसदी और सबसे अच्छे फंड ने 21 फीसदी रिटर्न दिया था।

यह टैक्स में कटौती चाहने वालों के लिए एक बेहतरीन कैटेगरी है, यह बेकार एडाओमेंट पॉलिसियों से कहीं बेहतर है जो केवल एजेंट और बीमा कंपनियों का फायदा कराती हैं, एक निवेशक के रूप में आपका नहीं। सबसे अच्छा कॉम्बिनेशन है एक टर्म-इंश्योरेंस प्लान जिसके प्रीमियम पर आपको टैक्स छूट मिलती है और निवेश के लिए ईएलएसएस।

अंतिम कैटेगरी है सेक्टोरल/थीमैटिक फंड और यह उस अनुभवी म्युचुअल फंड निवेशक के लिए है जिसके पास पहले से ही एक बुनियादी पोर्टफोलियो है। यह आपका खरीदा गया पहला या दूसरा या तीसरा इक्विटी फंड नहीं हो सकता। यह एक ऐसी कैटेगरी है जिसमें फंड मैनेजर को किसी सेक्टर या थीम के शेयरों में पैसे लगाने की इजाज़त होती है। सेक्टर हो सकता है आईटी, इंफ्रास्ट्रक्चर, फार्मा, वगैरह। थीम हो सकती है कंज़प्शन, एथिक्स, बिज़नेस साइकिल, विशेष परिस्थितियां, वगैरह। कोई सेक्टर फंड, जैसे कि फार्मा या ऑटो, किसी ऐसे व्यक्ति के लिए एक अच्छा निवेश हो सकता है जो सेक्टर को गहराई से जानता और समझता

है, लेकिन थीमैटिक फंड और कुछ नहीं, बस थोड़ी ज़्यादा साज-सज्जा वाले लार्ज-कैप फंड हैं। नए निवेशक के लिए इससे दूर रहना ही सबसे अच्छा है।

इन ग्यारह कैटेगरीज़ में से छह आपके लिए उपयोगी हैं: लार्ज-कैप, मिड-कैप, स्मॉल-कैप, लार्ज और मिड-कैप, ईएलएसएस और मल्टी-कैप फंड। बाकियों को नज़रअंदाज़ कर दें। अध्याय 9 और 10 में हम देखेंगे कि पोर्टफोलियो बनाने के लिए इनमें से कुछ कैटेगरीज़ का इस्तेमाल कैसे किया जाए। लेकिन अभी हमने उन कैटेगरीज़ को शॉर्टलिस्ट कर लिया है जिनमें से हम अपने इक्विटी फंड चुनेंगे। याद रखें कि मैं सेंसेक्स और निफ्टी पर आधारित इंडेक्स फंड को लार्ज-कैप फंड की कैटेगरी में रख रही हूं। लार्ज-कैप फंड इन दिनों बेंचमार्क से ज़्यादा रिटर्न नहीं दे पा रहे हैं और ज़्यादातर पोर्टफोलियो के लिए, लार्ज-कैप के बजाय, सेंसेक्स या निफ्टी 50 आधारित इंडेक्स फंड बेहतर विकल्प है। इस पर थोड़ी और बातें बाद में करेंगे। बेंचमार्क के बारे में पढ़ने के लिए अध्याय 6 में पृष्ठ 116 पर जाएं।

डेट फंड की सोलह कैटेगरीज़

टेबल 4.3

डेट फंड की सोलह कैटेगरीज़...		
	डेट	स्कीम की खासियत
1	ओवरनाइट	एक दिन की मैच्योरिटी वाली ओवरनाइट सिक्योरिटीज़ में निवेश
2	लिक्विड	इक्यानवे दिनों तक की मैच्योरिटी वाले डेट और मनी मार्केट इंस्ट्रूमेंट में निवेश
3	अल्ट्रा-शॉर्ट ड्यूरेशन	डेट और मनी मार्केट इंस्ट्रूमेंट में इस तरह निवेश कि पोर्टफोलियो की मैकाले अवधि तीन से छह महीने के बीच की हो

डेट फंड की सोलह कैटेगरीज़...		
	डेट	**स्कीम की खासियत**
4	लो ड्यूरेशन	डेट और मनी मार्केट इंस्ट्रूमेंट में इस तरह निवेश कि पोर्टफोलियो की मैकाले अवधि छह से बारह महीने के बीच की हो
5	मनी मार्केट	एक साल तक की मैच्योरिटी वाले मनी मार्केट इंस्ट्रूमेंट में निवेश
6	शॉर्ट ड्यूरेशन	डेट और मनी मार्केट इंस्ट्रूमेंट में इस तरह निवेश कि पोर्टफोलियो की मैकाले अवधि एक से तीन साल के बीच की हो
7	मीडियम ड्यूरेशन	डेट और मनी मार्केट इंस्ट्रूमेंट में इस तरह निवेश कि पोर्टफोलियो की मैकाले अवधि तीन से चार साल के बीच की हो
8	मीडियम टू लॉन्ग ड्यूरेशन	डेट और मनी मार्केट इंस्ट्रूमेंट में इस तरह निवेश कि पोर्टफोलियो की मैकाले अवधि चार से सात साल के बीच की हो
9	लॉन्ग ड्यूरेशन	डेट और मनी मार्केट इंस्ट्रूमेंट में इस तरह निवेश कि पोर्टफोलियो की मैकाले अवधि सात साल से ज़्यादा हो
10	डायनेमिक बॉन्ड	अलग-अलग ड्यूरेशन के बॉन्ड में निवेश
11	कॉर्पोरेट बॉन्ड	कुल परिसंपत्ति का न्यूनतम 80% एए+ और उससे ऊपर की रेटिंग वाले कॉर्पोरेट बॉन्ड में निवेश
12	क्रेडिट रिस्क	कुल परिसंपत्ति का न्यूनतम 65% सबसे अच्छी रेटिंग से नीचे वाले बॉन्ड में निवेश
13	बैंकिंग एंड पीएसयू	कुल परिसंपत्ति का न्यूनतम 80% बैंकों, पीएसयू, पीएफ इंस्ट्रूमेंट में निवेश

डेट फंड की सोलह कैटेगरीज़...		
	डेट	**स्कीम की खासियत**
14	गिल्ट	कुल परिसंपत्ति का न्यूनतम 80% अलग-अलग मैच्योरिटी वाली गवर्नमेंट सिक्योरिटीज़ में निवेश
15	गिल्ट 10-ईयर कॉन्स्टैंट ड्यूरेशन	कुल परिसंपत्ति का न्यूनतम 80% गवर्नमेंट सिक्योरिटीज़ में इस तरह निवेश कि पोर्टफोलियो की मैकाले अवधि 10 साल हो
16	फ्लोटर	कुल परिसंपत्ति का न्यूनतम 65% फ्लोटिंग रेट इंस्ट्रूमेंट में निवेश

डेट फंड सरकारी बॉन्ड, कॉर्पोरेट बॉन्ड और डिपॉजिट जैसी डेट सिक्योरिटीज़ में निवेश करते हैं। डेट प्रोडक्ट पोर्टफोलियो को लिक्विडिटी और सुरक्षा देते हैं। आदर्श रूप से, हम डेट प्रोडक्ट का इस्तेमाल बहुत ज़्यादा जोखिम नहीं लेने के लिए करते हैं। मैं इसे बार-बार दोहराऊंगी: एक अच्छे निवेश का मतलब सिर्फ सबसे ऊंचा रिटर्न नहीं है, बल्कि कम लागत, लिक्विडिटी और ज़रूरत पड़ने पर आसानी से पैसे मिलना भी है। मुझसे हाल ही में रेगुलेशन के कामकाज से जुड़े एक बेहद वरिष्ठ व्यक्ति ने पूछा: लिक्विड फंड 7 प्रतिशत दे रहे हैं, क्या मुझे अपना पैसा उसमें ट्रांसफर करना चाहिए? मैं पूरे तीस सेकेंड तक कुछ नहीं बोल पाई। उस व्यक्ति को बाज़ार की स्थिति देखकर लिक्विड फंड में पैसे लगाने का फैसला करने से कहीं बेहतर जानकारी होनी चाहिए थी! हम लिक्विड फंड का उपयोग ऊंचे रिटर्न के लिए नहीं करते हैं।

हम लिक्विड फंड का उपयोग करते हैं ताकि अगले तीन महीनों में पैसा उपलब्ध रहे। हमें सबसे ज़्यादा रिटर्न कमाने वाली इसी मानसिकता को पूरी तरह से छोड़ने और अपनी पैसे की ज़रूरतों का तालमेल डेट कैटेगरीज़ के साथ बैठाने पर काम करने की ज़रूरत है।

ज़्यादातर निवेशकों के लिए डेट एसेट क्लास को समझना मुश्किल है और यहां गलती करने की संभावना इक्विटी की तुलना में ज़्यादा है। हम जानते हैं कि इक्विटी फंड में जोखिम होता है। निवेशक मानकर चलते हैं

कि डेट फंड जोखिम मुक्त हैं। दरअसल कई फंड हाउसों ने इसी संदेश के साथ डेट एसेट क्लास को बढ़ावा दिया है। लेकिन वे जोखिम मुक्त नहीं होते हैं। आपको जोखिम को पहचानना होगा और फिर रिटर्न के पीछे भागने के बजाय उन कैटेगरीज़ में से चुनना होगा जो आपके काम की हों। सेबी ने निवेशकों के लिए इसे अधिक सुरक्षित बनाने के लिए पूरे डेट फंड इको-सिस्टम को नए सिरे से तैयार करने में करीब दो साल लगाए हैं। कुछ कैटेगरीज़ तो अब बैंक सेविंग्स और फिक्स्ड डिपॉज़िट स्कीमों के बेहतरीन विकल्प हैं। इसे समझने के लिए कॉफ़ी ब्रेक लेकर वापस आइए—यह समझना आसान नहीं है। लेकिन इतना ज़रूर समझ लीजिए कि आपके पैसे का बचा हुआ सफर सही बुनियादी जानकारी पर निर्भर करता है। भले ही आपका कोई फाइनेंशियल प्लानर हो, यह जानना बेहतर है कि वह वास्तव में क्या कर रहा/रही है।

पहली कैटेगरी है ओवरनाइट फंड, जिसमें ट्रेज़री बिल्स जैसी डेट सिक्योरिटीज़ होती हैं। इसके अलावा तकनीकी नाम वाली और भी सिक्योरिटीज़ होती हैं जिनके बारे में यहां जानना ज़रूरी नहीं है। लेकिन हमें यह जानना ज़रूरी है कि इन बॉन्ड्स की औसत परिपक्वता अवधि एक दिन होती है। इसका मतलब है कि इस ओवरनाइट फंड के सभी बॉन्ड अगले दिन मैच्योर हो जाएंगे या ब्याज़ के साथ मूलधन लौटा देंगे। हम एक बॉन्ड फंड के जोखिम को बेहतर ढंग से अध्याय 7 में समझेंगे, लेकिन अभी इतना समझ लें कि बॉन्ड की मैच्योरिटी आज की तारीख से जितनी नज़दीक है, ब्याज़ दर में बदलाव का जोखिम उतना कम है और मैच्योरिटी आज से जितनी दूर है, जोखिम उतना ज़्यादा है। इसलिए, ओवरनाइट बॉन्ड फंड में जोखिम बेहद कम होता है और इनमें किसी सेविंग्स डिपॉज़िट से बेहतर रिटर्न मिलता है। ये कॉर्पोरेट ट्रेज़री और बहुत अमीर लोगों के लिए उपयोगी हैं, और औसत छोटे निवेशक के पोर्टफोलियो में इनका बहुत कम उपयोग होता है।

अगला है लिक्विड फंड, जिसमें ऐसे बॉन्ड होते हैं जो आम तौर पर तीन महीने में परिपक्व होंगे। इसमें ऐसे बॉन्ड भी हो सकते हैं जो कई साल पहले लॉन्च किए गए थे, लेकिन अब परिपक्वता के लिए केवल तीन महीने बचे हैं। यह एक ऐसी कैटेगरी है जिसका लक्ष्य आपके मूलधन को सुरक्षित रखना है और फिर तीन महीनों के बाद आप ज़रूरी धनराशि

निकाल सकते हैं। आमतौर पर इसका इस्तेमाल उस पैसे को रखने के लिए किया जाता है जिसकी अगले दो-से-चार महीने में घर के डाउन-पेमेंट, पढ़ाई या छुट्टियों के बिलों का भुगतान करने जैसे लक्ष्यों के लिए ज़रूरत होती है। हम इस पैसे के साथ जोखिम नहीं लेना चाहते हैं और रिस्क-ओ-मीटर पर कम जोखिम के साथ जाते हैं। इस रिस्क मार्कर पर ज़्यादा जानकारी के लिए अध्याय 7 में पृष्ठ 136 पढ़ें।

अल्ट्रा-शॉर्ट-ड्यूरेशन फंड तीन से छह महीने की निवेश अवधि के लिए सबसे अच्छे हैं। अवधि सिर्फ़ एक तकनीकी वित्तीय अवधारणा है जिसका उपयोग ब्याज़ दरों में बदलाव होने पर बॉन्ड की कीमतों में बदलाव की भविष्यवाणी करने के लिए किया जाता है। जब ब्याज़ दरें बढ़ती हैं, तो बॉन्ड की कीमतें गिर जाती हैं। इस तरह सोचते हैं—आप एक फंड मैनेजर हैं जिसके पास ऐसे बॉन्ड हैं जो 6 फीसदी ब्याज़ देते हैं, लेकिन नीतिगत दरों में बढ़ोतरी के कारण नए बॉन्ड 8 फीसदी पर जारी किए जा रहे हैं। आप ज़्यादा रिटर्न के लिए 6 प्रतिशत वाले बॉन्ड बेचना चाहेंगे और 8 प्रतिशत वाले बॉन्ड खरीदना चाहेंगे। दूसरे फंड मैनेजर भी यही सोचेंगे और बेचने के लिए बाज़ार में जाएंगे। जब सप्लाई ज़्यादा होगी तो कीमत गिर जायेगी। जब ब्याज़ दरें गिरती हैं तो इसका उल्टा होता है—इसलिए, ब्याज़ दरों और बॉन्ड की कीमतों में विपरीत संबंध होता है। अवधि गणित का केवल एक फॉर्मूला है (घबराइए नहीं, आपको इसे समझने या इसकी गणना करने की ज़रूरत नहीं है, आपको बस इसके बारे में जानना है) जो पूर्वानुमान लगाता है कि ब्याज़ दरों में हर 1 प्रतिशत बदलाव (ऊपर या नीचे) से बॉन्ड की कीमतें किस हद तक बदल सकती हैं (नीचे या ऊपर)।

लो-ड्यूरेशन फंड उनके लिए अच्छे हैं जिन्हें निवेशित पैसों की ज़रूरत अगले छह महीने से साल भर के बीच होगी। अगली कैटेगरी, मनी मार्केट फंड, अगले वर्ष के भीतर पैसे की ज़रूरतों के लिए बेहतर है।

शॉर्ट-ड्यूरेशन फंड, एक से तीन साल के बीच की पैसे से जुड़ी ज़रूरतों के लिए हैं। मीडियम-ड्यूरेशन कैटेगरी तीन से चार साल बाद की ज़रूरतों के लिए है। मीडियम-टू-लॉन्ग कैटेगरी, चार से सात वर्ष बाद के किसी लक्ष्य के लिए है। सात वर्ष से अधिक तक निवेश बनाए रखने के लिए लॉन्ग ड्यूरेशन कैटेगरी है। ये कैटेगरीज़ आपके निवेश की

अवधि और पैसे की ज़रूरतों का तालमेल बॉन्ड फंड कैटेगरीज़ से कराने की कोशिश कर रही हैं। ध्यान दें कि इन डेट फंड कैटेगरीज़ का मकसद आपके लिए निवेश की होल्डिंग अवधि का तालमेल बॉन्ड पोर्टफोलियो से कराने को आसान बनाना है। जब आपको तीन महीने में पैसा चाहिए तो आप लंबी अवधि का बॉन्ड नहीं रखना चाहेंगे। यह सुनिश्चित करके कि हर कैटेगरी में रखे गए बॉन्ड उनके लेबल के मुताबिक हों, सेबी ने कोशिश की है कि निवेशकों के लिए अपनी ज़रूरत की कैटेगरी चुनना आसान हो।

मैं तीन या चार साल बाद की पैसों की ज़रूरतों के लिए डेट फंड का उपयोग करना पसंद करती हूं। उसके बाद की ज़रूरत के लिए मुझे डेट और इक्विटी का मिश्रण पसंद है। निकट अवधि की ज़रूरतों के लिए, मैं इस बात को पक्का करना चाहती हूं कि जब भी मुझे पैसा चाहिए, वह उपलब्ध रहे। अपनी दीर्घकालिक ज़रूरतों के लिए, मैं इक्विटी का उपयोग करती हूं। लेकिन, चलिए एक बार सारी कैटेगरीज़ पर नज़र डालें कि उनमें है क्या और हमें उनमें से ज़्यादातर की ज़रूरत क्यों नहीं है।

एक डायनेमिक बॉन्ड फंड में फंड मैनेजर को अलग-अलग समय पर मैच्योर होने वाले बॉन्ड रखने की इजाज़त होती है। यह फंड आमतौर पर रिस्क-ओ-मीटर पर मध्यम जोखिम (मॉडरेट रिस्क) दिखाएगा। बॉन्ड फंड के नए निवेशकों को इससे दूर रहना चाहिए क्योंकि इसमें फंड मैनेजर ज़्यादा जोखिम उठा रहा होता है। (इस प्रकार के जोखिम पर अधिक जानकारी के लिए अध्याय 7 में पृष्ठ 125 देखें।)

निवेशक आमतौर पर कॉरपोरेट बॉन्ड फंड और क्रेडिट रिस्क फंड की ओर आकर्षित होते हैं क्योंकि वे कभी-कभी बहुत ज़्यादा रिटर्न देते हैं। वास्तव में, 2015 में, क्रेडिट रिस्क फंड्स ने म्युचुअल फंडों की बाकी सभी कैटेगरीज़ से बेहतर प्रदर्शन किया। इन म्युचुअल फंडों को समझने के लिए हमें क्रेडिट रिस्क नामक अवधारणा को समझना होगा। यह उधार लेने वाले द्वारा कर्ज़ देने वाले को उचित ब्याज़ और मूलधन वापस नहीं देने का जोखिम है। जब म्युचुअल फंड कॉरपोरेट बॉन्ड सिक्योरिटीज़ खरीदते हैं, तो वे दरअसल ब्याज़ का भुगतान करने और मूलधन लौटाने के वादे के बदले में पैसा उधार देते हैं। जब सरकार उधार लेती है, तो वह सबसे कम ब्याज़ दरों पर ऐसा करती है क्योंकि इसका क्रेडिट रिस्क शून्य है, जिसका मतलब है कि सरकार (कम से कम भारत में) हमेशा अपने उधारदाताओं

को पैसे लौटाएगी। लेकिन रियल एस्टेट जैसे ज़्यादा जोखिम वाले सेक्टर के बारे में सोचें। आपको क्या लगता है कि रियल एस्टेट कंपनियां बहुत अधिक ब्याज़ दरों पर डिपॉज़िट लेने और बॉन्ड जारी करने के लिए क्यों तैयार रहती हैं? क्योंकि उनमें डिफॉल्ट (ब्याज़ और मूलधन वापस न चुकाने) का जोखिम अधिक होता है। गैर-सरकारी बॉन्ड में निवेश करने वाले डेट फंड को कॉर्पोरेट बॉन्ड फंड कहा जाता है। ये उन डेट फंड निवेशकों के लिए हैं जो ऊपर बताई गई कैटेगरीज़ के मुकाबले ज़्यादा रिटर्न चाहते हैं। निवेशक को अपने निवेश की अवधि का तालमेल उसके सामने पेश की गई स्कीमों से पसंदीदा स्कीम के साथ बैठाना होता है। इन्हें आमतौर पर रिस्क-ओ-मीटर पर कम से मध्यम की रैंक दी जाती है।

क्रेडिट रिस्क फंड उन बॉन्ड में निवेश करते हैं जिनकी क्रेडिट रेटिंग एए और उससे नीचे होती है। एए क्या है? यह एक क्रेडिट रेटिंग है। अब क्रेडिट रेटिंग क्या है? चूंकि किसी निवेशक के लिए किसी बॉन्ड के क्रेडिट रिस्क का पता लगाना बहुत मुश्किल है, इसलिए दुनिया भर में चलन है कि क्रेडिट रेटिंग एजेंसियां हर बॉन्ड को रेटिंग दें। उदाहरण के लिए, ट्रिपल ए रेटिंग का मतलब है कि बॉन्ड के सही समय पर ब्याज़ और मूलधन दोनों चुकाने की सबसे अधिक संभावना। डी रेटिंग वाला बॉन्ड दरअसल एक जंक बॉन्ड है—बाज़ार में किसी भी खरीदार को आकर्षित करने के लिए इन्हें बहुत अधिक ब्याज़ दरों की पेशकश करनी होगी। जो फंड मैनेजर ज़्यादा जोखिम, ज़्यादा रिटर्न वाला खेल खेलना चाहते हैं, वे कम क्रेडिट रेटिंग वाले बॉन्ड में निवेश करना पसंद करते हैं। सेबी ने इस कैटेगरी का नाम क्रेडिट ऑपर्च्युनिटीज़ से बदलकर क्रेडिट रिस्क कर दिया ताकि छोटे निवेशक बेहतर ढंग से समझ सकें कि ऊंचे रिटर्न की संभावना के साथ-साथ बहुत अधिक जोखिम भी है।

मेरी आपको एक सादी सी सलाह है: वैसा जोखिम क्यों लें जो कभी-कभी आपके पोर्टफोलियो के डेट हिस्से में इक्विटी के जोखिम से ज़्यादा होता है? इस कैटेगरी को उन लोगों के लिए छोड़ दें जो डेट फंड को अच्छी तरह से समझते हैं और अपने पोर्टफोलियो के डेट हिस्से में जोखिम उठाने का जिगर रखते हैं।

गिल्ट फंड सिर्फ केंद्र और राज्य सरकारों की सिक्योरिटीज़ में निवेश करते हैं। चूंकि उनकी मैच्योरिटी की अवधि लंबी होती है, इसलिए

उनमें ब्याज़ दर का जोखिम होता है, लेकिन कोई क्रेडिट जोखिम नहीं होता—छोटी अवधि में रखने के लिए जोखिम भरा होता है लेकिन लंबी अवधि में इससे काफी अच्छा रिटर्न मिल सकता है। दस साल से ज़्यादा की अवधि वाले फंड को कहा जाता है गिल्ट—10 ईयर कॉन्स्टैंट ड्यूरेशन। लेकिन लंबी अवधि के डेट निवेश के लिए मैं डेट फंड के बजाय प्रोविडेंट फंड (पीएफ) और पब्लिक प्रोविडेंट फंड (पीपीएफ) को बेहतर मानती हूं। मुझे इसमें एक तयशुदा रिटर्न मिलेगा और मैच्योरिटी पर टैक्स भी नहीं देना होगा। डेट फंडों को अब टैक्स चुकाना होता है, यानी ये बैंक एफडी से अलग नहीं हैं। (टैक्स की दर के बारे में जानने के लिए अध्याय 8 में पृष्ठ 156 देखें।)

बैंकिंग और सार्वजनिक क्षेत्र उपक्रम (पीएसयू) फंड बैंकों, सार्वजनिक क्षेत्र की इकाइयों और सार्वजनिक वित्तीय संस्थानों के बॉन्ड पेपर में निवेश करता है। चूंकि इनमें क्रेडिट जोखिम बहुत कम है, आपका जोखिम होता है ब्याज़ दरों में बदलाव से जुड़ा हुआ। क्रेडिट जोखिम कम होने और ब्याज़ दर के जोखिम का उपाय निकालने की संभावना के चलते यह कैटेगरी उन निवेशकों के लिए अच्छी है जो पैसे का इस्तेमाल तीन से पांच साल की मध्यम समय-सीमा में करना चाहते हैं। इस कैटेगरी के फंड रिस्क-ओ-मीटर पर कम से मध्यम की रैंक रखते हैं।

फ्लोटर फंड एक ऐसी कैटेगरी है जिसमें एक बेंचमार्क से जुड़े ब्याज़ वाले बॉन्ड में निवेश किया जाता है। जब अर्थव्यवस्था में दरें बढ़ेंगी तो रिटर्न ऊपर की ओर जाएगा और जब इसका उल्टा होगा तो रिटर्न नीचे की ओर जाएगा। इसे डेट फंड में निवेश के कम जोखिम वाले तरीके के रूप में देखा जाता है, फिर भी इसमें निवेशक के लिए क्रेडिट जोखिम रहता है। निवेशकों को इस कैटेगरी के फंडों का इस्तेमाल करने के लिए यह भी पता होना चाहिए कि बाज़ार में ब्याज़ दरों के उतार-चढ़ाव के बीच कब इनमें पैसे लगाए जाएं।

मेरी सलाह: तीन से चार साल के भीतर की ज़रूरतों के लिए डेट फंड का उपयोग करें। बाकी कैटेगरीज़ का उपयोग डेट फंड विशेषज्ञों पर छोड़ दें या अगर आप किसी निवेश सलाहकार की सलाह ले रहे हैं, तो पोर्टफोलियो के कुल रिटर्न को बढ़ाने के लिए इनका उपयोग करें।

छह हाइब्रिड कैटेगरीज़

टेबल 4.4

छह हाइब्रिड कैटेगरीज़			
	हाइब्रिड	स्कीम की खासियत	स्कीम का प्रकार
1	कंजर्वेटिव हाइब्रिड	परिसंपत्ति का निवेश 10% से 25% के बीच इक्विटी और 75% से 90% के बीच डेट से जुड़े वित्तीय साधनों में	मुख्य रूप से एक डेट फंड
2	बैलेंस्ड हाइब्रिड	डेट और इक्विटी दोनों में परिसंपत्ति का 40% से 60% के बीच का निवेश, कोई आर्बिट्राज नहीं	डेट और इक्विटी के बीच एक बैलेंस्ड फंड
	एग्रेसिव हाइब्रिड	परिसपंत्ति का 65% से 80% के बीच इक्विटी और 20% से 35% के बीच डेट से जुड़े वित्तीय साधनों में	मुख्य रूप से एक इक्विटी फंड
3	डायनेमिक एसेट एलोकेशन या बैलेंस्ड एडवांटेज	इक्विटी और डेट के बीच बार-बार बदलाव करते हुए निवेश	डेट और इक्विटी दोनों में गिनती हो सकती है
4	मल्टी-एसेट एलोकेशन	कम से कम तीन परिसंपत्ति वर्गों में से हरेक में कम से कम परिसंपत्ति का 10% निवेश	इक्विटी, डेट, गोल्ड, कैश, कमोडिटीज़ में कहीं भी निवेश हो सकता है

छह हाइब्रिड कैटेगरीज़			
	हाइब्रिड	स्कीम की खासियत	स्कीम का प्रकार
5	आर्बिट्राज	इक्विटी से जुड़े वित्तीय साधनों में कम से कम परिसंपत्ति का 65% निवेश, आर्बिट्राज रणनीति के साथ	हाजिर और वायदा की कीमतों के अंतर से पैसे बनते हैं, रिटर्न डेट की तरह लेकिन टैक्स इक्विटी की तरह
6	इक्विटी सेविंग्स	इक्विटी से जुड़े वित्तीय साधनों में कम से कम परिसंपत्ति का 65% और डेट में कम से कम 10% निवेश, आर्बिट्राज रणनीति के साथ	इक्विटी, आर्बिट्राज और डेट स्कीम

अलग-अलग निवेशकों के प्रोफाइल को ध्यान में रखकर इन कैटेगरीज़ में इक्विटी और डेट का मिश्रण किया गया है। बाकी कैटेगरीज़ की ही तरह, आपके लिए अच्छा रहेगा कि इनमें से हर कैटेगरी का तालमेल आप अपनी ज़रूरतों, उम्र, अवस्था और जोखिम लेने की क्षमता से कराएं। अध्याय 12 में इस पर ज़्यादा जानकारी दी गई है जहां मैं जोखिम लेने की क्षमता के आधार पर कुछ मॉडल पोर्टफोलियो बना रही हूं।

अब थोड़ा सा इतिहास हो जाए: मौजूदा वर्गीकरण के बदलाव होने तक इन कैटेगरीज़ की ज़्यादातर योजनाओं को बैलेंस्ड फंड कहा जाता था। बैलेंस्ड शब्द का यहां मतलब है बराबर। सेबी ने फंडों को लेबल के मुताबिक बनाने के मकसद से इन फंडों के नामकरण के तरीके बदल दिए ताकि निवेशकों को बेहतर समझ आ सके कि वे क्या खरीद रहे हैं। 75 प्रतिशत इक्विटी वाला कोई बैलेंस्ड फंड निश्चित रूप से बैलेंस्ड तो नहीं था, इसलिए नाम बदलकर हाइब्रिड कर दिया गया।

कंज़र्वेटिव हाइब्रिड फंड एक डेट फंड है जिसमें थोड़ी सी इक्विटी होती है जो फंड को स्थिरता और पैसे बढ़ाने का अच्छा मिश्रण देती है। योजनाओं में 75 प्रतिशत से 90 प्रतिशत के बीच डेट और 10 प्रतिशत से

25 प्रतिशत के बीच इक्विटी होनी चाहिए। लंबी अवधि में इस कैटेगरी का औसत रिटर्न ज़्यादातर कम जोखिम वाली डेट कैटेगरीज़ (जैसे कि क्रेडिट रिस्क और कॉर्पोरेट बॉन्ड को छोड़कर) से ज़्यादा होगा, लेकिन इक्विटी इंडेक्स रिटर्न से कम होगा। ये वैसे निवेशकों के लिए अच्छे हैं जिनके पास बड़ी पूंजी है और वे इसका उपयोग नियमित आय के लिए करना चाहते हैं। (उन विकल्पों के लिए जिनका उपयोग नियमित आय प्राप्त करने के लिए किया जा सकता है, अध्याय 5, पृष्ठ 83 देखें।) कई निवेशक इन फंडों से रिटर्न हासिल करने के लिए सिस्टेमैटिक विड्रॉल प्लान (एसडब्ल्यूपी) का इस्तेमाल करते हैं। (एसडब्ल्यूपी को समझने के लिए अध्याय 5 में पृष्ठ 94 और टैक्स के असर को समझने के लिए अध्याय 8 में पृष्ठ 143 देखें।)

एएमसी (एसेट मैनेजमेंट कंपनी) अगली कैटेगरी में दो एक जैसे विकल्पों में से एक को चुन सकती है—बैलेंस्ड हाइब्रिड या एग्रेसिव हाइब्रिड। एक बैलेंस्ड हाइब्रिड फंड में डेट और इक्विटी का हिस्सा 40 प्रतिशत से 60 प्रतिशत के बीच होना चाहिए। इसमें दोनों को 50-50 प्रतिशत किया जा रहा था, लेकिन फंड हाउस कुछ गुंजाइश चाहते थे और चूंकि बहस लंबे समय तक चली, इसलिए सेबी ने हार मान ली और फंड हाउसों को 50 प्रतिशत के दोनों ओर 10 प्रतिशत की छूट दे दी! इंडस्ट्री और रेगुलेटर के बीच नियम-कायदों में बदलाव को लेकर ज़्यादातर जिस तरह का चिंदी मोल-भाव चलता है, उस पर यकीन करना मुश्किल है! यह कैटेगरी न तो पूरी तरह इक्विटी है और न डेट क्योंकि इसमें इक्विटी अच्छी-खासी है लेकिन इसके बावजूद इसे कम कैपिटल गेन्स टैक्स का फायदा नहीं मिलता है क्योंकि टैक्स नियमों के तहत किसी म्युचुअल फंड स्कीम को इक्विटी फंड के दर्ज के लिए लिए कम से कम 65 प्रतिशत पैसे इक्विटी में लगाने की ज़रूरत होती है। इक्विटी फंड्स पर टैक्स नियमों के लिए अध्याय 8 में पृष्ठ 157 पढ़ें।

एक जोखिम यह है कि रिस्क-ओ-मीटर बॉन्ड पोर्टफोलियो की गुणवत्ता को आसानी से नहीं पकड़ पाएगा। इक्विटी के मिल जाने से ज़्यादातर फंड मध्यम जोखिम के हो जाते हैं, लेकिन हमें यह देखने की ज़रूरत है कि ब्याज़ दर के जोखिम और क्रेडिट रिस्क दोनों पर बॉन्ड पोर्टफोलियो में किस स्तर का जोखिम है। इसके लिए आपको थोड़ा और पढ़ना होगा, इसे समझने के लिए आप अध्याय 7 पढ़ें।

इस कैटेगरी में फंड हाउसों के लिए दूसरा विकल्प एग्रेसिव हाइब्रिड है जहां पोर्टफोलियो का इक्विटी हिस्सा 65 प्रतिशत से 80 प्रतिशत के बीच और डेट हिस्सा 20 प्रतिशत से 35 प्रतिशत के बीच होना चाहिए। इस कैटेगरी पर इक्विटी फंड की तरह टैक्स नियम लागू होते हैं और इसमें लार्ज-कैप फंड के बराबर के रिटर्न मिल सकते हैं लेकिन कम जोखिम के साथ क्योंकि इसमें डेट की एक सुरक्षा होती है—जोखिम से बचने वाले और पहली बार इक्विटी में पैसे लगा रहे उस निवेशक के लिए यह एक अच्छा विकल्प है, जिसे पोर्टफोलियो में कुछ हद तक डेट की सेफ्टी बेल्ट चाहिए। इस कैटेगरी का एक विकल्प है कम लागत वाला इक्विटी इंडेक्स फंड। इस अध्याय में आगे जाकर जब हम इंडेक्स फंडों की बात करेंगे तो इस पर ज़्यादा जानकारी मिलेगी। इन फंडों का एक फायदा यह भी है कि हर बार जब भी इक्विटी और डेट के हिस्सों का संतुलन दोबारा बनाना पड़ता है, निवेशक को टैक्स नहीं चुकाना पड़ता है। म्युचुअल फंड के टैक्स नियमों पर ज़्यादा जानकारी अध्याय 8 में।

एक लोकप्रिय कैटेगरी है बैलेंस्ड एडवांटेज फंड, जिसे डायनेमिक एसेट एलोकेशन फंड भी कहा जाता है। इस फंड का मैनेजर डेट और इक्विटी के बीच बिना किसी सीमा के निवेश करने का फैसला ले सकता है। इसके पीछे सोच यह है कि फंड मैनेजर सबसे ज़्यादा रिटर्न दिलाने वाले एसेट क्लास का बेहतर आकलन करने के काबिल है और ऊंचा रिटर्न हासिल करने के लिए बुल रन के काफ़ी पहले पैसा लगा पाएगा। इस कैटेगरी में फंड मैनेजर से जुड़ा जोखिम (फंड मैनेजर के अच्छा प्रदर्शन नहीं करने का जोखिम) बहुत ज़्यादा है और रिटर्न आम तौर पर लार्ज-कैप फंड से कम रहा है, हालांकि कंज़र्वेटिव या बैलेंस्ड हाइब्रिड फंड से ज़्यादा है। कम जोखिम वाले निवेशक के लिए, यह एक अच्छा विकल्प नहीं है क्योंकि गलत फंड और मैनेजर हाथ लगने पर किसी साधारण इक्विटी इंडेक्स फंड की तुलना में कहीं ज़्यादा लागत के बावजूद इस फंड से उम्मीद से कम रिटर्न मिल सकता है।

एक मल्टी-एसेट एलोकेशन फंड में मैनेजर को तीन परिसंपत्ति वर्गों में कम से कम 10 प्रतिशत निवेश करने की अनुमति होती है। फंड इक्विटी, डेट, कमोडिटी, नकदी, सोना और रियल एस्टेट में निवेश करते हैं—इसमें काफ़ी ज़्यादा जोखिम है क्योंकि एसेट एलोकेशन का फैसला फंड मैनेजर

के हाथ में है। हर फंड अपने चुने गए किन्हीं तीन परिसंपत्ति वर्गों के बीच अपना निवेश करता है, जिससे एक फंड स्कीम की दूसरे से तुलना करना मुश्किल हो जाता है। इस कैटेगरी का औसत प्रदर्शन तीन, पांच और दस साल की अवधि में इंडेक्स फंड से भी बदतर रहा है।

आर्बिट्राज फंड हाजिर और वायदा बाज़ारों के बीच कीमतों के अंतर पर खेलते हैं। हाजिर बाज़ार यानी जहां सिक्योरिटीज़ का कारोबार आज होता है और वायदा बाज़ार यानी जहां कारोबार (डिलीवरी और भुगतान) भविष्य में होगा। इस कैटेगरी के बारे में आपको दो बातें समझनी हैं। पहली बात, आपको औसत रिटर्न मिलेगा जो लिक्विड फंड या अल्ट्रा-शॉर्ट-ड्यूरेशन फंड से ज़्यादा होगा, लेकिन इक्विटी रिटर्न से ज़्यादा नहीं। इन्हें इक्विटी फंड के रूप में बेचा जाता है जो सुरक्षित हैं, लेकिन आपको जो नहीं बताया जाता, वह यह है कि आपको लंबी अवधि में पैसे बढ़ने की उम्मीद नहीं करनी चाहिए। ये एक साल से कम की अवधि के लिए डेट फंड के विकल्प हैं। दूसरी बात, चूंकि टैक्स नियमों में इन्हें इक्विटी फंड की तरह देखा जाता है, इनमें कैपिटल गेन्स पर कम टैक्स लगेगा, और ये उन निवेशकों के लिए बेहतर साबित हो सकते हैं जो ऊंची दरों के टैक्स दायरे में आते हैं। लेकिन टैक्स के नियम तो पलक झपकते बदले जा सकते हैं, जैसा कि मार्च 2023 में डेट फंड पर कैपिटल गेन्स के लिए हुआ था, और इसलिए टैक्स बेनेफिट किसी खास फंड कैटेगरी का इस्तेमाल करने की इकलौती वजह नहीं होनी चाहिए। मैं सलाह दूंगी कि आप अपनी डेट फंड कैटेगरी को छोटा और सुरक्षित रखें और ऊंचा रिटर्न हासिल करने की कोशिश में ना लग जाएं।

इक्विटी सेविंग्स कैटेगरी इक्विटी में न्यूनतम 65 प्रतिशत, डेट में 10 प्रतिशत निवेश करती है और इसमें हाजिर और वायदा के बीच आर्बिट्राज की इजाज़त रहती है। इनमें कंज़र्वेटिव हाइब्रिड फंडों की तरह रिटर्न मिलता है लेकिन कम टैक्स लगने की वजह से इन्हें प्राथमिकता दी जा सकती है। याद रखें कि इक्विटी (या इक्विटी से जुड़े वित्तीय साधनों) में 65 प्रतिशत से अधिक निवेश वाले किसी भी फंड पर इक्विटी निवेश के समान टैक्स नियम लागू होते हैं। इसलिए, कंज़र्वेटिव हाइब्रिड फंड पर डेट फंड की तरह टैक्स लगाया जाता है। टैक्स का फायदा तो है, लेकिन रिस्क-ओ-मीटर पर जोखिम होता है मध्यम। अब तक आप जान चुके हैं

कि मुझे अपने डेट पोर्टफोलियो में क्या पसंद है! लेकिन अभी अध्याय 9 तक इंतज़ार करते हैं, जब हम अपने पोर्टफोलियो के लिए कैटेगरीज़ चुनेंगे और तय करेंगे कि दोनों डेट फंड में से किसे रखा जाए।

दो सॉल्यूशन-ओरिएंटेड कैटेगरीज़

टेबल 4.5

सॉल्यूशन-ओरिएंटेड फंड		
	सॉल्यूशन ओरिएंटेड	योजना की खासियत
1	रिटायरमेंट	कम से कम पांच साल का लॉक-इन या रिटायरमेंट की उम्र, जो भी पहले हो
2	चिल्ड्रेन्स	कम से कम पांच साल का लॉक-इन या अठारह साल की उम्र, जो भी पहले हो

टेबल 4.6

अन्य योजनाएं		
	अन्य योजनाएं	योजना की खासियत
1	इंडेक्स/ईटीएफ	बेंचमार्क इंडेक्स में परिसंपत्ति का कम से कम 95% निवेश
2	फंड ऑफ फंड्स (ओवरसीज़/डोमेस्टिक)	चुने गए खास फंडों में परिसंपत्ति का कम से कम 95% निवेश

इन फंड कैटेगरीज़ का मुख्य उद्देश्य निवेशकों को खास तौर पर तैयार समाधान देना है जैसे सेवानिवृत्ति और उनके बच्चों के भविष्य की योजना बनाने में मदद करना। रिटायरमेंट स्कीम में पांच साल के लॉक-इन के बाद आप इससे बाहर निकल सकते हैं। या अगर आप पांच वर्ष से पहले रिटायरमेंट की उम्र तक पहुंच जाते हैं। चिल्ड्रेन्स फंड में, अगर बच्चा पांच साल के लॉक-इन से पहले अठारह साल का हो जाता है, तो आप फंड से बाहर निकल सकते हैं। इन दोनों कैटेगरीज़ में औसत रिटर्न पिछले सालों

में इक्विटी इंडेक्स रिटर्न के बराबर रहा है लेकिन ज़्यादा एक्सपेंस रेश्यो के साथ। लॉक-इन उन लोगों के लिए उपयोगी है जो बाज़ार के उतार-चढ़ाव को झेल पाने में असमर्थ हैं और जब बाज़ार में गिरावट आती है तो वे बाहर निकलना चाहते हैं। लॉक-इन उन्हें कम से कम पांच साल की अवधि तक रुकने के लिए मजबूर करता है। अगर आप बाज़ार में गिरावट के दौरान अपनी भावनाओं पर काबू पा सकते हैं और इक्विटी इंडेक्स फंड में निवेशित बने रह सकते हैं, तो यह लंबी अवधि के लिए एक सस्ता विकल्प हो सकता है।

दो अन्य कैटेगरीज़

सेबी ने बाकी सभी प्रकार के फंड को इस कैटेगरी में शामिल कर दिया है। इसलिए, यहां हमारे पास इंडेक्स फंड और एक्सचेंज ट्रेडेड फंड (ईटीएफ) के साथ-साथ बाकी फंड जैसे विदेशी और घरेलू फंड ऑफ फंड्स भी हैं।

इंडेक्स फंड और ईटीएफ

इंडेक्स फंड और ईटीएफ को 'अन्य योजनाओं' की कैटेगरी में रखा गया है। 'निवेश करो और भूल जाओ' की सोच वाले निवेशक के लिए ये बेहद अहम फंड हैं और हमें इस कैटेगरी को समझने के लिए थोड़ा वक्त देना होगा। तो चलिए, अपनी चाय-कॉफ़ी ले लें और तैयार हो जाएं।

किसी सूचकांक (इंडेक्स) को बेहतर ढंग से समझने के लिए, आपको *बात पैसे की* में अध्याय 8 में इंडेक्स के बारे में बताई गई बातों को दोबारा पढ़ना चाहिए। संक्षेप में बात करें तो कोई सूचकांक चीज़ों की एक टोकरी की कीमत में बदलाव को दर्शाता है। ये चीज़ें ऐसी वस्तुएं हो सकती हैं जो टोकरी में हमारे उपभोग के लिए रखी हैं, और हमें उपभोक्ता मूल्य सूचकांक (कंज़्यूमर प्राइस इंडेक्स) को जानने की ज़रूरत है। या चीज़ें स्टॉक हो सकती हैं, इसलिए हमें एक स्टॉक मार्केट इंडेक्स मिलता है। चीज़ें बॉन्ड हो सकती हैं, और हमें एक बॉन्ड मूल्य सूचकांक मिलता है। अध्याय 8 में, हम देखेंगे कि इस तरह के सूचकांक का उपयोग अतीत की खरीद कीमत को बढ़ाकर, और टैक्स के दायरे में आने वाले मुनाफे

को घटाकर आखिर में हमारी टैक्स देनदारी को कम करने के लिए किया जाता है, आमतौर पर रियल एस्टेट निवेश में ऐसा बहुत होता है।

इंडेक्स फंड्स और ईटीएफ को पैसिव फंड्स कहा जाता है। एक्टिव फंड वे होते हैं जहां फंड मैनेजर यह फैसला करता है कि कौन से स्टॉक, बॉन्ड या अन्य संपत्तियां खरीदनी, रखनी और बेचनी हैं। फंड कैटेगरी और निवेश के निर्देशों के तहत फंड मैनेजर का लक्ष्य निवेशकों को बेंचमार्क इंडेक्स से अधिक रिटर्न देने का होना चाहिए। बेंचमार्क को समझने के लिए अध्याय 6 में पृष्ठ 116 देखें। एक्टिव फंडों में निवेशकों को साधारण इंडेक्स रिटर्न की तुलना में कहीं बेहतर रिटर्न देने की क्षमता होती है, हालांकि इसमें जोखिम थोड़ा ज़्यादा होता है। एक पैसिव फंड सिर्फ एक सूचकांक की नकल करता है और इसका लक्ष्य निवेशकों को उस सूचकांक के सभी शेयरों या बॉन्ड को अलग से खरीदने और उसका पोर्टफोलियो तैयार करने के बजाय सामूहिक रूप से उनकी खरीद करने का एक आसान रास्ता देना है।

पैसिव फंड के पीछे क्या तर्क है? हममें से ज़्यादातर लोग सर्वणा भवन के प्रशंसक हैं। अपने बेहद शानदार दक्षिण भारतीय भोजन के लिए मशहूर (हालांकि अब यह शाकाहारी भारतीय व्यंजनों के रेस्त्रां के तौर पर प्रतिष्ठित है) भवन का अनुभव पूरे भारत में एक जैसा रहता है और बाईस देशों में इसके आउटलेट हैं। बिलकुल मुनासिब कीमत में हर बार एक जैसे स्तर का अनुभव इस ग्लोबल चेन की पहचान है। ऐसे और भी महंगे दक्षिण भारतीय रेस्त्रां हैं जिनका भोजन आपको बेहतर लग सकता है, या उनकी कोई अलग खासियत भी हो सकती है—जैसे कि मालाबार, चेट्टीनाड या आंध्र व्यंजनों का परोसा जाना। अब मुझे रुककर कुछ खाने के लिए जाना होगा। इन सभी सुगंधित व्यंजनों के बारे में लिखते ही मेरे मुंह में पानी आ रहा है और मुझे भूख लगने लगी है!

निवेश और इस प्रकार के व्यंजनों के बीच क्या संबंध है? देखिए, भवन का अनुभव एक मानक और कम लागत वाली इडली-डोसा-पोंगल जैसे खाने का अनुभव है जिसकी ज़्यादातर लोग उम्मीद करते हैं और खाना चाहते हैं। जो स्वाद के साथ थोड़ा प्रयोग करने के उत्सुक होंगे, वे किसी विशेष व्यंजन का स्वाद चखेंगे। अगर वे किसी फ़ाइन-डाइन वाली जगह पर जाएंगे तो शायद उन्हें ज़्यादा पैसे चुकाने होंगे। लेकिन स्वाद

और पूरा अनुभव तब तक नहीं मिलेगा जब तक खाना खाया न जाए। आपसे पहले दूसरे लोगों ने भोजन को रैंक किया होगा, लेकिन आज शेफ के मूड या अभी खाना बनाने में इस्तेमाल सामग्री की गुणवत्ता के कारण आपका अनुभव अलग हो सकता है। किसी खास रेस्त्रां के मालिक का मानना है कि लोग मानक से कुछ अधिक की चाह रखेंगे और इसके लिए भुगतान करने को तैयार होंगे। अब शेफ को यह अनुभव ग्राहक को देने की जिम्मेदारी सौंपी गई है। शेफ की जगह फंड मैनेजर और मालिक की जगह एसेट मैनेजमेंट कंपनी को रखें और हमें मिल गया है एक एक्टिव फंड।

तो, किसी एक्टिव फंड से बेंचमार्क को मात देने और निवेशक को ऊंची कीमत पर बेहतर रिटर्न देने की उम्मीद होती है। लागत पर अध्याय 6 में पहला पृष्ठ देखें। एक पैसिव फंड से सिर्फ इंडेक्स रिटर्न देने की उम्मीद होती है। भारत में दो व्यापक बाज़ार सूचकांक—एसएंडपी बीएसई सेंसेक्स और निफ्टी 50—हैं। ये दोनों 'लीडर इंडेक्स' हैं। इनका पिछले तीस वर्षों से साल-दर-साल रिटर्न लगभग 14 फीसदी रहा है। अगर आपने सेंसेक्स के सभी तीस स्टॉक या निफ्टी के सभी पचास स्टॉक खरीदे और उन्हें अपने पास रखा, और जब तक इंडेक्स की संरचना नहीं बदली, तब तक आपने भी स्टॉक नहीं बदले, तो आपको इंडेक्स रिटर्न मिलेगा, जो बिल्कुल भी बुरा नहीं कहा जाएगा। एक पैसिव फंड आपको एक ऐसा प्रोडक्ट देता है जो आपके लिए काम करता है और आपको तीस या पचास स्टॉक्स खरीदने और इंडेक्स से उनके बाहर जाने या इंडेक्स में किसी नए स्टॉक के शामिल होने के बाद उन्हें मैनेज करने की ज़रूरत नहीं होती है।

पैसिव फंड उन निवेशकों के लिए बेहतरीन विकल्प हैं जो म्युचुअल फंड, और खास तौर पर इक्विटी निवेश में नए हैं। ये आपके पोर्टफोलियो को सोने और चांदी जैसी धातुओं में निवेश का विकल्प देने के लिए भी बेहतरीन उत्पाद हैं। सच तो यह है कि गोल्ड ईटीएफ भारतीय बाज़ार में आने वाले शुरुआती ईटीएफ में से एक था। सिल्वर ईटीएफ और इंडेक्स फंड अपेक्षाकृत नए प्रकार के फंड हैं। लेकिन याद रखें कि आज, पैसिव इंडस्ट्री खास सूचकांकों के साथ बहुत ज़्यादा जोखिम वाले विकल्प भी पेश कर रही है। उदाहरण के लिए, अमेरिका में, ऐसे पैसिव फंड हैं जो क्रिप्टो करेंसी या ब्लॉकचेन का उपयोग करने वाली कंपनियों के इंडेक्स पर आधारित हैं। हम उनकी बात नहीं करना चाहते। हम अपने इक्विटी

पोर्टफोलियो के जोखिम को कम करने के लिए इंडेक्स में निवेश के विकल्प का उपयोग करना चाहते हैं।

इंडेक्स फंड और ईटीएफ

पैसिव फंड दो प्रकार के होते हैं—इंडेक्स फंड और ईटीएफ। इंडेक्स फंड एक साधारण म्युचुअल फंड है जो किसी इंडेक्स की नकल करता है और बाकी सभी म्युचुअल फंड की तरह काम करता है। अब, ईटीएफ क्या है? आसान शब्दों में, यह एक इंडेक्स फंड है जो शेयर बाज़ार में लिस्टेड है और पूरे दिन लाइव कीमतों पर खरीद-बिक्री के लिए उपलब्ध है। जबकि कोई म्युचुअल फंड दिन के अंत की कीमत पर बिक्री या पुनर्खरीद के लिए उपलब्ध होता है।

इंडेक्स फंड का इतिहास देखें तो ये ईटीएफ के मुकाबले ज़्यादा महंगे रहे हैं, लेकिन अब सेंसेक्स और निफ्टी 50 पर आधारित इंडेक्स फंड हैं जिनकी लागत 15-20 बेसिस प्वॉइंट (0.15-0.20 प्रतिशत) से भी कम है। किसी फंड की लागत की पूरी समझ के लिए, अध्याय 6 पर जाएं। इंडेक्स की खरीद-बिक्री आप सीधे एएमसी के ज़रिए कर सकते हैं, लेकिन ईटीएफ की खरीद-बिक्री के लिए आपको एक डीमैट एकाउंट खोलना होगा और हो सकता है कि इसकी लागत ज़्यादा हो, खासकर अगर आप अपने बैंक की सेवा ले रहे हैं। कम लागत वाले ब्रोकरेज ने अब ट्रेडिंग की लागत को बहुत कम कर दिया है, लेकिन फिर भी आपको इसका भुगतान करना ही होता है। फिर ईटीएफ में खरीद और बिक्री मूल्य के बीच का अंतर भी होता है जो दरअसल ईटीएफ बाज़ार को लिक्विडिटी देने वाले मार्केट मेकर्स का मार्जिन होता है।

ईटीएफ में लिक्विडिटी की दिक्क़त भी आ सकती है, जबकि म्युचुअल फंड कंपनियों पर निवेशक की इच्छा के मुताबिक किसी भी तादाद में—नेट एसेट वैल्यू (एनएवी) पर, अगर कोई अतिरिक्त शुल्क नहीं है—यूनिट खरीदने या बेचने की कानूनी बाध्यता है। ईटीएफ के ढांचे में, अगर आप बेच रहे हैं तो कोई ना कोई खरीदार होना ज़रूरी है, जबकि इंडेक्स फंड में ऐसा कुछ नहीं होता। खरीदार की कमी आपको मौजूदा एनएवी पर वह मात्रा बेचने से रोक सकती है जिसे आप बेचना चाहते हैं।

ईटीएफ में सिस्टेमैटिक इन्वेस्टमेंट प्लान (एसआईपी) के विकल्प, और खरीदने और बेचने के दूसरे सभी विकल्प नहीं भी हो सकते हैं जिन्हें हम अध्याय 5 में देखेंगे।

इंडस्ट्री लगातार विकसित हो रही है और अब ईटीएफ में भी पैसिव फंडों के ट्रेडरों को दिन भर खरीद-बिक्री करने के विकल्प मिलने लगे हैं। अमेरिका में, एक्टिव ईटीएफ एक कैटेगरी है जहां फंड मैनेजर ऊंचा रिटर्न देने के लिए एक रणनीति अपनाता है। हमने अभी तक भारतीय शेयर बाज़ार में ऐसे ईटीएफ को मंजूरी नहीं दी है। सेबी की तरफ से फंड हाउस के द्वारा लॉन्च किए जा सकने वाले इंडेक्स फंड या ईटीएफ की संख्या पर कोई पाबंदी नहीं है और भारतीय बाज़ार में भी नए प्रकार के इंडेक्स फंड आने लगे हैं।

इंडेक्स फंड बनाम ईटीएफ की बहस को खत्म करते हुए मैं सलाह दूंगी कि एक छोटे निवेशक के लिए, ईटीएफ के बजाय इंडेक्स फंड के साथ रहना बेहतर है। आपको कम एक्सपेंस रेश्यो और कम ट्रैकिंग गलतियों वाला एक इंडेक्स फंड ढूंढ़ना होगा और हम इसके बारे में अध्याय 11 में ज़्यादा जानकारी लेंगे। और कारोबारियों को तो सही मायने में ईटीएफ की ज़रूरत नहीं है—उनके पास कारोबार के लिए पूरा बाज़ार है।

फंड ऑफ फंड्स और ओवरसीज़ फंड

ऐसा म्युचुअल फंड जो दूसरे म्युचुअल फंडों के एक समूह में निवेश करता है उसे फंड ऑफ फंड्स कहा जाता है। आइडिया यह है कि कई अलग-अलग फंडों का डाइवर्सिफिकेशन एक ही प्रोडक्ट में मिल जाए। भारत में इस आइडिया के साथ एक प्रयोग काफ़ी पहले किया गया था जब आईएनजी इन्वेस्टमेंट मैनेजमेंट ने 2006 में ऑप्टिमिक्स एएमसी नाम का एक मल्टी-मैनेजर फंड हाउस पेश किया था। इसमें बिना किसी पूर्वाग्रह के ऐसा फंड ऑफ फंड्स पेश करने का आइडिया था, जो सभी फंड हाउसों की सबसे अच्छे रिटर्न देने वाली स्कीमों में निवेश करता और निवेशक को अलग-अलग ढेरों फंड के पास जाने की ज़रूरत नहीं पड़ती। यह आइडिया अपने समय से आगे का था और फंड हाउस अगले दो वर्षों में बंद हो गया।

फंड ऑफ फंड्स आज फंड हाउसों की उन्हीं योजनाओं में निवेश करते हैं। इक्विटी फंडों पर भी डेट फंड की तरह टैक्स नियम लगने की वजह से यह कैटेगरी बहुत लोकप्रिय नहीं है, इनका इस्तेमाल फंड हाउस लाइफ-साइकिल फंड और ओवरसीज़ फंड पेश करने के लिए करते हैं। इनसे जुड़े टैक्स नियम को समझने के लिए अध्याय 8 में पृष्ठ 156 पर जाएं। इनका उपयोग उन पैसिव फंड निवेशकों को ईटीएफ के विकल्प देने के लिए भी किया जा रहा है जो ईटीएफ के रास्ते पर नहीं जाना चाहते हैं—उदाहरण के लिए, भारत बॉन्ड फंड ऑफ फंड्स सिर्फ भारत बॉन्ड ईटीएफ में निवेश करता है।

ओवरसीज़ फंड ऑफ फंड्स उन लोगों के लिए एक बढ़िया विकल्प है जो ब्रोकरेज और निवेश की जटिल प्रक्रिया में उलझे बगैर विदेशी शेयरों में निवेश करना चाहते हैं। ओवरसीज़ फंडों को जोखिम के मामले में इतना ऊपर रखा गया है कि वे रिस्क-ओ-मीटर से बाहर हैं और उन्हें जोखिम ग्रेड सात दिया गया है, जबकि रिस्क-ओ-मीटर जोखिम स्तर छह पर खत्म होता है!

फंड ऑफ फंड्स जिन फंड्स में निवेश करते हैं, उनके खर्चों का भुगतान करते हैं और निवेशकों से एक्सपेंस रेश्यो भी वसूलते हैं। हालांकि ये कितना शुल्क ले सकते हैं, इस पर सेबी की सीमाएं हैं (पेज 104, अध्याय 6), फिर भी निवेशकों को पैसे लगाने से पहले कुल एक्सपेंस रेश्यो का पता कर लेना चाहिए।

मैं जानती हूं कि सभी कैटेगरीज़ के बारे में पढ़ना थकाऊ है। वाकई में हमारे पास बहुत अधिक विकल्प हैं, है ना? जब हम फंड चुनने के अध्याय पर पहुंचेंगे, मैं वास्तविक योजनाओं का चुनाव शुरू करने से पहले उन कैटेगरीज़ को कम करने का कोई तरीका निकालूंगी, जिन पर हमें नज़र डालने की ज़रूरत होगी। दोबारा याद दिला दूं कि योजनाएं चुनने से पहले कैटेगरीज़ चुनना ज़रूरी है। फंड चुने जाने से पहले हम आपके निवेश उद्देश्यों का तालमेल सही कैटेगरी से कराना चाहते हैं। जैसे कि हमें किसी ब्रांड और खासियत वाली कार का फैसला करने से पहले कार की कैटेगरी—हैचबैक, सेडान, एसयूवी या लक्ज़री—चुननी होती है।

तो, टीवी खरीद लिया गया था। मैंने कमरे के लिए उपयुक्त आकार, पिक्चर और साउंड क्वालिटी तय करके और एक बजट निर्धारित करके

अपनी अंतिम पसंद चुनने के लिए विकल्प कम कर दिए थे। अब मुझे सिर्फ तीन विकल्पों में से एक चुनना था और चुनाव बेहद आसान हो गया था। नए टीवी पर फीफा आनंददायक है और पहले टीवी के गर्म होने पर स्प्लिट स्क्रीन पर मैच देखने की कोशिश करने से कहीं बेहतर है!

हम अपनी ज़रूरतों को समझे बिना और सैंतीस कैटेगरीज़ में से कुछ का उनसे मिलान किए बिना सीधे योजनाओं को देखकर म्युचुअल फंड खरीदने की कोशिश करते हैं। सेबी ने कारोबार के नियमों को लागू करने के लिए बहुत काम किया है ताकि एक औसत निवेशक पहले कैटेगरी चुनकर वह चीज़ हासिल कर सके जो उसे चाहिए।

आप सही रास्ते पर हैं अगर आप यह समझते हैं कि

1. हालांकि कैटेगरीज़ सैंतीस हैं, आपको उन सभी की ज़रूरत नहीं है;
2. इक्विटी और डेट की अलग-अलग खासियतें हैं और आपको उनके मिश्रण की ज़रूरत है;
3. आप अपनी छोटी, मध्यम और लंबी अवधि की ज़रूरतों को पूरा करने के लिए कैटेगरीज़ चुन सकते हैं;
4. हज़ारों विकल्पों को देखने की तुलना में पहले एक कैटेगरी चुनना बहुत आसान है;
5. एक्टिव फंड में आपको फंड मैनेजर का जोखिम उठाना पड़ता है; और
6. इंडेक्स फंड पूरे बाज़ार पर आधारित इंडेक्स के जैसा रिटर्न हासिल करने का सबसे कम लागत वाला तरीका है।

5

प्रवेश और निकास के विकल्प

कहीं जाने से पहले या किसी निवेश से पहले सिर्फ प्रवेश ही नहीं बल्कि बाहर निकलने के रास्ते भी देख लेने चाहिएं।

एक कमरे के बारे में सोचिए, चलिए इसे 'आपको फंसाने वाला कमरा' कहते हैं, जिसमें एक मूवी चल रही है। आप एक कीमत देकर इसमें प्रवेश कर सकते हैं, लेकिन एक बार अंदर जाने के बाद, आपको पूरे तीन घंटे तक वहीं बैठे रहना है। कोई बाथरूम ब्रेक नहीं। कोई सेल फोन ब्रेक नहीं। अगर आप सच में बाहर निकलना चाहते हैं तो आपको टिकट की आधी कीमत के बराबर पैसे देने होंगे। तीन घंटे पूरे होने के बाद आप मुफ्त में निकल सकते हैं। अगर आपको मूवी पसंद नहीं आई तो आपके पास बैठने के अलावा कोई विकल्प नहीं है, या फिर बाहर निकलने के लिए पैसे दीजिए। मूवी शानदार हो सकती है और हो सकता है कि इसे देखने के बाद आपके लिए ये यादगार बन जाए। फिर भी, क्या आप इस कमरे में अंदर जाएंगे?

उसी इमारत में एक और कमरा है, चलिए इसे 'आपकी पसंद का कमरा' कहते हैं, जहां अंदर जाने या बाहर निकलने पर कोई फीस नहीं देनी है, लेकिन अगले तीन घंटे बैठने के लिए आपको हर घंटे एक छोटी फीस

चुकानी होगी। आप जब चाहें तब बाहर निकल सकते हैं। अगर आपको मूवी पसंद आए तो एक घंटे के बाद आप पैसे देकर बैठे रह सकते हैं। अगर आपको मूवी पसंद न आए तो आप बाहर निकल सकते हैं और आपको पूरी मूवी के लिए पैसे नहीं देने होंगे। क्या आपको यह विकल्प पसंद आया?

'आपको फंसाने वाला कमरा' एक स्टैंडर्ड एनडाओमेंट या मनी बैक पॉलिसी है जो इंश्योरेंस कंपनियां बेचती हैं। 'आपकी पसंद का कमरा' वह म्युचुअल फंड है जहां अंदर जाने या बाहर निकलने पर कोई रोक नहीं है।

लंबी अवधि के वित्तीय उत्पाद में प्रवेश और निकास के विकल्प बहुत महत्वपूर्ण होते हैं और मैंने जो आसान सा उदाहरण दिया उससे कहीं ज़्यादा ज़रूरी। प्रवेश के समय आपको कई विकल्पों में से चुनाव करना होता है और एक गलत चुनाव आपके पैसों के भविष्य पर असर डाल सकता है। किसी वित्तीय उत्पाद को चुनने से पहले लागत, दक्षता और लॉक-इन के बारे में ज़रूर सोचना चाहिए। आपको नाराज़ करने का जोखिम उठाकर भी मैं इसे लाखों बार दोहराऊंगी—एक अच्छा निवेश सिर्फ वही नहीं है जो सबसे ज़्यादा रिटर्न दे!

सबसे पहले हम तीन तरह के म्युचुअल फंड्स की बात करेंगे—ओपन-एंडेड, क्लोज़-एंडेड और ओपन-क्लोज़ का हाइब्रिड। उसके बाद, हम म्युचुअल फंड के विभिन्न विकल्पों के बारे में समझेंगे जिन्हें आपको प्रवेश या निकास के समय चुनना होता है।

ओपन, क्लोज़ और हाइब्रिड

ओपन-एंडेड फंड हमेशा बेचने और खरीदने के लिए खुले रहते हैं। उनके खत्म होने की कोई तारीख नहीं होती। जब आप पांच साल की एफडी में निवेश करते हैं तो निवेश की अवधि पांच साल होती है। पीपीएफ में यह अवधि पंद्रह साल है। किसी इंश्योरेंस एनडाओमेंट प्रोडक्ट में आमतौर पर यह बीस साल होती है। ओपन-एंडेड फंड हमेशा के लिए होते हैं जो कभी बंद नहीं होते जब तक कि फंड हाउस किन्हीं वजहों से उन्हें बंद न कर दे, जैसे कि निवेशकों की रुचि घट जाना। या, रेगुलेटरी बदलाव की वजह से,

फंड का दूसरे फंड में विलय की वजह से या पूरी तरह से बंद हो जाना। इसका मतलब है कि जैसे-जैसे योजना में निवेशकों की संख्या बढ़ती जाती है फंड हाउस यूनिट की संख्या भी असीमित रूप से बढ़ा सकते हैं। नहीं, नए यूनिट बनने से फंड की वैल्यू नहीं गिरती है—यह कोई शेयर नहीं है, लेकिन एक यूनिट में करीब चालीस से सत्तर कंपनियों के थोड़े बहुत शेयर और बॉन्ड होते हैं। जब आप अध्याय 6 में पृष्ठ संख्या 110 पर एनएवी के बारे में पढ़ेंगे तब आप इसे बेहतर तरीके से समझ सकेंगे। ज़्यादा निवेशकों के फंड की खरीदारी करते रहने से इन फंड्स का एसेट अंडर मैनेजमेंट बढ़ता रह सकता है, लेकिन इन्हें उन शेयरों और बॉन्ड के बीच बांट दिया जाता है जिनमें इन फंड्स का निवेश होता है।

भारत में सबसे पुरानी ओपन-एंडेड स्कीम यूटीआई मास्टरशेयर है जो 18 अक्टूबर 1986 को लॉन्च हुई थी। लॉन्च की तारीख से 6 अप्रैल 2023 तक इसका सालाना रिटर्न 16.99 परसेंट है। इस रिटर्न को पाने के लिए, निवेशक को इसकी शुरुआत से अब तक बीत चुके छत्तीस सालों के दौरान बाज़ार के हर उतार-चढ़ाव के बावजूद इस स्कीम में सिर्फ बने रहने की ज़रूरत थी।

सबसे पुरानी प्राइवेट योजनाओं में से एक, फ्रैंकलिन इंडिया ब्लूचिप फंड 1 दिसंबर 1993 को लॉन्च हुई थी और शुरुआत से 6 अप्रैल 2023 तक इसका सालाना रिटर्न 18.93 परसेंट रहा है। उस तारीख को लगाया गया 1 लाख रुपया आज 1.5 करोड़ हो गया है। चौंक गए, लेकिन मैं इन दो फंड की सिफारिश नहीं कर रही। यह सिर्फ यह बताने के लिए है कि इनके लॉन्च से अब तक कितना समय बीत चुका है और कैसे ये योजनाएं अब भी निवेश के लिए खुली हुई हैं। तब से अब तक, बाज़ार में कई नए फंड आ चुके हैं और हम जल्द ही यह जानेंगे कि आपके पोर्टफोलियो के लिए योजनाओं का चुनाव कैसे करें। यह यात्रा थोड़ी लंबी है, लेकिन हम इसे मिलकर पूरा करेंगे।

क्लोज़-एंडेड फंड वो होते हैं जिनकी एक सब्सक्रिप्शन विंडो होती है जिसके बाद आप सिर्फ योजना बंद होने की तारीख को ही अपने यूनिट बेच सकते हैं। ये बिना गारंटी वाली किसी एफडी या एनडाओमेंट प्लान की तरह काम करते हैं। फंड के जीवनकाल में यूनिट की तादाद बदलती नहीं है। निवेशकों को लिक्विडिटी का फायदा पहुंचाने के लिए, क्लोज़-

एंडेड स्कीमों को स्टॉक एक्सचेंज पर लिस्ट करना ज़रूरी होता है। इसका मतलब यह है कि निवेशक फंड हाउस को यूनिट नहीं बेचते (जैसा कि वे एक ओपन-एंडेड स्कीम में करते हैं) लेकिन वे शेयर बाज़ार में दूसरे निवेशकों को यूनिट बेच सकते हैं जैसा कि आप शेयरों में करते हैं। स्कीम के बंद होने की तारीख़ पर, निवेशक अपने यूनिट फंड हाउस से रिडीम करते हैं और उन्हें उनके पैसे वापस मिल जाते हैं।

म्युचुअल फंड इंडस्ट्री में इस कैटेगरी के फंड्स में शुरुआती वर्षों में बहुत सी ख़ामियां थी। यूटीआई के बाद, म्युचुअल फंड कारोबार के लिए सिर्फ सरकारी कंपनियों को ही अनुमति थी और ज़्यादातर स्पॉन्सर बैंक थे। वे ओपन-एंडेड स्कीम लॉन्च करने में डरते थे और क्लोज़-एंडेड स्कीम ही पसंद करते थे। और चूंकि उन्हें बैंक डिपॉज़िट में गारंटी देने की आदत थी, कुछ बैंक-प्रोमोटेड फंडों ने म्युचुअल फंड जैसे बाज़ार से जुड़े प्रोडक्ट में भी गारंटी दे दी। ऐसा ही एक मशहूर मामला था, केनरा बैंक-स्पॉन्सर्ड कैनस्टार फंड का जिसमें गारंटीड रिटर्न का वादा किया गया था, लेकिन जब फंड हाउस ने अपना वादा पूरा नहीं किया तो निवेशक कोर्ट पहुंच गए। और उनकी जीत हुई! रिटेल निवेशक की जीत के इस दुर्लभ मामले में फंड हाउस को मजबूरन अपने गारंटीड रिटर्न के वादे को पूरा करना पड़ा। जब निवेशकों और इंडस्ट्री दोनों ने बाज़ार से जुड़े उत्पादों को ठीक तरह से समझा तो ऐसे प्रोडक्ट तेज़ी से गायब हो गए।

क्लोज़-एंडेड फंड को 2006 से 2008 के बीच इंडस्ट्री ने ऊंची फीस वसूलने के लिए इस्तेमाल किया जब ओपन-एंडेड फंड से न्यू फंड ऑफर चार्ज हटा दिए गए लेकिन क्लोज़-एंडेड फंड को 6 परसेंट का (एनएफओ में इकट्ठा रकम का) भारी चार्ज वसूलने की छूट थी। फंड हाउस तेज़ी से क्लोज़-एंडेड फंड लॉन्च करने लगे और एक अध्ययन में सामने आया कि क्लोज़-एंडेड फंड्स के लिए भी इस फीस के बंद होने से पहले, बाईस महीने की अवधि में निवेशकों ने अतिरिक्त फीस के तौर पर 50 करोड़ अमेरिकी डॉलर से भी ज़्यादा रकम गंवा दी थी।1

क्लोज़-एंडेड फंड्स को फिक्स्ड मैच्योरिटी प्लान (एफएमपी) के साथ एक नया जीवनदान मिला जो फिक्स्ड डिपॉज़िट की नकल लगते थे—ये एक से पांच साल के बीच की मैच्योरिटी अवधि वाले क्लोज़-एंडेड डेट फंड थे, लेकिन इनमें फिक्स्ड गारंटीड रिटर्न के बजाय मिलने वाले

रिटर्न का सिर्फ एक अंदाज़ा दिया जाता था। एफएमपी उन बॉन्ड्स को खरीदते हैं जो निवेशक की रिडेम्प्शन की तारीख़ के ठीक पहले मैच्योर होते हैं। बॉन्ड फंड में दो बड़े जोखिम होते हैं—ब्याज़ दरों का जोखिम और क्रेडिट रिस्क—जिसके बारे में हम अध्याय 7 में पढ़ेंगे। एफएमपी में ब्याज़ दरों का खतरा तो नहीं था क्योंकि वे वही बॉन्ड खरीदते थे जिनकी मैच्योरिटी अवधि एफएमपी की अवधि के बराबर होती थी। अच्छी क्वालिटी के बॉन्ड को अगर मैच्योरिटी तक रखा जाए तो उनमें ब्याज़ दरों का जोखिम बहुत कम होता है। जोखिम तब आता है जब आप उसे बीच में ही सेकंडरी मार्केट में बेच दें। बिक्री और खरीद के लिए क्लोज़-एंडेड होने के चलते एफएमपी से निवेशक बीच में निकल नहीं सकते थे और घाटा भी नहीं होता था।

लेकिन फाइनेंशियल सेक्टर किसी अच्छी चीज़ को ज़्यादा लंबे वक्त तक चलने नहीं दे सकता। इसलिए, धीरे-धीरे एक साल के एफएमपी पहले दो—और तीन—और फिर पांच साल के एफएमपी बन गए। डिस्ट्रीब्यूटर कमीशन ऊंचा और ऊंचा होता चला गया क्योंकि पूरे पांच साल का कमीशन निवेश की शुरुआत में ही डिस्ट्रीब्यूटर को दे दिया जाता था। उसके बाद, ऊंचे से ऊंचा रिटर्न दिखाने के लिए, कुछ फंड हाउसों ने क्रेडिट क्वालिटी घटानी शुरू कर दी। हम जानते हैं कि बॉन्ड में जितना जोखिम होगा, क्रेडिट रेटिंग उतनी कम होगी और बॉन्ड को निवेशकों को उतने ही आकर्षक रिटर्न देने होंगे। सरकारी बॉन्ड्स को अव्वल दर्जे का कहा जाता है क्योंकि उनमें डिफॉल्ट का खतरा नहीं होता। एफएमपी के कुछ ऐसे मामले भी हुए जिनमें रिडेम्प्शन की तारीख को निवेशकों को भुगतान नहीं किया गया जिसके चलते एफएमपी मार्केट में दरार दिखने लगी। ब्याज़ दर का जोखिम तो नहीं था, क्रेडिट रिस्क ने उन निवेशकों को परेशान कर दिया जो ऊंचे रिटर्न की चाहत रखते थे लेकिन उसके साथ आने वाले ऊंचे जोखिम को नहीं समझते थे।

इसलिए कोई चौंकने वाली बात नहीं है कि मार्च 2014 में जिस एफएमपी का हिस्सा डेट फंड के एसेट अंडर मैनेजमेंट का 25 प्रतिशत था, वो मार्च 2018 में घटकर 10 प्रतिशत और फिर मार्च 2022 में सिर्फ 3 प्रतिशत रह गया। कभी ऊंचे रिटर्न वाले एफडी के तौर पर बेचे जाने वाले एफएमपी की साख 2020 के बाद से खत्म सी हो गई जब कई योजनाओं

में भुगतान की तारीख आगे बढ़ानी पड़ी और सांकेतिक रिटर्न भी गिर गए।

एफएमपी की एक और दिक्कत थी कि इसके सख्त ढांचे की वजह से प्रोडक्ट की अवधि खत्म होने के पहले फंड हाउस से पैसे वापस लेने का कोई विकल्प नहीं था। जिन निवेशकों को नकदी की ज़रूरत होती थी उन्हें सेकेंडरी मार्केट में जाकर एनएवी से बहुत कम भाव पर इसे बेचना पड़ता था।

ओपन-एंडेड और क्लोज़-एंडेड के बीच हाइब्रिड

इंडस्ट्री मार्केट में ओपन-एंडेड और क्लोज़-एंडेड प्रोडक्ट के बीच हाइब्रिड का इनोवेशन लेकर आई और इसे इंटरवल फंड कहा गया। ये डेट और इक्विटी दोनों में निवेश करता है, हालांकि ज़्यादातर निवेश डेट में होता है। ये फंड तय अंतरालों पर खुलता और बंद होता है और निवेशकों के पास उन अंतरालों पर पैसे निकालने का मौका होता है।

इंटरवल फंड का एक नया रूप है टार्गेट मैच्योरिटी फंड (टीएमएफ) जो एक तय मैच्योरिटी तारीख़ वाला ओपन-एंडेड पैसिव डेट फंड है। ओपन-एंडेड का अर्थ है कि फंड हमेशा खरीद-बिक्री के लिए खुला रहता है और निवेशकों को किसी तय तारीख़ में बांधकर नहीं रखता। पैसिव फंड का मतलब है कि ये किसी इंडेक्स पर आधारित होता है। ये इंडेक्स कोई मौजूदा इंडेक्स हो सकता है या फंड एक इंडेक्स बनाकर उस पर आधारित निवेश कर सकता है। एक्टिव बॉन्ड चुनने की शर्त हटने से, फंड मैनेजर का रिस्क घट गया है। मैच्योरिटी की तारीख तभी होती है, जब सांकेतिक रिटर्न वाले पोर्टफोलियो के बॉन्ड मैच्योर होते हैं जैसा कि पोर्टफोलियो यील्ड में दिखता है। टीएमएफ के नाम में एक तारीख होती है। यह वही तारीख होती है जिस पर पोर्टफोलियो के बॉन्ड मैच्योर होने वाले रहते हैं। जो निवेशक रिडीम करना चाहते हैं, वे कर सकते हैं, या फिर वे बने रह सकते हैं और फंड हाउस नए बॉन्ड खरीदकर मैच्योरिटी की नई तारीख के हिसाब से उस टीएमएफ का नाम बदल देगा। उदाहरण के तौर पर, SBI CPSE Bond Plus SDL Sep 2026 50:50 इंडेक्स फंड सितंबर 2026 में मैच्योर होगा। यह सेंट्रल पब्लिक सेक्टर एंटरप्राइजेज़ (केंद्र सरकार की कंपनियां) और स्टेट डेवलपमेंट लोन्स (राज्य विकास ऋण) के बॉन्ड के

एक इंडेक्स पर नज़र रखता है। अपने आप में कोई स्टेट-डेवलपमेंट लोन काफ़ी जोखिम भरा हो सकता है, लेकिन जब इन्हें सेंट्रल पब्लिक सेक्टर एंटरप्राइजेज़ के साथ मिला दिया जाता है, तब कुल मिलाकर रिस्क घट जाता है। हो सकता है कि यह सुनने में आपको मुश्किल लग रहा हो। इतना जानना काफ़ी है कि इस तरह के फंड में ब्याज़ दर और फंड मैनेजर दोनों का रिस्क घट जाता है और क्रेडिट रिस्क को उस इंडेक्स से समझा जा सकता है जिस पर यह फंड नज़र रखता है। कॉरपोरेट बॉन्ड इंडेक्स में किसी सरकारी बॉन्ड इंडेक्स की तुलना में ज़्यादा जोखिम होता है। चूंकि, टीएमएफ को अभी सिर्फ सरकारी सिक्योरिटीज, सरकारी बॉन्ड और राज्य विकास ऋण में निवेश की अनुमति है, वे कॉरपोरेट बॉन्ड फंड की तुलना में कम जोखिम वाले हैं। जोखिम वाकई में कम है या नहीं, इसकी जांच करने के लिए डेट फंड निवेशक रिस्क-ओ-मीटर भी देख सकते हैं।

हाइब्रिड फंड के दो फ़ायदों में से एक 1 अप्रैल 2023 से हट गया। तीन साल तक बने रहने पर इसमें कम टैक्स और इंडेक्सेशन का फ़ायदा मिलता था। डेट फंड के टैक्स नियमों के बारे में अध्याय 8 में पृष्ठ संख्या 156 पर पढ़ें। दूसरा फ़ायदा है इसका पैसिव फंड होना, जिसमें सेबी के नियमों के मुताबिक एक्सपेंस रेश्यो 1 परसेंट से कम होता है। एफएमपी जब काफ़ी पॉपुलर थे, कुछ फंड हाउस डेट फंड के लिए एक्सपेंस रेश्यो को बढ़ाकर 2 परसेंट के ऊपर ले जा रहे थे, जिसकी वजह से निवेशकों के रिटर्न पर बहुत बुरा असर पड़ा।

पसंद की बात करें, तो आप इक्विटी और डेट दोनों में, ज़्यादातर ओपन-एंडेड फंड के साथ बने रहना चाहेंगे। आदर्श रूप से, हम चाहते हैं कि प्रवेश और निकास के रास्ते हमेशा खुले रहें। केवल विशेष परिस्थितियों में हम ऐसे प्रोडक्ट का चुनाव करते हैं जिसकी निकासी का मार्ग बंद हो, उदाहरण के तौर पर, पीपीएफ या हमारा पीएफ या कोई ईएलएसएस। लेकिन आपको अपने प्रोडक्ट के बारे में पता होना चाहिए। साथ ही, इंडस्ट्री में इनोवेशन की रफ़्तार भी तेज़ है और निश्चित तौर पर नए तरह के प्रोडक्ट भी आते रहेंगे। इसलिए आपको बुनियादी बातें समझनी ज़रूरी हैं ताकि आप बाज़ार में आने वाली हर चीज़ का मूल्यांकन कर सकें।

डायरेक्ट और रेगुलर

स्कीमों के नाम देखते वक्त आपने उनमें डायरेक्ट और रेगुलर शब्दों को ज़रूर देखा होगा। रेगुलर प्लान वह है जो किसी इंटरमीडियरी जैसे डिस्ट्रीब्यूटर, बैंक या किसी प्लेटफॉर्म के ज़रिए बेचा जाता है। डायरेक्ट प्लान वह होता है जिसे सीधे फंड हाउस से खरीदते हैं। दोनों के बीच का अंतर है डिस्ट्रीब्यूशन कॉस्ट यानी एजेंट कमीशन की लागत में कमी। रेगुलर प्लान में इंटरमीडियरी को जितना ट्रेल कमीशन दिया जाता है, कमीशन की उसी रकम के बराबर सस्ता पड़ता है डायरेक्ट प्लान। (ट्रेल कमीशन के लिए अध्याय 6 देखें।) यह ब्रांडेड जूतों के लिए किसी मॉल की दुकान में जाने के बजाय फैक्ट्री आउटलेट में जाने जैसा है—फैक्ट्री आउटलेट सस्ता होता है क्योंकि यहां डिस्ट्रीब्यूशन की लागत नहीं लगती।

इसकी 'वजह' को बेहतर तरीके से समझने के लिए पहले थोड़ा इतिहास जानते हैं। साल 2012 तक, म्युचुअल फंड्स एक ही पोर्टफोलियो में दो तरह के प्लान ऑफर करते थे—रिटेल और इंस्टिट्यूशनल। रिटेल योजना में एंट्री के लिए निवेश की सीमा कम होती थी और इंस्टिट्यूशंस के लिए ये रकम 1 करोड़ रुपए थी। रिटेल विकल्प का एक्सपेंस रेश्यो इंस्टिट्यूशनल विकल्प का दोगुना था। रिटेल निवेशकों की कीमत पर एक तरह से बड़े निवेशकों को सब्सिडी दी जा रही थी जिनके पास म्युचुअल फंड्स के साथ मोलभाव करने की ज़्यादा ताक़त थी। 2012 में, सेबी ने यह अंतर खत्म कर दिया लेकिन एक नया वेरिएंट पेश किया—डायरेक्ट और रेगुलर प्लान। इनका पोर्टफोलियो एक जैसा होगा, लेकिन डायरेक्ट प्लान के एक्सपेंस रेश्यो में रेगुलर प्लान में जोड़े जाने वाले ट्रेल कमीशन के बराबर की कमी होगा। 2012 तक, फ्रंट कमीशन खत्म हो चुके थे और एसेट मैनेजमेंट कंपनियां अपने एक्सपेंस रेश्यो में से ही डिस्ट्रीब्यूशन का खर्च चुका रही थीं।

फाइनेंशियल प्रोडक्ट्स में खर्चे मायने रखते हैं। अध्याय 6 में हम खर्चों के बारे में बहुत कुछ पढ़ेंगे, लेकिन आपको यह समझना होगा कि खर्च में एक प्रतिशत का अंतर तीस वर्षों में आपके निवेश के 30 प्रतिशत के बराबर हो जाता है। आप किसी म्युचुअल फंड स्कीम के डायरेक्ट और रेगुलर दोनों प्लान में 5 लाख रुपए निवेश करते हैं जो रेगुलर प्लान में 7

प्रतिशत और डायरेक्ट प्लान में 8 प्रतिशत की दर से बढ़ता है (1 प्रतिशत खर्च का अंतर है और क्योंकि दोनों पोर्टफोलियो एक जैसे हैं इसलिए यहां सिर्फ खर्च में ही अंतर है)। तीस साल बाद, रेगुलर प्लान की वैल्यू 38 लाख रुपए है और डायरेक्ट प्लान की वैल्यू है 50 लाख रुपए। डायरेक्ट प्लान ने आपको 12 लाख रुपए ज़्यादा कमाकर दिए हैं।

मतलब, आपको हमेशा सिर्फ डायरेक्ट प्लान में ही निवेश करना चाहिए, है न?

बिलकुल नहीं।

जैसा कि मैंने कहा, सिर्फ ऊंचा रिटर्न आपके लिए सबसे अच्छा रास्ता हो, यह ज़रूरी नहीं। हर व्यक्ति की ज़रूरत अलग होती है। एक अच्छा डिस्ट्रीब्यूटर पोर्टफोलियो बनाने (जो बहुत से लोगों के लिए बहुत जटिल काम है), पोर्टफोलियो मेंटेनेंस, फंड में होने वाले बदलावों के बारे में आपको जानकारी देना, आपसे संपर्क करने के लिए ज़रूरी जानकारियों में होने वाले बदलावों पर ध्यान देना, नॉमिनेशन, टैक्स से जुड़े काम और रीबैलेंसिंग जैसे कई दूसरे काम करेगा जिनकी एक एक्टिव पोर्टफोलियो को ज़रूरत होती है। बेहद व्यस्त लोगों के लिए या फंड्स की कोई जानकारी न रखने वाले लोगों के लिए डायरेक्ट प्लान से जूझने के मुकाबले रेगुलर प्लान ज़्यादा बेहतर हो सकता है। निवेश एक बार का काम नहीं है, बल्कि एक एक्टिव पोर्टफोलियो को नियमित रूप से देखभाल की ज़रूरत होती है। डायरेक्ट प्लान में निवेश का नज़रिया तब बेहतर होता है, जब आप पूरे बाज़ार की विशेषताओं को दर्शाने वाले किसी इंडेक्स फंड में 'निवेश करके भूल जाओ' की मानसिकता के साथ पैसे लगा रहे हों। तब एक विक्रेता को कमीशन चुकाने का कोई मतलब नहीं बनता। या फिर मैंने जो भी सेवाएं गिनाईं, बैंक उनमें से कुछ भी न दे रहा हो, तब आपके लिए डायरेक्ट निवेश करना अच्छा होगा। लेकिन मैं ऐसे डिस्ट्रीब्यूटरों को जानती हूं जो इतनी वैल्यू जोड़ते हैं कि ऊंचा एक्सपेंस रेश्यो चुकाना भी महंगा नहीं पड़ता।

अब एक और विकल्प है जिसे कई अमीर निवेशक चुन रहे हैं—वे एक रजिस्टर्ड इन्वेस्टमेंट एडवाइज़र (RIA) की सेवाओं का इस्तेमाल करते हैं और फिर सिर्फ डायरेक्ट प्लान खरीदते हैं। वे इसके लिए एडवाइज़र को सालाना फीस चुकाते हैं। यह अभी भी एक उभरता हुआ

बाज़ार है और आपके लिए आसानी से कोई एडवाइज़र खोजना मुश्किल हो सकता है क्योंकि वे बहुत कम हैं।

आप डायरेक्ट प्लान को म्युचुअल फंड के ऑफिस या उनकी वेबसाइट से ले सकते हैं। लेकिन जल्द ही आपको समझ आता है कि यह प्रक्रिया जटिल है। किसी पोर्टफोलियो में कम से कम छह से दस स्कीम होनी चाहिएं और हर फंड हाउस के पास जाना झंझट भरा काम है। अब ऐसे प्लेटफॉर्म हैं जो मामूली फीस लेकर या मुफ़्त में आपको खरीद-बिक्री की अनुमति देते हैं। म्युचुअल फंड युटिलिटी (mfuonline.com) ऐसा ही एक प्लेटफॉर्म है जो खुद इंडस्ट्री लेकर आई है। कुछ दूसरे प्लेटफॉर्म भी हैं, जैसे कि स्टॉक ब्रोकर, जो म्युचुअल फंड निवेशकों को बिना किसी फीस के डायरेक्ट प्लान लेने की अनुमति देते हैं। एक रजिस्टर्ड इन्वेस्टमेंट एडवाइज़र के ज़रिए भी डायरेक्ट प्लान ले सकते हैं। रेगुलर प्लान इंडिविजुअल एजेंट,[2] बैंकों, कॉर्पोरेट एजेंट और आपका पोर्टफोलियो तैयार करने वाले प्लेटफॉर्म के ज़रिए मिलता है।

ग्रोथ और डिविडेंड

एक सवाल जिसका जवाब मुझे कई बार देना पड़ता है, वह है: क्या मुझे अब अपने म्युचुअल फंड से निकल जाना चाहिए? इसका जवाब मैं ख़ुद भी नहीं दे पाती हूं। मुझे यह भी नहीं पता कि शुरू कहां से करना है, यह एक बुनियादी समस्या है। दरअसल, जब आप म्युचुअल फंड्स में निवेश करते हैं, तो यह कोई रणनीतिक अल्पकालिक दांव नहीं होता। आप इस रास्ते का उपयोग अपने जीवनकाल में अलग-अलग उद्देश्यों के लिए कर रहे हैं। ये छोटी-अवधि, मध्यम-अवधि और लंबी-अवधि के उद्देश्य हैं। जब आप म्युचुअल फंड के माध्यम से निवेश करते हैं तब ट्रेडिंग की मानसिकता को अलग रखना होगा। अगर आप ट्रेडिंग ही करना चाहते हैं तो आपके लिए डे ट्रेडिंग और वायदा बाज़ार हैं—ये बाज़ार के रेगुलेटेड हिस्से हैं और डे ट्रेडिंग करने की इच्छा रखने वालों के लिए बहुत अच्छे हैं। लेकिन याद रखिएगा कि भारत में फ्यूचर्स एंड ऑप्शंस में दस में से नौ निवेशकों को घाटा होता है। वहीं, अगर आप निवेश कर रहे हैं, तो आपके सवाल बदल जाएंगे। म्युचुअल फंड में निवेश और पैसे निकालने

का कोई 'अच्छा' समय नहीं होता। कुछ इक्विटी फंड ऐसे हैं जो जीवनभर के लिए होते हैं—आप उनसे कभी निकलते ही नहीं और उन्हें अपने बच्चों को वसीयत में दे देते हैं, जैसा कि आप अंधेरी में 2-बीएचके फ्लैट होने पर करते। असल में, वसीयत में म्युचुअल फंड देना बेहद आसान होगा और अगर आपने नॉमिनेशन कर रखा है तो बच्चे उस पर कानूनी लड़ाई भी नहीं लड़ सकेंगे। और...चलिए इसे दूसरी किताब के लिए छोड़ दें? विरासत की कहानी लंबी, हृदयविदारक है और अभी मैं जितना ध्यान देना चाहती हूं उससे कहीं ज़्यादा ध्यान लगाना पड़ेगा।

किसी फंड में निवेश की वजह तय करेगी कि जब आप म्युचुअल फंड खरीदने जा रहे हैं तब आपको क्या विकल्प चुनने हैं—क्या आप समय-समय पर पोर्टफोलियो से पैसे निकालना चाहते हैं, भविष्य के लिए किसी तय रकम का लक्ष्य रखना चाहते हैं, या सिर्फ छोटे निवेश को बड़ा होने देना चाहते हैं। आपको ग्रोथ प्लान और इनकम डिस्ट्रीब्यूशन विथ कैपिटल विड्रॉल या IDCW (जिसे पहले डिविडेंड प्लान कहते थे) के बीच में चुनाव करना होगा।

ग्रोथ प्लान निवेशित रकम को बढ़ने देता है। यूनिट की संख्या समान रहती है (निश्चित तौर पर, अगर आप और यूनिट न खरीदें तब), लेकिन एक अच्छे प्रदर्शन वाले फंड में समय के साथ नेट एसेट वैल्यू (NAV) बढ़ती रहती है। एनएवी के बारे में अध्याय 6 की पृष्ठ संख्या 110 पर पढ़ें। म्युचुअल फंड के खरीदे गए शेयरों और बॉन्ड की कीमत बढ़ने के साथ-साथ एनएवी भी बढ़ती जाती है। अगर आप कोई यूनिट बेचते नहीं हैं, तो आपके निवेश की वैल्यू समय के साथ बढ़ती जाती है क्योंकि यूनिट की संख्या गुणा एनएवी आपके निवेश की कीमत होती है, जो एनएवी बढ़ने के साथ बढ़ती है। उदाहरण के लिए, अगर आप 50 रुपए एनएवी वाली किसी योजना के 10,000 यूनिट खरीदते हैं तो आपकी निवेशित रकम है 5 लाख रुपए और अगर एनएवी बढ़कर 100 रुपए हो जाती है, तो आपका निवेश बढ़कर हो जाएगा 10 लाख रुपए (100 रुपए x 10,000 यूनिट)।

बेशक, अगर फंड मैनेजर अच्छा नहीं है या फिर बाज़ार में मंदी के संकेत हैं तो वैल्यू गिर सकती है। लेकिन समय के साथ, एक तरक्की करती अर्थव्यवस्था में, अच्छी तरह चुने गए फंड अच्छा प्रदर्शन करते हैं और आपके पैसे को बढ़ाते हैं।

इनकम डिस्ट्रीब्यूशन और कैपिटल विड्रॉल (IDCW) विकल्प म्युचुअल फंड के तय किए गए अंतरालों पर आपको ब्याज़, डिविडेंड और मुनाफा देता रहता है। फटाफट दोहरा दूं कि बचत को जब डेट, इक्विटी या रियल एस्टेट में डाल देते हैं तो वो निवेश बन जाती है। ये एसेट ब्याज़, डिविडेंड और किराए के रूप में *आय* दे सकते हैं। इन एसेट में *मुनाफ़ा* भी मिलता है जिसे कैपिटल गेन कहते हैं। यह शब्दावली महत्वपूर्ण है, जैसा कि हम टैक्स नियमों पर अध्याय 8 में देखेंगे। IDCW विकल्प में, म्युचुअल फंड तय अंतरालों पर मुनाफ़ा निकालकर आपको देता रहेगा।

ग्रोथ और IDCW विकल्पों के बीच के अंतर को समझने के लिए एक आसान तरीके के बारे में सोचिए: एक पोर्टफोलियो है जिसकी एनएवी, जो कि 100 रुपए है, 20 रुपए बढ़ जाती है। ग्रोथ प्लान वाला निवेशक एनएवी को बढ़कर 120 रुपए होता देखता है। IDCW प्लान के निवेशक के लिए, म्युचुअल फंड 20 रुपए का लाभ निवेशक को दे देता है और एनएवी 100 रुपए ही रहती है। दोनों विकल्पों में यूनिट की संख्या समान है। पोर्टफोलियो भी समान रहता है।

आप कह सकते हैं कि जब आप देश के सबसे पुराने फंड—फ्रैंकलिन इंडिया ब्लूचिप फंड—को देखते हैं तो ग्रोथ एनएवी (6 अप्रैल 2023 को) 680.7679 रुपए है और IDCW प्लान की एनएवी 37.7250 रुपए है। डिस्ट्रीब्यूशन विकल्प वाले प्लान की एनएवी 10 रुपए क्यों नहीं है (जो कि स्कीम लॉन्च के वक्त की वास्तविक एनएवी है)? क्या होता है कि फंड हाउस पोर्टफोलियो का पूरा लाभ निवेशक को नहीं देते; वे इसका एक हिस्सा जारी करते हैं। ऊपर दिए गए उदाहरण में, 20 रुपए जारी करने के बजाय, फंड सिर्फ 15 रुपए जारी करेगा, 5 रुपया पोर्टफोलियो में ही रहेगा (जैसा कि यह ग्रोथ योजना में करता है), जिससे एनएवी बढ़कर 105 रुपए हो जाती है। फ्रैंकलिन फंड के मामले में, ग्रोथ विकल्प में 10 रुपए की एनएवी पर डाले गए 5 लाख रुपए अब 3.4 करोड़ रुपए हो गए हैं, लेकिन IDCW विकल्प में उसकी वैल्यू सिर्फ 18.9 लाख रुपए है। 3.2 करोड़ रुपए फंड के जीवनकाल के दौरान डिविडेंड या आय के रूप में निवेशक को बांटे जा चुके हैं! फंड पूरा लाभ क्यों नहीं बांटते? मैं समझती हूं कि पूंजी की वैल्यू को महंगाई दर से आगे रखना एक आसान स्पष्टीकरण होगा।

डिविडेंड ऑप्शन का नाम 1 अप्रैल 2021 को बदलकर सुनने में अजीब सा लगने वाला IDCW रख दिया गया। ऐसा क्यों हुआ यह जानने के लिए हमें रेगुलेटरी इतिहास में जाना होगा। निवेशकों के लिए डिविडेंड का मतलब है मुनाफ़े का बंटवारा, और यह शेयरों की बिक्री के कारण नहीं मिलता है जो निवेशक की पूंजी को घटा देता है। जैसा कि हम म्युचुअल फंड इंडस्ट्री के तमाम उदाहरणों में देखेंगे, कुछ बदनीयत फंड हाउसों ने डिविडेंड शब्द का कुछ ज़्यादा ही गलत इस्तेमाल कर लिया। सेबी को 'डिविडेंड' नाम बदलना पड़ा क्योंकि कुछ फंड हाउसों ने इसे 1 प्रतिशत प्रति माह के गारंटीड रिटर्न (सालाना 12 प्रतिशत से अधिक) वाले प्रोडक्ट के तौर पर बेचना शुरू कर दिया था। लिखित में तो कुछ नहीं कहा जाता था, लेकिन बैंक की शाखा (आमतौर पर स्पॉन्सर बैंक) और एजेंट मौखिक रूप से इस रिटर्न का आश्वासन देते थे। कुछ बैंक-प्रोमोटेड एएमसी निवेशकों को इस तरह धोखा देने में सबसे आगे थीं। लेकिन म्युचुअल फंड मार्केट सिक्योरिटीज में निवेश करते हैं जिनका भाव ऊपर-नीचे होता रहता है। जिन महीनों में बांटने के लिए कोई 'लाभ' नहीं होता था, म्युचुअल फंड निवेशकों की पूंजी में सेंध मार देते थे और 'डिविडेंड' देने के लिए उनके यूनिट बेच देते थे। लगातार आय चाहने वाले निवेशक अक्सर रिटायर्ड लोग होते हैं और फंड हाउसों की धोखेबाज़ी वाली ये करतूत वरिष्ठ नागरिकों के लिए बेहद नुकसानदेह थी। आखिरकार सेबी ने इसका संज्ञान लिया और दो चीज़ें कीं। पहला, भ्रामक डिविडेंड नाम बदलकर IDCW किया। दूसरा, यह सुनिश्चित किया कि म्युचुअल फंड साफ़ करेंगे कि इस विकल्प में निवेश की पूंजी का एक हिस्सा डिविडेंड के रूप में बांटा जा सकता है।

जब भी म्युचुअल फंड इंडस्ट्री पर रेगुलेशन की नकेल कसती है, तो अक्सर ये शिकायतें आती हैं कि रेगुलेटर ज़रूरत से ज़्यादा दखल दे रहा है और छोटी-छोटी चीज़ों पर कंट्रोल करना चाहता है। लेकिन एक दशक से अधिक समय तक सेबी की म्युचुअल फंड कमिटी की सदस्य होने के बाद, ईमानदारी से, मैं बस यही कह सकती हूं कि अगर सेबी ऐसा न करे तो इंडस्ट्री निवेशकों को धोखा देने के तरीके ढूंढ़ती रहेगी। म्युचुअल फंड इंडस्ट्री ने कुल मिलाकर अच्छा प्रदर्शन किया है, लेकिन कुछ फंड हाउसों के कुछ गलत तरीके बेईमानी को प्रोत्साहित करते हैं और कई दूसरी

एएमसी भी ऐसी चीज़ें करने लगती हैं। इसलिए, उन छोटे निवेशकों के हितों की रक्षा के लिए रेगुलेटर को कदम उठाने पड़ते हैं, जो जटिलता की वजह से खुद के साथ ठगी को भी नहीं समझ पाते हैं।

IDCW के तीन प्रकार

इनकम-डिस्ट्रीब्यूशन में चुनाव के लिए तीन विकल्प होते हैं। कुल मिलाकर, ये विकल्प बहुत बढ़िया नहीं हैं क्योंकि इनमें मिलने वाले डिविडेंड पर शॉर्ट या लॉन्ग टर्म कैपिटल गेन टैक्स लगता है (अध्याय 8 में पृष्ठ 147 पढ़ें)। टैक्स नियम बदल सकते हैं लेकिन तब भी हमें उनके बारे में समझना चाहिए ताकि फंड खरीदते समय जब हमारे सामने IDCW के विकल्प चुनने का मौका आए तो हम चौंक ना जाएं।

IDCW का एक प्रकार रीइन्वेस्टमेंट विकल्प है। पहले यह डिविडेंड रीइन्वेस्टमेंट ऑप्शन था। जब म्युचुअल फंड इंडस्ट्री बनी थी, तब मार्क-टू-मार्केट और रोज़ के नेट एसेट वैल्यू जैसी चीज़ों के बारे में जानकारी नहीं थी। जोखिम से बचने वाले निवेशक एफडी और जीवन बीमा का रास्ता चुनते थे। और कुछ लोग सीधे शेयर खरीदते थे, और डिविडेंड की अवधारणा से परिचित थे। डिविडेंड—रीइन्वेस्टेंट ऑप्शन में बांटे जाने वाले मुनाफ़े को ज़्यादा यूनिट खरीदकर उसी पोर्टफोलियो में डाल दिया जाता है। पहले दिए गए उदाहरण में, अगर 15 रुपए बांटे जा रहे थे, तो उस पैसे का इस्तेमाल मौजूदा एनएवी पर नए यूनिट खरीदने में होता था। निवेश की वैल्यू दोनों विकल्पों में बराबर ही रहती है। रीइन्वेस्टमेंट की हालत में एनएवी घट गई (105 रुपए), लेकिन यूनिट की संख्या बढ़ गई। यूनिट की संख्या मौजूदा एनएवी को दोबारा निवेश की गई रकम से भाग देने पर मिली संख्या के बराबर ही होगी, यानी 105 रुपए को 15 रुपए से या 0.1429 यूनिट से भाग दिया जाए। जब तक भविष्य में कोई टैक्स लाभ न हो रहा हो इस विकल्प से भी दूर ही रहें।

तीसरा वेरिएंट IDCW का ट्रांसफर विकल्प है। IDCW विकल्प के तहत दिए जाने वाले मुनाफ़े को दूसरे फंड में डाल देते हैं ताकि निवेशक बाद की तारीख में इसका उपयोग कर सके। इस विकल्प के पीछे की

सोच इस तरह है: मान लीजिए आपको अगले दो वर्ष में एक निश्चित रकम की ज़रूरत है और इन दो वर्षों में आप अपने इक्विटी फंड का कुछ मुनाफ़ा इस लक्ष्य के एक हिस्से के लिए रखना चाहते हैं। तब आप ट्रांसफर ऑप्शन चुन सकते हैं और फंड से पैसों को एक अल्ट्रा-शॉर्ट-टर्म डेट फंड या मनी मार्केट फंड में लगाने के लिए कह सकते हैं। अगर आप भूल गए हैं कि ये क्या हैं, तो अध्याय 4 में पेज 44 पर जाइए और एक बार फिर देख लीजिए। हमें इन फंड कैटेगरीज़ की आदत डालने की ज़रूरत है क्योंकि अपनी निवेश यात्रा के दौरान हम इनका काफ़ी इस्तेमाल करेंगे। इस विकल्प में सोच अच्छी है, लेकिन रास्ता नहीं, क्योंकि वर्तमान में जिस तरह से डिविडेंड पर टैक्स लगाया जाता है, वो आपके टैक्स स्लैब की दर में जोड़ दिए जाते हैं और 20 परसेंट, 30 परसेंट टैक्स स्लैब वाले लोगों को डिविडेंड पर इक्विटी फंड के शॉर्ट टर्म या लॉन्ग टर्म कैपिटल गेन से भी ज़्यादा टैक्स चुकाना पड़ता है। अपनी नियमित आय और मुनाफ़ा घर ले जाने और ज़्यादा लिक्विड प्रोडक्ट में पैसे ट्रांसफर करने का एक और विकल्प है—जिसे हम जल्द देखेंगे—इसे सिस्टमैटिक विड्रॉल प्लान कहते हैं। इसके बारे में हम टैक्स नियमों पर आधारित अध्याय 8 में पढ़ेंगे। IDCW विकल्प में दैनिक, साप्ताहिक, पाक्षिक और मासिक भुगतान के कई तरीके होते हैं।

इन चार रास्तों में से आप किसे चुन रहे हैं? ग्रोथ ऑप्शन चुनें। सिर्फ तभी जब आप आयकर के 10 परसेंट स्लैब में आते हों, ऐसे में IDCW ऑप्शन मौजूदा कर व्यवस्था में ग्रोथ से बेहतर चुनाव बन जाता है।

एकमुश्त निवेश, एसआईपी, एसटीपी

आम चुनाव के नतीजे वाले दिन मैं एक फ्लाइट में थी और जैसे ही यात्रियों ने अपने फोन चालू किए, ऐसा लगा कि भारत में एक नई सरकार बनने जा रही है।

मेरे आगे बैठे शख्स ने तुरंत अपना फोन निकाला और चिल्लाकर कुछ शेयरों का ऑर्डर दिया। उसकी बॉडी लैंग्वेज से ऐसा लग रहा था जैसे वो मार्केट पर असर डालने वाला कोई बड़ा निवेश करने जा रहा हो। मैं

सामने से आ रही तेज़ बातचीत को सुनने से ख़ुद को रोक नहीं पाई—यह ऑर्डर किसी ब्लूचिप कंपनी के कुछ 500 शेयरों के लिए था। वह आदमी ऐसा बर्ताव कर रहा था जैसे वो दलाल स्ट्रीट का बिग बुल हो, लेकिन वह जिस कंपनी के शेयर खरीद रहा था, उसका ऑर्डर उस कंपनी के कुल शेयरों के दशांश के बराबर भी नहीं था।

इस कहानी को बताने का मकसद यह है कि निवेश की दुनिया के सबसे बड़े भूतों में से एक है बिग हिटर यानी बिग बुल का भूत। यह भूत औसत छोटे निवेशक पर इतना हावी रहता है कि उन्हें लगता है कि वे बाज़ार में बहुत मोटा मुनाफ़ा कमाने जा रहे हैं। ऐसा कि वे उस बिक्री या खरीद से भविष्य बना लेंगे और फिर हमेशा खुशी से रहेंगे। असल जीवन में ऐसा होता नहीं है। हममें से ज़्यादातर लोगों की नियमित कमाई और खर्चे होते हैं। हम नियमित रूप से बचत भी करते हैं। बल्कि, अनियमित कमाई वाले लोग भी वित्त वर्ष के अंत में एक बड़े निवेश के बजाय साल में कई बार निवेश कर लेते हैं। पैसों का यह प्रवाह सिर्फ एक बार की बात नहीं है। यह प्रवाह आपकी पूरी कमाई, खर्च, बचत और जीवन भर के निवेश में जारी रहेगा और फिर सेवानिवृत्ति के बाद भी जब आप अपनी जमा की गई धनराशि का उपयोग करेंगे। ये फैसले आपके जीवन के आखिरी पल तक रहते हैं—इसलिए इस सोच को छोड़ दें कि आपको सिर्फ एक बार में ही सब कुछ मिल जाएगा। अचानक की गई डाइट काम नहीं करती है। अचानक बहुत ज़्यादा कसरत करना भी सफल नहीं होता। अचानक और बिना सोचे-समझे किए गए निवेश से आप अपना पैसा और मानसिक शांति दोनों खो सकते हैं।

निवेश के दो रास्ते हैं—एक बार में बड़ा एकमुश्त निवेश करना या पूरे साल नियमित निवेश करना। तीसरा तरीका है कि एकमुश्त निवेश को समय-समय पर थोड़ा-थोड़ा लगाते रहना। हरेक की आपकी दुनिया में अलग जगह है। चलिए, इन्हें बेहतर ढंग से समझते हैं।

एकमुश्त निवेश उसे कहते हैं जिसमें आप एक दिन बाज़ार में जाएं और बड़ी रकम निवेश कर दें। आम तौर पर, यह दशकों से मध्यमवर्गीय भारतीय की टैक्स बचत के लिए निवेश की आदत रही है। जनवरी, फरवरी

और मार्च के महीनों में लोग सेक्शन 80सी निवेश पूरा करने के लिए भागते हैं ताकि उन्हें छूट मिल सके, जिससे उनके टैक्स का बोझ कम हो। ज़्यादातर लोग साल की इस अवधि में एकमुश्त निवेश करते हैं और उन्होंने अपना पूरा निवेश भी इसी दौरान करने की आदत डाल ली है। जब आप लॉन्ग-टर्म गारंटीड रिटर्न वाला निवेश करते हैं जैसे कि पीपीएफ में, तो इससे जोखिम पर कोई असर नहीं पड़ता—पीपीएफ निवेश की वैल्यू अचानक नहीं गिरेगी क्योंकि इसके रिटर्न की गारंटी सरकार देती है। लेकिन अगर आप ऐसा ही इक्विटी फंड में करते हैं और बाज़ार अचानक गिर जाते हैं, तो आप अपनी पूंजी का बड़ा हिस्सा खो देंगे। इक्विटी जैसे किसी उठापटक वाले साधन में एकमुश्त निवेश अच्छा नहीं माना जाता। डेट फंड की कुछ कैटेगरी इसके मुकाबले कम उठापटक वाली होती हैं और उनमें एकमुश्त निवेश किया जा सकता है।

तो, सही तरीका क्या है? एसआईपी या सिस्टमैटिक इन्वेस्टमेंट प्लान का रास्ता चुनना। एसआईपी एक रिकरिंग डिपॉज़िट की तरह है जहां पहले से तय रकम को चुनिंदा स्कीमों में डाला जाता है। इसके पीछे का तर्क साधारण है—किसी व्यक्ति की बचत की आदत का मेल निवेश के विकल्प के साथ कराना। एसआईपी किसी व्यक्ति की नियमित बचत को नियमित निवेश में बदलने की सहूलियत देता है, जहां हर महीने यह नहीं सोचना पड़ता कि नई बचत का क्या किया जाए। एसआईपी का एक और वित्तीय तर्क है और इसे कहते हैं रुपी कॉस्ट एवरेजिंग। इसका सीधा मतलब यह है कि जब आप किसी म्युचुअल फंड में एक तय रकम डालते हैं, तब बाज़ार में गिरावट की स्थिति में आप ज़्यादा यूनिट खरीद पाते हैं और जब बाज़ार ऊपर होते हैं तब कम यूनिट खरीदते हैं।

मान लीजिए कि आप हर महीने किसी इंडेक्स फंड में 50,000 रुपए निवेश कर रहे हैं जिसकी एनएवी 4 जनवरी 2020 को 100 रुपए है। आपको 500 यूनिट मिलते हैं। 5 फरवरी को, एनएवी बढ़कर 105 रुपए हो जाती है और आप 476 यूनिट खरीद पाते हैं (मैंने दशमलव को नज़रअंदाज़ किया है)। 5 अप्रैल तक, महामारी का संकट फैल जाता है और एनएवी गिरकर 85 रुपए हो जाती है। इस महीने 50,000 रुपए से

आप 588 यूनिट खरीदते हैं। दिसंबर 2020 तक, एनएवी वापस चढ़कर 120 रुपए हो जाती है और आप 417 यूनिट खरीद पाते हैं। ध्यान दीजिए कि कैसे जब दाम ऊंचा है तो आप कम यूनिट ले पाते हैं और जब कीमत कम है तो ज़्यादा यूनिट।

बाज़ार की चाल के विपरीत जाना मानसिक रूप से बहुत कठिन है। दुनिया में ज़्यादातर रिटेल निवेशक बाज़ार गिरने पर शेयर बेचते हैं और जब वे उच्चतम स्तरों पर होते हैं तब खरीदते हैं। एसआईपी का रास्ता आपके भीतर निवेश का अनुशासन लाता है ताकि आप गिरावट की स्थिति में निवेश का फैसला लेने से डरें नहीं। आपका फैसला बहुत पहले ही लिया जा चुका था और एसआईपी के पैसे बैंक से अपने आप कट जाते हैं। निश्चित तौर पर आप अपनी एसआईपी को रोक सकते हैं, लेकिन भारत में ज़्यादातर लोग उन्हें जारी रखते हैं क्योंकि उन्होंने कई सालों में एसआईपी निवेश के फायदे देखे हैं। इसमें आश्चर्य नहीं कि म्युचुअल फंड में एसआईपी निवेश हर साल बढ़ रहा है। भारत में, शायद, एसआईपी को फ्रैंकलिन टेम्पल्टन एएमसी ने 1993 में शुरू किया गया था लेकिन इस अवधारणा को भारतीय निवेशकों ने पहले आजमाने और अपनाने में एक दशक से ज़्यादा वक्त लग गया। 1993 में जो एक छोटी सी चीज़ के रूप में शुरू हुआ था, वो 2016-17 में 4,000 करोड़ रुपए प्रति माह तक पहुंच गया, 2022-23 में यह 13,500 करोड़ रुपए प्रति माह से भी ऊपर पहुंच चुका है। इस रास्ते से भारतीय बाज़ारों में सालाना 1.3 लाख करोड़ रुपए से भी ज़्यादा रकम आ रही है। यह शुद्ध रूप से छोटे निवेशकों का पैसा है जो जोखिम वाले प्रोडक्ट में निवेश कर रहा है। दुनिया भर में रिटेल फाइनेंस पर होने वाले सम्मेलनों में, भारतीय एसआईपी की सफलता की कहानी की चर्चा हो रही है! वैल्यू की चाहत रखने वाला भारतीय ग्राहक एसआईपी के रास्ते के माध्यम से समझदार इक्विटी निवेशक बन गया है।

एसआईपी के दूसरे फायदे भी हैं। यह निवेश को एक आदत बनाता है। यह महीने की शुरुआत में ही खर्च में से बचत को निकाल लेता है। आप एसआईपी की तारीख खुद चुन सकते हैं, लेकिन अधिकांश लोग महीने के पहले सात दिनों को ही चुनते हैं ताकि पैसा खर्च होने से पहले बचत और

निवेश हो जाए।

एसआईपी की सफलता की कहानी का एक नतीजा ऐसा है जिसके बारे में सोचा नहीं गया था। बीस साल पहले तक, भारतीय बाज़ार विदेशी संस्थागत और पोर्टफोलियो निवेशकों, या विदेशी निवेशकों के भारी निवेश से संचालित होता था। हर बार जब विदेशी पोर्टफोलियो निवेशक (एफपीआई) भारतीय बाज़ारों से निकलते थे, बाज़ार झटके से गिर जाते थे। मज़ाक में कहा जाता था कि जब वॉल स्ट्रीट छींकता है, तो भारतीय बाज़ारों को ज़ुकाम हो जाता है। लेकिन पिछले बीस वर्षों में यह कैसे बदल गया! हर महीने लगातार आ रहे घरेलू छोटे निवेशकों के पैसे ने हमें ग्लोबल हॉट मनी की मनोदशा से अलग कर दिया है। भारत अब उन बड़े सटोरियों की दया पर आश्रित नहीं है जो हमारे बाज़ारों को अचानक गिरा दें। इसका श्रेय हर उस व्यक्ति को जाता है जो इस रास्ते पर चलते वक्त हमारी विकास की कहानी पर समझदारी से निवेश करता है, जब हम आने वाले दशक में विश्व की पांचवीं सबसे बड़ी अर्थव्यवस्था से तीसरी सबसे बड़ी अर्थव्यवस्था बनने जा रहे हैं।

एसआईपी को लेकर कई गलतफहमियां हैं। पहला, कि यह खुद में एक प्रोडक्ट है। 'मैं एसआईपी में निवेश कर रहा हूं' वैसा ही है जैसे यह कहना कि 'मैं आटा खा रहा हूं'। आटा कच्चा माल है जिससे रोटी, पराठा, पूरी, कुल्चा (खासकर जब आप इसे चने के साथ खाएं, तो यह कमाल का लगता है!) बनाते हैं। और, फिर मिर्ची पराठा...हमें एसआईपी पर लौट जाना चाहिए!

एसआईपी एक *रास्ता* है न कि मंज़िल। जब आप कहते हैं कि आप यात्रा कर रहे हैं, आप यह नहीं कहते कि मैं एक फ्लाइट ले रहा हूं, आप कहते हैं, मैं चेन्नई की फ्लाइट ले रहा हूं। उड़ान की मंज़िल चेन्नई है। हर एसआईपी का एक डेस्टिनेशन फंड होता है। आप एसआईपी के माध्यम से उसमें निवेश करते हैं। यह इक्विटी, डेट, गोल्ड और इनके संयोजन से बनी कोई स्कीम हो सकती है। इसे समझने का सही तरीका है: मैं एसआईपी के माध्यम से गुड रिज़ल्ट म्युचुअल फंड के ग्रोस्टेडी इक्विटी फंड में निवेश कर रहा हूं।

अगली बात, एसआईपी आपको सिर्फ इक्विटी स्कीम नहीं बल्कि किसी भी तरह की म्युचुअल फंड स्कीम में ले जा सकता है, हालांकि इक्विटी एसआईपी की सबसे लोकप्रिय योजना है। आप एसआईपी के ज़रिए डेट या गोल्ड स्कीम या एक मल्टी-एसेट स्कीम में भी निवेश कर सकते हैं।

बिना रुकावट के एसआईपी के लिए, आपको एक डिस्ट्रीब्यूटर की ज़रूरत होगी जो आपसे बारह या चौबीस या जितने भी महीनों की एसआईपी आपने प्लान की है, उसके पोस्ट-डेटेड चेक ले सके। अधिकांश लोग अपने बैंक खातों को एक प्लेटफॉर्म से जोड़ना पसंद करते हैं और फिर एसआईपी की राशि, तिथि और निवेश की अवधि का एक डिजिटल मैन्डेट देते हैं। अध्याय 13 में हम इसे आसान तरीके से करने की प्रक्रिया के बारे में विस्तार से पढ़ेंगे।

कुछ फंड हाउस हर माह किए जाने वाले आपके एसआईपी निवेश राशि की सीमा तय कर देते हैं। मिरे एसेट इमर्जिंग ब्लूचिप फंड (अप्रैल 2023 के मुताबिक) ने एक पैन नंबर के लिए मासिक एसआईपी की अधिकतम सीमा 2500 रुपए तय की हुई है। एसबीआई म्युचुअल फंड ने अपने स्मॉल-कैप फंड में प्रति माह निवेश को 25,000 रुपए पर सीमित कर रखा है। ये फंड हाउस बाज़ार में जितना पैसा डाल सकते हैं उन्हें उससे ज़्यादा रकम नहीं चाहिए और इसलिए वे निवेश की सीमा तय कर देते हैं। यह वास्तव में उन्हें और भी अधिक लोकप्रिय बना देता है!

एसआईपी के विकल्प

इंडस्ट्री ने एसआईपी के मामले में काफ़ी इनोवेशन किया है और आपके पास एसआईपी शुरू करने के लिए विकल्पों की एक पूरी लिस्ट मौजूद है। आपको तय करना है कि आप हर महीने कितना और किन स्कीमों में पैसा लगाना चाहते हैं। अध्याय 10 में हम स्कीमों का चुनाव करेंगे, इसलिए जब आप एसआईपी के ज़रिए निवेश की प्रक्रिया शुरू करें, तो यहां वापस आकर इसे फिर से पढ़ें।

अगला कदम, आपको अपने बैंक खाते से एसआईपी कटौती की

तारीख तय करनी होगी। अगर आपने *बात पैसे की* में पढ़ी गई तीन-खाता प्रणाली बनाई है, तो यह कटौती आपके 'इन्वेस्ट-इट' खाते से होगी। क्या? इसे अब तक नहीं पढ़ा? अभी के अभी जाइए और पढ़िए! कुछ फंड हाउस आपको एसआईपी की तारीख चुनने की छूट देते हैं और कुछ फंड हाउस आपको चार या पांच तारीखों के विकल्प देते हैं जिनमें से आप चुनाव कर सकते हैं। दोनों ही ठीक हैं।

आप जिस अवधि के लिए निवेश करना चाहते हैं, उसके लिए नाम दर्ज करा सकते हैं—एक, दो या पांच साल। या कुछ निवेशक जो पिछले कुछ सालों से इस रास्ते पर हैं, वे 'पर्पेचुअल' एसआईपी चुनते हैं। इसका मतलब है कि एसआईपी तब तक जारी रहती है जब तक आप इसे नहीं रोक देते। निवेशकों ने पिछले वर्षों के निवेश के दौरान ज्ञान और आत्मविश्वास हासिल किया है और जब तक वे इसे रोकना नहीं चाहते तब तक वे एसआईपी को चलने देने में खुश हैं। और फिर इससे बाहर निकलने में अधिकतम एक एसआईपी चक्र का समय लगता है।

साधारण एसआईपी से महीने की एक तय तारीख को ही निकासी होती है। हो सकता है कि हर महीने की चौथी तारीख को तीन इक्विटी योजनाओं में से हरेक में 15,000 रुपए की एसआईपी हो। आप अलग-अलग विकल्पों में से चुनाव कर सकते हैं—दैनिक, साप्ताहिक, पाक्षिक, मासिक या तिमाही एसआईपी। ज़्यादातर लोग मासिक एसआईपी पसंद करते हैं क्योंकि यह उनकी आय के आने से मेल खाती है। दैनिक या साप्ताहिक एसआईपी करने में कुछ खास फायदा नहीं होता। तीस वर्षों के निवेश में, दैनिक और मासिक एसआईपी का अंतर गायब हो जाएगा।

निवेशकों की ज़रूरतें अलग हो सकती हैं। इसलिए फ्लेक्सिबल एसआईपी भी होती हैं, जहां आप हर महीने निवेश की रकम बढ़ा या घटा सकते हैं। यह विशेष रूप से उन लोगों के लिए बेहतर है जिनकी आय अनियमित होती है जैसे सलाहकार और पार्ट-टाइम कर्मचारी। आपको देखना होगा कि आपने जो फंड चुना है और जिस प्लेटफॉर्म के माध्यम से आप निवेश कर रहे हैं, वहां यह सुविधा मिलती है या नहीं।

कुछ फंड आपको एक किस्त का निवेश छोड़ने की अनुमति देते हैं

अगर आप एसआईपी की निर्धारित तारीख से एक हफ्ते पहले फंड हाउस को सूचित करते हैं। यह सुविधा तब काम आती है जब कभी आपातकालीन स्थिति में आपके पास पैसे नहीं रहते या कभी-कभी आपको कुछ महीनों के लिए एसआईपी रोकने की ज़रूरत पड़ जाती है।

एक और विकल्प है टॉप-अप एसआईपी जो आपको हर साल अपनी निवेश की रकम को तय राशि या प्रतिशत से बढ़ाने की अनुमति देता है। आप अपनी एसआईपी को हर साल बढ़ाने का मैन्डेट दे सकते हैं, जैसे कि 10 प्रतिशत या 5,000 रुपए (आमतौर पर 500 रुपए के गुणक में) बढ़ाने को कह सकते हैं। यह सुनिश्चित करता है कि तनख्वाह में हर वर्ष होने वाली बढ़ोतरी अपने-आप बढ़ी हुई बचत और निवेश में चली जाए। लेकिन इन प्रोडक्ट्स में एक बार मैन्डेट देने के बाद इन्हें बदला नहीं जा सकता।

हालांकि सभी विकल्प, जिनकी चर्चा की गई है, बहुत आकर्षक हैं, एसआईपी को जितना आसान रखा जाए, उतना बेहतर है। इनमें से कुछ विकल्प एग्ज़िट की अनुमति नहीं देंगे और आपको एसआईपी रोकनी पड़ेगी, उदाहरण के तौर पर, टॉप-अप प्लान में। एक साधारण मासिक एसआईपी शुरू कीजिए; आप इसे कभी भी रोक सकते हैं और अपने प्लेटफॉर्म के माध्यम से उसी योजना में इससे ज़्यादा या कम राशि की दूसरी एसआईपी शुरू कर सकते हैं।

एसटीपी

एक बूढ़े चाचा हैं जो एफडी-प्रेमी है और अधिकांश समय शेयर बाज़ार से नफ़रत करते हैं। लेकिन जब सेंसेक्स और निफ्टी 50 तेज़ी से ऊपर जाते हैं और लाइफटाइम ऊंचे स्तरों को छूते हैं, तब उन्हें खुजली होने लगती है। किसी म्युचुअल फंड स्कीम की सिफारिश के लिए वह मुझे लगातार मैसेज भेजना, कॉल करना और परिवार के दूसरे लोगों से कॉल करवाना शुरू कर देते हैं। कोई नाम बताओ, किसमें डाल दें अभी सात लाख? इन वर्षों में, मैंने घबराहट भरी इन कॉल्स का जवाब नहीं देना सीख लिया है। पिछले बीस वर्षों में उन्होंने कई बार अपने हाथ जलाए हैं क्योंकि बाज़ार

समय-समय पर लाइफटाइम हाई बनाते हैं—सेंसेक्स 5,000 से 15,000, फिर 25,000 और अब 60,000 के ऊपर—और ऐसे में वह बाज़ार में बाल्टी भर पैसा उड़ेल देते हैं। इस पैसे की वैल्यू जल्दी ही गिर जाती है क्योंकि शेयर बाज़ार लंबी अवधि में ऊपर जाते हैं, लेकिन छोटी अवधि में इनमें बहुत उठापटक होती है। लाइफटाइम हाई के बाद आमतौर पर उतार-चढ़ाव आते हैं या कभी-कभी तेज़ गिरावट भी आ जाती है। बाज़ार लुढ़कने की स्थिति में, वो बाहर निकल जाते हैं और फिर दोबारा कभी इसमें न घुसने की कसम खाते हैं, इसका दोष उस व्यक्ति को देते हुए जिसने उन्हें कौन सा शेयर या फंड खरीदें इसकी सलाह दी थी—वो सरकार, प्रधानमंत्री, अपने खर्चीले बेटे—मतलब दुनिया में सभी के बारे में शिकायतें करते हैं! जब तक नया लाइफटाइम हाई नहीं बन जाता। चाचा यह नहीं समझ पाए हैं कि इसमें सलाहकार की गलती नहीं है बल्कि उनकी बाज़ार में मोटी रकम डालने की चाहत की गलती है, विशेषकर जब उनके पास बाज़ार में बने रहने का भरोसा नहीं है।

खास तौर पर चाचा जैसे लोगों के लिए और आम तौर पर हम सभी के लिए, एक दिन में शेयर बाज़ार में बड़ी रकम डालने का विचार अच्छा नहीं है। छोटी अवधि में कोई भी शेयर बाज़ार की चाल की भविष्यवाणी नहीं कर सकता, और युद्ध, महामारी या वित्तीय संकट जैसा एक ग्लोबल इवेंट छोटी सी अवधि में बाज़ार में बड़ी गिरावट ला सकता है। अपने 7 लाख रुपयों को घटते हुए देखना, और कुछ ही महीनों में इनका घटकर 4 या 5 लाख हो जाना बेहद डरावना है। बेशक, अगर सही फंड का चुनाव किया गया है तो जब बाज़ार धीरे-धीरे सुधरेगा तो पैसे रिकवर हो जाएंगे, लेकिन पैसे खोने की मानसिक पीड़ा को कम किया जा सकता है अगर एकमुश्त निवेश की बजाय एसआईपी का रास्ता चुना जाए।

इसे सिस्टमैटिक ट्रांसफर प्लान (एसटीपी) के माध्यम से किया जाता है जो एक कम जोखिम वाली डेट योजना में एकमुश्त रकम इकट्ठा करता है और तय समय अंतरालों पर (आपके द्वारा तय) इक्विटी योजना में डालता है। अगर चाचा ने मार्च 2020 के अंत में 7 लाख रुपए डाले होते, तो मई तक यह पैसा घटकर 5 लाख रह जाता। उन्होंने हड़बड़ी में

बेचा और 2 लाख का घाटा सहा। अगर वह साल के अंत तक बने रहे, तो उनका पैसा रिकवर हो जाता और बारह महीने में यह 50,000 रुपए बढ़ जाता। लेकिन अगर उन्होंने निवेश को 58,000 रुपए प्रति माह में बांट दिया होता, तो साल अंत तक वह 8.3 लाख रुपए पर बैठे होते।

आप जिस इक्विटी फंड में निवेश करना चाहते हैं उसे चुनकर और फिर उसी फंड हाउस से एक लिक्विड फंड चुनकर एकमुश्त पैसा उसमें डालकर इस सुविधा का उपयोग कर सकते हैं। कम एक्सपेंस रेश्यो और बिना एग्ज़िट लोड वाला ग्रोथ ऑप्शन चुनना याद रखें। फिर हर महीने आप लिक्विड फंड से इक्विटी फंड में जितना निवेश करना चाहते हैं, उस राशि को चुनकर ट्रांसफर सेट अप करें। जब मैंने कई साल पहले अपना पहला एसटीपी सेट अप किया, तो मैंने एक फंड हाउस का लिक्विड फंड और दूसरे फंड हाउस का इक्विटी फंड चुनने की गलती कर दी थी! एक ही फंड हाउस एक से दूसरी स्कीम में फंड ट्रांसफर की सुविधा देता है और यह सुविधा दो अलग फंड हाउसों के बीच उपलब्ध नहीं है (यह होना चाहिए, लेकिन वह एक अलग नीतिगत मसला है)।

आप बैंक में भी पैसा रख सकते हैं और एसआईपी कर सकते हैं। बैंक में एकमुश्त पैसा रखने के बजाय एसटीपी को चुनने के पीछे दो वजहें हैं। पहला, बैंक में पैसे रखे हों तो उनका बड़ा हिस्सा खर्च होने, उधार देने या भावनाओं से प्रेरित निवेश में चला जाता है। पैसा जब लिक्विड फंड में होता है तब यह डेबिट कार्ड या डिजिटल पेमेंट ऐप की पहुंच से दूर रहता है। दूसरा, लचीलेपन और इस्तेमाल के मामले में लिक्विड फंड एफडी से बेहतर है।

आप कितनी रकम से एसटीपी शुरू कर सकते हैं? इंडस्ट्री नियम के मुताबिक न्यूनतम राशि 12,000 रुपए है जिससे 1,000 रुपए के बारह एसटीपी या 2,000 रुपए के छह एसटीपी हो सकते हैं। आप एक ही फंड हाउस की दो योजनाओं में कितना और कितने समय तक निवेश करना चाहते हैं, इसकी कोई ऊपरी सीमा नहीं है। ज़्यादातर निवेशक इस सुविधा का उपयोग अपने बोनस के पैसे, बड़े रिफंड, परिवार या दोस्तों से वापस मिले कर्ज़, किसी निवेश से की गई निकासी जैसे कि प्रॉपर्टी की बिक्री या

विरासत में मिले पैसे को रखने के लिए करते हैं।

आप एसटीपी का उपयोग इक्विटी से डेट में जाने के लिए भी कर सकते हैं, हालांकि इसका इस्तेमाल अपेक्षाकृत कम होता है। अगर आप रीबैलेंसिंग कर रहे हैं या किसी लक्ष्य के करीब पहुंचने वाले हैं तो आप इक्विटी फंड से मुनाफ़ा निकाल सकते हैं। इसे कम जोखिम वाले लिक्विड या मनी मार्केट फंड में ट्रांसफर किया जा सकता है (आपको पैसा कब चाहिए, इस हिसाब से डेट फंड चुनिए; स्कीमों का चुनाव कैसे करें इस पर अध्याय 10 देखें)। यहां भी आपको ध्यान देना होगा कि आप इसे एक ही फंड हाउस की स्कीमों के बीच सेट अप करें।

एसटीपी रूट में भी विकल्प होते हैं। बेशक, म्युचुअल फंड इंडस्ट्री किसी चीज़ को आसान नहीं रहने देगी! इस वजह से चुनाव इतना जटिल हो सकता है कि या तो लोग निवेश नहीं करेंगे या बिना सोचे-समझे स्कीम चुन लेंगे। मैं उम्मीद करती हूं कि सभी विकल्पों को चिह्नित करने में और फिर जो आपके लिए सबसे सही हो, उसे चुनने में मदद कर पाऊं।

एक विकल्प फ्लेक्सिबल या ट्रिगर एसटीपी है। यह डेट से इक्विटी या इक्विटी से डेट में हो सकता है। आप इंडेक्स या एनएवी का टार्गेट स्तर या आपका फंड हाउस जो भी विकल्प दे रहा हो उसे चुनकर किसी इक्विटी फंड में पैसे डाल या निकाल सकते हैं। मान लीजिए कि बाज़ार की हर गिरावट में आप 0.25 प्रतिशत ज़्यादा निवेश करना चाहते हैं। आप एक लिक्विड फंड में पूल बना सकते हैं और हर बार जब एनएवी 0.25 प्रतिशत गिरे तो 50,000 रुपए (उदाहरण के लिए) स्विच करने का मैन्डेट दे सकते हैं। या, हर बार जब बाज़ार 1 अप्रैल तक बढ़ जाए तो, 25,000 रुपए (या जो भी आप चुनें बशर्ते फंड हाउस उसकी अनुमति दे) इक्विटी से उसी फंड हाउस की लिक्विड योजना में स्विच करने का आदेश दे सकते हैं।

याद रखिए कि हर बार स्विच करने पर टैक्स की देनदारी बनेगी क्योंकि आप लिक्विड से इक्विटी में या उसका विपरीत निवेश कर रहे होंगे। साल के अंत में टैक्स रिटर्न दाखिल करते समय अपनी टैक्स रिपोर्ट कैसे पाएं इसे समझने के लिए आपको अध्याय 8 को ध्यान से पढ़ना होगा।

एक अच्छा डिस्ट्रीब्यूटर या सलाहकार आपके लिए यह काम कर देगा।

लगातार विकास कर रही इंडस्ट्री में अन्य विकल्प भी हैं, लेकिन विकल्प कम रखना बेहतर है, खासकर तब, जब आप म्युचुअल फंड और मार्केट से जुड़े निवेश में नए हैं।

पैसे निकालने के विकल्प

जब भी मैं किसी नई जगह पर जाती हूं—यह कोई अंडरग्राउंड पार्किंग या कोई सिनेमा हॉल हो सकता है—मैं सबसे पहले एग्ज़िट के संकेत को खोजती हूं। मैं जानना चाहती हूं कि इस जगह से मैं बाहर कैसे निकलूंगी। निकास महत्वपूर्ण है—कॉन्ट्रैक्ट में, आपके कार्यस्थल में और व्यक्तिगत संबंधों में। कोई भी चीज़ जिसमें हम आंखें मूंद कर बंध जाते हैं, वो ज़हरीली बन सकती है। या खतरनाक—जैसे कल्ट्स। यही वजह है कि मुझे जीवन बीमा कंपनियों की एनडाउमेंट और मनी-बैक योजनाएं पसंद नहीं हैं। उनसे पैसे निकालने की लागत बहुत ऊंची होती है जो पूंजी को खा जाती हैं। इससे भी बुरी बात है कि निवेश करते समय कभी भी उन्हें साफ़ तौर पर नहीं बताया जाता है।

म्युचुअल फंड से आप लागत और समय दोनों मामले में काफ़ी आसानी से पैसे निकाल सकते हैं। सेबी का नियम म्युचुअल फंड को सभी योजनाओं से आपका पैसा वापस करने के लिए दस दिन देता है, लेकिन असल में, पैसा इससे भी कहीं जल्दी वापस आ जाता है। लिक्विड फंड में आपका पैसा खाते में आने पर आम तौर पर केवल एक कामकाजी दिन लगता है। दूसरे डेट और इक्विटी फंड आपका पैसा खाते में पहुंचाने के लिए तीन से चार कामकाजी दिन लेते हैं। अगर आप किसी डिस्ट्रीब्यूटर की मदद से निवेश करते हैं, तब निकासी की अर्जी उसके माध्यम से देनी होती है; या फिर आप इसे अपने बैंक, डिजिटल प्लेटफॉर्म या मोबाइल ऐप, जिसे भी ट्रांजैक्शन के लिए इस्तेमाल करते हों, उसके माध्यम से भी कर सकते हैं।

पैसे निकालने के दो तरीके हैं—पहला है एकमुश्त निकासी और दूसरा है सिस्टमैटिक विड्रॉल प्लान (एसडब्ल्यूपी)। एकमुश्त निकासी

इस पर निर्भर हो सकती है कि आप कितनी यूनिट रिडीम करना चाहते हैं, लेकिन ज़्यादातर लोग एक रकम चुनते हैं जो वे निकालना चाहते हैं। उदाहरण के लिए, आप घर की मरम्मत के लिए कॉन्ट्रैक्टर को भुगतान के लिए किसी लिक्विड फंड में 2 लाख रुपए डाल सकते हैं। भुगतान की तारीख पास आने पर, आप या तो सभी यूनिट (अगर उस फंड में बस वही हैं) रिडीम करने की अर्जी डालेंगे या 2 लाख रुपए की। इसी तरह, किसी इक्विटी फंड की योजना में, आप 50 लाख रुपए के एक पोर्टफोलियो से 5 लाख रुपए निकालना चाह सकते हैं। आप 'यूनिट की संख्या' के विकल्प के बजाय बस 'तय राशि' का विकल्प चुनेंगे।

एसडब्ल्यूपी एक बहुत उपयोगी विकल्प है जिसकी मदद से आप नियमित तौर पर एक तय रकम निकाल सकते हैं। इसे विशेषकर सेवानिवृत्त लोग नियमित आय की ज़रूरतों के लिए उपयोग करते हैं, एसडब्ल्यूपी आपकी तय तारीख पर आपको पैसे देने के लिए यूनिट रिडीम करेगा। मेरे परिवार में कई सुपर-सीनियर हैं जो इस सुविधा का अच्छी तरह इस्तेमाल कर रहे हैं। फ़ोन कॉल या रिडेम्प्शन ट्रिगर किए बिना ही महीने की शुरुआत में उनके खाते में पैसा होता है। उन्होंने निर्देश दिया हुआ है कि महीने की शुरुआत में उन्हें कितने पैसे चाहिएं। सलाहकार या ख़ुद से निवेश करने वाले एक निवेशक के तौर पर आपको सिर्फ इस बात का ख्याल रखना है कि निकासी की दर फंड के ग्रोथ की दर से ज़्यादा नहीं होनी चाहिए। एसडब्ल्यूपी में यूनिट का रिडेम्प्शन होता है, इसलिए काफ़ी लंबी अवधि के दौरान, अगर निकासी की दर एनएवी की ग्रोथ से ऊंची होगी तो यूनिट की संख्या शून्य तक पहुंच सकती है।

यदि इकट्ठा धन अनुमानित दर पर बढ़ता रहता है, तो रिडीम की जा रही यूनिट की संख्या घटती जाती है, लेकिन बाज़ार में एक अप्रत्याशित गिरावट इस रणनीति को पटरी से उतार सकती है। सेवानिवृत्त लोग जो पूरी तरह इस पर निर्भर है उन्हें एसडब्ल्यूपी सेट अप करने के लिए सही सलाह ज़रूर लेनी चाहिए। अगर आप बाज़ार और निकासी की दर को बहुत अच्छी तरह नहीं समझते तो इसे आय के एक नियमित स्रोत के रूप में देखें न कि इकलौते स्रोत के रूप में।

आप एसडब्ल्यूपी को अन्य स्थितियों में भी इस्तेमाल कर सकते हैं। आप एक तय राशि या सिर्फ मुनाफ़ा निकालने का निर्देश दे सकते हैं। ऐसे फंड भी हैं जो एसडब्ल्यूपी पर ट्रिगर की सुविधा देते हैं, जहां आप किसी फॉर्मूला या बाज़ार के स्तर के हिसाब से रिडेम्प्शन ट्रिगर कर सकते हैं जो आपके बैंक खाते में जाता है (बजाय किसी दूसरी योजना के जैसा कि एसटीपी में होता है)।

सिर्फ इसलिए कि विकल्प उपलब्ध हैं, इसका यह मतलब नहीं है कि आपको उन्हें इस्तेमाल करना ही है। मौजूद विकल्पों के विशाल सागर में से अपने काम का विकल्प खोजना ही समझदार म्युचुअल फंड निवेश है। तय अंतराल पर ज़रूरत के हिसाब से पैसे का इंतजाम करने के लिए एक आम एसडब्ल्यूपी शानदार विकल्प है। हालांकि एग्ज़िट लोड ज़रूर देखें। ज़्यादातर इक्विटी फंड 365 दिनों के पहले पैसे निकालने पर एग्ज़िट लोड लगाते हैं (इसे पृष्ठ 102 पर अध्याय 6 में समझाया गया है); इसलिए आपको जब पैसों की ज़रूरत है उससे एक साल पहले अपना एसडब्ल्यूपी सेट अप करें ताकि आपको एग्ज़िट लोड न देना पड़े।

म्युचुअल फंड रखने के तरीके: डीमैट या नॉन-डीमैट

क्या आपने कोई म्युचुअल फंड सर्टिफिकेट देखा है? मैं ज़रूर इतनी उम्रदराज हूं कि मैंने 1992 में यूटीआई मास्टरगेन का फ़िजिकल सर्टिफिकेट अपने हाथ में पकड़ा है! म्युचुअल फंड इंडस्ट्री के शुरुआती वर्षों में जब यूटीआई एकाधिकार वाला म्युचुअल फंड था, यह फ़िजिकल सर्टिफिकेट इस्तेमाल करता था, काफी हद तक फ़िजिकल शेयर सर्टिफिकेट जैसा। बिक्री में दस्तखत से मेल कराने और सर्टिफिकेट खोने या खराब होने की दिक्क़त ने इस प्रक्रिया को बहुत मुश्किल, समय लेने वाला और महंगा बना दिया था। एक बार जब निजी क्षेत्र को अनुमति मिली, तब फ़िजिकल सर्टिफिकेट अकाउंट स्टेटमेंट में बदल गए। इसे फ़िजिकल फॉर्म में होल्डिंग कहते हैं लेकिन अकाउंट स्टेटमेंट के माध्यम से। आप सीधे फंड हाउस या डिस्ट्रीब्यूटर और बैंक से खरीदते हैं। अब आप किसी प्लेटफॉर्म के माध्यम से सीधे फंड हाउस से भी खरीद सकते हैं।

अकाउंट स्टेटमेंट आपकी होल्डिंग और हर महीने के लेन-देन का एक साधारण रिकॉर्ड होता है। अब आप अलग-अलग म्युचुअल फंड में अपनी सारी होल्डिंग का कंसोलिडेटेड अकाउंट स्टेटमेंट (CAS) भी पा सकते हैं। इंटरनेट पर देखिए कि डिस्ट्रीब्यूटर, सलाहकार या सीधे CAMS और केफिनटेक (रजिस्ट्रार और ट्रांसफर एजेंट) के माध्यम से आप अपना CAS कैसे पा सकते हैं।

2009 से, निवेशकों को म्युचुअल फंड यूनिट को डीमैट रूप में रखने का विकल्प मिला। आपको एक डीमैट एकाउंट की ज़रूरत होती है और खरीदारी करते वक्त आपको प्लेटफॉर्म पर डीमैट विकल्प चुनना होगा। डीमैट एकाउंट की एक सालाना फीस होती है। आपको एक डिपॉज़िटरी पार्टिसिपेंट के माध्यम से साइन अप करना होता है। म्युचुअल फंड यूनिट खरीदने और बेचने के लिए आपको ब्रोकर फीस देनी होगी—जो फंड हाउस से सीधे खरीदने पर नहीं देना पड़ता। डीमैट के माध्यम से एसआईपी, एसटीपी और एसडब्ल्यूपी सेट अप करना मुश्किल हो सकता है। इन सेवाओं के लिए डिस्ट्रीब्यूटर और कॉर्पोरेट एजेंट की ज़रूरत पड़ती है। आपके और म्युचुअल फंड के बीच में जितनी परतें जुड़ती जाएंगी, उसका कुछ न कुछ खर्च चुकाना होगा, भले ही यह आज मुफ़्त में मिल रहा हो। ईटीएफ निवेश के लिए डीमैट एकाउंट की ज़रूरत होती है और इसी तरह कुछेक डायरेक्ट बॉन्ड खरीदने के लिए भी इसकी ज़रूरत होती है।

क्या करें: म्युचुअल फंड के साथ डायरेक्ट होल्डिंग का विकल्प चुनें और अपने निवेश का एकाउंट स्टेटमेंट रखें। इसमें लागत कम होती है और इस अध्याय में बताए गए सभी एंट्री और एग्ज़िट विकल्प इसमें मौजूद होते हैं।

यह एक लंबी यात्रा का अंत है जहां हमने एंट्री और एग्ज़िट विकल्पों पर नज़र डाली। कम से कम शुरुआत में, जब आप म्युचुअल फंड से परिचित हो रहे होते हैं, तब यह बेहतर है कि आप ट्रिगर और फॉर्मूला आधारित निवेश की जटिल रणनीतियों के बजाय इसे साधारण रखें और बुनियादी विकल्पों का इस्तेमाल करें।

अगले अध्याय में हम लागत और लाभ के बहुत महत्वपूर्ण विषय पर पहुंचेंगे। एक कागज़ और कलम तैयार रखिए अगर आपने पहले से नहीं रखा है। इसे आलस से भरे रविवार की दोपहर में किसी किताब को पढ़ने की तरह नहीं, बल्कि स्टडी मैटेरियल के तौर पर लीजिए। हम आज मेहनत कर रहे हैं ताकि हमारे पैसे भविष्य में और अधिक मेहनत कर सकें।

म्युचुअल फंड में निवेश की प्रक्रिया शुरू करने से पहले सही विकल्पों का चुनाव करना बहुत महत्वपूर्ण है। इंडस्ट्री में हुए इनोवेशन की वजह से स्कीम लेते समय आपके पास चुनने के लिए ढेर सारे विकल्प होते हैं।

आप सही रास्ते पर हैं अगर आप समझते हैं कि

1. ओपन-एंडेड फंड आम तौर पर सबसे अच्छे होते हैं क्योंकि इसमें लॉक-इन नहीं होता;
2. इनकम डिस्ट्रीब्यूशन विकल्प की तुलना में ग्रोथ विकल्प बेहतर होता है;
3. ज़्यादातर मामलों में, समझदारी से किया गया एसडब्ल्यूपी किसी इनकम-डिस्ट्रीब्यूशन विकल्प से बेहतर है;
4. रेगुलर के बजाय डायरेक्ट ऑप्शन, आपको एक्सपेंस रेश्यो में छिपे ट्रेल कमीशन से बचाता है;
5. बचत और निवेश से तालमेल कराने के लिए एसआईपी एक बढ़िया रास्ता है;
6. एकमुश्त राशि को एसआईपी में बदलने के लिए एसटीपी एक अच्छा तरीका है।

6

लागत, रिटर्न और बेंचमार्क

कोई भी चीज़ अपने आप में अच्छी या बुरी नहीं होती। यह सब सापेक्ष है। जिस तरह ज़िंदगी में, उसी तरह आपके निवेश पर रिटर्न में भी।

वित्तीय उत्पाद दिखाई नहीं देते हैं और आपके दिमाग में उनकी वैसी ही तस्वीर बनती है जिस तरह उन्हें बेचने वाला व्यक्ति उनका वर्णन करता है। यह एजेंट के हित में होता है कि सिर्फ अच्छी बातें बताना और उन लागतों को नज़रअंदाज़ कर देना जो आपके वास्तविक रिटर्न पर असर डालेंगे। महंगाई, टैक्स और उत्पाद की लागत आपके पैसे पर तीन तरफ से हमला करते हैं। जहां टैक्स का असर दिखाई देता है, महंगाई और उत्पाद की लागत दोनों ही रिटर्न को चुपचाप मारते रहते हैं।

अब हम म्युचुअल फंड से जुड़ी अलग-अलग लागतों को देखेंगे और पता लगाएंगे कि सावधानीपूर्वक कम लागत वाले उत्पादों को कैसे चुना जाए। हो सकता है कि सबसे सस्ता उत्पाद सबसे अच्छा ना हो क्योंकि जोखिम और रिटर्न जैसी बाकी खासियतें भी हैं, जिन्हें हमें किसी योजना को चुनने से पहले देखना होगा।

म्युचुअल फंड में प्रवेश, रखरखाव और निकास से संबंधित अलग-

अलग लागतें होती हैं। इनमें से कुछ शुल्क अब नहीं लगते हैं क्योंकि उन्हें कुछ साल पहले हटा दिया गया था और कुछ शुल्क नए हैं। भारतीय म्युचुअल फंड के पास शायद दुनिया में सबसे पारदर्शी लागत ढांचा है, लेकिन इस यात्रा में इस उद्योग से जुड़े कई लोगों—रेगुलेटरों, मीडिया और विशेषज्ञों का समय और प्रयास लगा है। आगे हम ना सिर्फ प्रासंगिक लागतों के बारे में जानेंगे, बल्कि यह भी समझेंगे कि हम यहां तक कैसे पहुंचे।

प्रवेश की लागत

भारत में म्युचुअल फंड नो-लोड उत्पाद हैं। इसका मतलब यह है कि म्युचुअल फंड यूनिट की कीमत में कोई बिक्री शुल्क या कमीशन शामिल नहीं है। जब आप 10 रुपए की एनएवी पर खरीदारी करते हैं, तो आप 2 रुपए का छिपा हुआ कमीशन नहीं दे रहे हैं जो एजेंट को मिलेगा और केवल 8 रुपए निवेश किया जाएंगे। लेकिन हमेशा से ऐसा नहीं था। जब यूटीआई का एकाधिकार था, तो एजेंटों को 5 प्रतिशत का बिक्री कमीशन मिलता था। एक बार जब इंडस्ट्री के दरवाज़े सबके लिए खुल गए, तो 2.25 प्रतिशत फ्रंट सेल्स चार्ज या लोड का स्टैंडर्ड बन गया, हालांकि सेबी की तरफ से पहले प्रवेश और निकास दोनों पर मिलाकर 7 प्रतिशत तक चार्ज की अनुमति थी।

जब आप फिक्स्ड डिपॉज़िट में निवेश करते हैं तो आप प्रवेश शुल्क के रूप में क्या देते हैं? कुछ नहीं। आपके निवेश किए गए 5 लाख रुपए का 100 प्रतिशत काम पर लग जाता है और आपके ब्याज़ की गणना पूरी रकम पर की जाती है। जब आप कोई प्रॉपर्टी खरीदते हैं तो आप प्रवेश लागत के रूप में क्या भुगतान करते हैं? ब्रोकर का शुल्क, जो आमतौर पर प्रॉपर्टी की कीमत का 0.5 प्रतिशत से 2 प्रतिशत के बीच होता है। किसी एंडाओमेंट या मनी-बैक पॉलिसी में प्रवेश लागत के रूप में आप क्या भुगतान करते हैं? आपके प्रीमियम का 35-42 प्रतिशत का एक बहुत बड़ा हिस्सा। यानी 5 लाख रुपए में से 2.1 लाख रुपए तक सीधे उस एजेंट के पास जाते हैं जो आपको पॉलिसी बेचता है। म्युचुअल फंड बिना किसी कमीशन के पूरी रकम निवेश करते हैं। हां, हर बार निवेश करने पर आपको 0.005 प्रतिशत स्टाम्प ड्यूटी के रूप में एक छोटा सा टैक्स चुकाना पड़ता

है, जिसे बजट 2020 में लगाया गया था। आपके निवेश किए गए 1 लाख रुपए में से 5 रुपए केंद्र सरकार को जाते हैं और 99,995 रुपए निवेश किए जाते हैं।

लेकिन इससे पहले कि हम यह जानें कि निवेशक को फायदा पहुंचाने के लिए म्युचुअल फंड ने 'लोड' कैसे हटाया, मुझे आपको 6 प्रतिशत एनएफओ शुल्क की कहानी विस्तार से बतानी होगी। वर्ष 2006 तक, निवेशकों को एक और बड़ी लागत चुकानी पड़ती थी—नया फंड ऑफर (एनएफओ) शुल्क। म्युचुअल फंड को निवेशकों से एनएफओ के दौरान जुटाई गई राशि का 6 प्रतिशत चार्ज करने की अनुमति दी गई थी। 1,000 करोड़ रुपए के एनएफओ कलेक्शन से म्युचुअल फंड को 60 करोड़ रुपए निकालने की अनुमति थी। इसे पांच साल का शुल्क माना जाता था और निवेशकों से वसूला जाता था। यह शुल्क योजना को बाज़ार में लाने और शुरुआती विज्ञापन और वितरण लागतों के भुगतान को ध्यान में रखकर लगाया गया था। 2003-06 की शेयर बाज़ार की तेज़ी के दौरान, म्युचुअल फंड्स में एनएफओ लाने की होड़ लग गई और हर तरह के फंड बाज़ार में लाए गए, कई बार सिर्फ ये शुल्क वसूलने के इरादे से। वितरक जल्द ही इस खेल में शामिल हो गए और उन्होंने इस 6 प्रतिशत का बड़े से बड़ा हिस्सा लेना शुरू कर दिया। हर बार जब वे किसी निवेशक को नया फंड बेचते थे, तो उन्हें यह अतिरिक्त कमीशन मिलता था। इसमें 2.25 प्रतिशत लोड जोड़कर एजेंट हर बार नया फंड बेचने पर 8 प्रतिशत से अधिक कमा रहे थे। इसका नतीजा यह हुआ कि सिर्फ कमीशन कमाने के लालच में निवेशकों को फंड अंदर और बाहर किया जाने लगा। बाज़ार की तेज़ी ने निवेशकों से इस लागत के असर को छुपा दिया, लेकिन अतिरिक्त लागत के रूप में, उन्होंने 2006 को खत्म होने वाली चार साल की अवधि में सैकड़ों करोड़ रुपए का भुगतान कर दिया होगा।

मैं यह कैसे जानती हूं? इस अवधि के दौरान मैं द *इंडियन एक्सप्रेस* के साथ कंसल्टिंग एडिटर के तौर पर काम कर रही थी और थोड़े समय पहले ही मैंने सीएफपी सर्टिफिकेट की परीक्षा पास की थी, जिससे मुझे यह पता लगाने में मदद मिली कि म्युचुअल फंड बाज़ार में क्या हो रहा था। एक्सेल शीट एक बहुत ताक़तवर औज़ार साबित हुई जिसने नाराज़ कॉर्पोरेट एजेंटों के मुकदमों को रोका। मुझे याद है जब *एक्सप्रेस* में हमारी

की जाने वाली ख़बरों के लिए एक फर्म के सीईओ मुझ पर चीखे थे। उस शख्स का नाम गुप्त रहेगा (लेकिन मैं अब भी आपको याद करती हूं!)।

खैर, अख़बार ने पहले पन्ने पर ख़बरों की एक सीरीज़ छापी, जिसमें निवेशकों के पैसे के 'मंथन' को उजागर किया गया, जिससे एजेंटों को तो फायदा हुआ, लेकिन निवेशकों को नहीं। तत्कालीन सेबी अध्यक्ष एम. दामोदरन ने इस पर ध्यान दिया और ओपन-एंडेड फंडों के एनएफओ शुल्क लेने पर प्रतिबंध लगा दिया। मुझे इस दौरान उनके साथ हुई एक बातचीत याद है जब मैंने कहा था कि इंडस्ट्री क्लोज़-एंडेड फंडों पर चली जाएगी। उन्होंने कहा, 'ये अच्छे लोग हैं और अब सुधर जाएंगे।' आगे जाकर मेरी बात सही निकली, और 2008 में पद छोड़ने से ठीक पहले, एम. दामोदरन ने क्लोज़-एंडेड फंडों के शुल्क पर भी प्रतिबंध लगा दिया।

रेगुलेटर की नज़र में आने वाला अगला शुल्क फ्रंट लोड था जो निवेश की जाने वाली राशि का 2.25 प्रतिशत होता था। वित्तीय उत्पाद की कीमत में जुड़े हुए फ्रंट लोड एजेंटों को मोटे कमीशन वाले उत्पाद बेचने के लिए प्रोत्साहित करते थे और फिर हर एक या दो साल में फ्रंट लोड हासिल करने के लिए निवेशकों को एक स्कीम से पैसे निकालकर दूसरी स्कीम में निवेश कराते थे। 2009 में, तत्कालीन रेगुलेटर सी.बी. भावे ने इन शुल्कों को हटा दिया और भारत को उत्पाद की कीमत में शून्य-बिक्री शुल्क के साथ सभी फंडों को लाने वाला पहला देश बना दिया। उन्होंने इस कड़े कदम से पहले यह देखने के लिए एक आसान सवाल पूछा कि वितरक का कमीशन किसे देना चाहिए: वह किसका एजेंट है? अगर वह निवेशक का एजेंट है, तो निवेशक को भुगतान करना होगा। लेकिन अगर वह म्युचुअल फंड का एजेंट है, तो वितरक का भुगतान कंपनियों को निवेशक के पैसे में से अपनी सालाना लागत के हिस्से में से करना होगा।

इस चार्ज को हटाने के लिए उन्होंने म्युचुअल फंडों को आधे साल से भी क़म समय दिया। इंडस्ट्री में इसकी तीखी प्रतिक्रिया हुई। विशेषज्ञ भारतीय म्युचुअल फंड इंडस्ट्री के खत्म होने की भविष्यवाणी करने लगे। उनका कहना था कि म्युचुअल फंड्स को ग्राहकों के पास ले जाना पड़ता है, जोखिम वाले उत्पाद में निवेश करने के लिए कोई भी अलग से भुगतान नहीं करेगा। यह कदम बाज़ार के मिज़ाज़ के ख़िलाफ़ है। निवेशकों को कोई सेवा नहीं मिलेगी। छाती पीटने का यह कार्यक्रम चलता रहा। खैर,

कदम उठाया गया और 2009 से अब तक इंडस्ट्री का विकास तेज़ रफ्तार से हुआ है। जब चीज़ें निवेशकों के हित में की जाती हैं, तो उन्हें उत्पाद की जानकारी मिलती है और उस पर उनका भरोसा बढ़ने लगता है। बिल्कुल यही हुआ भी, हालांकि इस भरोसे को बनाने के लिए निवेशकों को जागरूक बनाने और म्युचुअल फंड के अच्छे प्रदर्शन के तौर पर लंबा समय लगा।

मुझे इसके बारे में कैसे पता है? मैं वित्त मंत्रालय में थोड़े समय के लिए स्वरूप समिति को सलाह दे रही थी, जिसे सरकार ने निवेशक सुरक्षा और वित्तीय साक्षरता के मुद्दों पर गौर करने के लिए बनाया था।[1] इस समिति की प्रक्रिया के दौरान ही सेबी ने इस मुद्दे से जुड़े उन सवालों पर प्रतिक्रिया देने के बारे में सोचा था, जो कमीशन और निवेशकों के पैसे और भरोसे पर उनके नुकसानदायक असर के बारे में हमने उठाए थे।

स्टांप ड्यूटी के अलावा, जो निवेशक के लिए निवेश राशि का 0.005 प्रतिशत होती है (टैक्स और उनके असर के लिए अध्याय 8 पढ़ें), म्युचुअल फंड की खरीद प्रक्रिया के दौरान कोई छिपी हुई लागत नहीं है। वितरक नए निवेशकों से 100 रुपए या 150 रुपए चार्ज कर सकते हैं और इसका भुगतान म्युचुअल फंड निवेशक के खाते से कटौती के बाद विक्रेताओं को करते हैं। यह शुल्क वास्तव में ज़्यादातर निवेशकों के लिए खास अहमियत नहीं रखता।

बैंकों और फाइनेंशियल प्लेटफॉर्म के ट्रांजेक्शन चार्ज हो सकते हैं लेकिन ये फंड के एनएवी में शामिल नहीं होते हैं। आपको उन्हें अतिरिक्त शुल्क मानना चाहिए।

निकास की लागत

एक्ज़िट लोड वह लागत है जो आप म्युचुअल फंड के यूनिट बेचते समय कंपनी को चुकाते हैं। सभी फंड यह शुल्क नहीं लेते और सभी फंड एक समान शुल्क भी नहीं लेते। 1 फीसदी का एक्ज़िट लोड आपकी निकाली गई राशि को इतना ही कम कर देगा। अगर आप 5 लाख रुपए निकाल रहे थे तो आपको 4.95 लाख रुपए हाथ में मिलेंगे। निवेशकों को निवेश में बने रहने के लिए प्रेरित करने और एक फंड से पैसे निकालकर दूसरे में निवेश

को हतोत्साहित करने के लिए एक्ज़िट लोड लगाया जाता है। आमतौर पर, निवेशकों को एक साल से पहले बाहर निकलने से रोकने के लिए इक्विटी फंड में 1 प्रतिशत एक्ज़िट लोड होता है। यह निवेशकों को यह भी याद दिलाता है कि कम से कम साल भर तक निवेश बनाए रखें ताकि लॉन्ग टर्म कैपिटल गेन्स टैक्स की कम दर का फायदा भी मिले। अध्याय 8 में इस टैक्स के बारे में और पढ़ें। निवेश की अवधि बढ़ने पर कुछ फंड एक्ज़िट लोड कम कर देते हैं।

ओवरनाइट, लिक्विड और अल्ट्रा-शॉर्ट-टर्म फंड की कैटेगरीज़ में कोई एक्ज़िट लोड नहीं है, न ही आमतौर पर बैंकिंग और पीएसयू और गिल्ट फंड में। बाकी डेट फंडों पर थोड़ा एक्ज़िट लोड लगेगा। जब आप एसटीपी कर रहे हों तो आपको एक्ज़िट लोड की जांच करनी चाहिए। और आपको किसी भी फंड कैटेगरी में निवेश करते समय ही इसका पता लगाना चाहिए ताकि आपको बाद में झटका न लगे।

रखरखाव की लागत: एक्सपेंस रेश्यो

म्युचुअल फंड तब भी पैसा कमाते हैं जब आप नहीं कमाते। आप अपने पैसे के प्रबंधन के लिए एएमसी को सालाना प्रबंधन शुल्क का भुगतान करते हैं। अध्याय 2 में, मैंने एक छोटे से शुल्क पर एक पेशेवर फंड मैनेजर को नियुक्त करने के काबिल होने के फायदे बताए हैं। अगर आपने ख़ुद ऐसी टीम नियुक्त की होती, तो हो सकता है कि इसकी लागत उससे भी ज़्यादा होती जितना आप निवेश कर रहे हैं। नियमों के तहत एएमसी को अपने सभी खर्चों और मुनाफे को एक साथ मिलाकर 'एक्सपेंस रेश्यो' नामक मद में लेने की अनुमति है।

एक्सपेंस रेश्यो आपके फंड के पास आपकी कुल परिसंपत्ति का एक प्रतिशत है जो फंड हाउस अपनी लागत और मुनाफे के लिए काटता है। एक एसेट मैनेजमेंट कंपनी (एएमसी) बिज़नेस शुरू करती है, दफ्तर भाड़े पर लेती है, फंड प्रबंधन के लिए लोगों को काम पर रखती है, विश्लेषकों, प्रशासनिक कर्मचारियों, सहायक कर्मचारियों को काम पर रखती है और उसे इन सभी पर आने वाली लागतों का भुगतान करने की ज़रूरत होती है। इसके अलावा रजिस्ट्रार और ट्रांसफर एजेंटों, संरक्षकों, ट्रस्टियों और वकीलों की फीस जैसी सेवाओं की भी लागत होती है। इनमें

से हरेक खर्च को समझाने में मैं समय बर्बाद नहीं करूंगी—ये आपको इंटरनेट पर आसानी से मिल जाएंगे। मेरा उद्देश्य आपको निवेश करने के सिस्टम को समझाना है, ना कि छोटे-छोटे विवरणों में फंसाना। एक्सपेंस रेश्यो में फंड बेचने के लिए दलालों और वितरकों को दिया गया कमीशन भी शामिल है। उत्पाद में कोई फ्रंट लोड नहीं होने से, फंड बेचने वाले एजेंटों को उस बिज़नेस के लिए कमीशन देना होता है जो वे फंड हाउस में लाते हैं। उनका कमीशन अब एक्सपेंस रेश्यो का एक हिस्सा है और इसे ट्रेल कमीशन कहा जाता है, या ऐसा कमीशन जो अग्रिम भुगतान के बजाय उत्पाद बेचने के बाद मिलता है। ट्रेल कमीशन बाज़ार के सभी हिस्सों के लिए बेहतर काम करता है क्योंकि इसमें इन्सेंटिव सही वजह के लिए दिया जाता है। एक्सपेंस रेश्यो में एएमसी का कमाया गया मुनाफा भी शामिल होता है।

सेबी ने इस एक्सपेंस रेश्यो की सीमा तय कर दी है—इसका मतलब है कि योजनाओं में निवेशकों से कितना चार्ज लिया जा सकता है, इसकी एक सीमा है। जब आप किसी म्युचुअल फंड के एक्सपेंस रेश्यो को देखते हैं, तो यह एक संख्या होती है, जैसे कि 1.5 प्रतिशत या 0.45 प्रतिशत, लेकिन एक्सपेंस रेश्यो की गणना करने का तरीका उस खास स्कीम के एसेट के आकार पर निर्भर करता है।

आप एक्सपेंस रेश्यो की लागत का मौजूदा ढांचा टेबल 6.1 में देख सकते हैं।

टेबल 6.1

ओपन-एंडेड स्कीमों के लिए एक्सपेंस रेश्यो		
एयूएम (रोज़ाना की शुद्ध परिसंपत्ति)	लागत (रोज़ाना की शुद्ध परिसंपत्ति का एक %)	
	इक्विटी (%)	इक्विटी के अतिरिक्त (%)
शुरुआती 500 करोड़ रुपए	2.25	2.00
अगले 250 करोड़ रुपए	2.00	1.75
अगले 1,250 करोड़ रुपए	1.75	1.50

<table>
<tr><td>अगले 3,000 करोड़ रुपए</td><td>1.60</td><td>1.35</td></tr>
<tr><td>अगले 5,000 करोड़ रुपए</td><td>1.50</td><td>1.25</td></tr>
<tr><td>अगले 40,000 करोड़ रुपए</td><td colspan="2">शुद्ध परिसंपत्ति में हर 5,000 करोड़ रुपए की बढ़ोतरी पर टोटल एक्सपेंस रेश्यो में 0.05% की कटौती</td></tr>
<tr><td>50,000 करोड़ रुपए से ज़्यादा की परिसंपत्ति के बाद</td><td>1.05</td><td>0.80</td></tr>
</table>

यह तालिका दिखने में अजीब है, लेकिन हमें इसमें दी गई संख्याओं और उनका मतलब समझने की ज़रूरत है। याद रखें कि लागत लंबी अवधि के रिटर्न को चुपचाप घटाती रहती हैं और भले ही यह किसी योजना को चुनने के लिए इकलौता आधार नहीं है, यह एक महत्वपूर्ण आधार है। एयूएम के आधार पर एक्सपेंस रेश्यो तय करने की शुरुआत 1996 में म्युचुअल फंड नियमों के बनने के साथ हुई। एक्सपेंस रेश्यो इस तालिका में दी गई संख्याओं से ज़्यादा हुआ करता था, पहले 100 करोड़ रुपए के लिए इक्विटी लागत 2.50 प्रतिशत से शुरू होती थी। 700 करोड़ रुपए से अधिक की परिसंपत्ति पर 1.75 प्रतिशत की सीमा थी। एयूएम बढ़ने पर लागत कम होने का तर्क यह है: वस्तुओं और सेवाओं की निर्माण कंपनी के विपरीत, एयूएम बढ़ने पर फंड प्रबंधन की लागत नहीं बढ़ती है। कारों का उत्पादन बढ़ने पर कार निर्माता को कच्चे माल, पार्ट्स, असेंबली लाइन और स्टाफ पर ज़्यादा खर्च करना होगा। लेकिन एयूएम बढ़ने के बावजूद फंड हाउस की लागत उतनी ही रहेगी, उसका मार्जिन बढ़ता रहेगा। इसलिए हम देखते हैं कि किसी स्कीम के पास जैसे-जैसे परिसंपत्ति बढ़ती है, अधिकतम लागत सीमा कम होती जाती है।

तालिका 6.1 को कैसे पढ़ें

किसी इक्विटी म्युचुअल फंड स्कीम को लेते हैं जिसका एयूएम 2,000 करोड़ रुपए है। पहले 500 करोड़ रुपए पर 2.25 प्रतिशत का अधिकतम एक्सपेंस रेश्यो लिया जा सकता है, अगले 250 करोड़ रुपए पर 2 प्रतिशत

शुल्क लिया जाएगा, अगले 1,250 करोड़ रुपए पर 1.75 प्रतिशत शुल्क लिया जाएगा। इसलिए स्कीम पर एक्सपेंस रेश्यो होगा 1.91 प्रतिशत।

एक दूसरी स्कीम के प्रबंधन के पास 60,000 करोड़ रुपए की परिसंपत्ति है। यह पहले 500 करोड़ रुपए के लिए 2.25 प्रतिशत शुल्क लेगा और तालिका के हिसाब से शुल्क को घटाते हुए जब यह आखिरी 10,000 करोड़ रुपए पर पहुंचेगा, तब यह 1.05 प्रतिशत शुल्क लेगा। आप अपने खाते के विवरण में जो औसत एक्सपेंस रेश्यो देखेंगे वह 1.29 प्रतिशत होगा। इसका मतलब है कि सिर्फ इस स्कीम से फंड हाउस को 776 करोड़ रुपए की सालाना आमदनी होगी!

ध्यान दें कि जैसे-जैसे फंड का आकार बढ़ा है, औसत एक्सपेंस रेश्यो में गिरावट आई है। जब आप अपने खाते के विवरण में एक्सपेंस रेश्यो के सामने कोई संख्या देखेंगे, तो अब आप समझ जाएंगे कि ऐसा किस वजह से है। एयूएम जितना छोटा होगा, औसत एक्सपेंस रेश्यो उतना ही बड़ा होगा। यही कारण है कि कुछ फंड हाउस ज़्यादा चार्ज वसूलने के लिए अपनी कुछ स्कीमों का आकार 1,000 करोड़ रुपए से कम रखने की कोशिश करते हैं।

डेट फंडों का एक्सपेंस रेश्यो कम होता है क्योंकि माना जाता है कि बॉन्ड पोर्टफोलियो के प्रबंधन में लागत कम होती है और साथ ही, चूंकि डेट प्रोडक्ट्स में रिटर्न कम होता है, इसलिए लागत 0.25 प्रतिशत अंक कम रखी गई है। आमतौर पर, डेट फंड में एक्सपेंस रेश्यो (चूंकि उन्हें ज़्यादातर संस्थागत निवेशक, कॉर्पोरेट ट्रेज़री और काफ़ी अमीर लोग खरीदते हैं—जिनमें से सभी के पास सौदेबाज़ी की काबिलियत होती है) रेगुलेटर की तय की गई लिमिट से नीचे बहुत जल्दी आ जाते हैं। इक्विटी में ऐसा नहीं देखा जाता है, जो काफ़ी हद तक रिटेल प्रोडक्ट है। रेगुलेटर ने 2019 की अपनी कार्रवाई में अन्य उत्पादों की लागत भी कम की थी।

टेबल 6.2

एक्सपेंस रेश्यो की सीमाएं	
क्लोज़-एंडेड और इंटरवल फंड	**लागत रोज़ की शुद्ध परिसंपत्ति का %**
इक्विटी	1.25
इक्विटी के अलावा	1
इंडेक्स और ईटीएफ	1%
फंड ऑफ फंड्स	लागत सीमा उन स्कीमों की लागत पर आधारित जिनमें निवेश किया गया है (%)
लिक्विड, इंडेक्स, ईटीएफ	1.00
इक्विटी	2.25
इक्विटी के अलावा	2

हालांकि ये रेगुलेटरी लिमिट हैं, वास्तविक एक्सपेंस रेश्यो इससे काफ़ी कम हो सकता है। आप जो स्कीम ले रहे हैं उसके आकार पर ध्यान दें और अगर यह 10,000 करोड़ रुपए से बड़ी है, लेकिन एक्सपेंस रेश्यो अभी भी खर्चों की रेगुलेटरी लिमिट के नज़दीक है, तो जोखिम और रिटर्न जैसी दूसरी चीज़ों पर बिना कोई समझौता किए एक सस्ता फंड चुनने की कोशिश करें। जब हम अध्याय 10 में स्कीम चुनेंगे तो हम इस पहलू पर दोबारा गौर करेंगे।

सेबी ने खर्चे क्यों कम किए?

आप पूछ सकते हैं कि रेगुलेटर को 2019 में एक्सपेंस रेश्यो क्यों बदलना पड़ा? सेबी को दखल देना पड़ा क्योंकि मुक्त बाज़ार की ताक़तें म्युचुअल फंड इंडस्ट्री में निवेशकों के फायदे के लिए काम नहीं कर रही थीं। मुनाफे का मार्जिन और वितरक कमीशन दोनों ही उन निवेशकों की कीमत पर बढ़ रहे थे जिन्हें कम लागत नहीं मिल रही थी। जब 1996 में एक्सपेंस रेश्यो की सीमा तय की गई थी, तब म्युचुअल फंड इंडस्ट्री का आकार

छोटा था; 1999 के अंत तक, इंडस्ट्री के प्रबंधन में कुल परिसंपत्ति केवल 97,028 करोड़ रुपए थी। एक दशक बाद, 2009 में, एयूएम 6.65 लाख करोड़ रुपए हो गया। और 2018 में (सेबी की कटौती से ठीक पहले) यह 22.85 लाख करोड़ रुपए था। रेगुलेटर का और नीतिगत विचार यह था कि जैसे-जैसे इंडस्ट्री का आकार बढ़ेगा, बढ़ती प्रतिस्पर्धा कंपनियों को एक्सपेंस रेश्यो में गिरावट के लिए मजबूर करेगी।

लेकिन ऐसा हुआ नहीं और सेबी के पब्लिक डॉक्यूमेंट में इसका एक सबूत पेश किया गया।[2] उस डॉक्यूमेंट का एक पैराग्राफ़ यहां पेश करना बनता है:

> इंडस्ट्री के कुछ प्रतिभागियों द्वारा अमल में लाई गईं कुछ चीज़ें जैसे स्कीम में टोटल एक्सपेंस रेश्यो चार्ज करने की अलग-अलग तरह की प्रैक्टिस; एमएफ की एसेट मैनेजमेंट कंपनी (एएमसी) के खातों से कमीशन का भुगतान करना और उसे एएमसी शुल्क के तौर पर स्कीम में चार्ज करना, और नतीजतन निवेशकों पर उसका बोझ डालना; बढ़ती संख्या में क्लोज-एंडेड योजनाओं को लॉन्च करना, इन्होंने नियमों की भावना को चोट पहुंचाने के अलावा, टोटल एक्सपेंस रेश्यो पर भी असर डाला है और इससे म्युचुअल फंड इंडस्ट्री के लिए माहौल सेहतमंद नहीं रह गया है। इस तरह की परिपाटी का नतीजा निवेशकों को गलत तरीके से प्रोडक्ट की बिक्री और उनके पोर्टफोलियो में गैर-ज़रूरी मंथन के तौर पर भी दिखा है।

मुझे अक्सर यह दलील सुनने को मिलती है कि भारत में नियम-कायदे बहुत ज़्यादा हैं और सेबी इंडस्ट्री की छोटी-छोटी चीज़ों में दखल देता है। एक निवेशक के रूप में आपको यह जानने की ज़रूरत है कि आपके लिए कोई लॉबी काम नहीं कर रही है, और एक अच्छे रेगुलेटर का काम आपके हितों की देखभाल करना है क्योंकि वित्त बाज़ार की ताक़तें ऐसा नहीं करती हैं। एक्सपेंस रेश्यो की कहानी इसका एक बड़ा उदाहरण है।

फिर हुआ क्या: जैसे-जैसे आने वाले दशकों में एयूएम बढ़ा, म्युचुअल फंड इंडस्ट्री का मार्जिन बढ़ता गया क्योंकि वित्तीय क्षेत्र में

लागत आनुपातिक रूप से नहीं बढ़ती है। मुनाफे का मार्जिन 2010-11 में लगभग 19 प्रतिशत से बढ़कर 2017-18 तक 35 प्रतिशत से ज़्यादा हो गया। सेबी के पास दस्तावेज़ी सबूत हैं कि इक्विटी फंड जैसी छोटे निवेशकों के बहुमत वाली कैटेगरीज़ में एक्सपेंस रेश्यो रेगुलेटरी लिमिट के करीब रहा, लेकिन डेट फंड जैसी संस्थागत और कॉर्पोरेट के बहुमत वाली कैटेगरीज़ में, एक्सपेंस रेश्यो तेज़ी से गिरा। वह पैसा कहां जा रहा था जो निवेशक के साथ बांटा जाना चाहिए था? ज़्यादा और ज़्यादा होते जा रहे डिस्ट्रीब्यूटर कमीशन में। एएमसी के मुनाफे से भुगतान किया जाने वाला कमीशन 2009-10 में 11 प्रतिशत से बढ़कर 2017-18 में भारी-भरकम 22 प्रतिशत हो गया।

इसलिए एक्सपेंस रेश्यो को कम करने के लिए 2019 का नियम आया। आप पूछ सकते हैं कि अजीब ढंग से इसे 1.05 प्रतिशत क्यों रखा गया—उसे 1 प्रतिशत क्यों नहीं कर दिया गया? एक्सपेंस रेश्यो में कमी के लिए सेबी और इंडस्ट्री के बीच एक लंबी बातचीत चली। मुझे यह बात कैसे पता? मैं उस सब-कमिटी का हिस्सा थी जिसने एक्सपेंस रेश्यो को कम करने पर काम किया था। मैं यहां केवल इतना बता सकती हूं कि एक्सपेंस रेश्यो के हर 0.05 प्रतिशत पर गर्मागर्म बहस हुई थी। अंतिम 0.05 प्रतिशत एक अहम बिंदु बन गया, जो इस प्रक्रिया में अब तक हो चुके कई महीनों के काम को पटरी से उतार सकता था। तो, हमने 1.05 प्रतिशत पर सहमति जता दी, 1 प्रतिशत पर नहीं! वैसे, उस 0.05 फीसदी का मतलब एक ठीक-ठाक साइज़ की एएमसी के लिए करोड़ों की कमाई है। आपको यह क्यों जानना चाहिए? जब नियम अचानक सामने आते हैं, तो पूरी प्रक्रिया इतनी अच्छी तरह से समझ में नहीं आती है। ऐसा नहीं होता कि सेबी ने एक सुबह उठकर बिल्कुल मनमाने तरीके से रेश्यो बदल दिए। इसके लिए महीनों तक सलाह-मश्विरा, बातचीत, इंडस्ट्री के साथ बहस हुई और फिर अंत में आम राय बनी।

आपको यह याद रखने की ज़रूरत है: निवेशक के रूप में हमारे लिए खर्च मायने रखते हैं और यह समझने के बाद कि फंड हाउसों के लिए कितना मार्जिन ज़रूरी है, हमें उन्हें एक्टिव फंडों के लिए ज़्यादा चार्ज कमाने देना चाहिए। पैसिव फंडों के मामलों में खर्च की सीमा और एक्सपेंस रेश्यो कम होते हैं। इंडेक्स फंड और ईटीएफ अधिकतम 1

फीसदी खर्च ले सकते हैं, लेकिन इनकी लागत में तेज़ गिरावट देखी गई है। सबसे सस्ते इंडेक्स फंड (ईटीएफ नहीं, वे सस्ते हैं लेकिन आपको ब्रोकरेज और दूसरे खर्च देने पड़ते हैं) की लागत केवल 0.06 प्रतिशत है। जैसे-जैसे इंडस्ट्री में प्रतिस्पर्धा बढ़ती जाएगी, सबसे सस्ते इंडेक्स फंडों के नाम बदलते रहेंगे, लेकिन आपके लिए संदेश बिलकुल साफ़ है: अगर आप किसी एक्टिव फंड में हैं, तो सुनिश्चित करें कि फंड मैनेजर को आपसे मिल रही अतिरिक्त लागत के बदले फंड से मिलने वाला रिटर्न बेंचमार्क से कम से कम 4 से 5 प्रतिशत अधिक हो, ऐसा नहीं हो तो फिर बेहद सस्ते इंडेक्स फंड का विकल्प चुनें।

जैसे-जैसे अगले दशक में म्युचुअल फंड इंडस्ट्री बढ़ेगी, एक्सपेंस रेश्यो और शायद ट्रेल कमीशन दोनों को कम करने के लिए रेगुलेटर की तरफ से कदम उठाने का इंतज़ार करें। ट्रेल कमीशन अभी भी एसेट अंडर मैनेजमेंट का अच्छा-खासा 1 प्रतिशत है।

एनएवी

नेट एसेट वैल्यू या एनएवी म्युचुअल फंड स्कीम की प्रति यूनिट कीमत होती है। यह वह कीमत है जिस पर आप किसी स्कीम में निवेश करते हैं और निवेश बाहर निकालते हैं। यह पोर्टफोलियो की वैल्यू में से लागत को घटाकर निकाला जाता है। एक नया फंड 10 रुपए प्रति यूनिट पर बेचा जाता है। मान लीजिए कि फंड 100 करोड़ यूनिट बेचकर 1,000 करोड़ रुपए इकट्ठा करता है। यहां पर फंड की सभी लागतों को नज़रअंदाज़ करते मान लेते हैं कि म्युचुअल फंड इस पैसे से स्टॉक और बॉन्ड खरीदता है और एक महीने के बाद, एसेट बढ़कर 1,050 करोड़ रुपए हो जाती है। इसके द्वारा खरीदे गए स्टॉक और बॉन्ड की कीमत में 50 करोड़ रुपए की बढ़ोतरी हुई। इसका आपकी होल्डिंग पर क्या असर पड़ेगा? 1,050 करोड़ रुपए की रकम को यूनिट की संख्या (यूनिटों की किसी भी नई खरीद या बिक्री को नज़रअंदाज़ कर दें) से विभाजित किया जाएगा और एक यूनिट की नई कीमत आएगी 10.50 रुपए। एक साल के बाद, अगर स्टॉक और बॉन्ड की कीमत बढ़ने की वजह से एयूएम 2,000 करोड़ रुपए है, तो एक यूनिट की कीमत 20 रुपए हो जाएगी।

पोर्टफोलियो कैसे बढ़ता है? चूंकि स्टॉक और बॉन्ड की कीमत बढ़

गई है, इसे अवितरित लाभ कहा जाता है। अवितरित क्योंकि फंड ने ग्रोथ प्लान में निवेशक को यह पैसा दिया नहीं है, हालांकि हो सकता है कि आईडीसीडब्ल्यू प्लान में ऐसा किया गया हो। म्युचुअल फंड की कमाई के बाकी तरीकों में है उसके पास मौजूद बॉन्ड पर मिला ब्याज़ और शेयरों पर मिला डिविडेंड। जब कंपनियां राइट्स और बोनस शेयर जारी करती हैं, तो वे भी पोर्टफोलियो में जुड़ जाते हैं। इसलिए, फंड में आपके पैसे का मूल्य बढ़ता है क्योंकि फंड को डिविडेंड, ब्याज़ मिलता है और फंड मुनाफा कमाता है। लेकिन वो सारा पैसा आपका नहीं है—आपको म्युचुअल फंड की लागतों का भुगतान करना होगा, जो सभी एक्सपेंस रेश्यो का हिस्सा होते हैं। ये लागतें हर दिन काट ली जाती हैं ताकि आप हर दिन, लागतों को घटाकर, अपने पैसे का मूल्य देख सकें।

इसलिए, *नेट* एसेट वैल्यू।

यदि एक्सपेंस रेश्यो 2 प्रतिशत है, तो एक दिन के हिसाब से, 2 प्रतिशत को 365 से भाग देकर आने वाली संख्या के हिसाब से चार्ज लिया जाता है और इसे आपके एसेट वैल्यू से घटाया जाता है। म्युचुअल फंड को हर दिन 'मार्क टू मार्केट' किया जाता है, मतलब मुनाफा या घाटा दिखाने के लिए पोर्टफोलियो की वैल्यू हर रोज़ बताई जाती है। बेशक, लंबी अवधि के इक्विटी निवेशकों को हर दिन एनएवी पर नज़र रखने की ज़रूरत नहीं है, बल्कि छह महीने में एक बार यह जांचने की ज़रूरत है कि आपका निवेश कैसा चल रहा है। एनएवी का खुलासा हर दिन एक और वजह से किया जाता है—जब भी बाज़ार खुले रहते हैं, निवेशक अपनी हिस्सेदारी बेच सकते हैं और नए निवेशक खरीदारी के लिए आ सकते हैं। दोनों को एक ऐसी कीमत की ज़रूरत होती है जो उस दिन पोर्टफोलियो की वैल्यू दर्शाती हो। इसलिए, रोज़ाना की एनएवी।

रोज़ाना एनएवी की घोषणा निवेशकों से किसी स्कीम के कमज़ोर प्रदर्शन को छिपाने से रोकती है और निवेशकों के पैसे की सही वैल्यू बताती रहती है। डार्क पूल (सिक्योरिटीज़, डेरिवेटिव्स, और दूसरे वित्तीय साधनों की ट्रेडिंग का प्राइवेट फोरम), जिसे मार्क टू मार्केट नहीं किया गया है, निवेश के खराब या बेमेल फैसलों की वजह बन सकता है।

एनएवी के बारे में आपको दो बातें ज़रूर नोट करनी चाहिएं। पहली, जब हम इस अध्याय में बाद में रिटर्न निकालेंगे, तो हमें नेट रिटर्न मिलेगा

क्योंकि फंड मैनेजमेंट की लागत का हिसाब-किताब पहले ही एनएवी में हो चुका होता है। इसलिए, जब आप एक ही स्कीम के लिए समय-समय पर एनएवी की तुलना करते हैं, तो आपके लिए सारे खर्चों के बाद आपके पैसे की बढ़ोतरी की सही तस्वीर देख पाना मुमकिन है। यूनिट लिंक्ड इंश्योरेंस प्लान (यूलिप) जैसे प्रोडक्ट के बारे में ऐसा नहीं कहा जा सकता है, जिसमें एनएवी के बाहर मॉर्टेलिटी कॉस्ट (शुद्ध जीवन बीमा वाले हिस्से की लागत) जैसे खर्चे भी होते हैं।

दूसरी बात, 10 रुपए का एनएवी किसी भी तरह से 450 रुपए के एनएवी से बेहतर या सस्ता नहीं है। म्युचुअल फंड के इतिहास में एक समय था जब वितरक, विशेष रूप से मंथन घोटाले की अवधि 2003 से 2008 के दौरान, निवेशकों को उनकी 10 रुपए से ज़्यादा के एनएवी वाली पुरानी स्कीमों से स्विच कराने के लिए एक नए फंड के 10 रुपए एनएवी का उपयोग कर रहे थे। उनकी दलील थी कि देखो, 10 रुपए सस्ता है ना? और जब एनएवी कम होगा तो उसके बढ़ने की संभावना ज़्यादा होगी। अगर आप अब तक प्रोडक्ट को समझ चुके हैं, तो आपको पता चल जाएगा कि यह दलील कितनी बेतुकी है। नहीं समझे? ठीक है, मैं समझाती हूं: 10 रुपए एनएवी का नया फंड और 450 रुपए एनएवी का पुराना फंड (अगर उनके पोर्टफोलियो बिल्कुल एक जैसे हैं) दोनों पर बाज़ार में बढ़ोतरी या गिरावट का एक जैसा ही असर होगा। एक मिनट के लिए लागत और टैक्स को दूर रखते हैं और निवेश किए जाने वाले शेयरों में 10 प्रतिशत की बढ़ोतरी मानते हैं, जो दोनों ही फंडों में बिल्कुल बराबर अनुपात में हैं। 10 प्रतिशत बढ़ोतरी से एनएवी 10 रुपए से 11 रुपए हो जाएगी, और 450 रुपए से 495 रुपए हो जाएगी—दोनों में 10 प्रतिशत का ही मुनाफा होगा।

म्युचुअल फंड का मूल्य उनके पास मौजूद शेयरों, बॉन्ड, सोना और उनके मेल की वजह से होता है। यह एक माध्यम है जो इन एसेट को खरीदने के लिए आपके पैसे का उपयोग करता है। कोई शेयर अपने जीवनकाल में अपनी कीमत पर प्रीमियम जुटाता रहता है, कोई म्युचुअल फंड ऐसा नहीं करता है—इसका एनएवी सिर्फ पोर्टफोलियो के आज की वैल्यू को बाज़ार में मौजूद यूनिट की संख्या से भाग देकर निकाला जाता है।

सेबी के नियमों के अनुसार हर स्कीम के लिए हर रोज़ रात 11 बजे

तक अपना एनएवी घोषित करना अनिवार्य हैं। फंड ऑफ फंड्स के लिए, समय सीमा अगली सुबह 10 बजे है। एम्फी (AMFI) की वेबसाइट पर एनएवी आमतौर पर रात 10 बजे तक अपडेट की जाती है।[3]

जब आप निवेश करते हैं या उसे निकालते हैं तो आपको कितना एनएवी मिलेगा, यह आपके ऑर्डर के वक्त और फंड हाउस तक पहुंचने वाले पैसे पर निर्भर करता है। कट-ऑफ टाइम के नाम से जानी जाने वाली यह समय सीमा तय करती है कि जब आप खरीद या बिक्री करते हैं तो आपको किस दिन का एनएवी मिलेगा।

ओवरनाइट और लिक्विड फंड को छोड़कर, अगर आप खरीदारी का ऑर्डर देते हैं और फंड हाउस को पैसा दोपहर 3 बजे से पहले मिल जाता है तो आपको उस दिन का एनएवी मिलता है। अगर आपका ऑर्डर या पैसा इस कट-ऑफ टाइम के बाद फंड हाउस तक पहुंचता है, तो आपको अगले कामकाजी दिन का एनएवी मिलेगा। दोपहर 3 बजे से पहले दिए गए बिक्री के ऑर्डर के लिए, आपको उसी दिन का एनएवी मिलता है; दोपहर 3 बजे के बाद आपको अगले दिन का एनएवी मिलता है।

ओवरनाइट और लिक्विड फंड के लिए कट-ऑफ टाइम अलग हैं। अगर खरीद का ऑर्डर और फंड दोपहर 1.30 बजे से पहले आ गए हैं, तो आपको पिछले दिन का एनएवी मिलता है। यदि दोपहर 1.30 बजे के बाद फंड आते हैं, तो आपको उसी दिन का एनएवी मिलता है। दोपहर 3 बजे से पहले दिए गए बिक्री के ऑर्डर के लिए, उसी दिन का एनएवी और 3 बजे के बाद, अगले दिन का एनएवी मिलता है।

आपको नियम जानना चाहिए, लेकिन एनएवी में एक दिन ऊपर-नीचे होने से लंबी अवधि के इक्विटी निवेशक पर कोई फर्क नहीं पड़ेगा। एनएवी की वैल्यू कॉर्पोरेट ट्रेज़री, संस्थागत निवेशकों और हाई नेटवर्थ वाले निवेशकों के लिए बहुत मायने रखती है, जहां एनएवी में कुछ बेसिस प्वॉइंट्स का अंतर भी करोड़ों रुपए का फर्क ले आएगा। मेरा सुझाव यह है कि एनएवी की सटीक समय-सीमा पर बहुत अधिक ज़ोर न दिया जाए और वैसे भी एसआईपी सिस्टम में आप पर सबसे ज़्यादा एनएवी हासिल करने का दबाव नहीं रहता है। कभी भी कोई चीज़ हमेशा के लिए सबसे अच्छी नहीं होती। बाज़ार ऊपर-नीचे होते रहते हैं, और लंबे समय तक निवेशित रहने से ये उतार-चढ़ाव खास मायने नहीं रखते।

जिस एनएवी पर आप खरीद करते हैं और बिक्री करते हैं, उनमें प्रोडक्ट में एक्ज़िट लोड की सीमा तक का अंतर रहेगा। जब आप बिक्री करेंगे तो 1 प्रतिशत का एक्ज़िट लोड एनएवी को उतना कम कर देगा। यदि एनएवी 300 रुपये है और 1 प्रतिशत एक्ज़िट लोड है, तो आपको 297 रुपए का एनएवी मिलेगा।

ध्यान देने वाली आखिरी बात: एनएवी अपने आप में कोई जानकारी नहीं देता है, बल्कि पुराने और नए एनएवी की तुलना करने के बाद आपको रिटर्न का एक आइडिया मिलता है। अब हम यही करने वाले हैं।

मुनाफा (रिटर्न)

कोई भी म्युचुअल फंड निवेश का एक माध्यम है। उसकी सारी संपत्ति निवेशकों की होती है और एक्सपेंस रेश्यो के अलावा, किसी म्युचुअल फंड को निवेशकों के पैसे से छेड़छाड़ की अनुमति नहीं होती। इसलिए, पूरा मुनाफा निवेशक का होता है और वही मुनाफा एनएवी में बदलाव के तौर पर दिखता है। अगर तीन साल की अवधि में एनएवी 10 रुपए से बढ़कर 50 रुपए हो जाता है, तब मुनाफा इस अवधि में 400 प्रतिशत हुआ। सालाना आधार पर यह रिटर्न 71 प्रतिशत हुआ।

लेकिन रिटर्न आता कहां से है? यह स्टॉक, बॉन्ड, सोना और इनके मेल से तैयार पोर्टफोलियो से आता है जो म्युचुअल फंड के पास होता है। रिटर्न तीन तरह से कमाया जाता है—ब्याज़, डिविडेंड और मुनाफा। पोर्टफोलियो में मौजूद बॉन्ड पर ब्याज़। उसके पास मौजूद स्टॉक पर डिविडेंड। पोर्टफोलियो में रखे गए स्टॉक, बॉन्ड और सोने की कीमतें बढ़ने से होगा मुनाफा।

जब हम म्युचुअल फंड स्कीमों को चुनने की तैयारी करते हैं तो यह अहम हो जाता है कि हम रिटर्न की गणना कैसे करते हैं और फिर हम किन पैमानों का इस्तेमाल करते हैं। हम अध्याय 12 में सीखेंगे कि पिछले साल सबसे अधिक रिटर्न देने वाली स्कीम भी आपके लिए सबसे अच्छी शायद ना हो। लेकिन पहले हमें रिटर्न के अलग-अलग मापदंडों को समझने की ज़रूरत है। ऊपर के उदाहरण में, 400 प्रतिशत रिटर्न निश्चित रूप से 71 प्रतिशत रिटर्न से बेहतर दिखता है, हालांकि दोनों आपको एक जैसा रिटर्न दे

रहे हैं, बस पहले मामले में आपने प्वॉइंट-टू-प्वॉइंट रिटर्न लिया और बीच के सालों को नज़रअंदाज़ कर दिया। आमतौर पर एंडाओमेंट प्लान इसी तरह बेचे जाते हैं—आपका 1 लाख रुपये 5 लाख रुपये हो जाता है। वे आपको यह नहीं बताते कि अगर आप प्रोडक्ट में निवेशित रहते हैं तो यह बदलाव बीस साल की अवधि में होता है। दूसरा मापदंड, जिसे चक्रवृद्धि वार्षिक वृद्धि दर या सीएजीआर भी कहा जाता है, एक बेहतर मापदंड है क्योंकि इसमें यह भी देखा जाता है कि आपके 10 रुपये को 50 रुपये में बदलने में कितने साल लगे। एंडाओमेंट प्लान के लिए सीएजीआर सिर्फ 8.4 प्रतिशत है।

प्वॉइंट-टू-प्वॉइंट रिटर्न का इस्तेमाल करके ही हम अपने रियल एस्टेट निवेश का मूल्यांकन करते हैं। मैंने यह बात अक्सर सुनी है: 'मेरी 30 लाख रुपये की संपत्ति 2 करोड़ रुपए की हो गई—इतना बढ़िया रिटर्न!'

वे यह नहीं कहते कि इसमें तीस साल लगे, जिससे 6.5 प्रतिशत का सीएजीआर मिला। क्या आप जानते हैं कि पिछले तीस सालों में सेंसेक्स का सीएजीआर 14.5 प्रतिशत रहा है?

म्युचुअल फंड रिटर्न जिस तरह से सबसे अधिक बार दिखाया जाता है वह होता है ट्रेलिंग यानी पिछले रिटर्न के तौर पर। इसमें एक तय समयावधि में पिछले सीएजीआर रिटर्न के आंकड़े दिए जाते हैं। अक्सर हम पिछले एक, तीन, पांच, सात, दस, पंद्रह और बीस वर्षों के ट्रेलिंग रिटर्न देखते हैं। हर दिन जब आप पिछले रिटर्न को देखते हैं, तो वे अलग-अलग हो सकते हैं क्योंकि उनकी गणना हमारे द्वारा चुनी गई पिछली अवधि के नवीनतम एनएवी के साथ की जाती है। ट्रेलिंग रिटर्न लगातार अच्छे प्रदर्शन को देखने का एक अच्छा तरीका हैं और हम अध्याय 10 में सीखेंगे कि निवेश योजनाओं को चुनने के लिए इन ट्रेलिंग रिटर्न का उपयोग कैसे करें। लेकिन ट्रेलिंग रिटर्न में एक खामी है—वे एक साल के भीतर की अलग-अलग समय अवधि में किसी स्कीम के वास्तविक प्रदर्शन को छिपा देते हैं। इसमें आपको साल भर के दौरान एनएवी की अस्थिरता, या तेज उतार-चढ़ाव नहीं दिखेगा।

लंबी अवधि में रिटर्न देखने का दूसरा तरीका है रोलिंग रिटर्न का इस्तेमाल। यह विधि किसी अवधि के दौरान निवेशक के अनुभव को दर्शाती है। यह एक मुश्किल सिद्धांत है जिसे मैंने *बात पैसे की* के अध्याय

8 में समझाया है—वहां जाकर इसे फिर से समझ लें।

दरअसल, रोलिंग रिटर्न हमें किसी योजना के सबसे खराब और सबसे अच्छे प्रदर्शन के बारे में बताते हैं। इसमें रिटर्न के इतिहास को दिखाया जाता है जैसे कि निवेश साल में हर दिन किया गया (सटीक समय के चुनाव से जुड़े पूर्वाग्रह को दूर करने के लिए) और फिर एक, दो, तीन साल या लंबी अवधि के लिए रखा गया। रोलिंग रिटर्न यह पहचान करने में मदद करता है कि किसी फंड से मिलने वाला रिटर्न कितना स्थिर है।

हम अध्याय 10 में अंतिम रूप से फंड चुनने के लिए ट्रेलिंग रिटर्न के साथ-साथ कुछ रिस्क मेट्रिक्स और एक्सपेंस रेश्यो का इस्तेमाल करेंगे। जो लोग थोड़ा ज़्यादा आश्वस्त होना चाहते हैं और थोड़ी ज़्यादा मेहनत करना चाहते हैं, उनके लिए एक और पैमाना है रोलिंग रिटर्न कैलकुलेटर (इसकी तलाश इंटरनेट पर आसानी से पूरी हो जाएगी!)।

बेंचमार्क

'वह व्यक्ति बहुत लंबा है।' अगर आपने भारत में यह बात सुनी है, तो आप एक ऐसे व्यक्ति की कल्पना करेंगे जो पांच फीट छह इंच से ज़्यादा लंबा है। अगर आपने इसे नीदरलैंड में सुना है, तो आप एक ऐसे व्यक्ति की कल्पना करेंगे जो छह फीट से ज़्यादा लंबा है। ग्वाटेमाला में, एक महिला को लंबा माना जाने के लिए उसका कद चार फीट ग्यारह इंच से ज़्यादा होना चाहिए। ग्वाटेमाला की एक लंबी महिला को नीदरलैंड में औसत कद से कम माना जाएगा, जहां औसत कद पांच फीट सात इंच है।

कद, अपने आप में, हमें किसी व्यक्ति की लम्बाई के बारे में कुछ नहीं बताता है। यह इस बात पर निर्भर करता है कि वे कहां हैं और उस स्थान पर लोगों का औसत कद क्या है। फंड चुनने के लिए एक पैमाने के तौर पर हम रिटर्न का इस्तेमाल करें, इसके लिए भी हमें एक संदर्भ, एक औसत, एक बेंचमार्क की ज़रूरत होती है।

उदाहरण के लिए, टॉरस लार्जकैप फंड डायरेक्ट (आंकड़े 6 अप्रैल 2023 के) ने तीन साल का रिटर्न 18.97 प्रतिशत सीएजीआर दिखाया। शानदार है, आप सोचते हैं। लेकिन इस फंड का बेंचमार्क देखें, एसएंडपी बीएसई 100 टोटल रिटर्न इंडेक्स (टीआरआई) जिसमें रिटर्न था 25.96

प्रतिशत और लार्ज-कैप कैटेगरी का औसत रिटर्न था 22.26 प्रतिशत। ऐसा एक्टिव फंड, जो एक्सपेंस रेश्यो के तौर पर हर साल 2.49 प्रतिशत का शुल्क लेता है, उसे बेंचमार्क से ज़्यादा रिटर्न दिखाने की ज़रूरत है ताकि वह पैसिव फंडों की तुलना में एक्टिव फंडों के ज़्यादा जोखिम को सही ठहरा सके। अगर ऐसा नहीं है तो फिर बेहद कम लागत में उसी इंडेक्स के किसी इंडेक्स फंड के साथ जाना आपके लिए बेहतर होता।

हम म्युचुअल फंड में बेंचमार्क का उपयोग यह बताने के लिए करते हैं कि स्कीम किस हद तक बेहतर प्रदर्शन कर रही है या किस हद तक खराब प्रदर्शन कर रही है। हम प्रदर्शन को मापने के लिए बेंचमार्क का इस्तेमाल एक मानक के रूप में करते हैं।

2018 तक, ज़्यादातर फंड अपना प्रदर्शन बेहतर दिखाने के लिए आसान बेंचमार्क का उपयोग करते थे। लेकिन 1 फरवरी 2018 से, सेबी ने साफ़ कर दिया कि बेंचमार्क प्राइस रिटर्न इंडेक्स (पीआरआई) के बजाय टोटल रिटर्न इंडेक्स हैं। एक पीआरआई अपने दायरे में आने वाली सिक्योरिटीज़ (स्टॉक और बॉन्ड) के सिर्फ कैपिटल गेन्स (मुनाफा) को दिखाता है। टोटल रिटर्न इंडेक्स में कैपिटल गेन्स के साथ-साथ ब्याज़, डिविडेंड की गिनती भी की जाती है। आप समझ गए होंगे कि टोटल रिटर्न इंडेक्स पीआरआई से ज़्यादा होगा क्योंकि इसमें रिटर्न देने वाले ज़्यादा आइटम हैं। फंड हाउस अपनी योजनाओं को वास्तविकता से बेहतर दिखाने के लिए पीआरआई का उपयोग करते थे। टीआरआई आम तौर पर ऐसे रिटर्न दिखाता जो प्वॉइंट में पीआरआई से लगभग 1.5 प्रतिशत ज़्यादा थे। इसलिए, 11 प्रतिशत का तीन साल का रिटर्न देने वाला फंड उस पीआरआई से बेहतर प्रदर्शन करेगा जिसने तीन साल का रिटर्न 10 प्रतिशत दिखाया है, लेकिन तब बेहतर नहीं रह जाएगा उसके रिटर्न की तुलना 11.5 प्रतिशत रिटर्न दिखाने वाले टीआरआई से होगी। कुछ फंड हाउस सेबी के नियम से पहले भी टीआरआई का उपयोग कर रहे थे, लेकिन बाज़ार में एकरूपता लाने के लिए रेगुलेटर की तरफ से ऐसा कदम उठाए जाने की ज़रूरत थी।

बेंचमार्क का चुनाव फंड हाउसों पर छोड़ दिया गया था। लेकिन 1 जनवरी 2022 से, सेबी ने वे बेंचमार्क तय कर दिए हैं जिनका इस्तेमाल सैंतीस कैटेगरीज़ के फंडों में से हरेक को करना होगा। रेगुलेटर फिर से

इंडस्ट्री में एकरूपता लाना चाहता था ताकि कोई निवेशक इस बात की चिंता किए बिना फंड चुन सके कि वह फंड किस बेंचमार्क का इस्तेमाल कर रहा है। सेबी ने कुछ कैटेगरीज़ के लिए दो बेंचमार्क की अनुमति दी क्योंकि फंड मैनेजर अपनी निवेश शैली के अनुसार रिटर्न का बेंचमार्क चुनना चाहते थे।

सभी कैटेगरीज़ में पहला बेंचमार्क सेबी द्वारा तय किया जाता है और फंड के पास बाज़ार में मौजूद चार में से एक इंडेक्स चुनने का विकल्प होता है। उदाहरण के लिए, लार्ज-कैप कैटेगरी बेंचमार्क के रूप में निफ्टी 100 या एसएंडपी बीएसई 100 टीआरआई में से किसी एक को चुन सकती है। एक कंज़र्वेटिव हाइब्रिड फंड या तो निफ्टी 50 हाइब्रिड कंपोजिट डेट 15:85 इंडेक्स या क्रिसिल हाइब्रिड 85+15 कंज़र्वेटिव इंडेक्स चुन सकता है।[4]

बेंचमार्क के बारे में ज़्यादा चिंता न करें क्योंकि सेबी ने नियम साफ़ बना दिए हैं और आप हेरफेर के डर के बिना स्कीम द्वारा प्रदर्शित बेंचमार्क को देख सकते हैं।

सेकेंड-टियर बेंचमार्क क्यों? सेकेंड-टियर बेंचमार्क कैटेगरी के भीतर फंड मैनेजर की निवेश शैली को दर्शाता है। जब रेगुलेटर और इंडस्ट्री के बीच बेंचमार्क पर चर्चा हो रही थी, तो फंड मैनेजर नहीं चाहते थे कि सेबी कोई एक बेंचमार्क तय करे क्योंकि उनका कहना था कि इससे उनकी निवेश शैली पर असर आता है और हो सकता है कि तय किया गया बेंचमार्क किसी विशेष फंड की इन्वेस्टमेंट फिलॉसफी के अनुसार ना हो। दूसरे इंडेक्स का उद्देश्य फंड मैनेजर को बेंचमार्क की सब-कैटेगरी से ज़्यादा रिटर्न देने की क्षमता दिखाने की अनुमति देना है—उदाहरण के लिए, एक पोर्टफोलियो जिसमें ज़्यादा मिक्स्ड पोर्टफोलियो के मुकाबले सिर्फ ट्रिपल ए रेटेड बॉन्ड होते हैं। ज़्यादा मिक्स्ड पोर्टफोलियो में बेहतर रिटर्न हो सकता है, लेकिन इसमें जोखिम भी ज़्यादा होगा। हो सकता है कि कोई फंड मैनेजर 100 में से टॉप पचास शेयरों पर ध्यान केंद्रित करके एक लार्ज-कैप फंड चलाना चाहे (याद रखें कि टॉप 100 स्टॉक लार्ज-कैप कैटेगरी बनाते हैं—मार्केट कैप को फिर से देखने के लिए अध्याय 4 में पृष्ठ 49 पर जाएं) और कोई दूसरा फंड मैनेजर आखिरी पचास पर ध्यान केंद्रित करना चाह सकता है—दोनों सेकेंड-टियर बेंचमार्क चुनने में

सक्षम होंगे जो किसी कैटेगरी में उनके द्वारा तय की गई सब-कैटेगरी या उनकी खास निवेश शैली को दर्शाते हैं। सेबी सेकेंड-टियर बेंचमार्क तय नहीं करता है, बल्कि फंडों को अपना खुद का बेंचमार्क चुनने देता है।

बेंचमार्क कौन बनाता है? अब एनएसई इंडेक्स (नेशनल स्टॉक एक्सचेंज के मालिकाना हक वाली) और एशिया इंडेक्स प्राइवेट लिमिटेड (बीएसई और एसएंडपी डाओ जोन्स इंडेक्स का संयुक्त उद्यम) जैसी कंपनियां हैं, जो इन सूचकांकों को बनाने, रखरखाव करने और इस्तेमाल के लिए उनकी बिक्री में विशेषज्ञ हैं। म्युचुअल फंड जिस सूचकांक का इस्तेमाल करना चाहते हैं, उसका लाइसेंस खरीदने की ज़रूरत होती है। इंडेक्स फंड और ईटीएफ के एक्सपेंस रेश्यो का एक हिस्सा इस लाइसेंस फीस का भुगतान करने के लिए जाता है। यहां सूचकांक देने वाली चार कंपनियां हैं जिनकी सेवाएं फंड ले सकते हैं। रेगुलेटर अब सूचकांक देने वाली कंपनियों को रेगुलेट करना चाहता है क्योंकि वे कुछ चालाकियां भी दिखा सकती हैं। इस किताब के अगले संस्करण में आगे जाकर उन नियम-कायदों की चर्चा होगी। मुझे लगता है कि इंडस्ट्री में इनोवेशन की रफ्तार और सेबी के नियम-कायदों को देखते हुए मुझे नियमित रूप से नए संस्करण लाने की आवश्यकता होगी, इसलिए ताज़ा संस्करणों पर नज़र रखें।

याद रखें कि फंड हाउस के इस्तेमाल में आने वाला हर अतिरिक्त बेंचमार्क, इंडेक्स देने वाली कंपनियों को चुकाए जाने वाले लाइसेंस शुल्क को एक्सपेंस रेश्यो में जोड़ रहा है। मैं इसे सादा रखना पसंद करती हूं। मैं स्कीम के प्रदर्शन का मूल्यांकन करने के लिए सेंसेक्स और निफ्टी 50 के रिटर्न, फिर कैटेगरी बेंचमार्क रिटर्न, और फिर कैटेगरी का औसत रिटर्न देखती हूं।[5]

जहां नए निवेशक निवेश करते समय सिर्फ रिटर्न देखते हैं, और ज़्यादातर बार गलत हो जाते हैं, होशियार निवेशक किसी योजना की कई दूसरी विशेषताओं को भी देखते हैं। सबसे महत्वपूर्ण हिस्सा जिसे आपको कभी भी नज़रों से दूर नहीं होने देना चाहिए वह है जोखिम। और इस पन्ने के दूसरी तरफ हमारा फोकस इसी पर रहेगा। तो फिर कमर कस लीजिए।

किसी वित्तीय उत्पाद में लागत महत्वपूर्ण होती है क्योंकि यह दिखाई नहीं देती। शब्दजाल का इस्तेमाल करके लागत छिपाना मुमकिन है। ऊंची लागत वाले उत्पादों में म्युचुअल फंड रिटर्न कम होगा; इसलिए यह जानना ज़रूरी है कि लागत क्या हैं और इन्हें कहां देख सकते हैं।

आप सही रास्ते पर हैं अगर आप समझते हैं कि

1. .005 प्रतिशत स्टांप ड्यूटी के अलावा, म्युचुअल फंड में प्रवेश की कोई लागत नहीं है;
2. सालाना एक्सपेंस रेश्यो की सीमाएं हैं और ज़्यादातर फंड इससे कम शुल्क लेंगे;
3. इक्विटी में डेट की तुलना में एक्सपेंस रेश्यो ज़्यादा होता है;
4. इंडेक्स फंड में एक्सपेंस रेश्यो बहुत कम होता है;
5. 10 की एनएवी 250 की एनएवी से सस्ती नहीं है; और
6. रिटर्न आंकने के लिए बेंचमार्क बहुत महत्वपूर्ण हैं।

7

जोखिम

अगर किसी निवेश पर यकीन करना मुश्किल लगता है, तो सच में वह यकीन के लायक नहीं है।

'ऊंचा रिटर्न और कोई जोखिम नहीं' यह एक निवेशक की अव्यावहारिक इच्छा है। हमें जोखिम के बारे में दो मुख्य बातें समझने की ज़रूरत है। पहली, ऊंचे जोखिम के बिना कभी भी ऊंचा रिटर्न नहीं मिलेगा। जो लोग जोखिम-मुक्त ऊंचे रिटर्न का वादा करते हैं वे झूठ बोल रहे हैं। इसे कहने के लिए विनम्रता दिखाने की कोई ज़रूरत नहीं है। याद करें क्रिप्टो 'करेंसी' की कहानियां, जिनमें बेशुमार दौलत का वादा किया गया था लेकिन यह नहीं बताया गया था कि धोखाधड़ी और बगैर नियम-कायदे के चलने वाली इंडस्ट्री में आपके पैसे के डूब जाने का जोखिम है। क्रिप्टो 'करेंसी' की इंडस्ट्री मिट्टी से पनपी थी और वापस उसी में मिल रही है। दूसरी बात, जोखिम कई प्रकार के होते हैं—न कि केवल अस्थिरता या थोड़े समय में कीमत में तेज़ उतार-चढ़ाव का जोखिम—जिस पर हमें निवेश करते समय विचार करने की ज़रूरत है।

क्या ऐसी संभावना होती है कि आप जिस हवाई जहाज़ में हैं वह दुर्घटनाग्रस्त हो जाए? हां, होती है। क्या आप हवाई यात्रा करते हैं? इसका

भी जवाब हां में है। आप खुद से कहते हैं कि हवाई दुर्घटना की संभावना सड़क दुर्घटना की तुलना में कम है। एमआईटी के एक प्रोफेसर ने वास्तव में इस पर एक पेपर लिखा था।[1] उन्होंने लिखा: 'जोखिम इतना कम है कि उड़ान भरने से डरना कुछ हद तक सुपरमार्केट में जाने से डरने जैसा है क्योंकि छत गिर सकती है।' और चार्टर्ड और खुद के विमान में उड़ने के मुकाबले कमर्शियल फ्लाइट में जाना अभी भी ज़्यादा सुरक्षित है। यहां हम निवेशकों के लिए कुछ सबक हैं, लेकिन उसकी चर्चा थोड़ी देर में करते हैं।

क्या इस बात की संभावना होती है कि जब आप सड़क पर आलू टिक्की खाते हैं तो आपका पेट खराब हो सकता है? जी हां। आप इसे खाते हैं या नहीं? बिल्कुल! लेकिन आप उस जगह पर जाते हैं जहां आप वर्षों से बिना किसी बुरे अनुभव के खाते आ रहे हैं। किसी नई जगह पर, आप आउटलेट को ज़रूर देखते हैं और यह भी देखते हैं कि क्या परोसने वाले व्यक्ति के हाथ गंदे हैं या वह जिस कपड़े का इस्तेमाल प्लेट को पोंछने के लिए करता है, उसी से अभी काउंटर को पोंछा जा रहा है। तो, आप कुछ हल्की-फुल्की जांच करते हैं, लेकिन खराब स्वास्थ्य के संभावित जोखिम के कारण अपनी ज़िंदगी को रोकते नहीं हैं।

क्या भारत में अप्रैल और मई 2021 में जब महामारी का सबसे भयानक रूप था, तब कोविड-19 होने का जोखिम था? हां, एक बड़ा जोखिम था, लेकिन आप घर पर रहे, स्टोर जैसी किसी भी जगह जाना ज़रूरी था तब मास्क पहना, घर पर आए सामान को कीटाणुरहित किया और टीका लगवाया। आपने जोखिम को कम करने के लिए वह सब किया जो आप कर सकते थे और फिर भी हममें से कुछ लोग उस खतरनाक डेल्टा बग के शिकार हो गए।

निवेश में जोखिम को सामने लाने की ज़रूरत उससे कहीं ज़्यादा है जितनी हमें लगती है। बगैर सोचे-समझे, ज़्यादातर लोग कहते हैं, 'मैं अपने पैसे के लिए कोई जोखिम नहीं चाहता। मुझे पूरी तरह से गारंटीड रिटर्न पसंद है।' मुझे भी यह पसंद है, लेकिन हर गारंटी की एक कीमत होती है जिसे हम चुकाते हैं लेकिन याद नहीं रखते। वह कीमत है बेहद कम रिटर्न, इतना कम कि महंगाई और टैक्स मिलाकर आपका पैसा पीछे रह जाता है।

मैं चाहती हूं कि आप जोखिम के विभिन्न पहलुओं को देखें और

समझें कि अपनी निवेश यात्रा के दौरान उनसे कैसे निपटें। ऐसा कोई आदर्श उत्पाद नहीं है जो आपको सभी जोखिमों से सुरक्षित रखे, लेकिन कुछ विकल्प हैं जो अधिकांश जोखिमों से निपटने में दूसरों की तुलना में बेहतर प्रदर्शन दिखाते हैं।

महंगाई

महंगाई क्रय शक्ति, यानी आपके पैसे से कुछ खरीदने की क्षमता, को चुपचाप मारती रहती है। दस वर्षों में 5 प्रतिशत की महंगाई दर से कीमतें चक्रवृद्धि तरीके से बढ़ेंगी। आपके रिटर्न के साथ जो होता है वही कीमतों के साथ भी होता है—हर वर्ष कीमत में बढ़त पिछले वर्ष की बढ़त के ऊपर होती जाती है। एफडी दर आमतौर पर महंगाई दर के ठीक नीचे या ऊपर होती है। महंगाई के असर को समायोजित करने के बाद रिटर्न की दर को रिटर्न की वास्तविक दर कहा जाता है।

नॉमिनल रिटर्न वह है जो आपको रुपए के रूप में मिलता है। वास्तविक रिटर्न वह है जो होल्डिंग अवधि के दौरान कीमत में बढ़त को ध्यान में रखने के बाद वह रुपया वास्तव में खरीद सकता है। यदि रिटर्न 5 प्रतिशत है और महंगाई दर 6 प्रतिशत है, तो आप क्रय शक्ति का लगभग एक प्रतिशत अंक गंवा देते हैं। अपने स्लैब के हिसाब से ब्याज़ पर टैक्स की देनदारी जोड़ें (अध्याय 8 में इस पर ज़्यादा जानकारी मिलेगी) और आपको मिला रिटर्न और कम हो जाता है।

एक अच्छा निवेश वह है जो टैक्स चुकाने के बाद आपके पैसे की क्रय शक्ति को महंगाई दर से आगे रखता है। एक निश्चित आय देने वाले एफडी जैसे ज़्यादातर उत्पाद सुरक्षा के मामले में बहुत अच्छे हैं, लेकिन आपके पैसे को महंगाई दर से आगे नहीं रख पाते। भारत में भविष्य निधि (पीएफ) और लोक भविष्य निधि (पीपीएफ) इस मामले में अलग हैं क्योंकि उनका सालाना रिटर्न महंगाई दर से आगे रहता है। और चूंकि वे कर मुक्त हैं, वे आपके पोर्टफोलियो में डेट वाले हिस्से के लिए अच्छे विकल्प हैं। अध्याय 12 में इस पर ज़्यादा जानकारी दी गई है जहां हम मॉडल पोर्टफोलियो बनाने के लिए इन उत्पादों का इस्तेमाल करेंगे।

इन दो उत्पादों के अलावा, अपने पैसे को लंबे समय के लिए डेट

के निवेश साधन में रखना अच्छा आइडिया नहीं है जो महंगाई दर से भी बदतर प्रदर्शन करते हैं।

बाज़ार ज़ोखिम

आपने जल्दी-जल्दी कहा गया डिस्क्लेमर सुना होगा: '*म्युचुअल फंड बाज़ार के जोखिम के अधीन हैं...*' बाज़ार जोखिम को सिस्टमिक रिस्क (प्रणालीगत जोखिम) भी कहा जाता है, या वह जोखिम जिसे डाइवर्सिफिकेशन से घटाया नहीं जा सकता है। इस अध्याय में हम जिन बाकी जोखिमों पर चर्चा कर रहे हैं वे अव्यवस्थित जोखिम (अनसिस्टेमैटिक रिस्क), या विशिष्ट जोखिम (स्पेसिफिक रिस्क) के तहत आते हैं जिन्हें डाइवर्सिफिकेशन से कम किया जा सकता है। प्रणालीगत जोखिम आप पर कैसे असर डालता है?

याद करें, जब 2020 के मार्च में, कोविड-19 की दहशत के कारण शेयर बाज़ार में बड़ी गिरावट आई थी और यहां तक कि बॉन्ड बाज़ार भी जम गए थे? एकमात्र संपत्ति जिसकी कीमत में बढ़त आई वह थी सोना—जिसे अंतिम उपाय के रूप में देखा जाता है। ऐसी विनाशकारी घटना के लिए, आपके पास आपातकालीन निधि का ऐसा भंडार होना चाहिए जो आसानी से नकदी में बदल जाए। लेकिन इस बारे में ज़्यादा न सोचें और नकदी या सोना जमा करने में जल्दबाज़ी न करें। अगर दुनिया खत्म हो गई तो सोना आपके या आपके परिवार के काम नहीं आएगा। लेकिन अगर आप जीवित रहते हैं और ज़्यादातर दुनिया जीवित रहती है, तो हम जल्दी ही उपभोग और उत्पादन की ओर लौट आएंगे। अस्थिरता और घबराहट के दौर के बाद बाज़ार पटरी पर लौट आएगा। संकट की उस अंतरिम अवधि के लिए, आपको नकदी या सोने जैसी नकदी संपत्तियों की ज़रूरत होती है।

जब मार्च 2020 में सेंसेक्स गिरकर 29,000 पर आ गया, तो कई निवेशकों ने अपना सब्र खो दिया और अपने पूरे इक्विटी पोर्टफोलियो को बेच दिया, चूंकि उन्हें पता नहीं था कि इक्विटी मार्केट कितना नीचे और जा सकता है। मेरा मानना था: हम गुफाओं में रहने वापस नहीं जाएंगे, यह संकट अंततः समाप्त हो जाएगा, और अगर आपने समझदारी से एसेट एलोकेशन किया था, तो यह इक्विटी बेचने का समय बिल्कुल नहीं है।

इस सच का सामना करें कि, जीवन की तरह, बड़े और छोटे संकट अचानक सामने आएंगे लेकिन वे थोड़े समय के बाद दूर भी चले जाएंगे। बाज़ारों के साथ भी ऐसा ही है—संकट खत्म होते ही वे पटरी पर लौट आते हैं। पिछले दो दशकों से हर साल एक नया संकट आया है, Y2K से शुरू होकर उत्तरी अटलांटिक वित्तीय संकट, फिर यूरोपीय संकट, कोविड-19 और फिर रूस-यूक्रेन जंग। हमें उनका सामना शांत मन से करने की ज़रूरत है और सुरक्षा हासिल करने की जल्दबाज़ी में अपने निवेश को रोक नहीं देना चाहिए। मैं ऐसे लोगों को जानती हूं जिन्होंने अप्रैल 2020 में ऐसा किया था और तीन साल बाद भी वे बाज़ार में दोबारा घुसने के लिए ब्रेक का इंतज़ार कर रहे हैं। बाज़ार के जोखिम से निपटने के लिए आपके पास एक अच्छा डाइवर्सिफाइड पोर्टफोलियो रहना चाहिए, जिसमें स्टॉक और बॉन्ड का मिश्रण हो, और जो आपकी उम्र, स्थिति, लक्ष्य हासिल करने का समय और जोखिम उठाने की क्षमता से मेल खाता हो। इन शब्दों का तब तक कोई मतलब नहीं है जब तक हम इन्हें उपयोग में नहीं लाते, जैसा कि हम अध्याय 12 में करेंगे।

ब्याज़ दर का जोखिम

यह जोखिम है ब्याज़ दर में बदलाव से बॉन्ड की कीमतों पर असर पड़ने का। जब ब्याज़ दरें नीचे जाती हैं तो बॉन्ड की कीमतें बढ़ती हैं और जब ब्याज़ दरें बढ़ती हैं तो बॉन्ड की कीमतें नीचे जाती हैं। आपकी एफडी बाज़ार में बेची जा सकने वाली प्रतिभूति नहीं है, मतलब कि आप अपनी एफडी का शेयर बाज़ार में व्यापार नहीं कर सकते। लेकिन अब ज़्यादातर बॉन्ड स्टॉक एक्सचेंज में सूचीबद्ध होते हैं और उनका व्यापार किया जा सकता है। ब्याज़ दरों में बदलाव से सेकेंडरी मार्केट, जहां बॉन्ड की ट्रेडिंग होती है, में बॉन्ड की कीमतों में बदलाव होता है। अगर केंद्रीय बैंक दरें बढ़ाता है, तो बॉन्ड की कीमतें गिर जाएंगी क्योंकि निवेशक ज़्यादा ब्याज़ देने वाले नए बॉन्ड खरीदने के लिए दौड़ पड़ते हैं। अगर केंद्रीय बैंक दरें कम करता है, तो खरीदार पुराने बॉन्ड खरीदना पसंद करते जिन पर अभी नए बॉन्ड के मुकाबले अधिक ब्याज़ है।

ब्याज़ दरों और बॉन्ड की कीमतों के बीच के इस संबंध को ड्यूरेशन (मियाद या अवधि) नामक अवधारणा के माध्यम से मापा जाता है। आसान

शब्दों में, मियाद इस बात से मापी जाती है कि ब्याज़ दरों में 1 प्रतिशत अंक परिवर्तन (गिरावट या बढ़ोतरी) के लिए बॉन्ड की कीमतों में कितना बदलाव (बढ़ोतरी या गिरावट) होगा। उदाहरण के लिए, तीन साल की मियाद का मतलब है कि ब्याज़ दरों में 1 प्रतिशत की गिरावट से बॉन्ड की कीमतों में 3 प्रतिशत की बढ़ोतरी होगी। आपको यह जानने की ज़रूरत है कि बॉन्ड या बॉन्ड पोर्टफोलियो की होल्डिंग का समय जितनी लंबा होगा, मियाद उतनी ज़्यादा होगी और इसलिए ब्याज़ दरों में बदलाव का जोखिम उतना ही ज़्यादा होगा, और इसलिए बॉन्ड की कीमतों में बदलाव होगा।

आपका जोखिम उन बॉन्ड्स को पोर्टफोलियो में रखने का है जिनकी औसत परिपक्वता अवधि आपके होल्डिंग पीरियड से अलग है। औसत परिपक्वता अवधि उन दिनों, सप्ताहों, महीनों या वर्षों की औसत संख्या है जो पोर्टफोलियो के सभी बॉन्ड्स को परिपक्व होने या मूलधन का भुगतान करने में लगेंगे। मान लीजिए कि पोर्टफोलियो में दस बॉन्ड हैं और कुछ दो महीने में, कुछ तीन महीने में और कुछ चार महीने में परिपक्व हो रहे हैं, तो एक औसत संख्या निकालने के लिए औसत परिपक्वता अवधि की गणना की जाएगी। याद रखें कि जैसे-जैसे बॉन्ड परिपक्वता के करीब आता है, आपके मूलधन और ब्याज़ के लिए जोखिम कम होता जाता है। इसलिए, ओवरनाइट और लिक्विड फंड सबसे सुरक्षित माने जाते हैं। लेकिन म्युचुअल फंड को अपने पोर्टफोलियो में अलग-अलग परिपक्वता अवधि वाले बॉन्ड भरने से रोकने के लिए, जिससे ब्याज़ दर का जोखिम बढ़ जाता है, सेबी ने ऐसे नियम बनाए हैं कि पोर्टफोलियो के बॉन्ड्स की बची हुई औसत परिपक्वता अवधि (residual average maturity) आपके होल्डिंग पीरियड से मेल खाए (दो साल के बॉन्ड में केवल दो महीने बचे हो सकते हैं, इसलिए इस बॉन्ड की परिपक्वता दो महीने में होगी, न कि दो साल में—इसलिए बची हुई औसत परिपक्वता अवधि निकाली जाती है)। इसे बेहतर ढंग से समझना हो तो डेट फंड कैटेगरीज़ को एक बार फिर देखने के लिए अध्याय 4 पर वापस जाएं।

दरअसल, सेबी ने 2010 के अंत और 2020 की शुरुआत में डेट मार्केट की गहरी सफाई की, ताकि अगर आप अपने होल्डिंग पीरियड के हिसाब से सही कैटेगरी चुनें तो ब्याज़ दर का आपका जोखिम अच्छी तरह से मैनेज हो जाए। अगर आपको छोटी अवधि में पैसे की ज़रूरत है तो

लॉन्ग-टर्म बॉन्ड न खरीदें, और अगर लंबी अवधि के लिए पैसे लगाने हैं तो शॉर्ट-टर्म बॉन्ड न खरीदें।

क्रेडिट रिस्क

यह उधार लेने वाले का सही समय पर, या बिल्कुल भी ब्याज़ और मूलधन का भुगतान न करने का जोखिम है। ब्याज़ वह कीमत है जो पैसे उधार लेने वाला (बॉन्ड जारी करके) कर्ज़ देने वाले को चुकाता है। कर्ज़ देने वाले को तीन चीज़ों के लिए मुआवजा दिया जाना चाहिए: यह जोखिम कि उधार लेने वाला पैसा वापस नहीं करेगा, अपनी खपत को टालने के लिए और महंगाई की वजह से क्रय शक्ति पर असर पड़ने का जोखिम। कर्ज़ देने वाले के लिए सबसे बड़ा जोखिम यह आशंका है कि उधार लेने वाला पैसे लेकर गायब हो जाए।

आप इस जोखिम का मूल्यांकन कैसे करते हैं? याद रखें कि एक बॉन्ड वादा है कि कर्ज़दार कर्ज़ देने वाले को एक निश्चित समय अंतराल पर ब्याज़ की एक निश्चित दर का भुगतान करता रहेगा और मूलधन वापस करेगा। एक ऐसे बाज़ार में, जहां कर्ज़दार और कर्ज़ देने वाले अज्ञात हैं, ब्याज़ और मूलधन दोनों के डूबने के जोखिम का मूल्यांकन महत्वपूर्ण हो जाता है। बॉन्ड के खरीदार उन हज़ारों व्यवसायों के जोखिम को कैसे समझेंगे जो बॉन्ड जारी करके उधार ले रहे हैं? इस समस्या का समाधान किया गया क्रेडिट रेटिंग एजेंसियां बनाकर, जिनका काम व्यवसाय, जोखिम का मूल्यांकन करना और फिर पेपर की गुणवत्ता पर अपनी 'राय' देना है। इस जोखिम को अक्षरों की एक श्रृंखला से दिखाया जाता है—उदाहरण के लिए, ट्रिपल ए रेटिंग का मतलब है कि कर्ज़ देने वाले के लिए बहुत कम जोखिम है और डी माइनस रेटिंग का मतलब है कि बॉन्ड जंक यानी पैसे डूबने का खतरा बहुत ज़्यादा है।

सरकारी बॉन्ड में कोई क्रेडिट जोखिम नहीं होता है क्योंकि सरकार वित्तीय रूप से मज़बूत होने पर अपने कर्ज़ों का भुगतान करेगी। लेकिन कॉरपोरेट बॉन्ड में यह जोखिम हो सकता है जो बहुत अच्छी गुणवत्ता से लेकर बहुत खराब गुणवत्ता तक के हो सकते हैं। कम रेटिंग वाले कॉरपोरेट बॉन्ड आमतौर पर खरीदार को बहुत ज़्यादा जोखिम के लिए क्षतिपूर्ति करने के मकसद से बहुत ज़्यादा ब्याज़ दर की पेशकश करेंगे। ध्यान दें

कि क्रेडिट-रिस्क फंड नामक कैटेगरी कुछेक वर्षों की अवधि में बहुत अधिक रिटर्न दे सकती है। लेकिन ऐसे वर्ष भी हैं जिनमें उनका प्रदर्शन वास्तव में बहुत बुरा रहा है।

एक औसत निवेशक, जो छोटी अवधि में लिक्विडिटी के मकसद से डेट फंड पर विचार कर रहा है, उसे अपने पोर्टफोलियो में क्रेडिट जोखिम नहीं लेना चाहिए। यह रिटर्न उतना बड़ा नहीं है, जितना आपकी ज़रूरत के वक्त पैसे ना होने का जोखिम।

लिक्विडिटी का जोखिम

ऐसे बाज़ार में जहां आर्थिक मंदी के कारण बहुत कम खरीदार हैं, अपने टू बीएचके को कम समय में बेचना आपके लिए कितना आसान है? रियल एस्टेट में मजबूरन बिक्री का नतीजा आमतौर पर बेचने वाले को मिलने वाली कीमत में कटौती होती है। इसे हम लिक्विडिटी का जोखिम मान सकते हैं।

लिक्विडिटी का मतलब है वह आसानी (समय और धन की) जिससे किसी परिसंपत्ति को उसके बाज़ार मूल्य को प्रभावित किए बिना नकदी में बदला जा सकता है। जोखिम तब आता है जब इसमें बहुत अधिक समय लगता है और बेचने वाले को बहुत अधिक लागत चुकानी पड़ती है।

म्युचुअल फंड में यह जोखिम नहीं है क्योंकि फंड हाउस एनएवी पर वापस खरीद करने के लिए बाध्य है। सामान्य बाज़ार स्थितियों में आपको एक से चार कामकाजी दिन के भीतर बिक्री की रकम मिल जाती है। हालांकि, ईटीएफ में यह जोखिम मौजूद होता है क्योंकि जब आप बेच रहे हों तो ज़रूरी है कि सामने उतना ही बड़ा खरीदार भी हो। खरीदार की कमी के कारण कीमत गिर सकती है और कम मांग वाले बाज़ार में बड़े सौदे मुश्किल हो सकते हैं। ज़्यादातर मामलों में, म्युचुअल फंड में आपको इस जोखिम की चिंता नहीं करनी पड़ती है। वैश्विक संकट जैसी चरम स्थिति में थोड़े समय के लिए लिक्विडिटी की दिक्कत आ सकती है, लेकिन अगर आप निवेश में बने रह सकते हैं, तो यह दिक्कत भी दूर हो जाती है।

पुनर्निवेश जोखिम

मुझसे अक्सर यह सवाल पूछा जाता है: क्या मुझे अपना इक्विटी फंड बेच देना चाहिए; बाज़ार बहुत ऊंचे स्तर पर हैं? कई साल से उन्हीं लोगों की तरफ से बार-बार एक ही सवाल पूछे जाने से परेशान होने के अलावा, मुझे समझ में नहीं आता कि वे जवाब में इस सवाल को क्यों नहीं समझते हैं: अगर आप बेचेंगे तो पैसे का क्या करेंगे? आप कहां पुनर्निवेश करेंगे?

परंपरागत रूप से, पुनर्निवेश जोखिम को ब्याज़ दरों में गिरावट के रूप में देखा जाता है जब आपके बॉन्ड परिपक्व होते हैं और आपको आज की तुलना में कम रिटर्न वाले बॉन्ड में जाना पड़ता है। लेकिन मैं इस जोखिम को सभी एसेट क्लास के मामले में देखती हूं: जब तक कि पैसे की ज़रूरत न हो या आपको अपने पोर्टफोलियो को फिर से संतुलित करने की ज़रूरत न हो, एक अच्छे रिटर्न वाले एसेट क्लास को सिर्फ इसलिए बेचने की कोई ज़रूरत नहीं है क्योंकि आपने आज मुनाफा कमाया है। अध्याय 12 में इस पर दोबारा गौर करेंगे जब हम पोर्टफोलियो बनाएंगे और परिसंपत्ति आवंटन या एसेट एलॉकेशन को बेहतर ढंग से समझेंगे।

अस्थिरता का जोखिम

यह ऐसा जोखिम है जिसे हम सभी अच्छी तरह से समझते हैं—खासकर थोड़े समय के भीतर कीमतों के ऊपर और नीचे जाने का जोखिम। एफडी में कोई अस्थिरता नहीं होती क्योंकि उनका सौदा सेकेंडरी बाज़ार में नहीं होता है। आमतौर पर, एक बहुत ही शॉर्ट-टर्म बॉन्ड में लंबी अवधि के बॉन्ड की तुलना में बहुत कम अस्थिरता होगी।

रियल एस्टेट अस्थिर नहीं है, हालांकि रियल एस्टेट कंपनियों के सूचीबद्ध स्टॉक अस्थिर हैं। इक्विटी राष्ट्रीय, अंतरराष्ट्रीय और कंपनी पर असर डालने वाली खास घटनाओं को लेकर काफी संवेदनशील है और इसमें काफी अस्थिरता दिख सकती है। इस जोखिम को कम करने के हमारे प्रयास इस बात पर केंद्रित होंगे कि इसे कैसे मापें और ऐसे पैमाने कैसे ढूंढ़ें जो म्युचुअल फंड के पोर्टफोलियो में उतार-चढ़ाव के जोखिम को दर्शाते हैं।

धोखाधड़ी का जोखिम

यह किसी के आपके पैसे लेकर भाग जाने का जोखिम है। फर्जी योजना बनाना, निवेशकों का पैसा इकट्ठा करना और फिर गायब हो जाना। भारत ने समय-समय पर ऐसी घटनाएं देखी हैं। 1990 के दशक में शेयर बाज़ार में कंपनियों के गायब होने का एक दौर था। ये कंपनियां आईपीओ बाज़ार में आतीं, सैकड़ों करोड़ इकट्ठा करतीं और फिर गायब हो जातीं। 1992 के शेयर बाज़ार घोटाले के बाद म्युचुअल फंड नियम बनाए गए थे और इसलिए, यह एक ऐसा मज़बूत ढांचा है जहां पैसा निवेशक के नाम पर एक ट्रस्ट द्वारा रखा जाता है। कोई भी प्रायोजक या एएमसी निवेशकों का पैसा लेकर भागी नहीं है। आपको बाज़ार के जोखिम, अस्थिरता के जोखिम और बाकी सभी जोखिमों का सामना करना पड़ता है जिन्हें कम किया जा सकता है, लेकिन आपके लिए अपनी पूरी निवेशित राशि खोने का जोखिम नहीं है। यह एक बड़ा सुरक्षा चक्र है और इसके महत्व को कम नहीं समझना चाहिए।

जोखिम मापना

एक निवेशक का सपना होता है बिना किसी जोखिम के बहुत ऊंचे रिटर्न का। लेकिन हम जानते हैं कि यह सपना केवल उन कहानियों में होता है जो जालसाज़ सुनाते हैं और उन जालों में होता है जो वे भोले-भाले निवेशकों के लिए बुनते हैं। ज़िन्दगी में ऐसा कुछ भी नहीं है जिसमें जोखिम ना हो। गले में मूंगफली फंसने से किसी व्यक्ति की मृत्यु हो जाती है तो वहीं समुद्र में खतरनाक शार्क के बीच दिन बिताने के बाद भी जीवित बचे लोगों की कहानियां हम सुनते हैं। जोखिम रहित दृष्टिकोण इंसान का नहीं हो सकता—हम जो कुछ भी करते हैं उसके लिए हम एक सीमा तक जोखिम लेते हैं। यहां तक कि शादी भी एक बड़ा जोखिम है, है ना? कौन जानता है कि पार्टनर कैसा निकलेगा, लेकिन ऐसा तो नहीं है कि इस जोखिम की वजह से भारत में शादियां रुक रही हैं।

चलिए, हम जोखिम-मुक्त ऊंचे रिटर्न के ऊपर वाले बयान को कुछ हद तक बदलते हैं। हम कमाए गए रिटर्न के प्रति यूनिट जोखिम को कम करना चाहते हैं। इसे मापने के लिए फाइनेंस में रिस्क-एडजस्टेड रिटर्न

की अवधारणा है। अगर दो फंड एक जैसे रिटर्न देते हैं, तो हम यह देखना चाहते हैं कि किस फंड ने इसे हासिल करने के लिए कम जोखिम लिया। आपके पास दिल्ली से चंडीगढ़ जाने के दो विकल्प हैं, दोनों में पांच घंटे लगते हैं। एक है सीधी ट्रेन यात्रा है, जिसमें हर स्टेशन पर रुकना पड़ता है, यात्रा धीमी है लेकिन आपको मंज़िल पर पहुंचा देती है। दूसरी यात्रा सड़क मार्ग से है, जिसके कई हिस्से टूटे हुए हैं, ट्रक चालक किसी नशीले पदार्थ का सेवन करके लापरवाही से गाड़ी चलाते हैं और इस सड़क पर मवेशी अचानक सड़क पार करने आ जाते हैं जिससे जोखिम कई गुना बढ़ जाता है। दोनों आपको एक ही समय में मंज़िल पर पहुंचा देते हैं, लेकिन ट्रेन की यात्रा बहुत कम जोखिम भरी है।

म्युचुअल फंड भी वैसे ही हैं। दो फंड एक जैसे पांच साल के सीएजीआर दिखा सकते हैं, लेकिन उनका वहां तक पहुंचने का रास्ता काफी अलग हो सकता है। हमें किसी पोर्टफोलियो में जोखिम की पहचान करने के लिए एक तरीका चाहिए और साथ ही इंडेक्स रिटर्न के मुकाबले ज़्यादा रिटर्न दिलाने वाले फंड मैनेजर के बेहतर प्रदर्शन को समझने का एक तरीका ढूंढना है। मैं आपको सूत्रों या गणनाओं में जाए बिना जोखिम और रिस्क-एडजस्टेड रिटर्न को मापने के कुछ बुनियादी पैमाने दूंगी। इनकी गणना और जानकारी फंड हाउस और विशेषज्ञ देते हैं और ये ऑनलाइन उपलब्ध रहते हैं। हमें इस अवधारणा को समझने की ज़रूरत है और फिर यह देखना होगा कि इसका उपयोग उन योजनाओं का मूल्यांकन करने के लिए कैसे किया जाए जिनमें से हम किसी एक को चुनेंगे।

मानक विचलन (स्टैंडर्ड डेविएशन)

सबसे पहले, हमें जोखिम को मापने की ज़रूरत है। इसके लिए एक पैमाना है मानक विचलन या स्टैंडर्ड डेविएशन। हमें पता है कि औसत, या स्टैंडर्ड वैल्यू क्या चीज़ है। भारतीय पुरुषों की औसत ऊंचाई पांच फुट छह इंच है। मानक विचलन बताता है कि भारत की पुरुष आबादी का दायरा औसत ऊंचाई के दोनों तरफ कितना फैला हुआ है। 1 के मानक विचलन का मतलब होगा कि 68 प्रतिशत आबादी पांच फीट पांच इंच और पांच फीट सात इंच के बीच होगी। 2 के मानक विचलन का मतलब होगा कि 95 प्रतिशत पुरुष आबादी पांच फीट चार इंच और पांच फीट आठ इंच के

बीच होगी। छह फुट का आपका दोस्त 3 के मानक विचलन से भी परे है, जिसके दायरे में 99.7 प्रतिशत आंकड़े आते हैं।

जब हम रिटर्न मापते हैं, तो मानक विचलन हमें बताता है कि औसत रिटर्न से हमारे रिटर्न की अपेक्षा कहां तक होनी चाहिए। उदाहरण के लिए, अगर किसी फंड का औसत रिटर्न 2 के मानक विचलन के साथ 10 प्रतिशत है, तो 68 प्रतिशत बार (जिसे 1 का मानक विचलन कहा जाता है), फंड का रिटर्न 8 प्रतिशत और 12 प्रतिशत की सीमा में होगा। और 95 प्रतिशत बार (जिसे 2 का मानक विचलन कहा जाता है), रिटर्न 6 प्रतिशत से 14 प्रतिशत के बीच होगा।

अगर मानक विचलन 3 है, तो उस रिटर्न का दायरा बढ़ जाता है जिसकी आप उम्मीद करते हैं। 1 का मानक विचलन 7 प्रतिशत से 13 प्रतिशत के बीच की रिटर्न सीमा की ओर इशारा करेगा। 2 का मानक विचलन 4 प्रतिशत और 16 प्रतिशत की रिटर्न सीमा की ओर इशारा करेगा। आप देख रहे हैं ना कि जैसे-जैसे मानक विचलन बढ़ रहा है, कम रिटर्न का जोखिम कैसे बढ़ रहा है? मानक विचलन ज़्यादा होने पर हमें ऊपरी रिटर्न पर कोई आपत्ति नहीं है, लेकिन हमें कम रिटर्न का जोखिम पसंद नहीं है।

इसे समझने का दूसरा तरीका यह देखना है कि लिक्विड फंड का मानक विचलन क्रेडिट रिस्क फंड की तुलना में बहुत कम होगा। और लार्ज-कैप फंड का मानक विचलन स्मॉल-कैप फंड से काफी कम होगा।

बहुत मुश्किल है? ठीक है, बस याद रखें कि कम मानक विचलन ऊंचे मानक विचलन की तुलना में कम जोखिम भरा होता है। जब आप कई स्कीमों की तुलना करते हैं, जिसमें रिटर्न, लागत और स्थिरता जैसी बाकी विशेषताएं एक समान होती हैं, तो कम मानक विचलन उस रिटर्न के लिए कम जोखिम भरे रास्ते को दिखाएगा।

बीटा

अब, हम यह देखना चाहते हैं कि क्या स्कीम पैसिव फंड के बराबर रिटर्न दे रही है या बेहतर प्रदर्शन कर रही है। हम एक्टिव फंडों में तभी निवेश करना चाहते हैं जब वे बेंचमार्क से बेहतर प्रदर्शन करें, है ना? अगर आप नहीं जानते कि क्यों, तो लागत वाले अध्याय पर वापस जाकर इसे फिर

से समझें। हम जानते हैं कि औसत रिटर्न को संबंधित बेंचमार्क के ज़रिए मापा जाता है। अब हम यह मापना चाहते हैं कि स्कीम का रिटर्न बेंचमार्क से कितना दूर है। इसे मापने के लिए हम बीटा को एक पैमाने के रूप में उपयोग करते हैं। इसे हिंदी का 'बेटा' नहीं, बल्कि 'बीटा' कहकर पुकारा जाता है। एक बार ट्विटर पर कोई मुझसे बहुत नाराज़ हो गया क्योंकि मैंने बीटा के बारे में कुछ लिखा था और उन्होंने कहा कि मैं लिंग के प्रति असंवेदनशील हूं, लड़कियों के बारे में क्या, उन्होंने पूछा? वह शख्स अपनी बकवास को लेकर गंभीर था। हमें स्कूलों में सभी के लिए वित्तीय जानकारी अनिवार्य करने की गंभीरता से ज़रूरत है!

बीटा मापता है कि फंड का रिटर्न बेंचमार्क से कितना दूर है। यह अस्थिरता या उतार-चढ़ाव को मापता है—वही जोखिम जिसके बारे में हम सभी बहुत ज़्यादा चिंता करते हैं। अब हमारे पास इस चिंता को रोकने का, अपने दिल में ऊपर-नीचे होने वाले रिटर्न के इस डर को मापने का एक तरीका है। बचाव के लिए सामने आया है बीटा!

1 के बीटा का मतलब है कि फंड बेंचमार्क रिटर्न दे रहा है। 1 से कम बीटा का मतलब है कि फंड बेंचमार्क से कम अस्थिर है और 1 से अधिक बीटा का मतलब बेंचमार्क से अधिक अस्थिर है। 0.65 के बीटा का मतलब है कि बेंचमार्क में 1 प्रतिशत बदलाव आता है तो फंड 0.65 प्रतिशत बदल जाएगा। यदि बेंचमार्क 1 प्रतिशत बढ़ता है, तो फंड 0.65 प्रतिशत बढ़ जाएगा। लेकिन अगर इंडेक्स 1 फीसदी गिरता है, तो फंड में केवल 0.65 फीसदी की गिरावट आएगी।

1.5 के बीटा का मतलब यह होगा कि जब इंडेक्स 1 प्रतिशत ऊपर जाता है, तो फंड 1.5 प्रतिशत बढ़ जाएगा, लेकिन जब इंडेक्स 1 प्रतिशत गिरता है, तो हमारा फंड 1.5 प्रतिशत गिर जाएगा। इसलिए, ज़्यादा बीटा की तुलना में कम बीटा कम जोखिम भरा होता है। लेकिन हम अपने एक्टिव फंडों के लिए 1 का बीटा भी नहीं चाहते हैं—इसका मतलब है कि फंड मैनेजर का प्रदर्शन किसी काम का नहीं है, हमें सिर्फ इंडेक्स रिटर्न मिल रहा है—इसलिए बेहतर है कि कम लागत वाले पैसिव फंड में रहें।

शार्पे रेश्यो

आदर्श रूप से, हम चाहते हैं कि हमारी स्कीम सूचकांक या बेंचमार्क से बेहतर प्रदर्शन करे, लेकिन हम रिस्क-एडजस्टेड रिटर्न को भी मापना चाहते हैं—या यह पता लगाना चाहते हैं कि क्या रिटर्न बहुत ज़्यादा जोखिम के बाद मिला है। इसे मापने का एक पैमाना है शार्पे रेश्यो। यह जोखिम-मुक्त रिटर्न (उदाहरण के लिए, आपकी बैंक एफडी दर या सरकारी बॉन्ड की कीमत) पर विचार करता है और स्कीम से मिले अतिरिक्त रिटर्न की गणना करता है, और फिर मानक विचलन का इस्तेमाल करके इसे विभाजित कर हमें एक संख्या देता है।

शार्पे रेश्यो हमें बताता है कि रिटर्न बहुत ज़्यादा जोखिम की वजह से आया है या स्मार्ट फंड मैनेजमेंट के कारण।

आपको यह जानने की ज़रूरत है कि कम शार्पे रेश्यो का मतलब है कम रिस्क-एडजस्टेड रिटर्न और ऊंचे रेश्यो का मतलब है रिस्क के मुकाबले ज़्यादा रिटर्न। रिस्क-एडजस्टेड रिटर्न जितना ज़्यादा होगा, यह रेश्यो उतना ही ज़्यादा होगा। याद रखें कि हम इन रेश्यो का अलग-अलग इस्तेमाल नहीं करते क्योंकि इनमें से हर किसी की सीमाएं हैं।

सॉर्टिनो रेश्यो

शार्पे रेश्यो उतार और चढ़ाव दोनों को मापता है। हम चाहते हैं कि एक ऐसा उपाय हो जो हमें बहुत ज़्यादा नकारात्मक पक्ष दिखाए बिना फायदा दे। हम सॉर्टिनो रेश्यो का इस्तेमाल केवल नकारात्मक पहलू को मापने के लिए करते हैं। एक ऊंचा सॉर्टिनो रेश्यो हमें बताता है कि फंड अधिक सुरक्षित है क्योंकि इसमें नकारात्मक अस्थिरता की संभावना कम है। जब बाज़ार नीचे जाते हैं तो हमें कम नकारात्मक जोखिम उठाकर अतिरिक्त रिटर्न मिल रहा है।

हम एक ऐसा पैमाना चाहते हैं जो हमें बताए कि कोई फंड बाज़ार के ऊपर जाने पर या नीचे जाने पर कैसा प्रदर्शन करता है, और उस फंड को चुनें जो बाज़ार के ऊपर जाने पर अच्छा प्रदर्शन करता है लेकिन जब बाज़ार नीचे जाता है तो उतना बुरा प्रदर्शन नहीं करता है। आप देख रहे होंगे कि कैसे हम कम जोखिम के साथ ऊंचा रिटर्न पाने की अपने दिल की

इच्छा को पूरा करने के पास पहुंच रहे हैं। आपको बस यह याद रखने की ज़रूरत है कि जब आप एक ही कैटेगरी के फंडों की तुलना करते हैं तो ऊंचा सॉर्टिनो रेश्यो अच्छा होता है। अलग-अलग एसेट क्लास या यहां तक कि अलग-अलग कैटेगरीज़ के बीच तुलना करने के लिए इन रेश्यो का इस्तेमाल करने की गलती न करें। एक स्मॉल-कैप फंड में लार्ज-कैप फंड की तुलना में सॉर्टिनो रेश्यो बेहद कम होगा। लेकिन हमें अपने पोर्टफोलियो में दोनों की ज़रूरत है। चुनिंदा स्मॉल-कैप फंडों के बीच हम सॉर्टिनो रेश्यो को देखकर अंत में उस फंड तक पहुंच सकते हैं जिसे हम चुन सकते हैं।

अल्फ़ा

लेकिन हमें अभी भी बाज़ार में सामान्य जोखिम के मुकाबले अतिरिक्त जोखिम से छुटकारा मिला नहीं है। इसके लिए हमारे पास एक पैमाना है जिसका नाम है अल्फ़ा। यह स्कीम में उठाए गए जोखिम को ध्यान में रखते हुए, संबंधित बेंचमार्क की तुलना में स्कीम से मिलने वाले अतिरिक्त रिटर्न को मापता है।

आसान शब्दों में कहें तो, यह बेंचमार्क रिटर्न की तुलना में फंड मैनेजर के बेहतर प्रदर्शन को मापने का पैमाना है। अल्फ़ा आपको बताता है कि क्या स्कीम के बेहतर प्रदर्शन की वजह फंड मैनेजर की काबिलियत थी या उठाया गया ज़्यादा जोखिम। ऊंचे अल्फ़ा का मतलब है कि फंड मैनेजर अपने काम में अच्छा है—बाज़ार जब ऊपर चढ़ रहे हैं और जब नीचे जा रहे हैं, दोनों स्थितियों में।

रेश्योज़ का इस्तेमाल

एक बार फिर कहना चाहूंगी कि यहां हमने इन पैमानों के बारे में हल्की-फुल्की जानकारी दी है। आपसे यह उम्मीद नहीं है कि आप इन रेश्योज़ की गणना करें और हरेक रेश्यो के लिए फॉर्मूला याद रखें। फंड चयन से जुड़े अध्याय में, हम समझेंगे कि रिस्क-एडजस्टेड रिटर्न पर पहले से ही रैंक किए गए फंडों की सूची को अपने काम में कैसे लाएं। हमें अभी भी इन चुनिंदा स्कीमों में अलग-अलग रिस्क मेट्रिक्स को समझने की ज़रूरत है ताकि ऊंचे रिस्क-एडजस्टेड रिटर्न मेट्रिक्स वाले फंड को चुना जा सके।

आप इन रेश्योज़ का इस्तेमाल करने के लिए कुछ शॉर्ट-कट अपना सकते हैं, लेकिन याद रखें कि अपने आप में किसी रेश्यो का कोई मतलब नहीं है। इसका फायदा तभी है जब किसी उद्देश्य के साथ इस्तेमाल किया जाए। आपके पास मौजूद कैटेगरीज़ के फंड्स की चुनिंदा सूची में, ऐसी स्कीमों की तलाश करें जिनमें बाकियों के मुकाबले निम्नलिखित विशेषताएं हों:

मानक विचलन—कम

अल्फा—ऊंचा

बीटा—कम

शार्पे रेश्यो—ऊंचा

सॉर्टिनो रेश्यो—ऊंचा

म्युचुअल फंड स्कीम में जोखिम को चिह्नित करने का एक और तरीका है। सेबी ने हर स्कीम के साथ एक रिस्क-ओ-मीटर देना अनिवार्य कर दिया है ताकि निवेशक जो खरीद रहे हैं, उसके जोखिम को बेहतर ढंग से समझ सकें। यह प्रक्रिया 2013 में शुरू हुई, जब जोखिम को दिखाने के लिए तीन रंगों का इस्तेमाल किया गया था। नीले का मतलब था कि मूलधन कम जोखिम पर है (आमतौर पर डेट फंड), पीले का मतलब था कि मूलधन मध्यम जोखिम पर है (आमतौर पर हाइब्रिड फंड) और भूरे रंग का मतलब था कि मूलधन ज़्यादा जोखिम पर है (सभी इक्विटी फंड)। रिस्क-ओ-मीटर के इस संस्करण में कई खामियां थीं। इसमें एसेट क्लास के भीतर जोखिम के अलग-अलग पहलुओं पर विचार नहीं किया गया था। जोखिम के तीन स्तर एसेट क्लासेज़ के मेल से बनी स्कीमों और किसी खास एसेट क्लास के दायरे में आने वाली सभी स्कीमों के जोखिम को बताने के लिए काफ़ी नहीं थे।

वर्ष 2015 में रिस्क-ओ-मीटर का एक और संस्करण आया जिसमें जोखिम के पांच स्तर थे। म्युचुअल फंड जिस कैटेगरी से संबंधित था, उसके अनुसार एनएफओ के समय जोखिम निर्धारित कर दिया जाता था। जोखिम की कैटेगरीज़ थीं निम्न, मध्यम निम्न, मध्यम, मध्यम उच्च और उच्च।

पिछले संस्करण की तुलना में सुधार के बावजूद, इस रिस्क-ओ-मीटर में दो खामियां थीं—इसमें एसेट क्लास के भीतर के जोखिम पर विचार नहीं किया जाता था और एनएफओ के समय निर्धारित किए गए जोखिम में बदलाव नहीं होता था।

भारत में डेट फंड्स के लिए संकट का दौर साल 2015 के आसपास शुरू हुआ। डेट फंड निवेशकों को पहला झटका तब लगा जब अगस्त 2015 में, एमटेक ऑटो की क्रेडिट रेटिंग डाउनग्रेड से जेपी मॉर्गन म्युचुअल फंड को तगड़ा झटका लगा। इसके शॉर्ट-टर्म और अल्ट्रा-शॉर्ट-टर्म डेट फंड की एनएवी एक दिन में तेज़ी से गिर गई। इसका कारण था एमटेक ऑटो के बॉन्ड की क्रेडिट रेटिंग को एए माइनस से घटाकर सी किया जाना, जिससे बॉन्ड की कीमतों में तेज़ गिरावट आई। निवेशक शॉर्ट-टर्म डेट फंड का इस्तेमाल यह सोचकर करते हैं कि मूलधन काफ़ी हद तक सुरक्षित है और फंड में क्रेडिट जोखिम कम है। खुदरा निवेशकों को ऊंचे रिटर्न के साथ सुरक्षा के मौखिक आश्वासन के साथ ये फंड बेचे गए, लेकिन उन्हें पोर्टफोलियो में कम रेटिंग वाले बॉन्ड पेपर के जोखिम के बारे में नहीं बताया गया था। रिस्क-ओ-मीटर भी इसे पकड़ नहीं पाया था।

जेपी मॉर्गन एमटेक ऑटो की कहानी कोई इकलौता मामला नहीं था। जल्द ही बाकी म्युचुअल फंड स्कीमों पर भी दबाव दिखना शुरू हो गया। इंडस्ट्री ने बाकी पोर्टफोलियो में संक्रमण को फैलने से रोकने के लिए खराब बॉन्ड को अलग रखने की कोशिश की, लेकिन यह पूरा भरोसा दिलाने वाला कदम नहीं था। समस्या डेट फंडों के डीएनए में थी कि उन्होंने रिस्क-ओ-मीटर के तत्कालीन संस्करण में सभी जोखिमों को ठीक से चिह्नित नहीं किया था। स्थिर रेटिंग के साथ एक और मुद्दा यह है कि लंबे समय तक रखी सिक्योरिटीज़ की गुणवत्ता समय के साथ कैटेगरी के भीतर भी बदल सकती है, खासकर डेट फंड में। इक्विटी को तो हमेशा ही ऊंचे जोखिम के रूप में चिह्नित किया जाता है; समस्या डेट फंडों का जोखिम तय करने में होती है।

इस कहानी के साथ एक समस्या और जुड़ी थी—क्रेडिट रेटिंग एजेंसियां घटिया काम कर रही थीं। एमटेक ऑटो की परेशानियां कई महीनों तक ख़बरों में रहीं, जबकि रेटिंग एजेंसियों ने एक ही बार में इसके बॉन्ड की रेटिंग कई पायदान नीचे कर दी। जब रेगुलेटर ने इस पर सवाल उठाए

तो रेटिंग एजेंसियों ने यह कहकर बचना चाहा कि रेटिंग सिर्फ उनकी राय हैं और रेटिंग की सच्चाई के लिए उन्हें जिम्मेदार नहीं ठहराया जा सकता। अमेरिका स्थित क्रेडिट रेटिंग एजेंसियां भी उत्तरी अटलांटिक वित्तीय संकट (इसे 'वैश्विक' वित्तीय संकट नहीं कहना महत्वपूर्ण है—भारत और चीन वॉल स्ट्रीट की मूर्खता का हिस्सा नहीं थे!) से पहले के वर्षों में जंक बॉन्ड को ट्रिपल ए का दर्जा देती रही थीं और अपनी गलत रेटिंग को 'राय' शब्द के पीछे छिपाकर रेगुलेटरी और कानूनी कार्रवाई से बच गई थीं।

जब उनसे पूछा गया कि उन्होंने एमटेक और बाकी कंपनियों के बॉन्डों की गिरती क्रेडिट गुणवत्ता को कैसे नज़रअंदाज़ कर दिया, जबकि अख़बार नियमित रूप से इसकी रिपोर्ट कर रहे थे, तो उनका जवाब साफ़ तौर पर काफ़ी चौंकाने वाला था: हम समीक्षा समय-समय पर करते हैं और गुणवत्ता में गिरावट उस तरह से नहीं दिखी क्योंकि हमारी समीक्षा का समय कुछ महीने दूर था! यह रवैया चिंताजनक था क्योंकि बॉन्ड रेटिंग और फिर डेट फंड रिस्क-ओ-मीटर का कोई मतलब नहीं होगा अगर रेटिंग बॉन्ड की गुणवत्ता को लगातार और सही ढंग से दिखाती नहीं है। तब सेबी ने, संभवत: वैश्विक स्तर पर पहली बार, भारत में रेटिंग एजेंसियों को उनकी रेटिंग के लिए जिम्मेदार बनाया और बॉन्ड की गुणवत्ता में बदलाव को बेहतर तरीके से दिखाया जाने लगा।[2]

डेट फंड और रेटिंग एजेंसियों के लिए जोखिम को बेहतर तरीके से दिखाने की बहस चल ही रही थी कि 2020 में फ्रैंकलिन टेम्पलटन डेट फंड संकट आ गया। अप्रैल 2020 में, फंड हाउस ने अपने छह डेट फंडों में प्रवेश और निकास दोनों को रोक दिया क्योंकि इसके पास इतने बड़े पैमाने पर फंड से पैसे निकालने के दबाव थे कि फंड हाउस कर्ज़ लेने के बावजूद भी पूरे पैसे नहीं चुका पा रहा था। इस मामले में समस्या लिक्विडिटी की थी, न कि क्रेडिट डाउनग्रेड की। भारत में कम रेटिंग वाले बॉन्डों का सेकेंडरी मार्केट बहुत छोटा है और फंड हाउस को बॉन्ड बेचकर पूरे पैसे चुकाने के लिए खरीदार नहीं मिल सके।

पिछले पांच वर्षों के सबक लेकर एक डायनेमिक रिस्क-ओ-मीटर बनाया गया, जिसमें एसेट क्लास के भीतर जोखिम के अलग-अलग पैमानों पर विचार होता है और स्कीम के जीवनकाल के दौरान बॉन्ड पोर्टफोलियो की गुणवत्ता को भी दिखाता है। इसलिए, सेबी को एक ऐसे रिस्क-ओ-

मीटर की ज़रूरत थी जो न केवल डेट फंड में जोखिम के अलग-अलग पैमानों (लिक्विडिटी, ब्याज़ दर और क्रेडिट गुणवत्ता) को दिखाए, बल्कि छोटे निवेशक के लिए उपयोगी भी साबित हो। विचार यह था कि सारी ज़रूरी जानकारी सामने होनी चाहिए—निवेशक को यह पता लगाने की ज़रूरत नहीं होनी चाहिए कि सबसे नया बॉन्ड पोर्टफोलियो क्या है। इकलौता हल यह है कि बॉन्ड पोर्टफोलियो के मूल्यांकन और फिर इसे रिस्क कैटेगरीज़ से मिलाने की जिम्मेदारी फंड हाउसेज़ पर ही रखी जाए।

बाज़ार के ये सभी अनुभव, खामियां और सबक नए रिस्क-ओ-मीटर को बनाने में इस्तेमाल की गईं, जिसे सेबी ने 1 जनवरी 2021 से अनिवार्य कर दिया। इसमें चार बड़े बदलाव किए गए थे।

पहला, रिस्क कैटेगरीज़ की संख्या बढ़कर छह हो गईं: निम्न, निम्न से मध्यम, मध्यम, मध्यम उच्च, उच्च और बहुत अधिक जोखिम। जोखिम स्तर 1 का मतलब था निम्न और जोखिम स्तर 6 का मतलब था बहुत अधिक। विदेशी फंडों को जोखिम स्तर 7 के रूप में चिह्नित किया गया था—यह जोखिम के पैमानों पर चार्ट से बाहर था।

दूसरा, पोर्टफोलियो के जोखिम स्तर का आकलन कैटेगरी के आधार पर नहीं बल्कि एनएफओ के समय वास्तविक पोर्टफोलियो के आधार पर किया गया था। सेबी ने फंड हाउसों से लिक्विडिटी के जोखिम, ब्याज़ दर जोखिम और क्रेडिट जोखिम के पैमानों पर डेट पोर्टफोलियो में जोखिम का मूल्यांकन करने के लिए दिए गए फॉर्मूले का उपयोग करने के लिए कहा। इक्विटी पोर्टफोलियो का मूल्यांकन मार्केट कैप, अस्थिरता और लिक्विडिटी पर किया जाना था।

तीसरा, फंड हाउसों को हर महीने के अंत में पोर्टफोलियो जोखिम का मूल्यांकन करना होता है और एम्फी (AMFI) की वेबसाइट पर जोखिम रेटिंग अपलोड करनी होती है।[3]

चौथा, फंड हाउसों को यह भी बताना होता है कि एक साल में जोखिम मीट्रिक में कितनी बार बदलाव हुआ। निवेशकों और सलाहकारों के पास अब यह जांचने का बेहतर तरीका है कि उनकी स्कीम में जोखिम निम्न से उच्च की ओर है या नहीं और फिर वे तय कर सकते हैं कि स्कीम में बने रहना है या नहीं। डेट फंडों में यह बेहद महत्वपूर्ण है क्योंकि पोर्टफोलियो की गुणवत्ता समय के साथ नाटकीय रूप से बदल सकती

है। निवेशकों को देखना चाहिए कि रिस्क-ओ-मीटर में कोई बदलाव नहीं आए, खासकर शॉर्ट-टर्म डेट फंड्स में।

क्या नया रिस्क-ओ-मीटर असरदार है? एनालिस्ट फर्म वैल्यू रिसर्च ने 2020 में संकट में आई छह फ्रैंकलिन टेम्पलटन डेट स्कीमों की तुलना की और घटना के समय डेट पोर्टफोलियो का मूल्यांकन करने के लिए पुराने रिस्क-ओ-मीटर और नए का उपयोग किया।[4] जिस तरह से रिस्क-ओ-मीटर जोखिम का मूल्यांकन करता है, उसे तालिका 7.1 में दिखाया गया है।

टेबल 7.1

फ्रैंकलिन की बंद फंड स्कीमों का रिस्क प्रोफाइल		
फ्रैंकलिन के छह बंद डेट फंड के जोखिम की पहचान करने के लिए नया रिस्क-ओ-मीटर बेहतर होता1		
कैटेगरी	नया रिस्क-ओ-मीटर	पुराना रिस्क-ओ-मीटर
क्रेडिट रिस्क	बहुत ज़्यादा	मध्यम
डायनेमिक बॉन्ड	ज़्यादा	मध्यम
लो ड्यूरेशन	मध्यम से ज़्यादा	मध्यम
मीडियम ड्यूरेशन	बहुत ज़्यादा	मध्यम
शॉर्ट ड्यूरेशन	बहुत ज़्यादा	मध्यम
अल्ट्रा-शॉर्ट ड्यूरेशन	मध्यम से ज़्यादा	मध्यम

स्रोत: वैल्यू रिसर्च

अगर निवेशकों के पास पहले से नए रिस्क-ओ-मीटर होते, तो उन्होंने इन डेट फंडों में यह सोचकर खरीदारी नहीं की होती कि इनमें बहुत अधिक नहीं बल्कि मध्यम स्तर का जोखिम है।

रिस्क-ओ-मीटर का इस्तेमाल

सभी इक्विटी योजनाओं को ऊंचे जोखिम और बहुत ऊंचे जोखिम के रूप में चिह्नित किया गया है। निवेशक समझते हैं कि यह एक जोखिम

भरा एसेट क्लास है। रिस्क-ओ-मीटर की असली पहचान डेट फंडों के मूल्यांकन में है। आम धारणा के उलट, कुछ मामलों में डेट फंड इक्विटी फंड की तुलना में ज़्यादा जोखिम भरा हो सकता है। छोटे निवेशक या यहां तक कि सलाहकारों के लिए भी जोखिम का मूल्यांकन करना बहुत मुश्किल है—यह काम क्रेडिट रेटिंग एजेंसियां और बॉन्ड फंड रिसर्च डेस्क अच्छा कर सकते हैं। लेकिन आप इतना ज़रूर कर सकते हैं कि अपने डेट पोर्टफोलियो के लिए चुनी गई योजनाओं के रिस्क-ओ-मीटर रीडिंग पर नज़र डाल सकते हैं। डेट में कम जोखिम चुनें। अपने पोर्टफोलियो के डेट हिस्से में जोखिम लाने की गलती न करें। डेट में सबसे ज़्यादा रिटर्न की कोशिश न करें। 1 और 2 की कम जोखिम रेटिंग वाले फंड चुनें। साल में कम से कम चार बार जोखिम रेटिंग की जांच करें ताकि आपको कोई झटका न लगे। एम्फी या अपने फंड हाउस के उस पेज का लिंक रखें जहां रिस्क-ओ-मीटर आसानी से दिख जाए, ताकि हर कुछ महीने बाद आपको इसे खोजना न पड़े।

लेकिन 2015-20 की ज़्यादतियां दोहराए जाने की संभावना कम है क्योंकि सेबी ने कैटेगरीज़ को भी पहले की तुलना में लेबल के अनुसार अधिक सटीक बना दिया है। कम मैच्योरिटी कैटेगरी में लंबी अवधि की मैच्योरिटी वाले फंड भरने की संभावना अब बहुत कम हो गई है। इसलिए, रिस्क-ओ-मीटर और नया वर्गीकरण दोनों ही डेट फंड को पहले की तुलना में अधिक सुरक्षित विकल्प बनाते हैं।

याद रखें कि फंड हाउस निवेशकों को आकर्षित करने के लिए और ऊंचा रिटर्न दिखाने के लिए नियम की किसी खामी का पता लगाने और ज़्यादा जोखिम वाले बॉन्ड या रणनीति अपनाने के तरीके ढूंढ़ेंगे। अगर किसी खास कैटेगरी में कोई फंड रिटर्न के मामले में बहुत ज़्यादा अंतर दिखा रहा है, तो उसके रिस्क मैट्रिक्स की बेहद सावधानी से जांच ज़रूर करें।

एक आखिरी चीज़ जो आप कर सकते हैं, वह है अपने पोर्टफोलियो में जोखिम को मैनेज करना। जोखिम मीट्रिक को अपने निवेश की अवधि से जोड़ें। तीन साल के भीतर आपको जो भी पैसा चाहिए, उसमें रिस्क-ओ-मीटर पर जोखिम कम या कम से मध्यम होना चाहिए। आपको तीन से सात साल के बीच की जिस अवधि में पैसे की ज़रूरत है, उसमें कम

से मध्यम या मध्यम जोखिम होना चाहिए। सात साल से ज़्यादा की निवेश अवधि में आप मध्यम उच्च से बहुत उच्च जोखिम की ओर जा सकते हैं। निवेश की अवधि जितनी लंबी होगी, आप उतना ज़्यादा जोखिम उठा सकते हैं; पैसे की ज़रूरत जितनी करीब होगी, जोखिम उतना ही कम होना चाहिए।

जोखिम से आप बच नहीं सकते, इसलिए इससे दोस्ती करना और उचित जोखिम दृष्टिकोण को स्वीकार करना सबसे अच्छा है, न कि नकारात्मक वास्तविक रिटर्न वाले उत्पादों में आंख मूंदकर निवेश करते रहना, जो आपके पैसे में समय के साथ वैसी बढ़ोतरी नहीं करते हैं, जो बाद के सालों में आपकी ज़रूरत के लिए पर्याप्त हों। हमारी ज़िन्दगी लंबी होती जा रही है—हमें अपने रिटायरमेंट फंड को बड़ा और महंगाई से बेअसर बनाने की ज़रूरत होगी।

हमारा अगला पड़ाव है टैक्स। ऐसी चीज़ जिसे देना हम पसंद नहीं करते हैं, लेकिन इससे बच भी नहीं सकते। ऐसे कई एसेट क्लास और विकल्प हैं जो आप पर टैक्स के असर को कम करते हैं। तो, चलिए इसकी बात करते हैं।

ऐसा कोई निवेश नहीं है जो जोखिम मुक्त हो, जोखिम महंगाई, उतार-चढ़ाव, लागत या लिक्विडिटी से जुड़े हो सकते हैं। डेट फंड कभी-कभी इक्विटी इंडेक्स फंड की तुलना में अधिक जोखिम भरे होते हैं। सिर्फ रिटर्न नहीं, अच्छे निवेश का मतलब है बेहतर रिस्क-एडजस्टेड रिटर्न वाली स्कीमों की तलाश करना।

आप सही रास्ते पर हैं अगर आप समझते हैं कि

1. डेट फंड जोखिम मुक्त नहीं हैं;
2. डेट फंड की अवधि जितनी लंबी होगी, इसका जोखिम स्तर उतना ही अधिक होगा;
3. अलग कैटेगरीज़ के इक्विटी फंडों में अलग-अलग जोखिम स्तर होंगे;
4. स्मॉल-कैप फंड में लार्ज-कैप फंड की तुलना में बहुत अधिक जोखिम होगा;
5. सेंसेक्स या निफ्टी 50 पर आधारित इंडेक्स फंड लंबी अवधि में संपत्ति बनाने के सबसे कम जोखिम वाले तरीकों में से एक है; और
6. डेट फंडों के जोखिम को आंकने के लिए सेबी का नया रिस्क-ओ-मीटर काफ़ी उपयोगी है।

8

टैक्स

धन पर टैक्स चुकाने की असली खुशी मिलती है रात में चैन की नींद सोकर, और अपनी और अपने बच्चों की आंखों में झांकने का साहस पाकर।

मैं 2022 की गर्मियों में एक फ़ेलोशिप पर हैम्बर्ग में थी और मुझे गोदामों से भरे इस ज़िले के तटीय इलाके घूमने के लिए एक आकर्षक जगह लगे। अब संग्रहालयों, क्लबों, बार और रेस्त्रांओं की भरमार वाले इस ज़िले में गोदाम उन्नीसवीं सदी के अंत में कर-मुक्त इलाके के रूप में तब आए, जब यूरोप के सबसे बड़े बंदरगाहों में से एक—हैम्बर्ग—जर्मन संघ में शामिल हो गया। उत्तरी सागर में मिलने वाली एल्बे नदी के किनारे की ज़मीन के इस संकीर्ण हिस्से में कर-मुक्त दर्जे ने वैश्विक व्यापार से जुड़े कारोबारों की जड़ें जमा दीं। 2013 में कर-मुक्त दर्जा खत्म हो गया, गोदामों का इस्तेमाल बंद हो गया, और उनकी जगह कंटेनरों ने ले ली।

कई साल पहले, जब मैं सिंगापुर में थी, मैं जहां भी देखती, बच्चे ही बच्चे दिखते थे। हर जगह नवजात शिशुओं से लेकर छोटे बच्चों की भरमार थी। हर जगह प्रैम (बच्चों को घुमाने वाली गाड़ी)। पूछने पर मुझे पता चला कि सरकार ने जनसंख्या में गिरावट को देखते हुए बच्चे पैदा करने वाले

जोड़ों को टैक्स प्रोत्साहन दिया है!

ये कहानियां आपको यह बताने के लिए नहीं हैं कि मैं कहां-कहां घूमने गई, बल्कि इस बात को सामने लाने के लिए हैं कि टैक्स लोगों के बर्ताव में बदलाव लाते हैं और समझदार सरकारें उनका इस्तेमाल अपनी पसंद की दिशा में अपने नागरिकों से काम कराने के लिए करती हैं। हम जो भी निवेश करेंगे, उससे होने वाली आमदनी और मुनाफे पर हमें टैक्स भरना पड़ेगा। सरकार हमें कुछ उत्पादों में निवेश करने के लिए भी प्रोत्साहित करती है जिन्हें स्पेशल टैक्स स्टेटस मिलता है और हम जो टैक्स चुकाते हैं, उसमें कटौती का फायदा मिलता है।

टैक्स के साथ हमारा रिश्ता कई चरणों से गुज़रता है। इसकी शुरुआत होती है 'मैं इतना नहीं कमाता कि टैक्स की परवाह करूं' से, फिर आता है 'चलो यार, इससे छुटकारा पाया जाए' का चरण, और टैक्स का भुगतान करने पर 'गुस्सा और खीझ' भी महसूस होती है। हमें यह स्वीकार करना होगा कि हमें आय, खर्च और निवेश के रिटर्न पर टैक्स देना है। दुनिया में सोलह से ज़्यादा देश ऐसे हैं जहां कोई टैक्स नहीं लगता। कुछ में आपको नागरिक के रूप में पैदा होने की ज़रूरत होती है, कुछ में आप नागरिकता खरीद सकते हैं और बाकी देश रहने के लिए अच्छे नहीं हैं। इन जगहों के अलावा आप जहां भी जाएंगे, वहां टैक्स देना होगा। आपको मौत होने तक टैक्स चुकाना पड़ता है (रिटायर होने के बाद भी टैक्स लगता है) और कुछ मामलों में वे आपकी जायदाद के वारिसों तक भी पहुंच जाते हैं।

टैक्स को नज़रअंदाज़ करने या इनके प्रति नफ़रत और गुस्से की भावनाओं से जल्दी से जल्दी दूर हो जाना चाहिए। कानून तोड़े बिना आप टैक्स से बच नहीं सकते। इस जानकारी से आपकी मदद होगी कि सरकारें टैक्स क्यों वसूलती हैं। सरकारों को रक्षा, पुलिस, स्वास्थ्य सेवा, शिक्षा आदि सेवाओं पर खर्च करना होता है। उन्हें कृषि जैसे क्षेत्रों और गरीबों की सब्सिडी के लिए पैसे की ज़रूरत होती है। और उन्हें बुनियादी ढांचे—भौतिक और डिजिटल दोनों के निर्माण के लिए टैक्स की ज़रूरत होती है। हम सेवाओं की गुणवत्ता पर बहस कर सकते हैं, लेकिन यह तथ्य कि उनकी ज़रूरत है और इसलिए उनके लिए पैसे दिए जाने चाहिएं, को काटा नहीं जा सकता।

सरकार को खर्च करने के लिए पैसा कैसे मिलता है? कर और गैर-

कर राजस्व दोनों से। सरकार के कुल राजस्व का लगभग 80 प्रतिशत करों से आता है और बाकी गैर-कर राजस्व होता है। गैर-कर राजस्व सार्वजनिक क्षेत्र की इकाइयों के लाभांश, सरकारी स्वामित्व वाले व्यवसायों की बिक्री, दूरसंचार जैसे लाइसेंस की बिक्री से आता है। सरकारें आम तौर पर राजस्व से ज़्यादा खर्च करती हैं, और इसलिए घाटे को पूरा करने के लिए उधार लेने की ज़रूरत होती है। कुल सरकारी खर्च में कर राजस्व, गैर-कर राजस्व और उधार शामिल होता है, उधार को घाटे की वित्त व्यवस्था भी कहा जाता है। बहुत बड़े और निरंतर घाटे के नतीजे अर्थव्यवस्था और लोगों के लिए बुरे होते हैं (महंगाई, कर्ज़ का जाल और किसी देश की समग्र वैश्विक रेटिंग पर असर जिससे उधार लेना और महंगा हो जाता है); इसलिए, घाटे को नियंत्रण में रखने के लिए अर्थशास्त्री सरकारों पर लगातार दबाव डालते हैं।

प्रत्यक्ष एवं अप्रत्यक्ष कर

कर प्रत्यक्ष और अप्रत्यक्ष दोनों प्रकार के होते हैं। प्रत्यक्ष कर आपकी आय और मुनाफे पर लगाया जाता है और अप्रत्यक्ष कर आपके खर्चों पर लगाया जाता है। आय का कोई भी रूप—वेतन, शुल्क, किराया, ब्याज़, लाभांश, रॉयल्टी—प्रत्यक्ष आयकर के दायरे में आता है। किसी भी प्रकार का मुनाफा—रियल एस्टेट, स्टॉक, बॉन्ड, ट्रेडिंग, सोना, म्युचुअल फंड (जो स्टॉक, बॉन्ड, सोना और रियल एस्टेट में निवेश करते हैं)—भी प्रत्यक्ष कर के दायरे में आता है। प्रत्यक्ष करों को निष्पक्ष कहा जाता है क्योंकि वे आम तौर पर आगे की तरफ बढ़ते जाते हैं, मतलब कि जैसे-जैसे आपकी आय बढ़ती है आपके लिए प्रत्यक्ष कर की दर ऊंची होती जाती है।

इसका असर किसी गरीब व्यक्ति की तुलना में अमीर व्यक्ति पर अधिक पड़ता है। वैसे तो दरें बदलती रहती हैं, लेकिन भारत में आयकर के तीन बुनियादी स्तर हैं—5 प्रतिशत, 20 प्रतिशत और 30 प्रतिशत। जैसे-जैसे इनकम स्लैब बढ़ता है, कर की दर बढ़ती जाती है। सरकार इसमें बदलाव करती रहती है, इसलिए बेहतर होगा कि आप सरकार की टैक्स वेबसाइट पर नवीनतम स्लैब और कर दरों को जांच लें।

लेकिन टैक्स में कुछ भी आसान नहीं होता है। सेस और सरचार्ज के असर से वास्तविक दरें बदल जाती हैं। केंद्र सरकार विशिष्ट लक्ष्यों

को पूरा करने के लिए उपकर (सेस) लगाती है। उदाहरण के लिए, वित्त वर्ष 2023-24 तक, शिक्षा और स्वास्थ्य उपकर की दर 4 प्रतिशत है, जो आयकर के ऊपर लगता है, जिससे सभी के लिए प्रभावी दरें अधिक हो जाती हैं। यह सुनिश्चित करने के लिए कि अमीर अधिक कर का भुगतान करें, जो लोग एक साल में 50 लाख रुपये से ज़्यादा आमदनी करते हैं, उन्हें अपने भुगतान किए गए कर पर अतिरिक्त अधिभार देना होता है। 5 करोड़ रुपये से अधिक की सालाना आय कमाने वालों के लिए पुरानी कर व्यवस्था के तहत अधिभार दर 10 प्रतिशत से शुरू होती है और 37 प्रतिशत तक जाती है, जिससे आयकर की प्रभावी दर 42.7 प्रतिशत हो जाती है। ये दरें बदलती रहती हैं, इसलिए आपको नवीनतम दरों और जानकारी के लिए कर विभाग की वेबसाइट देखनी होगी।[1]

मुनाफे को टैक्स की भाषा में पूंजीगत लाभ (कैपिटल गेन) कहा जाता है। पूंजीगत लाभ आपके खरीद मूल्य और बिक्री मूल्य के बीच का अंतर है। जब बिक्री मूल्य खरीद मूल्य से अधिक होता है, तो आपको पूंजीगत लाभ होता है। यह छोटी और लंबी अवधि का हो सकता है, जो खरीद और बिक्री की तारीख के बीच के समय के अंतर पर निर्भर करता है। अल्पकालिक दरें आमतौर पर दीर्घकालिक दरों से अधिक होती हैं, और ज़्यादातर मामलों में इसे आय की तरह माना जाता है। निवेश अवधि के संदर्भ में छोटी और लंबी अवधि क्या है, यह भी रियल एस्टेट, सोना, स्टॉक और बॉन्ड में अलग-अलग होता है। आम आदमी के लिए यह सब पता लगाना थोड़ा जटिल है, लेकिन यह महत्वपूर्ण है कि आप टैक्स सिस्टम को जानें ताकि आप अपने निवेश की बेहतर योजना बना सकें।

अप्रत्यक्ष कर उन वस्तुओं और सेवाओं पर लगाया जाता है जिन्हें आप खरीदते हैं और इसे पक्षपाती माना जाता है क्योंकि इसका असर हर उस व्यक्ति के लिए एक जैसा होता है जो कोई वस्तु या सेवा खरीदता है। कार खरीदने वाले एक बहुत अमीर व्यक्ति और कार खरीदने वाले मध्यम वर्ग के व्यक्ति पर भुगतान किए जाने वाले वस्तु एवं सेवा कर (जीएसटी) की दर समान होगी। जीएसटी वह वस्तु एवं सेवा कर व्यवस्था है जो सभी अलग-अलग अप्रत्यक्ष करों को एक जगह लेकर आई है। जीएसटी को निष्पक्ष बनाने के लिए, वस्तु या सेवा का उपभोग करने वाले के अनुसार दरें अलग-अलग होती हैं। उदाहरण के लिए, ताज़े फल और सब्ज़ियों पर

शून्य जीएसटी है। ब्रांडेड चावल, मसाले और खाद्य तेल पर 5 प्रतिशत की जीएसटी दर है। कॉन्टेक्ट लेंस और चश्मे जैसी चीज़ों पर 12 प्रतिशत टैक्स चुकाना पड़ता है।

चॉकलेट और आइसक्रीम पर 18 प्रतिशत की दर है। एसी, कार, कार्बोनेटेड ड्रिंक्स जैसी विलासिता की वस्तुओं पर 28 प्रतिशत की भारी जीएसटी लगती है।[2] शराब और पेट्रोलियम उत्पाद जीएसटी के दायरे से बाहर हैं और उन पर अलग से कर लगाया जाता है।

आयकर की मूल बातें

भारत में, आयकर की गणना पांच मदों के तहत होने वाली आय से की जाती है। वेतन से, गृह संपत्ति से, व्यवसाय और पेशेवर आय से, अन्य स्त्रोतों से और पूंजीगत लाभ से आय।

कुल आय निकालने के लिए आय के सभी स्त्रोतों को जोड़ा जाता है। इसमें से छूट प्राप्त आय, या वह आय जिस पर कोई कर नहीं देना होता है, हटा दी जाती है। उदाहरण के लिए, कृषि आय, ग्रेच्युटी और भविष्य निधि आयकर से मुक्त है। इसके बाद, आप कुल कर योग्य आय पर पहुंचने के लिए अपनी आय में से नियमों के अनुसार अलग-अलग कटौतियां करते हैं। इसके बाद आपके स्लैब के मुताबिक आप पर टैक्स लगाया जाता है। इसमें सबसे निचले स्लैब पर छूट मिलती है। जिन लोगों की कुल कर योग्य आय 5 लाख रुपये या उससे कम है, उन्हें कोई आयकर नहीं देना होता। लेकिन जिनकी कर योग्य आय 5 लाख रुपये से ज़्यादा है, उन्हें पुरानी कर योजना में स्लैब के मुताबिक भुगतान करना होता है। बिना किसी कटौती वाली नई कर योजना में स्लैब की सीमा ऊंची रखी गई है।

बहुत मुश्किल है? टैक्स आसान तो है ही नहीं। समझने की कोशिश करें या अभी छोड़ दें और जब आपको अपना सालाना टैक्स रिटर्न भरना हो और मन में कोई सवाल हो तब यहां वापस आएं।

ध्यान दें कि एग्ज़ेंम्प्शन (छूट), डिडक्शन (कटौती) और रिबेट (धन वापसी) आपके कुल कर भुगतान को घटाने के तीन अलग-अलग तरीके हैं। तीनों को एक जैसा समझने की गलती ना करें।

टैक्स का बोझ कैसे कम करें

शून्य या कम टैक्स वाले देश में जाकर बसने के अलावा, आपके पास इकलौता तरीका है भारतीय कर प्रणाली के साथ तालमेल बैठाने का। करों का भुगतान करने से बचने के पीछे ऐतिहासिक कारण रहे हैं और हमें यह समझना चाहिए कि ऐसा क्यों है। हमारे जिए गए और अनुभव किए गए समय से बनी सामूहिक स्मृति एक ऐसे राष्ट्र की है जो पिछली कई शताब्दियों से गुलाम था और जीता गया था। कर स्थानीय आबादी को अपने अधीन करने का एक तरीका रहा है—चाहे वह जज़िया हो या लगान। करों का भुगतान करने के प्रति हमारी गहरी, लगभग हिंसक प्रतिक्रिया को इस संदर्भ में देखा जाना चाहिए कि यह न केवल धन इकट्ठा करने का, बल्कि शक्ति और नियंत्रण दिखाने का एक शोषण करने वाला तरीका था। आज़ादी के बाद, भ्रष्टाचार हावी हो गया और सिर्फ बेवकूफ़ लोग ही कर चुकाते थे। तेज़ लोगों ने टैक्स के दायरे से बाहर रहने के तरीके ढूंढ़ लिए।

पिछले दशक में तंत्र में फैले भ्रष्टाचार से कैसे निपटा गया है, इसकी एक बड़ी कहानी है, लेकिन यह ज़रूर कहा जाना चाहिए कि प्रौद्योगिकी का उपयोग और आधार के साथ पैन को जोड़ने से आदतन टैक्स चोरी करने वालों पर शिकंजा कसा है। यात्रा लंबी और कठिन है, लेकिन अर्थव्यवस्था जैसे-जैसे संगठित होती जा रही है, टैक्स चोरी की लागत बढ़ रही है। इसका मतलब यह नहीं है कि कहीं कोई भ्रष्टाचार नहीं है। लेकिन करों का भुगतान न करने की लागत उनका भुगतान करने के फायदे और कर नोटिस या इससे भी बदतर के खतरे से मुक्त होने से कहीं ज़्यादा हो चुकी है।

टैक्स नहीं चुकाने की इच्छा, भले ही इसका मतलब खुद को और अपने पैसे को जोखिम में डालना हो, एक ऐसा बर्ताव है जो मैं अक्सर तब देखती हूं जब दोस्त और परिवार रियल एस्टेट की बिक्री करने वाले होते हैं। कुछ साल पहले, एक करीबी रिश्तेदार नोएडा में अपने पुराने घर को बेचना चाह रहे थे। जैसा कि हम सभी जानते हैं, ज़्यादातर रियल एस्टेट सौदों में काले धन का लेन-देन होता है। मैंने सलाह दी, पूरे पैसे चेक से लें और टैक्स चुकाएं। मेरे रिश्तेदार को चिंता थी लॉन्ग टर्म कैपिटल गेन्स टैक्स की और खरीदार को थी ऊंची स्टांप ड्यूटी की। मैंने सलाह दी कि

पूरी तरह से नियम-कायदे के दायरे में सौदे का इंतज़ार करें और फिर अपना टैक्स चुकाएं। उस पैसे को म्युचुअल फंड पोर्टफोलियो में निवेश करें और बस आराम करें। रिश्तेदार को अगले दस सालों के लिए पैसे की ज़रूरत नहीं थी, इसलिए वह इक्विटी और डेट के एक अच्छे मिक्स के बारे में सोच सकते थे। उन्होंने मुनाफे के एक हिस्से के लिए सेक्शन 54 ईसी (खास बॉन्ड जिनमें प्रॉपर्टी बिक्री से हुए मुनाफे को निवेश करने पर टैक्स नहीं देना होता) का रास्ता चुना, लेकिन बाकी रकम पर टैक्स चुकाया। बहुत मन मारकर, अपने सभी दोस्तों और परिवार के बाकी सदस्यों की इच्छा के खिलाफ, उन्होंने मेरी सलाह मान ली। म्युचुअल फंड पोर्टफोलियो ने दो साल से कम समय में चुकाए गए टैक्स की वसूली कर ली। अब वह दूसरे लोगों से कहते फिरते हैं कि बस टैक्स चुकाओ और नकदी का लेन-देन न करो! आप करोड़ों की नकदी से कैसे निपटेंगे? इसके नुकसान बहुत ज़्यादा हैं और क्या वाकई में मौजूद नकदी के साथ एक और रियल एस्टेट सौदा करने के लिए दर्द और जोखिम उठाने की ज़रूरत है? सीधे शब्दों में: सभी कानूनी रास्ते अपनाने के बाद अपने टैक्स का बोझ घटाएं और फिर टैक्स चुकाएं।

भाषण ख़त्म! चलिए लौटकर देखते हैं कि हम अपने ऊपर से टैक्स का बोझ कैसे कम करें। अप्रत्यक्ष कर के मामले में, आप शून्य या कम जीएसटी वाली वस्तुओं की खपत को बढ़ा सकते हैं—बाहर खाने के बजाय घर के खाने को तरजीह दें। जहां तक आय का मामला है, आप टैक्स छूट वाली आय ज़्यादा से ज़्यादा कमाने की कोशिश करें। जैसे खेती से आय और संयुक्त राष्ट्र संघ की किसी इकाई से होने वाली आय। लेकिन हर कोई किसान या संयुक्त राष्ट्र संघ का विशेषाधिकार प्राप्त कर्मचारी नहीं हो सकता। आप जो कर सकते हैं वो है हर तरह के एग्ज़ेम्प्शन (जैसे स्टैंडर्ड डिडक्शन—मैंने कहा था ना कि टैक्स के नियम समझना...), डिडक्शन और रिबेट के बारे में जागरूक बनें।

सबसे लोकप्रिय कटौती है सेक्शन 80 सी के तहत मिलने वाली कटौती। टैक्स के नियमों को अलग-अलग सेक्शन में लिखा गया है और 80वां सेक्शन, सबसेक्शन सी के साथ, टैक्स के लिए प्रस्तावित आय को कम करने के मकसद से आपकी कुल आय पर 1.5 लाख रुपये की कटौती (अप्रैल 2023 तक) की अनुमति देता है। यहां हमारे लिए प्रासंगिक

कटौती है ईएलएसएस या इक्विटी लिंक्ड सेविंग स्कीम। यह म्युचुअल फंड की एक स्पेशल कैटेगरी है जो आपको यह टैक्स बेनेफिट दिलाती है। अगर आप ईएलएसएस स्कीम में 1.5 लाख रुपये का निवेश करते हैं, तो आपकी टैक्सेबल इनकम इतनी ही कम हो जाती है। इसलिए, यदि टैक्स के दायरे में आने वाली आपकी कुल आय (अन्य छूटों और कटौतियों के बाद) 25 लाख रुपये थी, तो अब यह 23.5 लाख रुपये होगी। 30 प्रतिशत टैक्स ब्रैकेट (वित्त वर्ष 2024 में प्रभावी कर दर 31.2 प्रतिशत है) पर, यह 46,800 रुपये की टैक्स बचत के बराबर है। टैक्स का असर और बचत देखने का एक आसान तरीका यह है कि कटौती के योग्य राशि को अपनी आय पर लागू सबसे ऊंचे टैक्स रेट से गुणा करें।

ऐसे कई अन्य निवेश और खर्च हैं जो आपको ईएलएसएस के जैसे बेनेफिट देते हैं।[3] ईएलएसएस फंड में तीन साल का लॉक-इन होता है। इसका मतलब यह है कि आप इस समय से पहले अपना निवेश वापस नहीं निकाल सकते। यह अच्छा है कि आप उत्पाद में बने रहने के लिए मजबूर होते हैं क्योंकि इक्विटी को नतीजे देने में थोड़ा समय लगता है। मैंने दस साल की रिटर्न अवधि को देखा और पाया कि 6 अप्रैल 2023 को, ईएलएसएस योजना पर सबसे कम सालाना रिटर्न लगभग 12 प्रतिशत था और सबसे ऊंचा रिटर्न 21 प्रतिशत था। औसत रिटर्न करीब 15 प्रतिशत था। सावधानी से चुनने पर, जैसा कि हम अध्याय 10 में सीखेंगे, हम इस कैटेगरी में औसत से ज़्यादा रिटर्न का लक्ष्य रख सकते हैं। दस वर्षों में, साल-दर-साल 15 प्रतिशत रिटर्न का क्या मतलब है? दस साल पहले निवेश किए गए 1.5 लाख रुपए अब हो गए हैं 6.06 लाख रुपए। बुरा नहीं है, है ना?

2020 में, सरकार ने एक नई टैक्स स्कीम की घोषणा की, जिसमें अगर आप किसी भी तरह की कटौती या छूट का फायदा ना लें तो आपको कम दर पर टैक्स देना होगा।[4] ज़्यादातर लोगों को अभी ये कम दरें नई स्कीम में जाने के लिए उतनी आकर्षक नहीं लगती हैं। टैक्स नियम साल दर साल बदलते रहते हैं, इसलिए ताज़ा अपडेट के लिए सरकार की टैक्स साइट देखते रहें।

आय और परिसंपत्तियों पर कमाए मुनाफे पर टैक्स कम करना

अपने टैक्स को कम करने का एक और तरीका है निवेश की उन योजनाओं को चुनना जिनसे होने वाली आय और पूंजीगत लाभ दोनों पर टैक्स रेट शून्य या कम है। एक बार फिर अपने बेसिक्स पर जाते हैं। बचत तब निवेश बन जाती है जब वह इक्विटी, डेट, सोना और रियल एस्टेट जैसे एसेट क्लास में लगाई जाती है। इससे हमें आय (किराया, ब्याज़ और लाभांश) और मुनाफा मिलता है। हमें एसेट का ऐसा मिक्स चाहिए जो भविष्य में ज़रूरत पड़ने पर हमें ज़रूरी आय और एकमुश्त रकम दे।

आपको वास्तव में परिसंपत्तियों से होने वाली आय और आपके द्वारा कमाए गए मुनाफे के बीच फर्क को समझना चाहिए। मैं एक पोस्टग्रेजुएट क्लास में म्युचुअल फंड के बेसिक्स पढ़ा रही था और यह देखकर चौंक गई थी कि कितने छात्रों (कक्षा में बहुत अच्छे और चौकस होने के बावजूद) ने इससे जुड़े सवाल का जवाब गलत दिया था। ज़्यादातर लोग आय और मुनाफे में फर्क नहीं समझ पाते हैं। चलिए, हर एसेट पर एक-एक करके नज़र डालते हैं और देखते हैं कि उनसे होने वाली आय और मुनाफे पर कितना टैक्स लगता है। लेकिन ध्यान रखें कि इसमें बदलाव आ सकता है क्योंकि सरकार हर बजट में टैक्स के नियमों में बदलाव करती है।

आयकर वेबसाइट से मौजूदा दर की जांच करना हमेशा अच्छा होता है।[5]

रियल एस्टेट

खेती की ज़मीन पर विशेष परिस्थितियों में कोई कैपिटल गेन्स टैक्स नहीं लगता है, लेकिन उसके अलावा रियल एस्टेट से मिलने वाले किराये और मुनाफे पर टैक्स लगता है। रियल एस्टेट से मिला किराया आपकी आय में जोड़ा जाता है और आपके स्लैब के हिसाब से उस पर टैक्स देना होता है। अगर आपकी आय 25 लाख रुपए प्रति वर्ष थी और आपने इसमें 15 लाख रुपए का किराया जोड़ा है, तो आपकी कुल आय (अन्य सभी कटौतियों और खर्चों को नज़रअंदाज़ करते हुए) या आपकी कर योग्य आय 40 लाख रुपए हो जाती है। 25 लाख रुपए पर आप पहले से ही 30 प्रतिशत टैक्स के दायरे में थे। 15 लाख रुपये के किराए पर भी इसी दर से टैक्स

लगेगा। अगर आप 50 लाख रुपए की कर योग्य आय सीमा के पार चले जाते हैं तो आपको अधिभार (सरचार्ज) भी देना होगा।

मुनाफ़ा शॉर्ट टर्म या लॉन्ग टर्म हो सकता है। रियल एस्टेट में शॉर्ट टर्म को दो साल की होल्डिंग अवधि के रूप में परिभाषित किया गया है। 2018 तक यह तीन साल हुआ करता था, लेकिन रियल एस्टेट सेक्टर को बढ़ावा देने के लिए इसे घटाकर दो साल कर दिया गया। मुझे लगता है कि यह नीतिगत कदम असंगत है, लेकिन हम यहां नीतियों पर बात नहीं कर रहे। सरकार जो भी फैसला लेगी हम उसे मानेंगे और अभी अपनी राय खुद तक सीमित रखेंगे!

रियल एस्टेट के शॉर्ट टर्म मुनाफे पर, किराए की तरह, स्लैब रेट के हिसाब से टैक्स लगाया जाता है। ये आपकी आय में जुड़ जाते हैं और आपके स्लैब के सबसे ऊंचे रेट पर टैक्स लगता है। इस किताब के ज़्यादातर पाठकों के लिए, वित्त वर्ष 2023-24 के लिए आपके स्लैब रेट 31.2 प्रतिशत से 42.7 प्रतिशत के बीच हो सकते हैं। लंबी अवधि के मुनाफ़े पर *इंडेक्सेशन* के साथ मुनाफ़े का 20 प्रतिशत टैक्स लगता है। एक और नया शब्द! इंडेक्सेशन। चलिए, एक नई चीज़ को समझने के लिए कमर कस लीजिए।

आपने परिवार के बुजुर्गों से कुछ लाख रुपए में कोई जायदाद खरीदने की कहानियां सुनी होंगी जिसकी कीमत अब कुछ करोड़ में है। कहानी में जो बात खो जाती है, वह होती है बीस या तीस साल की लंबी होल्डिंग अवधि जो लाखों को करोड़ों में बदल देती है। उन्हें सिर्फ इस बात की चिंता होती है कि आज ऐसी बिक्री से कितना बड़ा मुनाफ़ा होगा। बीस साल की अवधि में, 50 लाख रुपये जो 2 करोड़ रुपये में बदल गए, इसका मतलब है 1.5 करोड़ रुपये का लाभ (बाकी लागतों पर यहां विचार नहीं किया जा रहा है)। इसका मतलब होगा 30 लाख रुपये की भारी-भरकम टैक्स देनदारी (मौजूदा टैक्स रेट के अनुसार)। लेकिन बीस साल पहले की कीमतों की तुलना आज की कीमतों से नहीं की जा सकती। कीमत में इस बढ़ोतरी का एक कारण महंगाई है। इसलिए, हमें मुनाफ़े पर टैक्स लगाने से पहले अतीत की कीमतों को महंगाई दर को ध्यान में रखते हुए उस स्तर पर लाना होगा, जहां हम आज उनकी तुलना कर सकें।

सरकार मूल्य सूचकांक (प्राइस इंडेक्सेशन) के ज़रिए ऐसा करने का

एक तरीका बताती है। आप अतीत की कीमत लेते हैं और सरकार द्वारा प्रकाशित मुद्रास्फीति सूचकांक (इनफ्लेशन इंडेक्स) का उपयोग करके इसे अपडेट करते हैं। उदाहरण के लिए, 2002 के 50 लाख रुपये इंडेक्सेशन के बाद 1.5 करोड़ रुपये हो जाते हैं, जिससे 49 लाख रुपये का मुनाफ़ा होता है, और इस पर टैक्स बनता है 9.8 लाख रुपए।

आपको जिस फॉर्मूले का उपयोग यहां करना है, वह है:

> इंडेक्स्ड खरीद मूल्य = खरीद का मूल्य (बिक्री के वर्ष में सूचकांक/खरीद के वर्ष में सूचकांक)[6]

इस उदाहरण के लिए, वैल्यू हैं:

> इंडेक्स्ड मूल्य खरीद = 50,00,000 × (317/105)
> = 1,50,95,238

अगर आप इतना टैक्स भी नहीं देना चाहते हैं, तो रियल एस्टेट के लॉन्ग-टर्म सौदे में टैक्स बचाने के दो तरीके हैं। इनकम टैक्स एक्ट की धारा 54 के तहत आप दो तरीकों से इस टैक्स से 'छूट' पा सकते हैं। पहला तरीका, अगर आपने अपनी आवासीय संपत्ति बेची है, तो मुनाफ़े के साथ दूसरी आवासीय संपत्ति खरीदने पर आपको लॉन्ग-टर्म कैपिटल गेन्स टैक्स से छूट मिलेगी। इस छूट के लिए आपको नई संपत्ति या तो पुरानी संपत्ति की बिक्री से एक साल पहले या बिक्री के दो साल के भीतर खरीदनी होगी।[7]

दूसरा तरीका है उन बॉन्ड्स की खरीद करना जिनका जिक्र आयकर अधिनियम की धारा 54ईसी में है। इन्हें अब सेक्शन 54ईसी बॉन्ड कहा जाता है। रूरल इलेक्ट्रिफिकेशन कॉर्पोरेशन लिमिटेड, नेशनल हाईवे अथॉरिटी ऑफ इंडिया, पावर फाइनेंस कॉर्पोरेशन लिमिटेड और इंडियन रेलवे फाइनेंस कॉर्पोरेशन लिमिटेड द्वारा जारी किए गए बॉन्ड आपको यह लाभ देते हैं। अगर आप संपत्ति की बिक्री के छह महीने के भीतर मुनाफ़े (एक साल में अधिकतम 50 लाख रुपए) को इनमें से किसी भी बॉन्ड में निवेश करते हैं, तो आपका मुनाफ़ा कर मुक्त हो जाता है। लॉक-इन अभी पांच साल का है, लेकिन यह बदल सकता है। ये कम ब्याज़ वाले बॉन्ड हैं, और मिलने वाले ब्याज़ पर स्लैब रेट के मुताबिक टैक्स देना होता है।

लेकिन जब मूलधन आपके पास वापस आता है तो उस पर कोई टैक्स नहीं लगता है।

आरईआईटी (रीट) का विशेष मामला

रियल एस्टेट ऐसा मुश्किल एसेट है जिसे खरीदने में, रखने में और बेचने में समय और पैसे दोनों ही बहुत लगते हैं। उन निवेशकों के लिए जो रियल एस्टेट से जुड़ी दिक्कतों के बगैर इसमें निवेश चाहते हैं, रियल एस्टेट में निवेश करने वाला म्युचुअल फंड एक अच्छा विकल्प हो सकता है। रियल एस्टेट इन्वेस्टमेंट ट्रस्ट (REIT) या रीट किसी म्युचुअल फंड जैसा उत्पाद है जो निवेशकों से धन जुटाने के बाद रियल एस्टेट में निवेश करता है। निवेशकों को किराया, लाभांश और मुनाफ़े का मिक्स वापस मिलता है जो एनएवी में दिखाई देता है।

कई ऐतिहासिक कारण भारत में रियल एस्टेट में निवेश करना मुश्किल बनाते हैं, और इस वजह से रीट की रफ्तार भारतीय बाज़ार में धीमी है। फिलहाल बाज़ार के सिर्फ कॉमर्शियल रियल एस्टेट हिस्से से जुड़े रीट के ऑफर आपको मिल सकते हैं, हालांकि यूनाइटेड किंगडम जैसे देशों में, रीट के दायरे में मॉल, छात्र आवास और रिटायरमेंट होम जैसे हर तरह के उत्पाद मिल जाते हैं।

रीट में निवेश करते समय निवेशकों को अपनी उम्मीदें सीमित रखनी चाहिएं। इसमें आप डेट से ज़्यादा लेकिन इक्विटी से कम रिटर्न की उम्मीद कर सकते हैं। ज़्यादा मिल जाए तो वह बोनस है। रीट पर टैक्स के नियम घर या ज़मीन जैसी अचल संपत्ति से थोड़े अलग हैं। किराया, ब्याज़ और लाभांश पर स्लैब रेट के मुताबिक टैक्स लगाया जाता है। इस उत्पाद के लिए लॉन्ग-टर्म तीन साल या उसके बाद होता है। शॉर्ट-टर्म कैपिटल गेन पर 15 प्रतिशत टैक्स लगता है जबकि लॉन्ग-टर्म कैपिटल गेन पर, 1 लाख रुपये के कर-मुक्त लाभ के बाद, 10 प्रतिशत टैक्स लगता है।

सोना

निवेश का सबसे पसंदीदा पारंपरिक विकल्प है सोना, और अब फ़िज़िकल गोल्ड के अलावा, बॉन्ड और म्युचुअल फंड (ईटीएफ और इंडेक्स फंड

दोनों) के रूप में भी इसमें निवेश के रास्ते हैं। सोना एक ऐसी संपत्ति है जिससे ब्याज़, किराये या लाभांश के रूप में कोई आय नहीं होती। इसमें सिर्फ फायदा या नुकसान होता है जब इसकी कीमतें ऊपर या नीचे जाती हैं। एकमात्र अपवाद सॉवरेन गोल्ड बॉन्ड है जिसमें थोड़ा ब्याज़ मिलता है।

फ़िज़िकल गोल्ड और गोल्ड फंड में लॉन्ग-टर्म निवेश तीन साल का होता है। फ़िज़िकल गोल्ड हो या गोल्ड ईटीएफ और इंडेक्स फंड, सभी पर शॉर्ट-टर्म कैपिटल गेन्स टैक्स स्लैब के हिसाब से लगता है। लॉन्ग-टर्म कैपिटल गेन इंडेक्सेशन के बाद मुनाफ़े का 20 प्रतिशत है। बजट 2024 ने कुछ कैटेगरीज़ के फंडों के इंडेक्सेशन नियमों को बदल दिया है, इसलिए नए नियम देख ज़रूर लें।

सॉवरेन गोल्ड बॉन्ड के ब्याज़ पर स्लैब की दर से टैक्स लगता है और ये आठ साल के बाद लॉन्ग-टर्म कैपिटल गेन्स के टैक्स से मुक्त हो जाते हैं। इस पर कुछ भ्रम है कि यह पांच साल है या आठ साल और इसका जवाब साफ़ नहीं है क्योंकि टैक्स डिपार्टमेंट ने अभी तक इसे स्पष्ट नहीं किया है। बेहतर होगा कि अपने निवेश की गणना में इन बॉन्ड को 8 साल तक रखने के बाद ही टैक्स-फ्री मानें।

डेट

डेट के दायरे में सभी फिक्स्ड-इनकम और इससे जुड़े प्रोडक्ट्स जैसे फिक्स्ड डिपॉज़िट, भविष्य निधि, सार्वजनिक भविष्य निधि, सरकार के सभी छोटे बचत उत्पाद, बॉन्ड, डेट फंड और सभी फंड ऑफ फंड्स आते हैं। पता नहीं क्यों, टैक्स डिपार्टमेंट इक्विटी-आधारित फंड ऑफ फंड्स को इक्विटी के रूप में मानने को तैयार नहीं है। इसलिए विदेशों में शुद्ध इक्विटी उत्पादों में निवेश करने वाले फंडों के इक्विटी फंड पर भी टैक्स डेट की तरह लगाया जाता है!

फिक्स्ड डिपॉज़िट का बाज़ार में लेन-देन नहीं हो सकता इसलिए इसमें कैपिटल गेन नहीं होता, और ना ही मुनाफ़े पर टैक्स लगता है। इसमें और दूसरे डिपॉज़िट में मिलने वाले ब्याज़ पर स्लैब स्तर के मुताबिक टैक्स लगता है। पीएफ और पीपीएफ भारत में ऐसे प्रोडक्ट्स हैं जो आपको ईईई (EEE) कर लाभ देते हैं। इन्हें निवेश पर कर से छूट मिलती है

क्योंकि इनमें धारा 80सी का लाभ मिलता है। होल्डिंग अवधि के दौरान उनसे जो ब्याज़ मिलता है, वह भी कर से मुक्त होता है। पैसे की निकासी पर भी कोई टैक्स नहीं लगता। इसलिए, पीएफ और पीपीएफ आपके पोर्टफोलियो के डेट हिस्से का सबसे ज़रूरी अंग बनने के लिए बेहतरीन उत्पाद हैं। अध्याय 12 में इसके बारे में ज़्यादा जानकारी मिलेगी, जब हम पोर्टफोलियो बनाएंगे।

अगर आप डेट फंड में इनकम डिस्ट्रीब्यूशन कम कैपिटल विड्रॉल—आईडीसीडब्ल्यू (ये क्या हैं, यह याद करने के लिए अध्याय 5 में पेज 82 देखें) विकल्प चुनते हैं—तो यह आपकी आय में जुड़ जाता है और आप पर स्लैब के हिसाब से टैक्स लगाया जाता है। कारोबारी साल 2020 तक निवेशकों के लिए लाभांश कर मुक्त था, लेकिन अब यह आय में जुड़ जाता है और टैक्स का भुगतान सीधे निवेशक को करना होता है।

कारोबारी साल 2023-24 से पहले बॉन्ड और डेट फंड तीन साल के बाद लॉन्ग टर्म होते थे। शॉर्ट-टर्म कैपिटल गेन पर स्लैब की दर से टैक्स लगाया जाता था और लॉन्ग-टर्म कैपिटल गेन पर टैक्स की दर इंडेक्सेशन के साथ 20 प्रतिशत थी। लेकिन मार्च 2023 के अंत में वित्त विधेयक में आखिरी मिनटों में किए बदलाव के बाद डेट फंड्स के लिए इस फायदे को खत्म कर दिया गया और शॉर्ट-टर्म और लॉन्ग-टर्म के बीच का फर्क और इंडेक्सेशन का फायदा खत्म हो गया। डेट फंड पर अब फिक्स्ड डिपॉज़िट की तरह ही टैक्स लगता है। लेकिन फिर भी, टैक्स के नियम अक्सर बदलते रहते हैं और आप नए नियमों की जांच करते रहें।

इक्विटी

डेट फंड की ही तरह, अगर आपने आईडीसीडब्ल्यू विकल्प चुना है, तो फंड की आय से आपके खाते में आने वाला पैसा आपकी आय में जुड़ जाता है और स्लैब की दर से टैक्स लगाया जाता है। इक्विटी फंड के लिए लॉन्ग-टर्म सिर्फ एक साल बाद हो जाता है। शॉर्ट-टर्म कैपिटल गेन्स पर टैक्स 15 प्रतिशत लगता है और लॉन्ग-टर्म कैपिटल गेन्स एक लाख रुपए से ज़्यादा होने पर टैक्स 10 प्रतिशत लगता है। इक्विटी पर लॉन्ग-टर्म कैपिटल गेन्स पर 10 प्रतिशत टैक्स की शुरुआत वित्त वर्ष 2019 में हुई थी, जिसके बाद इसे कई वर्षों से मिला टैक्स-फ्री दर्जा हट गया था। आने वाले

समय में इक्विटी की भी दरें बदल सकती हैं। जैसा कि मैंने कहा, किसी निवेश पर टैक्स के असर के आधार पर निर्णय लेने से पहले इस जानकारी को अपडेट करते रहें।

आईडीसीडब्ल्यू या ग्रोथ विकल्प?

अलग-अलग टैक्स नियमों की वजह से म्युचुअल फंड में निवेश करते समय यह जानना भी महत्वपूर्ण हो जाता है कि पैसे निकालने के विकल्प कैसे हैं। अध्याय 5 में हमें दो विकल्प मिले थे जो बताते हैं कि म्युचुअल फंड में पैसा कैसे बढ़ता है। ग्रोथ ऑप्शन में जब तक आप पूरा पैसा नहीं निकालते, निवेश की अवधि के दौरान आपको कोई पैसा नहीं मिलता है और आईडीसीडब्ल्यू विकल्प में आपको समय-समय पर पैसे मिलते हैं, जो इस बात पर निर्भर करता है कि म्युचुअल फंड कब लाभांश घोषित करता है।

हम जानते हैं कि लाभांश आपकी आय में जुड़ जाता है और उस पर स्लैब की दर से टैक्स लगाया जाता है। इस किताब को पढ़ रहे ज़्यादातर लोगों के लिए, यह दर 30 प्रतिशत होगी। ग्रोथ ऑप्शन पर टैक्स का असर डेट और इक्विटी उत्पादों पर अलग-अलग होगा। वित्त वर्ष 2023-24 से डेट से होने वाला मुनाफ़ा आय में जुड़ जाता है और इसका असर डिविडेंड ऑप्शन की ही तरह होता है। इक्विटी में फायदा है क्योंकि लॉन्ग-टर्म कैपिटल गेन्स टैक्स सिर्फ 10 फीसदी है। वर्तमान कर व्यवस्था में, इक्विटी के लिए, ग्रोथ ऑप्शन आईडीसीडब्ल्यू के ऑप्शन से बेहतर है।

लेकिन अगर आपको अपने पोर्टफोलियो से नियमित आय की ज़रूरत हो तो? इसके लिए रास्ता देता है एसडब्ल्यूपी या सिस्टमैटिक विड्रॉल प्लान। किसी आईडीसीडब्ल्यू विकल्प में डिविडेंड मिलेगा या नहीं, यह फंड हाउस की मर्जी पर होता है, जबकि एसडब्ल्यूपी में आपको हर महीने, तिमाही या किसी और अवधि एक निश्चित धनराशि निकालने की अनुमति होती है। डेट और इक्विटी दोनों में, 20 प्रतिशत या उससे अधिक के टैक्स स्लैब में आने वाले लोगों के लिए, एसडब्ल्यूपी में भी ग्रोथ ऑप्शन बेहतर है। एसडब्ल्यूपी में जाने से पहले आपको एग्ज़िट लोड और होल्डिंग पीरियड के बारे में सावधानी से जानकारी जुटानी चाहिए ताकि निवेश की लागत न बढ़े।

कर की दरें, नियम और व्यवस्थाएं साल दर साल बदलती रहती हैं। इस अध्याय का उपयोग करने का तरीका कर प्रणाली को समझना है। समझना है कि आय और मुनाफ़े पर अलग-अलग दरों पर कर लगाया जाता है। और मुनाफ़ा अल्पकालिक या दीर्घकालिक हो सकता है। इस अध्याय का उद्देश्य आपको लागू कर नियमों के बारे में मोटा-मोटी एक जानकारी देना है। ऊपर हमने जिन दरों का उल्लेख किया है, उनके बारे में बारीक जानकारी और ब्यौरा देने में आम तौर पर आपके चार्टर्ड अकाउंटेंट बेहतर होंगे। वैसे भी, आगे बड़ी और बेहतर चीज़ें आने वाली हैं, जैसे पोर्टफोलियो कैसे बनाएं और अंत में, म्युचुअल फंड स्कीम कैसे चुनें। लेकिन उसके पहले, चलिए अपने विकल्पों को कम करना शुरू करें।

निवेश करते समय आपकी पसंद से तय होगा कि पैसे निकालने पर आपको ज़्यादा या कम टैक्स चुकाना पड़ेगा। भारतीय कर प्रणाली की बुनियादी समझ ज़रूरी है क्योंकि आप अपने पूरे जीवनकाल में टैक्स चुकाते रहेंगे।

आप सही रास्ते पर हैं अगर आप यह समझते हैं कि

1. किसी परिसंपत्ति से होने वाली आय और मुनाफ़ा एक समान नहीं हैं;
2. किराया, ब्याज़, लाभांश किसी संपत्ति से होने वाली आय हैं;
3. मुनाफ़ा अल्पकालिक या दीर्घकालिक हो सकता है;
4. आय पर आमतौर पर स्लैब स्तर पर टैक्स लगाया जाता है;
5. एसेट क्लास के अनुसार शॉर्ट-टर्म और लॉन्ग-टर्म मुनाफ़े पर टैक्स की दरें अलग-अलग होती हैं; और
6. टैक्स के नज़रिए से किसी इनकम-डिस्ट्रीब्यूशन ऑप्शन के मुकाबले बेहतर है एक एसडब्ल्यूपी।

9

विकल्प घटाने की प्रक्रिया

अगर आप विकल्पों को कम कर दें तो चुनाव करना आसान और संतोषजनक होता है।

जब कागज़ी कार्रवाई निपटाने, योजना बनाने, लक्ष्य तय करने और हर महीने के लिए बचत का लक्ष्य तय करने का उत्साह खत्म होता है, तब असल में एसेट क्लास और प्रोडक्ट के चुनाव का मुश्किल काम शुरू होता है। आर्किटेक्ट की ड्रॉइंग और मॉडलिंग आपको यह बताती है कि तैयार इमारत कैसी दिखेगी, लेकिन जब तक ठेकेदार और मजदूर ईंट और सीमेंट में अपना हाथ नहीं लगाते, कुछ नहीं होगा और आपका महल हवा में ही रह जाएगा। हवाई किले कल्पना में तो बहुत शानदार लगते हैं, लेकिन असल चीज़ तैयार करने में लगने वाले हर हिस्से को चुनना, खरीदना और फिर उन्हें इस्तेमाल में लाना होता है। पहला हिस्सा मुश्किल और आसान दोनों था—एसेट कंसोलिडेशन की प्रक्रिया शुरू करना, बैंक खातों का इंतजाम करना और लक्ष्य तय करना मुश्किल था। लेकिन यही हिस्सा आसान भी था क्योंकि असल में पैसे डालने का फैसला तुरंत नहीं लेना था।

एक बार बाज़ार में उतरने के बाद ही आपको असलियत का अहसास होता है। बाज़ार को देखकर उससे प्रभावित होने और कुछ न समझ पाने

की भावना असली होती है। यहां तक कि मेरे जैसे लोग भी, जो फाइनेंस से इतने करीब से जुड़े हैं, जब कुछ खरीदने का फैसला लेने की बात आती है तो लगता है कि कुछ समझ नहीं आ रहा। मुझे याद है कई साल पहले एक बार मैं बाज़ार में एक लिक्विड फंड की तलाश में थी। फंड चुनने का फैसला आसान बनाने वाले सेबी के नए नियम (2020 में), उस वक्त नहीं थे। मुझे याद है कि किस तरह मैंने अपने डेस्कटॉप पर पांच स्क्रीन्स खोल रखी थीं, जल्दी-जल्दी फंड के नाम, वर्ज़न, विकल्प (दैनिक, साप्ताहिक, मासिक, डिविडेंड, ग्रोथ, डिविडेंड रीइन्वेस्टमेंट) स्क्रॉल कर रही थी और वेबसाइट बंद कर ही थी। महसूस हो रहा था कि कितना ज़्यादा दबाव है। मैंने एक सहयोगी को फ़ोन किया (हम अभी भी उन्हें डॉ. फंड बुलाते हैं, लेकिन उनका असली नाम है कैज़ाद ई. अदजानिया!) जो म्युचुअल फंड के बारे में म्युचुअल फंड से भी ज़्यादा जानते हैं और सिर्फ एक फंड का नाम पूछा।

प्रोडक्ट्स में से चुनाव की कोशिश करने से बेहतर है कि अपने पैसों की ज़रूरत के हिसाब से शुरुआत करें। सभी उपलब्ध विकल्पों को देखते रहने से बेहतर है कि विकल्पों की संख्या कम की जाए। मुझे याद है, एक छात्र के रूप में जब मैं एक बार ब्रिटेन गई थी, एक सुपरमार्केट में घुसने पर, कॉफी के सैकड़ों विकल्प देखकर मैं चकरा गई थी, मैं निराश न दिखने की कोशिश कर रही थी क्योंकि मेरे चारों ओर महिलाएं पूरे आत्मविश्वास के साथ अपनी कॉफ़ी की बोतलें उठा रही थीं और अपनी हील खटखटाते हुए वहां से निकल जा रही थीं—मुझे यह देखकर आश्चर्य हो रहा था कि वे इतनी ऊंची और पतली चीज़ पर खड़ी भी कैसे हो पा रही थीं! लेकिन मैं इस कहानी को और आगे बढ़ाकर नारीवादियों के साथ किसी गंभीर समस्या में फंस जाऊं, उससे पहले मैं फटाफट फंड पर लौट आती हूं। उस सुपरमार्केट में फिर मैंने अपने विकल्पों को कम करना शुरू किया—मुझे क्या नहीं चाहिए इसकी लिस्ट से शुरू करना आसान था। मुझे डिकैफ़ (डिकैफ़िनेटेड कॉफ़ी) नहीं चाहिए। मुझे ऐसा कुछ नहीं लेना जिसकी कीमत एक सीमा से ज़्यादा, मुझे एग्ज़ॉटिक फिल्टर, या एक सीविट (मुश्कबिलाव) की आंत से होकर निकली कॉफ़ी नहीं चाहिए (अब इस पर मैं कुछ नहीं कहना चाहती)। अपने उम्र के दूसरे दशक में, मेरे पास ना बहुत ज़्यादा पैसे थे और ना ही बहुत ज़्यादा स्वाद का शौक था।

मुझे सिर्फ कुछ सस्ती इंस्टैंट कॉफ़ी लेनी थी। यह सोचने के बाद कॉफ़ी के विकल्पों को कम करके 3 या 4 पर लाना और फिर अपनी पसंद की चीज़ मिलने तक अलग-अलग ब्रांड्स के साथ प्रयोग करना आसान था।

हमारी मनी लाइफ भी कुछ ऐसी ही है। हमें एसेट क्लास (इक्विटी, डेट, रियल एस्टेट, गोल्ड) के बीच चुनाव करना होता है और फिर एसेट क्लास में हमारे पास चुनाव के लिए प्रोडक्ट होते हैं (उदाहरण के लिए डेट एलोकेशन में एफडी, पीपीएफ, बॉन्ड, बॉन्ड फंड) और फिर उन्हीं कैटेगरीज़ में और भी कई चुनाव करने होते हैं। म्युचुअल फंड चुन लेने के बाद भी दूसरे फंडों के प्रभाव में आने की भावना बनी रहती है। सिर्फ ओपन-एंडेड फंड्स में सैंतीस कैटेगरीज़ हैं।

हर फंड हाउस के पास हर कैटेगरी में एक स्कीम होती है। लेकिन इंडेक्स फंड जैसी कैटेगरी में 180 से ज़्यादा स्कीम हैं। टार्गेट मैच्योरिटी फंड के माध्यम से क्लोज़-एंडेड फंड भी तेज़ी से बढ़ने वाली कैटेगरी बन गई है। बाज़ार में पहले से ही 1200 से अधिक स्कीम हैं। हर स्कीम में और भी विकल्प हैं—ग्रोथ और इनकम डिस्ट्रीब्यूशन (IDCW), रेगुलर या डायरेक्ट, एसआईपी या एकमुश्त। इतने सारे विकल्प देखकर पहली बार निवेश करने वाला आदमी डर ही जाएगा। सच पूछिए तो, मेरे जैसी पुरानी निवेशक भी लगातार बढ़ रहे विकल्पों को देखकर चकित है।

हमें अपने सामने मौजूद विकल्पों को कम करने का तरीका चाहिए। हमें जिस बड़ी मात्रा में विकल्पों का सामना करना पड़ता है उसे कम करने के लिए एक फ़िल्टर चाहिए। हमें तुरंत बेहद साधारण लेकिन अहम फैसले लेने की ज़रूरत है।

कैटेगरीज़ का चुनाव करना

जब मैं इस किताब की डेडलाइन को पूरा करने में लगी थी, मैंने पहले से ही कमज़ोर गर्दन की मांसपेशियों पर और दबाव डाल दिया और 2022 के आखिरी तीन हफ्ते फ़िज़ियोथेरेपी में बिताए—तिहाड़ जेल में सत्येंद्र जैन जैसी नहीं, बल्कि असली वाली। वहां एक डॉक्टर ने गूगल से मेरी जानकारी जुटाई और अपने पोर्टफोलियो की समस्याएं मेरे सामने रखीं। वो बाज़ार या बैलेंस शीट को नहीं समझती थी, लेकिन लोगों को उनकी

चोट और दर्द से उबारने में मदद करने में समझदार थी, और अपने निवेश को लेकर कई बुनियादी गलतियां कर रही थी। उसके पोर्टफोलियो में टेक्नोलॉजी और स्मॉल-कैप जैसे ऊंचे जोखिम वाले सेक्टर्स के म्युचुअल फंड थे।

उसके पोर्टफोलियो में आईपीओ थे। उसने शेयरों में निवेश किया हुआ था। और उसका कहना था कि उसे उन सभी में घाटा हो रहा था। *अभी तो माइनस चल रहा है, एक साल हो गया।*

जब मैं पोर्टफोलियो की ऐसी गलतियां देखती हूं तो मैं पूर्ण मौन में चली जाती हूं। यह टैक्स चुकाए गए पैसों को ऐसे प्रोडक्ट्स में जाते देखने का दर्द है जो मार्केट-लिंक्ड इन्वेस्टमेंट पोर्टफोलियो के लिए अच्छी शुरुआत नहीं हो सकते। यह नहीं समझने का दर्द कि इक्विटी में नतीजे हासिल करने के लिए पहले कम से कम सात से दस साल का नज़रिया होना चाहिए। उसका पोर्टफोलियो टिप्स और मीडिया में बढ़ा-चढ़ाकर दिखाए गए कुछ शेयरों, आईपीओ और फंड्स पर आधारित था। इसका उसकी ज़रूरत और उम्र, अवस्था, ज्ञान के स्तर और ज़रूरतों से कोई लेना-देना नहीं था। मैंने उससे पूछा, अगर आपके पास कोई व्यक्ति आता है जिसके पैर में चोट लगी है, तो क्या आप उसे सीधे 100 मीटर रेस में दौड़ने के लिए भेज देंगी? या वो दोबारा सामान्य रूप से चलने के लिए पहले धीरे-धीरे अपनी मांसपेशियों को मज़बूत बनाएगा? दौड़ना तो बहुत दूर की बात है। आप उन चीज़ों में निवेश क्यों कर रही हैं जिनके बारे में आप कुछ भी नहीं जानती हैं?

आप जिस तरह मेरी गर्दन की मांसपेशियों को मज़बूत बना रही हैं, उसी तरह जोखिम वाले प्रोडक्ट्स में निवेश से पहले आपको अपनी वित्तीय साक्षरता को मज़बूत बनाना होगा। हां, वह अब *बात पैसे की* पढ़ रही हैं जो उनकी समझदारी भरी निवेश यात्रा की शुरुआत है। वह क्या अलग कर सकती थीं? उन्हें समझ आया कि म्युचुअल फंड की अलग-अलग श्रेणी होती हैं और सैंतीस श्रेणियों में से हरेक का मेल किसी निवेशक की प्रोफाइल और वित्तीय समस्याओं, जिन्हें वह हल करना चाहता है, से कराया जा सकता है।

हमें यह सफर उन कैटेगरीज़ को हटाकर शुरू करना होगा जो एक औसत रिटेल पोर्टफोलियो के काम की नहीं हैं। मैंने पहले भी कहा था कि

कुछ कैटेगरीज़ को मंजूरी इंडस्ट्री के साथ समझौते के रूप में दी गई थी। म्युचुअल फंड इंडस्ट्री का कहना था: अगर किसी कैटेगरी में कई हज़ार करोड़ का निवेश आता है, तो रेगुलेटर को उस कैटेगरी को क्यों हटाना चाहिए?

कैटेगरी का चुनाव करने से पहले, हम आपके मनी बॉक्स में बनाए गए तीन बॉक्स को देखेंगे जो हमने *बात पैसे की* के अध्याय 10 में बनाए थे। The Almost There बॉक्स में वे फाइनेंशियल प्रोडक्ट्स होते हैं जिनकी ज़रूरत बहुत छोटी अवधि के लिए है—कल से लेकर 3 साल के बीच तक। Some Time बॉक्स में वे फाइनेंशियल प्रोडक्ट्स हैं जिनके पैसों की ज़रूरत तीन से सात साल तक दूर है। और Far Away बॉक्स में जो प्रोडक्ट्स हैं वे हमें कम से कम सात साल बाद की ज़रूरतों के लिए पैसे देंगे। प्रोडक्ट्स को चुनने के लिए हम आज से समय की दूरी का इस्तेमाल करेंगे न कि उनसे मिलने वाले रिटर्न का। पैसों की ज़रूरत आज से जितनी नज़दीक होगी, रिटर्न उसी हिसाब से कम होगा और हमें इसे स्वीकार करना चाहिए।

Almost There बॉक्स

इस बॉक्स में ऐसे फाइनेंशियल प्रोडक्ट्स होने चाहिएं जिनके पैसों का इस्तेमाल आपको तीन साल के अंदर करना है। वे ज़रूरतें कल, अगले महीने, छह महीने में, एक साल या दो या तीन साल में हो सकती हैं—जैसी भी आपकी खास ज़रूरत हो। दूसरे बॉक्स की तुलना में इस बॉक्स का अनुमान लगाना आसान है क्योंकि दूर की अपेक्षा पास की चीजों के बारे में हमारी समझ बेहतर होती है।

किसी ड्राइवर या कैब का सबसे महत्वपूर्ण गुण क्या है? कि वह समय पर पहुंचे। जब आपको मीटिंग, एयरपोर्ट या ऑफिस के लिए निकलना है तो कार वहां होनी चाहिए। अगले तीन वर्षों में आपको जिस पैसे की ज़रूरत है, वह भी ज़रूरत के वक्त आपके पास होना चाहिए। जिस वक्त विदेश में आपके कोर्स की फीस देनी है या आपको अपने घर का डाउन पेमेंट करना है, उस वक्त आप शेयर बाज़ार की गिरावट नहीं झेल सकते। इस पैसे को मूल रकम खोने के जोखिम में नहीं डाला जा सकता (जैसा कि रियल एस्टेट, गोल्ड, ट्रेड होने वाले बॉन्ड और शेयर

बाज़ार में होता है)। कल आपको जो पैसे चाहिएं वो आपके बैंक अकाउंट में ट्रांसफर के लिए तैयार होने चाहिएं।

दूसरा गुण है कि पैसे लिक्विड होने चाहिएं। आप यह मानकर नहीं चल सकते कि प्रॉपर्टी लेकर बाज़ार में उतरेंगे और एक महीने में पैसे आपके पास होंगे। रियल एस्टेट एक अचल संपत्ति है। इसी तरह, अगर आपके पास एक लंबी अवधि का क्लोज़-एंडेड प्रोडक्ट है जैसे कि कोई एनडाओमेंट पॉलिसी या पेंशन प्रोडक्ट, तो आप पैसों की ज़रूरत के लिए उन पर निर्भर नहीं हो सकते। ये शेयर भी नहीं हो सकते क्योंकि बाज़ार ऊपर और नीचे होते रहते हैं।

जिन पैसों की ज़रूरत तुरंत है, उसके लिए आपके पास बचत खाते (या करंट अकाउंट अगर आप इस्तेमाल करते हों) में पैसे होने चाहिएं ताकि खर्च किए जा सकें। तीन साल के अंदर आने वाली ज़रूरतों के लिए, आप जिस जोखिम-मुक्त प्रोडक्ट का इस्तेमाल कर सकते हैं वह एक बड़े कमर्शियल बैंक (न सहकारी, न कॉरपोरेट डिपॉज़िट) के साथ फिक्स्ड डिपॉज़िट है। हम सभी इस प्रोडक्ट को जानते हैं और जिस पैसे के साथ आप खिलवाड़ नहीं कर सकते, उसके लिए यह अभी भी एक अच्छी जगह है।

लेकिन म्युचुअल फंड्स की ओर जाने की सोचिए, अगर आपको छह महीने या उसके बाद पैसे चाहिए और इसलिए भी क्योंकि वे लिक्विड हैं और बेहतर रिटर्न देते हैं। यहां पर जो एसेट क्लास आप इस्तेमाल करते हैं वह डेट है। इक्विटी और गोल्ड कभी भी नहीं। डेट में सोलह कैटेगरीज़ हैं और हम तीन को शॉर्टलिस्ट कर सकते हैं।

तीन साल के अंदर आपके पैसे की ज़रूरतों से मैच करने वाली कैटेगरीज़ हैं लिक्विड, मनी मार्केट और बैंकिंग एंड पीएसयू फंड। टेबल 9.1 में होल्डिंग पीरियड के हिसाब से मेल खाने वाली कैटेगरीज़ देखिए।

टेबल 9.1

छोटी अवधि के निवेश लक्ष्य	
होल्डिंग पीरियड	कैटेगरी
तीन महीने या कम	लिक्विड

दो साल के भीतर	मनी मार्केट
दो साल के बाद	बैंकिंग और पीएसयू

जब आपको अगले तीन साल के भीतर पैसों की ज़रूरत हो तब दो चीज़ें याद रखें। पहली, डेट फंड्स में भी सबसे ऊंचे रिटर्न के चक्कर में न पड़ें। दूसरी, अधिक से अधिक लाभ कमाने के चक्कर में फंड कैटेगरी के साथ ज़रूरतों का सटीक मेल बिठाने का बहुत ज़्यादा दबाव न लें। ज़िंदगी की गाड़ी सीधी नहीं चलती और हो सकता है कि जिन पैसों की ज़रूरत छह महीने बाद है, वो आठ महीने तक बढ़ जाए।

और अभी जो चीज़ बारह महीने दूर है, वही नौ महीनों बाद सिर्फ तीन महीने दूर होगी। इसलिए, अगर आपके पास एक साल के किसी लक्ष्य के लिए कोई मनी मार्केट फंड हैं, तो नौ महीने बाद आपको इन पैसों को लिक्विड फंड में शिफ्ट करना होगा। इस अभ्यास को छोटी अवधि की पांच या छह ज़रूरतों तक बढ़ाकर देखिए कि आपको कितना ज़्यादा समय और ध्यान देना पड़ जाएगा।

फिर क्या करें?

अपनी ज़रूरतों का मिलान हर मौजूद डेट कैटेगरी से कराने के बजाय पैसों के प्रबंधन के लिए आसान रास्ते इस्तेमाल करें। हो सकता है कि इस नज़रिए से आपको सबसे ज़्यादा रिटर्न न मिले, लेकिन समय, लागत और ध्यान के हिसाब से यह असरदार होगा। बहुत छोटी अवधि के लिए लिक्विड फंड कैटेगरी चुनें और जब आपको पैसों की ज़रूरत है, उसके एक हफ्ते पहले रिडीम कर लें और इसे अपने बैंक अकाउंट में रखें। जब पैसों की ज़रूरत तुरंत हो तब बिल्कुल जोखिम न उठाएं।

तीन महीने से तीन साल के बीच आने वाली कैटेगरीज़ के साथ सटीक मिलान करने के बजाय, अगले दो साल के भीतर आने वाली ज़रूरतों के पैसे को रखने के लिए मनी मार्केट फंड्स का इस्तेमाल कीजिए। निकासी का समय करीब आने पर, कम से कम एक महीने पहले इस कैटेगरी से भी पैसे निकाल लीजिए।

अब, दो साल या उससे ज़्यादा के लिए बैंकिंग और पीएसयू बॉन्ड फंड्स का इस्तेमाल कीजिए, लेकिन आप जिस स्कीम को चुनें, उसकी औसत मैच्योरिटी की जांच करना ज़रूर याद रखिए क्योंकि इस कैटेगरी की

स्कीमों में मैच्योरिटी काफ़ी अलग रहती है। स्कीम की औसत मैच्योरिटी आपकी होल्डिंग पीरियड की ज़रूरत से मेल खानी चाहिए। आपके होल्डिंग पीरियड का स्कीम में बॉन्ड की मैच्योरिटी की तारीखों से गलत मेल आपके लिए बुरा साबित हो सकता है।

भविष्य में एकमुश्त राशि के लक्ष्य के लिए टार्गेट मैच्योरिटी फंड्स (टीएमएफ) बेहद उपयोगी हैं। ये बॉन्ड के पोर्टफोलियो वाले इंडेक्स फंड्स होते हैं जो एक तय तारीख पर मैच्योर होते हैं। बेहद खास लक्ष्यों के लिए, टीएमएफ का उपयोग करना अच्छा है, जिसमें मैच्योरिटी की तारीख आपकी ज़रूरत से मेल खाती हो। लेकिन इस कैटेगरी के साथ समस्याएं भी हैं। खुल रहे फंड्स की लिस्ट तो आपको एम्फी की वेबसाइट[1] और वैल्यू रिसर्च की वेबसाइट[2] पर मिल जाएगी, लेकिन आपको कहीं भी अनुमानित रिटर्न नहीं बताया जाएगा क्योंकि सेबी इसकी अनुमति नहीं देता। इसलिए, जब तक आप किसी सलाहकार या डिस्ट्रीब्यूटर की मदद न ले रहे हों, या आपका बैंक यह सुविधा न देता हो, आपको इन फंड्स की अनुमानित यील्ड नहीं मिलेगी। अनुमानित यील्ड आम तौर पर डिस्ट्रीब्यूटरों और वित्तीय सलाहकारों को मौखिक तौर पर बता दी जाती है या फिर फंड हाउस के चुनिंदा लोगों से साझा किए गए पावर प्वाइंट प्रेज़ेंटेशन में इसका जिक्र होता है।

इस कैटेगरी में बहुत से इनोवेशन किए जा रहे हैं, इसलिए खुद को अपडेट करते रहिए ताकि आप देख सकें कि इस किताब के लिखे जाने के बाद की तारीख में ये फंड्स उपयोगी हैं या नहीं।

In Some Time बॉक्स

यह वो पैसा है जिसकी ज़रूरत आपको तीन और सात वर्षों के बीच पड़ेगी। यह ज़रूरत घर का डाउन पेमेंट, आपकी ख़ुद की या आपके बच्चे की शादी के लिए, आपकी या आपके बच्चे की आगे की पढ़ाई के लिए हो सकती है— ज़िंदगी के दौरान अलग-अलग उम्र और हालातों में अलग-अलग चीज़ों के लिए पैसों की ज़रूरत पड़ेगी। सटीक तारीख और सटीक रकम तय कर पाना मुश्किल है, इसलिए अनुमान लगाकर आगे बढ़िए। कितने पैसे चाहिए, उसका मूल्यांकन बढ़ाकर कीजिए और कितने समय के बाद पैसे चाहिए, उसका मूल्यांकन घटाकर कीजिए। इस समयावधि के

लिए मुझे जो कैटेगरीज़ पसंद हैं, वे टेबल 9.2 में हैं।

टेबल 9.2

मध्यम अवधि के निवेश लक्ष्य	
होल्डिंग पीरियड	कैटेगरी
तीन से सात साल	बैंकिंग और पीएसयू
पांच से सात साल	कंज़र्वेटिव हाइब्रिड

इस बॉक्स में मुझे जिन पैसों की ज़रूरत है मैं उनके साथ थोड़ा जोखिम उठा सकती हूं, लेकिन बहुत अधिक नहीं। ज़रूरत आज से जितनी दूर है, मैं उतना अधिक जोखिम उठा सकती हूं। इस समय अवधि के लिए आपके रिटर्न का टार्गेट तय करने के लिए कई रणनीतियां हो सकती हैं और मैं एक साधारण दो कैटेगरी वाले रास्ते का इस्तेमाल करती हूं। मैं बैंकिंग और पीएसयू और कंज़र्वेटिव हाइब्रिड का मिक्स इस्तेमाल करती हूं।

दूसरी कैटेगरीज़ क्यों नहीं? 2019 के बाद से अवधि-आधारित फंड्स काफ़ी सख्त रेगुलेशन से गुज़र रहे हैं और उनका इस्तेमाल शुरू करने से पहले मैं सात से दस साल की अवधि तक इंतज़ार करना चाहूंगी। एक विकल्प कॉरपोरेट बॉन्ड का भी है, लेकिन इनमें क्रेडिट डाउनग्रेड की चिंता बनी रहती है खास तौर पर पिछले कुछ वर्षों में इस कैटेगरी में हुए अनुभव के बाद। समझदारी से चुने गए बैंकिंग और पीएसयू फंड कम जोखिम में आपको फिक्स्ड डिपॉज़िट की तुलना में ज़्यादा रिटर्न पाने का रास्ता देते हैं। पांच साल से अधिक की लक्ष्य अवधि के लिए कंज़र्वेटिव हाइब्रिड कैटेगरी का इस्तेमाल शुरू कीजिए।

और, भविष्य में एक तय लक्ष्य के लिए पैसे पाने के लिए, टार्गेट म्युचुअल फंड कम जोखिम वाला एक शानदार नया विकल्प है, लेकिन इनमें अनुमानित यील्ड ना बताए जाने की दिक्कत बनी रहेगी। लेकिन इस कैटेगरी पर और ज़्यादा इनोवेशन के लिए नज़र रखिए और हो सकता है कि इससे कम लागत में तय समय पर विशेष लक्ष्य पाने का रास्ता मिल जाए।

छोटी और मध्यम अवधि में डेट फंड्स में पैसे रखने के कई और तरीके हो सकते हैं। ज़रूरतों के हिसाब से एकदम सटीक कैटेगरी चुनने

पर फोकस करने के बजाय मैंने इसे बहुत आसान रखने की कोशिश की है। कई कैटेगरीज़, जैसे फ्लोटिंग रेट फंड्स, कॉरपोरेट बॉन्ड और क्रेडिट रिस्क फंड्स के लिए, बेहतर होता है कि आप किसी सलाहकार या अच्छे डिस्ट्रीब्यूटर की मदद लें, जो आपको यह बता सकता हो कि आपकी ज़रूरत के हिसाब से क्या सही है। आज की तारीख से लक्ष्य करीब होने के कारण डेट में भी जोखिम बढ़ सकता है। इसलिए, मैं संभावित रूप से ऊंचे जोखिम वाला रास्ता चुनने के बजाय एक काफ़ी कम जोखिम वाला रास्ता लूंगी।

Far Away बॉक्स

सुनने में अजीब लगेगा, लेकिन एक बार तय हो जाने के बाद, मुझे पास के लक्ष्यों के मुकाबले दूर के लक्ष्यों को म्युचुअल फंड के माध्यम से हासिल करना ज़्यादा आसान लगता है! मैं सात साल से ज़्यादा वक्त के बाद पैसों की ज़रूरतों के लिए डेट फंड्स की समर्थक नहीं हूं। बेशक, आपके लॉन्ग-टर्म डेट पोर्टफोलियो में पीपीएफ और पीएफ (अगर आप ले सकते हैं) मुख्य रूप से होने चाहिएं।

ग्यारह इक्विटी और छह हाइब्रिड कैटेगरीज़ में से, टेबल 9.3 में बताई गई कैटेगरीज़ एक औसत निवेशक के लिए प्रासंगिक हैं।

टेबल 9.3

लंबी अवधि के निवेश लक्ष्य	
होल्डिंग पीरियड	कैटेगरी
सात साल से अधिक	ब्रॉडमार्केट इक्विटी इंडेक्स
सात साल से अधिक	लार्ज एवं मिड कैप
सात साल से अधिक	मिड कैप
सात साल से अधिक	स्मॉल कैप
सात साल से अधिक	मल्टी कैप
सात साल से अधिक	ईएलएसएस

सात साल से अधिक	विदेशी

मैंने लार्ज-कैप फंड्स को बाहर रखा है क्योंकि उनके लिए बेंचमार्क से अच्छा प्रदर्शन करना लगातार मुश्किल होता जा रहा है। बार-बार हुए अध्ययनों में पाया गया है कि ज़्यादातर लार्ज-कैप फंड का प्रदर्शन बेंचमार्क की तुलना में पीछे हैं। बेहतर है कि आप एक कम खर्च वाले इंडेक्स फंड में रहें। इससे ना सिर्फ आप फंड मैनेजर वाले जोखिम को दूर कर देते हैं, बल्कि आपको अपने इक्विटी पोर्टफोलियो के बड़े हिस्से की निगरानी भी नहीं करनी होती। लार्ज और मिड-कैप कैटेगरी में मिड-कैप और लार्ज-कैप दोनों शेयरों में कम से कम 35 परसेंट निवेश होता है, बाकी आम तौर पर लार्ज-कैप में होता है, जिससे फंड मैनेजरों को कुछ बेहतर प्रदर्शन करने का मौका मिल जाता है।

मैंने डिविडेंड यील्ड, वैल्यू/कॉन्ट्रा को बाहर रखा है क्योंकि यहां शामिल की गई कैटेगरीज़ के मुकाबले उनमें कोई खास बात नहीं है। फोकस्ड फंड्स को यहां रखना मुश्किल है क्योंकि वे किसी भी मार्केट कैप में हो सकते हैं। इनका इस्तेमाल सलाहकार और डिस्ट्रीब्यूटर्स बेहतर तरीके से करते हैं जो ज़रूरत पड़ने पर निजी पोर्टफोलियो की कमियों को इन फंड्स से पूरा कर सकते हैं। फ्लेक्सी-कैप कैटेगरी में तीनों मार्केट कैप्स के बीच पैसे का आवंटन फंड मैनेजर के विवेक पर रहता है। ज़्यादातर फ्लेक्सी-कैप फंड्स का रुझान लार्ज-कैप की तरफ होता है। मल्टी-कैप एक्सपोज़र के लिए मल्टी-कैप कैटेगरी बेहतर रास्ता है जो हर कैप में न्यूनतम एक्सपोज़र को तय कर देता है। सेक्टोरल/थीमैटिक ज़्यादा जोखिम वाली कैटेगरीज़ हैं जिनमें निवेश का सुझाव आम तौर पर नहीं दिया जा सकता। ये हर किसी के लिए उपयुक्त नहीं होती हैं। अगर आपकी किसी खास सेक्टर पर गहरी पकड़ है—जैसे अगर आप फार्मा, आईटी या एफएमसीजी सेक्टर में काम करते हों—और इस वजह से उस सेक्टर और इसकी संभावनाओं पर आपका एक नज़रिया है, तो आप उसे अपने पोर्टफोलियो में जोड़ सकते हैं। लेकिन एक कैटेगरी के तौर पर आम इस्तेमाल के लिए मैं इसे यहां शामिल नहीं कर सकती।

सेक्शन 80सी की टैक्स छूट पाने के लिए ईएलएसएस फंड एक अच्छा विकल्प है और आपका पैसा अच्छा रिटर्न भी कमा लेता है। यह उन लोगों के लिए है जो पीएफ और पीपीएफ में अपनी पूरी सीमा का

इस्तेमाल नहीं करते। फॉरेन फंड्स में जोखिम बहुत ज़्यादा होता है और वे सिर्फ अनुभवी म्युचुअल फंड निवेशकों के लिए हैं जिनका पोर्टफोलियो आकार और डाइवर्सिफाइ करने की ज़रूरत के हिसाब से ठीक-ठाक बड़ा है। ये म्युचुअल फंड्स के शुरुआती पोर्टफोलियो का हिस्सा नहीं हो सकते हैं।

अब हमने फंड कैटेगरीज़ को शॉर्टलिस्ट कर लिया है। अब हमारे पास बारह कैटेगरीज़ हैं, जिनमें से सात इक्विटी की हैं। डेट कैटेगरी में मैंने विकल्पों को बहुत कम रखा है क्योंकि रिटेल निवेशक के लिए डेट पोर्टफोलियो को संभालना मुश्किल होता है। इसमें इक्विटी की तुलना में कहीं ज़्यादा हरकत होती है और एक्टिव फंड्स पर लगातार नज़र रखने की ज़रूरत होती है।

अगले अध्याय में, हम फंड चुनने के लिए इन कैटेगरीज़ का उपयोग करना शुरू करेंगे। और अध्याय 12 में, इन कैटेगरीज़ का इस्तेमाल करके हम कुछ बेसिक पोर्टफोलियो बनाएंगे। मैं फंड के नाम नहीं सुझाऊंगी, लेकिन आपको ऐसा करने के लिए टूल्स दे दूंगी। यही वह अध्याय है जिसका आप इंतज़ार कर रहे थे। तो फिर, इस पर चलते हैं।

बहुत अधिक विकल्प होने से हम जड़ हो जाते हैं और फैसले लेने में देर लगाते हैं। लेकिन अगर हम एक छोटे सेट के बजाय बहुत सारे विकल्पों में से चुनाव कर भी लेते हैं, तो हमारी संतुष्टि का स्तर कम होता है। भारतीय म्युचुअल फंड बाज़ार में उपलब्ध विकल्पों को कम करने के लिए हमें एक सिस्टम की ज़रूरत है।

आप सही रास्ते पर हैं अगर आप ये समझते हैं कि

1. कैटेगरीज़ को शॉर्टलिस्ट करते वक्त इतने ही विकल्प रखें जिन्हें मैनेज किया जा सके;
2. छोटी अवधि की ज़रूरतों के लिए आपको लिक्विड, मनी मार्केट और बैंकिंग और पीएसयू बॉन्ड फंड की ज़रूरत होगी;
3. मध्यम अवधि के लिए आपको बैंकिंग और पीएसयू बॉन्ड फंड और कंज़र्वेटिव हाइब्रिड फंड्स चाहिए होंगे;
4. लंबी अवधि के निवेश के लिए आपको इंडेक्स, लार्ज और मिड-कैप, मल्टी-कैप, ईएलएसएस, मिड-कैप, स्मॉल-कैप और फॉरेन फंड का मिक्स चाहिए;
5. और भी कई शॉर्टलिस्ट बनाई जा सकती हैं, लेकिन कभी भी एक पर्फेक्ट शॉर्टलिस्ट संभव नहीं है; और
6. पर्फेक्ट, अच्छे का दुश्मन हो सकता है और आपको वैसे फैसले लेने से रोकता है जो शायद पर्फेक्ट नहीं होंगे।

10

योजनाओं का चुनाव

शुरुआती वर्षों की कड़ी मेहनत जब फल लाती है तो काफ़ी हद तक किस्मत की तरह दिखती है (लेकिन होती नहीं है)।

क्या आपने किसी पचास वर्षीय महिला को स्थानीय बाज़ार में सब्ज़ियां और फल चुनते देखा है? उसका पूरा ध्यान सही कीमत और गुणवत्ता पर होता है। फल-सब्ज़ियों को हल्के हाथ से ठोककर और दबाकर देखा जाता है। रंग, बनावट और आकार की सावधानीपूर्वक जांच की जाती है। कभी-कभी सब्ज़ी की सतह में नाखून चुभोकर उसके ताज़ा होने की पुष्टि की जाती है। इस पूरे दौरान सब्ज़ी बेचने वाले को उसके सामान की गुणवत्ता के कमज़ोर होने का ब्यौरा देते हुए कोशिश होती है कि कीमत में कमी हो जाए। लेकिन उस महिला की शुरुआत इस तरह से हुई नहीं थी। जब वो बच्ची थी, फल-सब्ज़ी बेचने वाला उसे जो कुछ भी देता था उसे वह घर ले आती थी। उसे पता नहीं था कि कैसे चुनाव किया जाए। लेकिन कई सालों तक अपना घर चलाने और अलग-अलग तरीके आजमाने के बाद, अब वह सबसे मुनासिब कीमत पर सबसे अच्छी चीज़ लेने में विशेषज्ञ बन गई है।

योजनाएं चुनना कुछ-कुछ वैसा ही है। आप बाज़ार में जाकर जो भी

टिप मिले या जो भी फंड चमकदार और अच्छा लगे उसे न खरीदें। आपके यूनिक पोर्टफोलियो के लिए फंड चुनना कला और विज्ञान दोनों है। मैं आपको फंड चुनने के लिए वही प्रक्रिया बताऊंगी जो मैं अपनाती हूं। ऐसा करने के कई दूसरे तरीके भी हो सकते हैं। मेरे रास्ते से फंड चुनने में थोड़ा समय लगता है। और लगते हैं मेहनत से भरे कई घंटे। लेकिन एक बार जब पोर्टफोलियो बन जाता है और हर स्कीम मेरे मनी बॉक्स में अपनी जगह के लिए संघर्ष करके पहुंची है, तो मैं इसे नहीं बदलती हूं। मैं साल में एक बार इसकी समीक्षा करती हूं। वक्त निकालकर और अपने पति के साथ बैठकर हम दोनों हर स्कीम को प्रदर्शन, जोखिम, लागत और कंसिस्टेंसी के पैमाने पर ठोक-बजाकर जांच करते हैं। हम एसेट एलोकेशन देखते हैं और फिर फैसला करते हैं कि अच्छा प्रदर्शन करने वाले एसेट क्लास को रखना है और खराब प्रदर्शन करने वाले एसेट क्लास को बाहर निकालना है। तय करते हैं कि कौन सा फंड बेचना है और कौन सा खरीदना है। यह चुनाव करने वाला हिस्सा है। पोर्टफोलियो को लागू करने का काम आने वाले हफ्तों या महीनों में निवेश की जाने वाली रकम के आधार पर होगा।

क्या हमें सबसे अच्छा रिटर्न मिलता है? मुझे यकीन है कि ऐसा नहीं होता होगा। क्या हमारे पास हमेशा सबसे अच्छा प्रदर्शन करने वाली स्कीम रहती है? शायद कभी नहीं। क्या हमें अपने पोर्टफोलियो की चिंता है? लगभग नहीं। क्या जब हमें पैसा चाहिए तब वह मौजूद रहता है? हर वक्त। हम जिस रास्ते पर चल रहे हैं, उस पर पैसे को चुपचाप गुनगुनाने की इजाज़त है, जबकि हम वो काम करते हैं जो हम करना पसंद करते हैं। पैसों से जुड़े फैसले साल में एक या दो बार होते हैं। उससे ज़्यादा नहीं। अगर आप मुझसे बाज़ार की वैल्यू पूछते हैं, तो ज़्यादातर दिनों में मुझे कोई अंदाज़ा नहीं रहता।

आपके पास चलने के लिए आपकी अपनी अलग सड़कें होंगी। अब आगे का कदम है प्रक्रिया। यह पर्फेक्ट तो नहीं है, लेकिन अच्छा है। मेरा सिद्धांत है: पर्फेक्ट को अच्छे का दुश्मन न बनने दें! जीवन में ऐसा कुछ भी नहीं है जो पर्फेक्ट हो। ऐसे पल होते हैं जो पर्फेक्शन के पास ले जाते हैं, लेकिन यह स्थिति लगातार नहीं रहती। जीवन के साथ-साथ अपने म्युचुअल फंड पोर्टफोलियो के बारे में इसे अगर आप समझ लें तो आप प्रदर्शन के दबाव से मुक्त हो जाएंगे और फिर कोई कदम उठाने से बचने

के दबाव से भी।

योजनाओं को शॉर्टलिस्ट करना

हज़ारों में से अधिकतम छह से दस फंडों को शॉर्टलिस्ट करना एक डराने वाला काम है। यहां तक कि उन कैटेगरीज़ को हटाने के बावजूद, जो उपयोगी नहीं हैं, आप पर दबाव होता है बची हुई कैटेगरीज़ में से उन स्कीमों को चुनने का, जिनमें आप अपने पैसे लगाने के लिए भरोसा कर सकते हैं।

फंडों को अच्छे प्रदर्शन, कम जोखिम, कम लागत और कंसिस्टेंसी के पैमानों से गुज़रना होता है। आंकड़ों को गहराई से समझना और योजना के अंदरूनी पहलुओं पर गौर करना ज़्यादातर निवेशकों के बस की बात नहीं है। मैं एक आसान रास्ता सुझाती हूं। भारत में कम से कम तीन भरोसेमंद म्युचुअल फंड डेटा कंपनियां हैं जो लीग टेबल, प्रदर्शन के पैमानों, जोखिम के आंकड़े, पोर्टफोलियो का ब्योरा और बाकी आंकड़ों का भंडार सामने लाती हैं। काम को आसान बनाने के लिए मैं इन्हें शुरुआती बिंदु की तरह इस्तेमाल करूंगी।

तीन कंपनियां हैं जिनके पास योजनाओं को स्टार रेटिंग और रैंकिंग देने की एक परिभाषित प्रक्रिया है: वैल्यू रिसर्च, मॉर्निंगस्टार और क्रिसिल।[1,2,3]

स्टार रेटिंग को अच्छे से समझने के लिए एक औसत निवेशक की क्या ज़रूरत हो सकती है, इसके लिए मुझे वैल्यू रिसर्च का इस्तेमाल करना सबसे आसान लगता है। यह भी अच्छा आइडिया है कि एक रेटिंग से योजनाओं को चुना जाए और फिर यह देखा जाए इनमें से कितनी योजनाएं बाकी दो में भी शामिल हैं।

फंड को शॉर्टलिस्ट करने के चरण

सबसे पहला चरण, वह कैटेगरी चुनें जिसकी एक या दो योजनाओं को आप लेना चाहते हैं। चलिए, हम मान लेते हैं कि वह कैटेगरी है लार्ज एंड मिड-कैप। साथ ही, यह भी मान लें कि आपने इस कैटेगरी को दस साल से अधिक के अपने लक्ष्य के हिस्से के रूप में चुना है। लेकिन इस कैटेगरी

में पच्चीस से अधिक योजनाएं हैं और हमें चाहिए सिर्फ एक।

अब, स्टार रेटिंग और रैंकिंग देखें। उनमें से ज़्यादातर पहले से ही अपनी टॉप-रेटेड स्कीमों में से जोखिम भरे विकल्पों को हटाने के लिए एक फिल्टर के रूप में रिस्क-एडजस्टेड रिटर्न (अध्याय 7 में पृष्ठ 130 देखें) का इस्तेमाल करते हैं। हम इससे शुरुआत कर सकते हैं और फिर अपना तरीका बना सकते हैं। सिर्फ फाइव-स्टार रेटेड नहीं, बल्कि फोर-स्टार रेटेड स्कीम भी चुनें। टॉप रैंक के साथ-साथ दूसरी रैंकिंग वाली स्कीम भी। कंसिस्टेंट फंड रैंकिंग में ऊपर-नीचे होते रहते हैं और हो सकता है कि फंड मैनेजर के लिए एकाध साल अच्छे ना गए हों। अब, हमारे पास एक लंबी सूची तैयार है। इस कैटेगरी में यह संख्या लगभग दस से बारह होगी। पच्चीस से चौंतीस योजनाओं की तुलना में आगे रिसर्च के लिए इस संख्या को मैनेज किया जा सकता है। बेहतर यह रहेगा कि एक एक्सेल शीट बनाएं या किसी पन्ने पर आप अलग-अलग कंपनियों की रेटिंग और रैंकिंग के मुताबिक अलग-अलग स्कीमों को लिखें।

आपके पन्ने या वर्कशीट पर यह कैसा दिख सकता है, जांच करने के लिए टेबल 10.1 देखें।

टेबल 10.1

कैटेगरी का नाम: लार्ज एंड मिडकैप				
		रेटिंग 1	रेटिंग 2	रेटिंग 3
1	फंड 1	✓	✓	✓
2	फंड 2	✓		
3	फंड 3		✓	✓
4	फंड 4	✓	✓	✓
5	फंड 5	✓	✓	✓
6	फंड 6	✓		
7	फंड 7	✓		
8	फंड 8		✓	✓

कैटेगरी का नाम: लार्ज एंड मिडकैप				
		रेटिंग 1	रेटिंग 2	रेटिंग 3
9	फंड 9			✓
10	फंड 10	✓	✓	

तीसरा चरण, इस जानकारी को फिलहाल एक तरफ रख दें। पूरी प्रक्रिया खत्म होने के बाद हम इस पर लौटेंगे। अब हम योजनाओं को शॉर्टलिस्ट करने के लिए प्रदर्शन, कंसिस्टेंसी, जोखिम और लागत के पैमानों पर गहराई से विचार करेंगे। उन डेटा साइटों में से एक चुनिए, जो आपको अलग-अलग फंड हाउसों, कैटेगरीज़ और स्कीमों के अलग-अलग पैमानों के बारे में जानकारी देते हैं। मैं वैल्यू रिसर्च के आंकड़ों का इस्तेमाल कर रही हूं, लेकिन इन आंकड़ों के बहुत सारे विकल्प हैं और यहां आने वाले समय में लगातार नए विकल्प आते रहेंगे; इसलिए, अगर कोई बेहतर विकल्प आता है तो उसका इस्तेमाल करें। अब शुरुआत करें प्रदर्शन के आंकड़ों से और जितने लंबे समय तक के आंकड़े उपलब्ध हैं, उनका इस्तेमाल करें।

टेबल 10.2 में, मैंने बीस साल के प्रदर्शन इतिहास वाली स्कीमों को सूचीबद्ध किया है। हमें इस समयावधि के लिए डायरेक्ट ऑप्शन (इसका क्या अर्थ है यह याद करने के लिए अध्याय 5 में पृष्ठ 76 पर जाएं) के आंकड़े नहीं मिलते हैं। इसलिए, मैंने रेगुलर ऑप्शन चुना है, सिर्फ यह देखने के लिए कि योजनाएं बहुत लंबी अवधि में कितना कंसिस्टेंट परफॉर्मेंस दिखाती हैं। ये आंकड़े असली हैं, लेकिन मैं योजनाओं के नाम और तारीख नहीं बता रही हूं, ताकि यह न लगे कि मैं किसी स्कीम का सुझाव दे रही हूं। इस अभ्यास का उद्‌देश्य आपके खुद के रिसर्च को बढ़ावा देना है—वेबसाइटों पर 'निवेश करने के लिए टॉप फंड' पता लगाने के ढेरों संसाधन होते हैं और मैं उस शोर को बढ़ाने नहीं जा रही हूं!

टेबल 10.2

20 साल की अवधि में रैंक और परफॉर्मेंस			
	नाम	रैंक	रिटर्न (%)
1	फंड 1	1/6	22.05
2	फंड 2	2/6	20.81
3	फंड 3	3/6	18.85
सभी रेगुलर फंड			

यह बीस साल के इतिहास के साथ उपलब्ध छह फंडों के असली आंकड़े हैं, मैं टॉप तीन को चुन रही हूं। मैं उन योजनाओं पर गौर कर रही हूं जो टॉप 2 क्वार्टाइल में जगह बनाती हैं। अगर हमारे पास 100 योजनाएं हैं, तो टॉप पच्चीस योजनाएं पहला क्वार्टाइल का हिस्सा हैं, अगली पच्चीस दूसरे क्वार्टाइल का, उसके बाद की पच्चीस योजनाएं तीसरे क्वार्टाइल का और आखिरी पच्चीस योजनाएं चौथे क्वार्टाइल का हिस्सा हैं। इसके बाद, हम तालिका 10.3 में पंद्रह साल के रिटर्न इतिहास को देखने जा रहे हैं। हम इस अवधि के लिए भी रेगुलर प्लान ऑप्शन का इस्तेमाल कर रहे हैं।

टेबल 10.3

15 साल की अवधि में रैंक और परफॉर्मेंस			
	नाम	रैंक	रिटर्न (%)
1	फंड 4	1/14	12.81
2	फंड 1	2/14	10.23
3	फंड 5	3/14	10.19
4	फंड 6	4/14	10.11
5	फंड 2	5/14	9.52
6	फंड 7	6/14	9.22
7	फंड 8	7/14	9.20
सभी रेगुलर फंड			

अब चुनने के लिए हमारे पास चौदह योजनाएं हैं और मैं टॉप सात को ले रही हूं जो पहले और दूसरे क्वार्टाइल में हैं। हम देखते हैं कि फंड 1 और फंड 2 दोनों इस सूची में दिखाई देते हैं, लेकिन फंड 3 नहीं। इसके बाद, हम तालिका 10.4 में दस साल के रिटर्न को देखते हैं, और इस अवधि से हमारे पास डायरेक्ट प्लान के ऑप्शन मिल जाते हैं।

टेबल 10.4

10 साल की अवधि में रैंक और परफॉर्मेंस			
	नाम	रैंक	रिटर्न (%)
1	फंड 9	1/15	22.28
2	फंड 4	2/15	20.32
3	फंड 1	3/15	16.65
4	फंड 10	4/15	16.21
5	फंड 11	5/15	16.09
6	फंड 8	6/15	15.82
7	फंड 2	7/15	15.67
8	फंड 12	8/15	15.33
9	फंड 5	9/15	15.08
सभी डायरेक्ट फंड			

यहां पंद्रह फंड हैं और हम टॉप नौ पर नज़र डालते हैं। फंड 1 और फंड 2 यहां भी दिखाई देते हैं। अब हमारे पास फंड 4, 5 और 8 हैं जो पंद्रह साल की अवधि के साथ-साथ दस साल की अवधि में भी टॉप दो क्वार्टाइल में दिख रहे हैं। देखें कि जैसे-जैसे हम समय अवधि बदलते हैं, योजनाओं की रैंकिंग कैसे ऊपर-नीचे हो रही हैं। बीस साल पहले की टॉप रैंक वाली योजना दस साल की अवधि में तीसरे स्थान पर आ गई है। और फंड 3 लीग टेबल से पूरी तरह गायब हो गया है। अब हम टेबल 10.5 में पांच साल के रिटर्न डेटा को देखते हैं।

टेबल 10.5

5 साल की अवधि में रैंक और परफॉर्मेंस			
	नाम	रैंक	रिटर्न (%)
1	फंड 9	1/18	13.38
2	फंड 11	2/18	12.97
3	फंड 12	3/18	12.95
4	फंड 10	4/18	12.73
5	फंड 5	5/18	12.53
6	फंड 13	6/18	12.38
7	फंड 1	7/18	12.29
8	फंड 4	8/18	11.43
9	फंड 8	9/18	11.18
सभी डायरेक्ट फंड			

अब हमारे पास चुनने के लिए अठारह फंड हैं और हम टॉप नौ पर विचार करेंगे। फंड 1 अभी भी यहां है, हालांकि फंड 2 बाहर हो गया है। फंड 4, 5 और 8 ने फिर से जगह बनाई है। फंड 9, 10, 11 और 12 नए कैंडीडेट हैं।

आप समझ रहे हैं कि मैं क्या कर रही हूं? इसके बाद, टेबल 10.6 में तीन साल की रैंकिंग है।

टेबल 10.6

3 साल की अवधि में रैंक और परफॉर्मेंस			
	नाम	रैंक	रिटर्न (%)
1	फंड 15	1/25	27.09
2	फंड 16	2/25	22.18

3 साल की अवधि में रैंक और परफॉर्मेंस			
	नाम	रैंक	रिटर्न (%)
3	फंड 5	3/25	21.74
4	फंड 1	4/25	20.49
5	फंड 13	5/25	20.27
6	फंड 4	6/25	19.75
7	फंड 9	7/25	19.68
8	फंड 17	8/25	19.87
9	फंड 12	9/25	19.60
10	फंड 18	10/25	19.28
सभी डायरेक्ट फंड			

यहां पच्चीस योजनाएं हैं और हम टॉप दस पर नज़र डालते हैं—जैसे-जैसे योजनाओं की संख्या बढ़ रही है, हम दूसरे क्वार्टाइल में नीचे के नामों को हटाना शुरू कर रहे हैं। अपनी योजनाएं तय करने के लिए तीन साल और एक साल के आंकड़ों पर निर्भर ना रहें, जैसा कि कुछ वितरक चाहेंगे कि आप ऐसा करें। लेकिन अगर हमें किसी फंड स्कीम की कंसिस्टेंसी का अंदाज़ा लगाना है तो आज से करीबी समयावधि के प्रदर्शन को ज़रूर देखना चाहिए। हम देख रहे हैं कि फंड 1 अभी भी यहां मौजूद है। क्या बात है, फंड 1! साथ ही, फंड 4, 5 और 9 भी लगातार अपनी जगह बनाए हुए हैं।

कुछ नाम पहले से ही फंडों की इस सूची से बाहर हो रहे हैं। लेकिन हम अभी फैसला नहीं ले रहे हैं। बस, हम इन चीज़ों पर गौर कर रहे हैं। समझिए कि मैं समय के साथ परफॉर्मेंस की कंसिस्टेंसी जांचने की कोशिश कर रही हूं। जिन स्कीमों का जिक्र हो रहा है, उनमें से ज़्यादातर टॉप दो क्वार्टाइल में रहती हैं। अगर कोई फंड पांच में से कम से कम तीन समय अवधि में दिखाई नहीं देता है, तो मैं उसे हटा दूंगी। चलिए, अब टेबल 10.7 पर नज़र डालते हैं।

टेबल 10.7

परफॉर्मेंस की कंसिस्टेंस को कैसे देखें	
फंड 1	सभी समय अवधियों में मौजूद
फंड 2	पांच में से तीन समय अवधियों में मौजूद
फंड 4	पांच में से चार समय अवधियों में मौजूद
फंड 5	पांच में से चार समय अवधियों में मौजूद
फंड 8	पांच में से तीन समय अवधियों में मौजूद
फंड 9	पांच में से तीन समय अवधियों में मौजूद
फंड 12	पांच में से तीन समय अवधियों में मौजूद

अब हमारे पास जोखिम और लागत को गहराई से देखने के लिए केवल सात फंडों की एक छोटी सूची है। हम हर कदम पर योजनाओं की संख्या कम करने की कोशिश कर रहे हैं ताकि हम दो या तीन तक पहुंच सकें, जिनमें से पोर्टफोलियो के आकार और ज़रूरी डाइवर्सिफिकेशन के आधार पर हम एक या दो को चुन सकते हैं। देखें कि फंड 1 हर टाइम पीरियड में है, फंड 4 और 5 पांच में से चार टाइम पीरियड में हैं। ये बात इन फंडों के पक्ष में जाती है।

अब आता है चौथा चरण जिसमें हम जोखिम की जांच करेंगे। ऐसा करने के लिए मैंने वैल्यू रिसर्च पर फंड कंपेयर टूल का इस्तेमाल किया।[4] आपको जो भी प्लेटफॉर्म या टूल सेट बेहतर लगता है, उसका इस्तेमाल करें। मैंने सात फंडों को शॉर्टलिस्ट किया है और अब उन पर बारीकी से नज़र डालने जा रही हूं। हमें जोखिम के उन पैमानों को देखने की ज़रूरत है जिन पर अध्याय 7 में चर्चा की गई थी और उन्हें अब लागू करके देखना होगा। जोखिम के बारे में फिर से पढ़ने के लिए पृष्ठ 135, अध्याय 7 पर जाएं।

रिस्क रेश्योज़ का अपने आप में कोई मतलब नहीं होता है। उन्हें शॉर्टलिस्ट किए गए फंडों के पैमानों से जोड़कर देखा जाना चाहिए। इस फ़िल्टर का उपयोग करते हुए, आइए देखें कि हमारे फंड, अल्फा के आधार पर टेबल 10.8 में रिस्क के फ़िल्टर पर कैसा प्रदर्शन करते हैं।

टेबल 10.8

शॉर्टलिस्ट किए गए फंड के जोखिम का मापन								
फंड का नाम	फंड का रिस्क ग्रेड	फंड का रिटर्न ग्रेड	रिस्क-ओ-मीटर	स्टैंडर्ड डेविएशन	शार्प रेश्यो	सॉर्टिनो रेश्यो	बीटा	अल्फा
फंड 5	औसत	औसत से ज़्यादा	बहुत ऊंचा	24.14	0.80	0.88	1.02	4.15
फंड 4	औसत	औसत से ज़्यादा	बहुत ऊंचा	21.87	0.80	0.86	0.93	3.46
फंड 1	औसत से कम	ऊंचा	बहुत ऊंचा	23.99	0.77	0.77	1.01	3.46
फंड 12	कम	औसत से ज़्यादा	बहुत ऊंचा	21.56	077	0.86	0.93	2.74
फंड 9	औसत से कम	ऊंचा	बहुत ऊंचा	22.59	0.77	0.84	0.98	2.69
फंड 2	औसत	औसत	बहुत ऊंचा	23.37	0.65	0.68	1.00	0.16
फंड 8	औसत	औसत से कम	बहुत ऊंचा	21.05	0.60	0.63	0.90	-0.77

ध्यान दें कि हर मामले में रिस्क-ओ-मीटर पर रिस्क ग्रेड बहुत ऊंचा है। सेबी सभी इक्विटी फंडों को ज़्यादा जोखिम वाला मानता है, इसलिए इस जानकारी का यहां कोई मतलब नहीं है। ज़्यादातर एनालिस्ट कंपनियां रिस्क और रिटर्न ग्रेड का अपना मूल्यांकन करेंगी। ये अच्छे सूचक हैं कि स्कीम ने रिटर्न देने के लिए कितना जोखिम उठाया है। हम स्कीमों को अल्फा—यानी बेंचमार्क से ज़्यादा रिटर्न के आधार पर ऊपर से नीचे के क्रम में रख रहे हैं। फंड 5 बेंचमार्क से ज़्यादा ऊंचा रिटर्न दिखा रहा है, लेकिन मानक विचलन से मापा गया इसका जोखिम भी सबसे ज़्यादा है। यह शार्प और सॉर्टिनो रेश्योज़ पर अच्छा प्रदर्शन कर रहा है, लेकिन बीटा

1 से अधिक है।

ऊंचे अल्फा के मामले में अगले स्थान पर है फंड 4, लेकिन कम मानक विचलन और जोखिम के बाकी पैमानों पर अच्छा प्रदर्शन कर रहा है। हमारा लॉन्ग टर्म परफॉर्मर फंड 1 अल्फा पर अच्छा प्रदर्शन कर रहा है, लेकिन मानक विचलन पर इतना अच्छा नहीं है।

टेबल 10.8 में जोखिम की विशेषताएं बताई गई हैं, लेकिन यह एक औसत निवेशक को उलझाने वाली हो सकती है। मैं आपको बताऊं कि यह मुझे भी डराती है। अल्फा, बीटा, सॉर्टिनो—डरावने सपने से निकली चीज़ें लगती हैं। कितना रिस्क लिया गया और कितना रिटर्न मिला, इसकी बेहतर तस्वीर तक पहुंचने के लिए अपने विश्लेषण में उस रिस्क और रिटर्न ग्रेड को शामिल करें, जो वैल्यू रिसर्च ने दिया है। फंड 1 और 9 औसत से कम जोखिम और ऊंचा रिटर्न दिखा रहे हैं। फंड 4, 5, 8 और 12 औसत जोखिम और औसत से ज़्यादा रिटर्न दिखा रहे हैं।

पांचवां चरण है लागत पर नज़र डालना। पुराने वाले टूल पर ही हम अपनी फंड स्कीमों का एक्सपेंस रेश्यो (अध्याय 6 में पृष्ठ 103 देखें) देख सकते हैं। इसे टेबल 10.9 में दर्शाया गया है।

टेबल 10.9

एक्सपेंस रेश्यो	
फंड का नाम	एक्सपेंस रेश्यो (%)
फंड 5	1.11
फंड 1	1.05
फंड 2	0.92
फंड 9	0.68
फंड 8	0.66
फंड 4	0.60
फंड 12	0.48

फंड 5 डायरेक्ट प्लान पर चार्ज कर रहा है 1.11 फीसदी और फंड 1

कर रहा है 1.05 फीसदी। फंड 12 आधे से भी कम 0.48 प्रतिशत चार्ज कर रहा है। एक्सपेंस रेश्यो बेहद अहम हैं, खासकर उन सालों के दौरान, जब फंड बेंचमार्क से कम रिटर्न दे रहा हो। रिटर्न हर तरह की लागतों को घटाकर दिखाया जाता है, इसलिए हमें उस फंड हाउस को ध्यान में रखना चाहिए जो काफी कम शुल्क ले रहा है। यह फंड की साफ़ नीयत को दर्शाता है।

याद रखें कि हमने अध्याय 6 में क्या पढ़ा था—एसेट अंडर मैनेजमेंट के ऊपर जाने के बावजूद फंड मैनेजमेंट की लागत नहीं बढ़ती है।

इन सभी बातों को ध्यान में रखते हुए और लंबी अवधि के प्रदर्शन को देखते हुए, जो चार फंड सामने आते हैं वे हैं फंड 1, फंड 4, फंड 5 और फंड 9। इसका मतलब यह नहीं है कि बाकी निवेश के लायक नहीं हैं। साथ ही, याद रखें कि प्रदर्शन और दूसरे पैमाने लगातार बदल रहे हैं और हमारी कोशिश है कि बाकी सभी पैमानों से ज़्यादा अहमियत हम कंसिस्टेंसी को दें। कंसिस्टेंसी, रिटर्न, लागत और जोखिम के मापदंडों पर फंड 1 अच्छा दिख रहा है। अंत में, चारों के बीच चुनाव इस बात पर भी निर्भर करेगा कि आप फंड हाउस को कैसे देखते हैं। ये सभी जाने-माने नाम हैं और हो सकता है कि आप किसी एएमसी को दूसरे से ज़्यादा पसंद करते हों।

दोबारा जांच करें कि क्या यहां शॉर्टलिस्ट किए गए फंड दूसरी लीग तालिकाओं में शामिल हैं या नहीं (चरण दो)। यह सिर्फ पुष्टि करने के लिए है कि हमारी प्रक्रिया सही है। अगर स्कीमों का एक ही सेट अलग-अलग स्वतंत्र विश्लेषणों से निकल कर सामने आ रहा है, तो यह निष्कर्ष निकालना उचित है कि शॉर्टलिस्ट किए गए फंड वास्तव में एक व्यापक प्रक्रिया से गुज़र रहे हैं। यह सुनिश्चित करने के लिए कि फंड का साल खास तौर पर खराब नहीं रहा हो, एक साल के प्रदर्शन की भी जांच करें। अगर प्रदर्शन खराब है तो यह जांच करें कि क्या फंड मैनेजर या फंड हाउस मैनेजमेंट में कोई बदलाव हुआ है। हो सकता है कि फंड के लिए यह सिर्फ एक कमज़ोर साल रहा हो।

आप थोड़ी और गहराई से जांच कर सकते हैं और एसआईपी रिटर्न और फंड मैनेजर की कंसिस्टेंसी जैसे अन्य पैमाने भी देख सकते हैं। आप जो भी पैमाना चुनें, इन सात में से एक अलग-अलग पायदान पर

दिखाई ज़रूर देगा। अंतिम फैसला इस बात पर निर्भर करता है कि आप किसे अधिक महत्व देते हैं। क्या लगातार अच्छा प्रदर्शन करने वाला होना कुछ सालों में ऊंचे रिटर्न के पैमाने से अधिक महत्वपूर्ण है? क्या कम लागत आपको ज़्यादा आत्मविश्वास देती है? क्या फंड मैनेजर का लंबा कार्यकाल आपको ज़्यादा सहज बनाता है? आपको इनमें से कुछ सवालों के जवाब देने होंगे और फिर वह योजना चुननी होगी जिसमें आप निवेश करना चाहते हैं। ऐसा नहीं है कि सिर्फ एक उत्तर सही होगा। आप एक ऐसी योजना की तलाश में हैं जिसे आपको कम से कम एक दशक तक बदलना न पड़े। मुनासिब जोखिम और लागत पैमानों के साथ लंबी अवधि के एक कंसिस्टेंट परफॉर्मर के साथ जाएं।

अक्सर, लोग मुझसे कहते हैं: मैं बहुत बदकिस्मत हूं। मैं निवेश करना शुरू करता हूं और फंड का प्रदर्शन कमज़ोर हो जाता है। मैं उन्हें बताना चाहूंगी: आप इतने महत्वपूर्ण नहीं हैं कि किसी स्कीम में आपकी खरीदारी उसके पुराने प्रदर्शन को बदल देगी। किसी और वजह की तलाश करें—बेशक, मैं उनसे ऐसा नहीं कहती, लेकिन मैं इस बात को यहां किताब में कह सकती हूं! याद रखें कि आप बदकिस्मत नहीं हैं। किस्मत की भूमिका तब आती है जब आप बाज़ार के भविष्य का अंदाज़ा लगाने की कोशिश करते हैं। अगर आप इतनी मेहनत करने के बाद किसी स्कीम को चुनते हैं और उसका एक साल खराब हो गया है, तो उसे उबरने का समय दें। एक फंड जिसने दस साल अच्छा प्रदर्शन किया है, सिर्फ एक साल खराब होने की वजह से वह बंद नहीं हो जाएगा।

कम अवधि में बेहतर प्रदर्शन करने वाले

अक्सर ऐसे फंड हाउस सामने आएंगे जो इंडस्ट्री में नए हैं और अच्छा प्रदर्शन दिखाने, लागत कम करने और जोखिम प्रबंधन करने के लिए बहुत मेहनत करते हैं। अगर आपको छोटी अवधि में अच्छा प्रदर्शन करने वाले ऐसे किसी फंड के बारे में पता लगता है, तो जोखिम के पैमानों और लागत पर गहराई से विचार करने के लिए उसे शॉर्टलिस्ट करें। हालांकि यह आपकी पहली पसंद नहीं होगा, लेकिन कैटेगरी में डाइवर्सिफिकेशन के लिए इस पर विचार किया जा सकता है। पांच साल से कम प्रदर्शन इतिहास वाले फंड हाउस और स्कीम में जोखिम बहुत ज़्यादा होता है, इसलिए यह

नज़रिया केवल उस निवेशक के लिए अच्छा है जिसने म्युचुअल फंड में निवेश करने के दौरान कम से कम एक बार मंदी का दौर देख रखा है।

उदाहरण के लिए, फंड 15 का तीन साल का रिटर्न बहुत अच्छा था और लागत और जोखिम के पैमानों पर यह नंबर एक पर था। लेकिन एक साल के प्रदर्शन के आधार पर यह सबसे निचले पायदान पर था। तीन साल और एक साल की रैंकिंग के बीच यह नंबर एक से गिरकर तेईसवें नंबर पर आ गया। इसलिए मैं ज़्यादातर बाकी पैमानों के मुकाबले लंबी अवधि में कंसिस्टेंट रिटर्न को सबसे ज़्यादा प्राथमिकता देती हूं।

डेट फंड

फंड स्कीम चुनने के लिए यह कहीं ज़्यादा मुश्किल कैटेगरी है क्योंकि छोटी अवधि की स्कीम में बॉन्ड पोर्टफोलियो अक्सर बदल जाता है और हो सकता है कि जितने समय तक आपने स्कीम में निवेश किया है, उस दौरान पोर्टफोलियो के बॉन्ड अपनी क्रेडिट क्वालिटी गंवा दें। चलिए, मनी मार्केट फंड से हम अपनी स्कीम चुनने की प्रक्रिया शुरू करते हैं। ये वैसे फंड हैं जिनका उपयोग हम आज से दो साल बाद तक की पैसे से जुड़ी ज़रूरतों के लिए करते हैं। लेकिन रिटर्न की कंसिस्टेंसी देखने के लिए हम टेबल 10.10 में लॉन्ग-टर्म परफॉर्मेंस से शुरुआत करते हैं।

टेबल 10.10

10 साल की अवधि में रैंक और परफॉर्मेंस			
	नाम	रैंक	रिटर्न (%)
1	फंड 1	1/12	7.52
2	फंड 2	2/12	7.43
3	फंड 3	3/12	7.43
4	फंड 4	4/12	7.35
5	फंड 5	5/12	7.27
6	फंड 6	6/12	7.25
सभी डायरेक्ट फंड			

ध्यान दें कि टॉप छह फंडों के रिटर्न में ज़्यादा अंतर नहीं है। हालांकि, बारहवां फंड 6.47 प्रतिशत के रिटर्न के साथ पूरा एक प्रतिशत कम रिटर्न दिखा रहा है। साफ़ तौर पर, हमें टॉप 2 क्वार्टाइल के फंडों पर नज़र रखनी होगी, साथ ही कुछ और विशेषताओं पर भी गौर करने की ज़रूरत है। अब, हम टेबल 10.11 में पांच साल के रिटर्न डेटा को देख रहे हैं।

टेबल 10.11

5 साल की अवधि में रैंक और परफॉर्मेंस			
	नाम	रैंक	रिटर्न (%)
1	फंड 4	1/12	6.37
2	फंड 6	2/12	6.29
3	फंड 7	3/12	6.25
4	फंड 1	4/12	6.20
5	फंड 8	5/12	6.19
6	फंड 9	6/12	6.15
सभी डायरेक्ट फंड			

पांच साल की अवधि के दौरान, टॉप क्वार्टाइल में रिटर्न में अंतर दिखना शुरू हो गया है। फंड 1, 4 और 6 अभी भी टॉप 2 क्वार्टाइल में हैं, हालांकि फंड 1 अब चौथे स्थान पर खिसक गया है। हम अब टेबल 10.12 में तीन साल के डेटा को देखेंगे।

टेबल 10.12

3 साल की अवधि में रैंक और परफॉर्मेंस			
	नाम	रैंक	रिटर्न (%)
1	फंड 10	1/16	5.24
2	फंड 4	2/16	5.22

3 साल की अवधि में रैंक और परफॉर्मेंस			
	नाम	रैंक	रिटर्न (%)
3	फंड 6	3/16	5.19
4	फंड 11	4/16	5.07
5	फंड 7	5/16	5.02
6	फंड 9	6/16	5.00
7	फंड 8	7/16	4.99
8	फंड 1	8/16	4.98
सभी डायरेक्ट फंड			

तीन साल के डेटा में कई योजनाएं हैं जो अभी भी टॉप 2 क्वार्टाइल में आने लायक रिटर्न दिखा रही हैं। फंड 1, 4 और 6 अभी भी मौजूद हैं, लेकिन देखिए कि फंड 1 का प्रदर्शन लगातार गिरता जा रहा है, यह मुश्किल से दूसरे क्वार्टाइल में पहुंच पाता है। टेबल 10.13 में एक साल का रिटर्न डेटा है और इस कैटेगरी में अब बीस स्कीमें हैं।

टेबल 10.13

1 साल की अवधि में रैंक और परफॉर्मेंस			
	नाम	रैंक	रिटर्न (%)
1	फंड 7	1/20	5.18
2	फंड 10	2/20	5.14
3	फंड 12	3/20	5.07
4	फंड 8	4/20	5.06
5	फंड 4	5/20	5.04
6	फंड 13	6/20	5.02
7	फंड 11	7/20	5.01

1 साल की अवधि में रैंक और परफॉर्मेंस			
	नाम	रैंक	रिटर्न (%)
8	फंड 6	8/20	5.00
9	फंड 9	9/20	4.93
10	फंड 1	10/20	4.92
सभी डायरेक्ट फंड			

हमारे सामने कुछ नाम बार-बार सामने आ रहे हैं, फंड 1, 4 और 6 हर समयावधि के दौरान अच्छा रिटर्न देते हुए टॉप 2 क्वार्टाइल में बने हुए हैं। टेबल 10.14 में छह महीने के प्रदर्शन के आधार पर रैंक दिया गया है।

टेबल 10.14

6 महीने की अवधि में रैंक और परफॉर्मेंस			
	नाम	रैंक	रिटर्न (%)
1	फंड 10	1/20	3.08
2	फंड 7	2/20	3.06
3	फंड 4	3/20	3.04
4	फंड 6	4/20	3.01
5	फंड 8	5/20	3.01
6	फंड 9	6/20	2.99
7	फंड 11	7/20	2.99
8	फंड 12	8/20	2.99
9	फंड 1	9/20	2.98
10	फंड 13	10/20	2.96
सभी डायरेक्ट फंड			

टॉप दो क्वार्टाइल की सभी योजनाएं पहले भी मौजूद रही हैं। रिटर्न में बहुत थोड़ा अंतर है, लेकिन फंड के प्रदर्शन की कंसिस्टेंसी बिल्कुल साफ़ है। इसलिए, हम टेबल 10.15 में देखते हैं कि सभी समय अवधियों में टॉप दो क्वार्टाइल में कितने फंड रहे हैं।

टेबल 10.15

परफॉर्मेंस की कंसिस्टेंस को कैसे देखें	
फंड 1	सभी समय अवधियों में मौजूद
फंड 4	सभी समय अवधियों में मौजूद
फंड 6	सभी समय अवधियों में मौजूद
फंड 7	पांच में से तीन समय अवधियों में मौजूद
फंड 9	पांच में से तीन समय अवधियों में मौजूद
फंड 10	पांच में से तीन समय अवधियों में मौजूद
फंड 11	पांच में से तीन समय अवधियों में मौजूद

हमने जितनी समय अवधियां देखीं, उन सभी में फंड 1, 4 और 6 टॉप क्वार्टाइल में रहे। लेकिन हम सभी सात फंडों को सिर्फ यह देखने के लिए रखेंगे कि क्या कोई और कारक है जो जोखिम और लागत मीट्रिक पर बेहतर प्रदर्शन कर सकता है। रिटर्न में अंतर कुछ आधार अंकों का है और हमें इन्हें रिस्क-ग्रेड पर्सिस्टेंसी और एक्सपेंस-रेश्यो एफिशिएंसी के पैमानों पर परखेंगे।

रिस्क-ओ-मीटर लिक्विडिटी, ब्याज़ दर और क्रेडिट जोखिम के पैमानों पर किसी फंड को आंकने का एक उपयोगी संकेतक है। रिस्क-ओ-मीटर का उपयोग कैसे करें, इसे समझने के लिए वापस जाएं और अध्याय 7 में पृष्ठ 136 पढ़ें। टेबल 10.16 में हर शॉर्टलिस्टेड स्कीम के सामने उसकी रिस्क-ओ-मीटर रीडिंग दिखाई गई है।

टेबल 10.16

रिस्क-ओ-मीटर	
फंड 1	मध्यम (मॉडरेट)
फंड 4	मध्यम
फंड 6	मध्यम
फंड 7	मध्यम
फंड 9	मध्यम
फंड 10	मध्यम
फंड 11	मध्यम

सभी फंड रिस्क-ओ-मीटर पर मध्यम जोखिम दिखा रहे हैं। हमें समय-समय पर इस जोखिम स्तर पर नज़र रखने की ज़रूरत होती है और इसलिए, हम सेबी के नियम की ओर रुख करते हैं जो कहता है कि म्युचुअल फंड हाउसों को किसी वित्त वर्ष में रिस्क-ओ-मीटर की रीडिंग में आए बदलावों का खुलासा करना होगा। हालांकि इक्विटी फंड के लिए इसका ज़्यादा इस्तेमाल नहीं होता है क्योंकि सभी इक्विटी फंड ज़्यादा जोखिम के साथ दिखाए जाते हैं। लेकिन सेबी का यह नियम डेट फंड कैटेगरी में बहुत उपयोगी है जिसमें समय के साथ पोर्टफोलियो की क्रेडिट गुणवत्ता और अवधि में भारी बदलाव आ सकता है। हम एम्फी की मदद ले सकते हैं जिसके पास सभी फंड हाउसों के लिंक होते हैं, जहां जोखिम में बदलाव को दिखाया जाना चाहिए।[5]

रिस्क-ओ-मीटर में बदलाव को टेबल 10.17 में दर्ज किया गया है। हमने पाया है कि कुछ फंड हाउसों ने इस डेटा को अपडेट नहीं किया है या वे रिस्क-ओ-मीटर में बदलाव का पता लगाना आसान नहीं बना रहे हैं। डेट फंडों के मामले में यह वाकई में एक महत्वपूर्ण पैमाना है और डेटा की खराब क्वालिटी किसी शॉर्टलिस्टेड स्कीम को ठुकराने के लिए काफ़ी है।

टेबल 10.17

रिस्क-ओ-मीटर में बदलाव (वित्त वर्ष 22)	
फंड 1	0
फंड 4	0
फंड 6	0
फंड 7	2 (वित्त वर्ष 21 के आंकड़े)
फंड 9	2
फंड 10	0 (वित्त वर्ष 21 के आंकड़े)
फंड 11	1

यह सच्चाई कि इंडस्ट्री रेगुलेटर की बात पर ध्यान नहीं देती है, तब सामने आती है जब आप डेटा पर गहराई से नज़र डालना शुरू करते हैं। जहां फंड 1, 4, 6, 9 और 11 ने वित्त वर्ष 2022 के लिए रिस्क-ओ-मीटर का खुलासा किया, दो फंड पिछले वर्ष के डेटा दिखा रहे थे। जब आप चुनाव कर रहे हों तो इस डेटा को ना दिखाना फंड के खिलाफ जाने वाली वजह है। आंकड़े यह भी दिखा रहे हैं कि फंड, 1, 4 और 6 में वित्त वर्ष 2022 में रिस्क में कोई बदलाव नहीं देखा गया—यह सकारात्मक पहलू है।

अब हमें एक्सपेंस रेश्यो पर नज़र डालने की ज़रूरत है। डेट फंड में लागत मायने रखती है क्योंकि रिटर्न कम होता है और एक महंगा फंड आपके रिटर्न को घटा सकता है। चुनी गई योजनाएं टेबल 10.18 में लगभग समान लागत दिखा रही हैं।

टेबल 10.18

एक्सपेंस रेश्यो	
फंड का नाम	एक्सपेंस रेश्यो (%)
फंड 10	0.17
फंड 4	0.21

एक्सपेंस रेश्यो	
फंड का नाम	एक्सपेंस रेश्यो (%)
फंड 6	0.21
फंड 7	0.21
फंड 9	0.21
फंड 11	0.21
फंड 1	0.23

वैसे तो लागत मायने रखती है, लेकिन ज़रूरी नहीं कि सबसे सस्ता सबसे अच्छा भी हो। शॉर्टलिस्ट किए गए फंडों में फंड 1 सबसे महंगा और फंड 10 सबसे सस्ता है। सभी फंडों की लागत का दायरा 0.26 प्रतिशत और 0.13 प्रतिशत के बीच है—इसलिए चुने गए ज़्यादातर फंड लागत मीट्रिक के ऊपरी सिरे की तरफ हैं। चूंकि हमें प्रदर्शन में स्थिरता और जोखिम रेटिंग पसंद है, इसलिए हम बाज़ार में सबसे सस्ते फंडों के मुकाबले ज़्यादा एक्सपेंस रेश्यो चुकाना पसंद करते हैं।

स्कीम चुनना

मनी मार्केट फंड को उनके ऊंचे रिटर्न के लिए नहीं खरीदा जाता है। न ही सबसे कम खर्चीला होने के कारण। सभी सात फंडों पर रिटर्न, लागत और जोखिम ज़्यादातर एक जैसे दिखते हैं। एक्सपेंस रेश्यो भी एक जैसे हैं।

मैं फंड 1, 4 और 6 में से चुनाव करूंगी क्योंकि समय के साथ उनके प्रदर्शन में स्थिरता है, एक्सपेंस रेश्यो एक जैसे हैं और वित्त वर्ष 2022 में रिस्क-ओ-मीटर में कोई बदलाव नहीं दिखा है। फंड 4 बाकी दो के समान जोखिम के साथ टॉप क्वार्टाइल में है, जिसका एक्सपेंस रेश्यो फंड 1 से थोड़ा कम है। यह देखते हुए कि तीनों फंड जोखिम और लागत के पैमानों पर काफ़ी हद तक एक जैसे हैं, शॉर्टलिस्ट किए गए इन तीन फंडों में से सबसे ज़्यादा कंसिस्टेंट रिटर्न वाले फंड के साथ जाना समझदारी है।

गौर कीजिए कि मैं आपको स्कीम चुनने का रास्ता बताने की

कोशिश कर रही हूं। मैं आपको खरीदने के लिए फंडों की सूची नहीं दे रही हूं, मैं आपको एक प्रक्रिया, एक नुस्खा दे रही हूं जिसे आप अपनी ज़रूरतों के मुताबिक इस्तेमाल कर सकते हैं और सुधार सकते हैं। मैंने जो फंड चुने हैं, उनके आंकड़े और नाम दो साल बाद काफ़ी अलग दिख सकते हैं। इसलिए, स्कीम के नामों का अनुमान लगाने की कोशिश न करें, बल्कि उस वक्त का इस्तेमाल प्रक्रिया को समझने में करें और फिर खुद से यह अभ्यास करें।

स्कीम का चुनाव करना कोई आसान काम नहीं है। लेकिन अगर आप एक औसत पोर्टफोलियो के लिए ज़रूरी छह से दस स्कीमें चुनने के लिए यह अभ्यास बार-बार करेंगे, तो आप इस प्रक्रिया में अच्छी तरह से पारंगत हो जाएंगे। एक बार जब आपके पास अपनी स्कीमों की सूची तैयार हो जाए, तो यह देखने के लिए सालाना ऑडिट करें कि क्या स्कीम या फंड हाउस के प्रदर्शन में कोई बड़ा बदलाव हुआ है। एक कमज़ोर साल का मतलब यह नहीं है कि आप स्कीम से निकल जाएं।

वह मेहनत का काम था। लेकिन हमें जो सिस्टम मिला, वह बड़ी मात्रा में डेटा प्रोसेसिंग पर निर्भर नहीं है, और पहली बार म्युचुअल फंड में निवेश कर रहे लोगों के काम आ सकती है। यहां तक पहुंचने के लिए वर्कशीट और डेटा सेट का उपयोग करने के कई तरीके हैं, लेकिन कुछ ही लोगों के पास जटिल एक्सेल शीट पर काम करने की काबिलियत होती है। हो सकता है कि आपके पास सभी समय अवधियों में टॉप परफॉर्मेंस देने वाली स्कीम नहीं हो, लेकिन आपके पास उचित जोखिम और लागत के साथ दस से बीस वर्षों में लगातार अच्छा प्रदर्शन करने वाली स्कीम होगी।

चुनने के लिए फंडों की सबसे आसान कैटेगरी है इंडेक्स फंड। ये उन लोगों के लिए बेहतरीन उत्पाद हैं जो एक्टिव फंड चुनने में समय और मेहनत बर्बाद नहीं करना चाहते। लेकिन इंडेक्स फंड का चुनाव करना भी मुश्किल होता जा रहा है। चलिए, अगले अध्याय में इसका तरीका निकालते हैं।

स्कीमें चुनना आसान नहीं है और ऐसी प्रक्रिया का होना ज़रूरी है जिसे आप खुद समझ सकें। लगातार बड़ी मात्रा में आंकड़ों में सिर खपाने और आपको मिलने वाली हरेक टिप पर खरीदारी करने के बीच एक मध्य मार्ग भी है। फंड चुनने के लिए एक सिस्टम होने से आपकी यह समझ भी बेहतर होती है कि आपका डिस्ट्रीब्यूटर या प्लानर किस तरह से स्कीमों की सूची बना रहा है।

आप सही रास्ते पर हैं अगर आप समझते हैं कि

1. किसी स्कीम में रिटर्न की स्थिरता बेहद महत्वपूर्ण है;
2. किसी साल की सबसे अच्छा प्रदर्शन करने वाली स्कीम अगले साल सबसे खराब प्रदर्शन भी दिखा सकती है;
3. ऐसी स्कीम जो लगातार टॉप क्वार्टाइल में आती है, वह निवेश के लिए अच्छा विकल्प है;
4. इस स्कीम का प्रदर्शन जोखिम के पैमानों पर शॉर्टलिस्ट की गई दूसरी स्कीमों के मुकाबले बेहतर होना ज़रूरी है;
5. इसे चुनी गई दूसरी स्कीमों के मुकाबले लागत के मामले में भी बेहतर ज़रूर होना चाहिए; और
6. डेट स्कीमों के लिए रिस्क-ओ-मीटर बेहद महत्वपूर्ण है।

11

इंडेक्स निवेश

रास्ता कोई भी आसान नहीं होता है। कुछ रास्ते ऐसे होते हैं जो दूसरों के मुकाबले आसान होते हैं।

अगर आप अध्याय 10 में बताए गए काम नहीं करना चाहते हैं और ना ही आपको फंड मैनेजर का जोखिम उठाना है तो इंडेक्स फंड एक शानदार विकल्प हैं। इसमें आपको अपने पैसे को निवेश करना है और फिर बेफिक्र हो जाना है। ऐसे बहुत से अध्ययन हैं जो दर्शाते हैं कि कुल मिलाकर पैसिव इन्वेस्टर्स एक्टिव फंड इन्वेस्टर्स की तुलना में बेहतर प्रदर्शन करते हैं। आप अपने इक्विटी पोर्टफोलियो में एक्टिव और पैसिव दोनों फंडों को रख सकते हैं। लेकिन पैसिव फंड में निवेश के लिए भी थोड़ा काम तो करना होगा, और जब आप अगला हिस्सा पढ़ लेंगे, आप कहेंगे: इसे तो फंड चुनने का आसान रास्ता होना था और यहां हम फिर से ढेर सारे विकल्पों और आंकड़ों से जूझ रहे हैं। मैं आपको कुछ आसान तरीके बताऊंगी जिससे आप उलझन को कम कर सकेंगे और फैसले लेने के आपके चरण घट जाएंगे। लेकिन कमर कस लें, इस पर भी ध्यान देने और काम करने की ज़रूरत होगी।

बात पैसे की के अध्याय 8 और 9 से इंडेक्स और पैसिव निवेश के

बारे में अपनी समझ को ताज़ा करें।

हम किसी इंडेक्स फंड में निवेश करने के लिए तैयार हैं, लेकिन पहली बाधा में अटक जाते हैं—हमें किस इंडेक्स के साथ जाना चाहिए? एनएसई पर चुनने के लिए इकहत्तर सूचकांक हैं।[1] चलिए, यहां विकल्पों को कम करते हैं। सबसे आसान पैसिव निवेश रणनीति है भारतीय शेयर बाजार के दो सबसे पुराने व्यापक-बाज़ार सूचकांकों में से एक के साथ जाना। व्यापक बाज़ार (ब्रॉड मार्केट) का मतलब है कि इंडेक्स के स्टॉक शेयर बाज़ार की सबसे बड़ी और सबसे मशहूर कंपनियों से जुड़े हैं। एसएंडपी बीएसई सेंसेक्स में तीस स्टॉक हैं और निफ्टी 50 में पचास स्टॉक हैं जो इंडेक्स (सूचकांक) बनाते हैं। पच्चीस वर्षों से अधिक के आंकड़े मौजूद होने की वजह से इन दोनों सूचकांकों के पुराने रिटर्न की जांच करना आसान है। लंबे इतिहास और अग्रणी सूचकांकों के रूप में उनके इस्तेमाल का मतलब यह भी है कि अन्य नए सूचकांकों की तुलना में इन सूचकांकों से जुड़ी स्कीमें भी ज़्यादा हैं, जिससे निवेशकों को बाज़ार के एक छोटे हिस्से के लिए बनाए गए नए विशेष सूचकांक की तुलना में ज़्यादा विकल्प मिलते हैं। उदाहरण के लिए, निफ्टी अल्फा लो-वोलैटिलिटी 30 इंडेक्स पर आधारित सिर्फ दो स्कीमें बाज़ार में हैं।

यह भी ध्यान दें कि फंड मैनेजर की शैली कुछ विशिष्ट सूचकांकों के साथ जुड़ जाती है और यह आपके लिए ज़्यादा जोखिम भरी हो सकती है। पूरे तौर पर पैसिव निवेश करने वालों के लिए ऐसे सूचकांकों और योजनाओं से दूर रहने की ज़रूरत है—आपके लिए किसी मैनेज्ड फंड में निवेश करना बेहतर है बजाय इसके कि आप उस पैसिव फंड में निवेश करें, जिसे आप सुरक्षित मान रहे थे लेकिन दरअसल उसमें किसी विशेष निवेश शैली या रणनीति अपनाई जा रही थी। जिसे आप सुरक्षित सवारी समझ रहे थे, उसमें दिक्कतें आना किसी असुरक्षित सवारी का सामना करने से भी बदतर है, क्योंकि आप पहले से ही इसके लिए तैयार थे।

अपना इंडेक्स फंड चुनने के लिए ये कदम उठाएं।

पहला कदम। अपना चुनाव केवल इंडेक्स फंड्स के बीच से करें, ईटीएफ से नहीं। ईटीएफ स्टॉक की तरह सूचीबद्ध होते हैं और जब आप खरीदने या बेचने जाते हैं, तो दूसरी तरफ कोई विक्रेता या खरीदार मौजूद होता है। हालांकि ऐसे मार्केट मेकर्स होते हैं जिनका काम लिक्विडिटी बनाए

रखना होता है, लेकिन कभी-कभी ऐसा भी हो सकता है कि आप बेचने जाते हैं और पर्याप्त खरीदार नहीं होते हैं। इंडेक्स फंड अलग होते हैं—इनकी यूनिट म्युचुअल फंड द्वारा ही बेची और खरीदी जाती हैं। आप जो कुछ भी बेच रहे हैं, फंड हाउस को उसे लागू एनएवी पर वापस खरीदना होगा। जब तक बाज़ार में कोई बड़ी आपदा न हो, जैसे कि मार्च 2020 की गिरावट, जब कुछ डेट फंडों से पैसे निकालने पर रोक लगा दी गई थी, भारतीय म्युचुअल फंड बाज़ार में ऐसे हालात नहीं आए हैं कि निवेशक को ज़रूरत हो और वह किसी स्कीम की यूनिट ना बेच पाए। निवेशकों की रिडेम्पशन से जुड़ी मांगों को पूरा करने के लिए म्युचुअल फंड अपने पास नकदी का बफर रखते हैं। इसलिए, हम यहां सिर्फ इंडेक्स फंडों पर ही चर्चा कर रहे हैं और ईटीएफ को पैसिव फंडों की लंबी सूची से हटा रहे हैं।

दूसरा कदम। इंडेक्स फंडों का विकल्प केवल उन्हीं फंडों तक सीमित करें जो अग्रणी सूचकांकों पर आधारित हैं। ये सूचकांक हैं निफ्टी 50 और एसएंडपी बीएसई सेंसेक्स और दोनों सूचकांकों की रिटर्न हिस्ट्री एक जैसी है। आप एम्फी की वेबसाइट पर इन फंडों की लंबी सूची देख सकते हैं।[2] आप पैसिव फंडों की सूची के लिए वैल्यू रिसर्च और मनी कंट्रोल का भी इस्तेमाल कर सकते हैं। वहां दूसरे डेटा सेट भी होंगे—उस सेट का इस्तेमाल करें जिस पर आपको आज भरोसा है और साथ ही यह विश्वास भी है कि डेटा सोर्स आगे भी जारी रहेगा।

उन सभी योजनाओं को शॉर्टलिस्ट करें जिनमें बेंचमार्क के रूप में एसएंडपी बीएसई सेंसेक्स टोटल रिटर्न इंडेक्स और निफ्टी 50 टोटल रिटर्न इंडेक्स हैं। इस सूची से ईटीएफ हटा दें और केवल इंडेक्स फंड रखें। एम्फी के वेबपेज पर एक 'डाउनलोड एक्सेल' विकल्प है जिसका उपयोग आप अपनी शीट बनाने के लिए कर सकते हैं। 185 पैसिव फंडों में से, हमारे पास केवल तेईस इंडेक्स फंड बचे हैं, बाकी ईटीएफ हैं। इनमें से केवल पांच एसएंडपी बीएसई सेंसेक्स पर आधारित हैं और बाकी निफ्टी 50 पर आधारित हैं। आप शॉर्टलिस्टेड नामों को टेबल 11.1 में देख सकते हैं। मैं स्कीमों का नाम नहीं ले रही हूं, हालांकि स्कीम को अंतिम रूप से चुनने में व्यक्तिगत विवेक का इस्तेमाल बहुत कम हो रहा है। जब हम इंडेक्स फंड के साथ जाने का फैसला कर रहे होते हैं तो निवेशक की पसंद पर दबाव डालने के लिए बहुत कुछ होता नहीं है, फिर भी मैं यहां नामों का

उल्लेख नहीं करूंगी। फिर से, याद दिला दूं कि जैसे-जैसे नए फंड ब्रॉड मार्केट इंडेक्स फंड लाना शुरू करेंगे, सूची बड़ी होती जाएगी। ये आंकड़े वैल्यू रिसर्च से लिए गए हैं।

टेबल 11.1

सेंसेक्स और निफ्टी 50 पर आधारित इंडेक्स फंड			
	स्कीम का नाम	बेंचमार्क	एयूएम (करोड़ रुपए)
1	फंड 1 निफ्टी इंडेक्स फंड	निफ्टी 50 टोटल रिटर्न इंडेक्स	510.62
2	फंड 2 निफ्टी इंडेक्स फंड	निफ्टी 50 टोटल रिटर्न इंडेक्स	195.18
3	फंड 3 निफ्टी इंडेक्स फंड	निफ्टी 50 टोटल रिटर्न इंडेक्स	259.04
4	फंड 4 निफ्टी इंडेक्स फंड	निफ्टी 50 टोटल रिटर्न इंडेक्स	11.21
5	फंड 5 निफ्टी इंडेक्स फंड	निफ्टी 50 टोटल रिटर्न इंडेक्स	497.13
6	फंड 6 निफ्टी इंडेक्स फंड	निफ्टी 50 टोटल रिटर्न इंडेक्स	7,429.25
7	फंड 7 निफ्टी इंडेक्स फंड	निफ्टी 50 टोटल रिटर्न इंडेक्स	137.05
8	फंड 8 निफ्टी इंडेक्स फंड	निफ्टी 50 टोटल रिटर्न इंडेक्स	3,935.36
9	फंड 9 निफ्टी इंडेक्स फंड	निफ्टी 50 टोटल रिटर्न इंडेक्स	199.56

सेंसेक्स और निफ्टी 50 पर आधारित इंडेक्स फंड			
	स्कीम का नाम	बेंचमार्क	एयूएम (करोड़ रुपए)
10	फंड 10 निफ्टी इंडेक्स फंड	निफ्टी 50 टोटल रिटर्न इंडेक्स	585.44
11	फंड 11 निफ्टी इंडेक्स फंड	निफ्टी 50 टोटल रिटर्न इंडेक्स	253.76
12	फंड 12 निफ्टी इंडेक्स फंड	निफ्टी 50 टोटल रिटर्न इंडेक्स	53.15
13	फंड 13 निफ्टी इंडेक्स फंड	निफ्टी 50 टोटल रिटर्न इंडेक्स	228.78
14	फंड 14 निफ्टी इंडेक्स फंड	निफ्टी 50 टोटल रिटर्न इंडेक्स	633.61
15	फंड 15 निफ्टी इंडेक्स फंड	निफ्टी 50 टोटल रिटर्न इंडेक्स	631.74
16	फंड 16 निफ्टी इंडेक्स फंड	निफ्टी 50 टोटल रिटर्न इंडेक्स	3,221.01
17	फंड 17 निफ्टी इंडेक्स फंड	निफ्टी 50 टोटल रिटर्न इंडेक्स	359.44
18	फंड 18 निफ्टी इंडेक्स फंड	निफ्टी 50 टोटल रिटर्न इंडेक्स	9,407.45
19	फंड 19 एसएंडपी बीएसई सेंसेक्स फंड	एसएंडपी बीएसई सेंसेक्स टोटल रिटर्न इंडेक्स	4,150.77
20	फंड 20 एसएंडपी बीएसई सेंसेक्स फंड	एसएंडपी बीएसई सेंसेक्स टोटल रिटर्न इंडेक्स	643.47

सेंसेक्स और निफ्टी 50 पर आधारित इंडेक्स फंड			
	स्कीम का नाम	बेंचमार्क	एयूएम (करोड़ रुपए)
21	फंड 21 एसएंडपी बीएसई सेंसेक्स फंड	एसएंडपी बीएसई सेंसेक्स टोटल रिटर्न इंडेक्स	69.45
22	फंड 22 एसएंडपी बीएसई सेंसेक्स फंड	एसएंडपी बीएसई सेंसेक्स टोटल रिटर्न इंडेक्स	363.53
23	फंड 23 एसएंडपी बीएसई सेंसेक्स फंड	एसएंडपी बीएसई सेंसेक्स टोटल रिटर्न इंडेक्स	171.96

तीसरा कदम। छोटी योजनाओं को हटाने के लिए एसेट अंडर मैनेजमेंट के फ़िल्टर का इस्तेमाल करें। हम अच्छे परफॉर्मेंस और कम से कम 500 करोड़ रुपये के आकार वाली एक स्कीम की तलाश कर रहे हैं। छोटे फंड, अगर नए नहीं हैं, तो हो सकता है कि फंड हाउस का ध्यान उन फंड्स पर नहीं हो। छोटे, पुराने पैसिव फंडों से बचना चाहिए, साफ़ तौर पर ऐसी स्कीमें फंड हाउस की नज़रों में नहीं हैं। इस फ़िल्टर का उपयोग करते हुए, हमारे पास चुनने के लिए केवल दस योजनाएं बची हैं जैसा कि टेबल 11.2 में दिखाया गया है। जब टॉप दस में स्कीमों की संख्या बढ़ने लगे तो पैसिव फंडों में निवेश के आकार को देखते हुए 1,000 करोड़ रुपये के फ़िल्टर का इस्तेमाल करें, और इसी तरह फ़िल्टर का साइज़ बढ़ाते रहें।

टेबल 11.2

सेंसेक्स और निफ्टी 50 पर आधारित इंडेक्स फंड (एयूएम की रैंकिंग के मुताबिक)			
	स्कीम का नाम	बेंचमार्क	एयूएम (करोड़ रुपए)
1	फंड 18	निफ्टी 50 टोटल रिटर्न इंडेक्स	9,407.45

सेंसेक्स और निफ्टी 50 पर आधारित इंडेक्स फंड (एयूएम की रैंकिंग के मुताबिक)			
	स्कीम का नाम	बेंचमार्क	एयूएम (करोड़ रुपए)
2	फंड 6	निफ्टी 50 टोटल रिटर्न इंडेक्स	7,429.25
3	फंड 19	एसएंडपी बीएसई सेंसेक्स टोटल रिटर्न इंडेक्स	4,150.77
4	फंड 8	निफ्टी 50 टोटल रिटर्न इंडेक्स	3,935.36
5	फंड 16	निफ्टी 50 टोटल रिटर्न इंडेक्स	3,221.01
6	फंड 20	एसएंडपी बीएसई सेंसेक्स टोटल रिटर्न इंडेक्स	643.47
7	फंड 14	निफ्टी 50 टोटल रिटर्न इंडेक्स	633.61
8	फंड 15	निफ्टी 50 टोटल रिटर्न इंडेक्स	631.74
9	फंड 10	निफ्टी 50 टोटल रिटर्न इंडेक्स	585.44
10	फंड 1	निफ्टी 50 टोटल रिटर्न इंडेक्स	510.62

चौथा कदम। अब हम ग्रुप के भीतर कम लागत वाली स्कीमों की तलाश के लिए एक्सपेंस रेश्यो को देखते हैं। हो सकता है कि सबसे सस्ता सबसे अच्छा ना हो क्योंकि हमें यह देखना होगा कि स्कीम का रिटर्न इंडेक्स से कितना नज़दीक है। इसे हम टेबल 11.3 में देखते हैं। ध्यान दें कि नंबर 1 और नंबर 10 के दौरान एक्सपेंस रेश्यो बहुत अलग हैं। अब हमें यह जांचने की ज़रूरत है कि पैसिव फंड का रिटर्न इंडेक्स रिटर्न से कितना नज़दीक है।

टेबल 11.3

इंडेक्स फंड (एक्सपेंस रेश्यो की रैंकिंग के मुताबिक)			
	स्कीम का नाम	एक्सपेंस रेश्यो	एयूएम (करोड़ रुपए)
1	फंड 14	0.06	633.61
2	फंड 10	0.10	585.44
3	फंड 8	0.17	3,935.36
4	फंड 16	0.18	3,221.01
5	फंड 18	0.20	9,407.45
6	फंड 6	0.20	7,429.25
7	फंड 19	0.20	4,150.77
8	फंड 15	0.20	631.74
9	फंड 20	0.29	643.47
10	फंड 1	0.32	510.62

पांचवां कदम। जांचें कि क्या पैसिव फंड वास्तव में अपना काम कर रहा है। आपको इंडेक्स रिटर्न मिल रहा है या नहीं, यह जानने के लिए हम ट्रैकिंग एरर नाम के मापक का इस्तेमाल करते हैं। आप एम्फी की वेबसाइट पर ट्रैकिंग एरर के आंकड़े लगातार देख सकते हैं।[3]

ट्रैकिंग एरर की परिभाषा तकनीकी है: यह इंडेक्स फंड और उसके टार्गेट इंडेक्स के बीच रिटर्न में अंतर का सालाना स्टैंडर्ड डेविएशन (मानक विचलन) है। इसका मतलब यह है कि ट्रैकिंग एरर से पता चलता है कि स्कीम का प्रदर्शन उस इंडेक्स से कितना दूर है जिसे वह ट्रैक करता है। आदर्श रूप से कोई अंतर नहीं होना चाहिए—प्लस या माइनस—क्योंकि निवेशक की तरफ से मैंडेट है कि इंडेक्स के बराबर का रिटर्न मिले। इस एरर की माप जितनी कम होगी, स्कीम का प्रदर्शन इंडेक्स के उतना ही करीब होगा।

बड़े ट्रैकिंग एरर का एक कारण ऊंचा एक्सपेंस रेश्यो है। अगर किसी स्कीम का एक्सपेंस रेश्यो ज़्यादा है, तो रिटर्न और इंडेक्स रिटर्न के बीच अंतर ज़्यादा दिखेगा। दूसरा कारण यह है कि फंड को रिडेम्पशन के

लिए नकदी अलग रखनी पड़ती है और इससे इंडेक्स शेयरों में निवेशित रकम कम हो जाती है जिसका नतीजा होता है इंडेक्स से रिटर्न में अंतर। टेबल 11.4 में, एयूएम, एक्सपेंस रेश्यो और ट्रैकिंग एरर के आंकड़े एक साथ एक जगह पर है।

अब हम छह योजनाओं पर आ गए हैं क्योंकि मैं 0.10 प्रतिशत से अधिक ट्रैकिंग एरर वाली योजनाओं को छोड़ रही हूं।

टेबल 11.4

इंडेक्स फंड (एरर ट्रैकिंग की रैंकिंग के मुताबिक)				
	स्कीम का नाम	एक्सपेंस रेश्यो	एयूएम (करोड़ रुपए)	ट्रैकिंग एरर (%)
1	फंड 16	0.18	3,221.01	0.03
2	फंड 18	0.20	9,407.45	0.03
3	फंड 6	0.20	7,429.25	0.04
4	फंड 19	0.20	4,150.77	0.04
5	फंड 14	0.06	633.61	0.04
6	फंड 8	0.17	3,935.36	0.07

बड़े एसेट अंडर मैनेजमेंट, अलग-अलग पैमानों से जुड़े आंकड़ों की कम से कम पांच साल की मौजूदगी, ट्रैकिंग की कम गलतियां और कम एक्सपेंस रेश्यो वाली कोई स्कीम अच्छी होती है। इसे सबसे कम होने की ज़रूरत नहीं है क्योंकि यह पैमाना समय के साथ बदल जाएगा। याद रखें कि यह किसी भी तरह से ऐसी सूची नहीं है जिसमें पैसे लगाने की सिफारिश मैं कर रही हूं। एयूएम, एक्सपेंस रेश्यो और ट्रैकिंग की गलतियों के आंकड़े समय के साथ बदलते रहेंगे। यहां आपको एक प्रक्रिया सिखाई जा रही है ताकि किसी स्कीम का चुनाव आप स्वयं कर सकें। डेटा लिंक्स आपको किसी स्कीम का नाम और मेट्रिक्स डाउनलोड करने और उस स्कीम को शॉर्टलिस्ट करने की अनुमति देते हैं जो आपके निवेश जीवन में लगभग पूरे समय आपके साथ रहेगी।

याद रखें कि अपने एक्सपेंस रेश्यो को कम रखने और समय के साथ ट्रैकिंग की कम गलतियां करने के अच्छे ट्रैक रिकॉर्ड वाली स्कीम चुनना वास्तव में महत्वपूर्ण है क्योंकि कैपिटल गेन्स टैक्स की वजह से एक स्कीम से दूसरी स्कीम में जाने की लागत बढ़ जाती है। जब तक टैक्स डिपार्टमेंट एक एसेट क्लास में मुनाफा होने के बाद उसे निकालकर फिर से उसी एसेट क्लास में निवेश करने के बावजूद मुनाफे पर कर लगाने की इस समस्या का समाधान नहीं देता, तब तक स्कीम का चुनाव और भी महत्वपूर्ण हो जाता है।

अब हमें कैटेगरीज़ और उनके भीतर स्कीमों को शॉर्टलिस्ट करने का एक तरीका मिल गया है। अब हम अगले अध्याय में कुछेक मॉडल पोर्टफोलियो बनाएंगे। नए निवेशक के लिए इक्विटी फंड का स्वाद चखने के लिए इंडेक्स फंड एक बेहतरीन विकल्प हैं। इंडेक्स फंड उस निवेशक के लिए भी सही हैं जो एक्टिव फंड्स को ट्रैक नहीं करना चाहता है और बाज़ार के औसत रिटर्न को पाकर संतुष्ट है। ब्रॉड मार्केट इंडेक्स फंड आपके इक्विटी पोर्टफोलियो के कम जोखिम वाले हिस्से को सुरक्षित करने का एक अच्छा तरीका है।

आप सही रास्ते पर हैं अगर आप समझते हैं कि

1. सेंसेक्स या निफ्टी 50 इंडेक्स फंड के साथ निवेशित रहना लॉन्ग-टर्म के लिए शानदार इक्विटी स्ट्रैटजी है;
2. आपको सिर्फ औसत मार्केट रिटर्न मिलेगा, उससे ज़्यादा कुछ नहीं;
3. जो इंडेक्स समझ नहीं आता, उससे दूर रहना ही बेहतर है;
4. इंडेक्स फंड का एक्सपेंस रेश्यो कम ही रहना चाहिए
5. उनमें ट्रैकिंग की गलतियां कम होनी चाहिए; और
6. डेट इंडेक्स फंड नए हैं और उनमें विकल्पों की संख्या बढ़ने में थोड़ा वक्त लगेगा।

12

पोर्टफोलियो

आध्यात्मिक मंत्र 'एकमात्र वस्तु जिसे आप नियंत्रित कर सकते हैं वह स्वयं आप हैं' इसका निवेश में सुंदर अनुवाद है—इकलौती चीज़ जिस पर आप नियंत्रण रख सकते हैं वह है आपका एसेट एलोकेशन।

मुझसे अभी भी यह सवाल पूछा जाता है और मुझे अभी भी इसका जवाब नहीं पता: मुझे पांच फंड्स बताएं जिनमें निवेश करना है। मैं आमतौर पर सिर्फ सुझाव देती हूं कि वे *बात पैसे की* पढ़ें। मैं उन्हें कैसे बताऊं कि यह पक्का नहीं है कि जिन पांच फंड्स का नाम आज मैं लूंगी वे एक दशक बाद भी उतना ही अच्छा प्रदर्शन करेंगे? मैं उन्हें कैसे बताऊं कि पोर्टफोलियो बनाने के लिए किसी पार्टी में मिले किसी के सुझाव से कहीं अधिक ध्यान देने की ज़रूरत होती है।

मैं उन्हें कैसे समझाऊं कि वे इस तरह से सुझाव मांगकर और उसे लागू करके अपने वित्तीय भविष्य को नष्ट कर रहे हैं? मुझे यकीन है कि जवाब देने से इनकार करके मैं घमंडी या गैर मददगार लग सकती हूं। लेकिन वित्तीय रूप से अनुभवहीन एक व्यक्ति के प्रति मेरा कर्तव्य है कि मैं अपने बारे में इस राय का जोखिम लेने के लिए तैयार हूं बजाय इसके

कि उन्हें किसी ऐसे रास्ते पर भेज दूं जिसका अंत पक्के तौर पर अच्छा नहीं होगा। एक रास्ता जिसकी मैं सिफारिश करती हूं वह यह है कि वे एसएंडपी बीएसई सेंसेक्स या निफ्टी 50 जैसे मार्केट इंडेक्स के पैसिव या इंडेक्स फंड में निवेश करें। लेकिन इस बारे में थोड़ी देर बाद बात करते हैं।

इस अध्याय में अब तक हमने जो कुछ किया है, उन सभी का इस्तेमाल किया जा रहा है। हम ऐसा पोर्टफोलियो बनाने के स्तर पर हैं जिसमें मुख्य तौर पर म्युचुअल फंड हों। मुख्य रूप से? हां, चलिए इस अध्याय में आगे देखते हैं कि इसका क्या मतलब है।

पोर्टफोलियो एसेट्स का बेहद निजी और व्यक्तिगत संग्रह होते हैं जो आज से भविष्य की किसी तारीख में आपको पैसे उपलब्ध करने के हिसाब से डिज़ाइन किए जाते हैं। 75 वर्ष के किसी अकेले आदमी का पोर्टफोलियो जिसके कोई बच्चे नहीं हैं, और जिसे जीवन भर पेंशन मिलेगी, उसी उम्र के उस व्यक्ति से बहुत अलग होगा, जिसकी पत्नी उस पर निर्भर है। पहले मामले में, वह व्यक्ति इस इच्छा के साथ पैसे जुटा रहा होगा कि वह अपनी चहेती भतीजी के लिए कुछ पैसे छोड़कर जाए और दूसरे मामले में मौजूदा आमदनी का स्तर बनाए रखने पर ज़ोर होगा।

एसेट-एलोकेशन की समस्या का समाधान

जब आप अपना पोर्टफोलियो बनाने के बारे में सोचते हैं तो पहला फैसला जो आपको लेना होता है, वो है डेट और इक्विटी के बीच पैसों के आवंटन का। मैं इस बात पर ज़ोर नहीं डाल सकती कि आपकी पूरी फाइनेंशियल लाइफ के लिए यह फैसला कितना अहम है। पोर्टफोलियो का डेट हिस्सा आपकी लाइफ जैकेट है, चाहे पानी उथला हो या गहरा। इसका सुरक्षा चक्र हमेशा बना रहता है। पोर्टफोलियो का डेट हिस्सा छोटी अवधि में पैसों की ज़रूरत और लंबी अवधि में इक्विटी के उतार-चढ़ाव से पोर्टफोलियो को बचाने के लिए होता है।

अगला सवाल है: इन अलग-अलग एसेट क्लास को मैं किस अनुपात में रखूं? आपके पोर्टफोलियो के लिए इक्विटी का कितना बड़ा आकार पर्याप्त है, इसके कई नियम हैं। *बात पैसे की* में, आपकी उम्र के हिसाब से इक्विटी एलोकेशन तय करने के लिए मैंने '100 माइनस आपकी

उम्र' का नियम इस्तेमाल किया है। अस्सी की उम्र में भी आप इक्विटी में 20 प्रतिशत निवेशित हैं। चालीस की उम्र में, आपका 60 प्रतिशत निवेश इक्विटी में होना चाहिए।

यह नियम याद रखने के लिहाज से उपयोगी है, लेकिन इस सवाल का जवाब निकालने के लिए एक और तरीका है। एलोकेशन तय करने के लिए आज से वित्तीय लक्ष्य की सामयिक दूरी का इस्तेमाल करें। तुरंत की ज़रूरतों के लिए, आपके बैंक खाते में पैसे होने चाहिए। तीन साल के अंदर पैसों की ज़रूरतों के लिए, डेट इंस्ट्रूमेंट्स में 100 प्रतिशत निवेश होना चाहिए। तीन से सात साल की ज़रूरतों के लिए, डेट और इक्विटी में निवेश का प्रतिशत बदलता रहेगा। तीन साल के करीब होने पर ज़्यादा हिस्सा डेट में रखें, सात साल के करीब रहने पर ज़्यादा हिस्सा इक्विटी में रखें। पूरी समय अवधि के दौरान 10 प्रतिशत से 50 प्रतिशत के बीच के दायरे में इक्विटी रखें। सात साल से ज़्यादा दूर के लक्ष्य के लिए इक्विटी में निवेश परिस्थिति के अनुसार बदलते रहें। 50 प्रतिशत से शुरू करके 100 प्रतिशत इक्विटी तक जाएं। 10 साल से ज्यादा की ज़रूरत के लिए, पूरा पैसा इक्विटी में रखा जा सकता है।

आपको हमेशा लगेगा कि आपके लिए कहीं बेहतर रणनीति, कहीं बेहतर फंड और कहीं बेहतर रिटर्न मौजूद है। आपको हमेशा ऐसे लोग मिलेंगे जो आपसे कहेंगे कि आप पर्याप्त नहीं कर रहे। आप रिटर्न के इतने बड़े मौके से कैसे चूक गए। इससे बेचैन होने के बजाय, आप सिर्फ एक छोटा सा सवाल पूछिए: आपके पोर्टफोलियो का रिटर्न क्या है? डेट और इक्विटी में और सभी प्रोडक्ट्स में मिलाकर सालाना रिटर्न क्या है? जब आपको मोटे रिटर्न के अवसर चूकने की लंबी-चौड़ी कहानियां सुनाई जा रही हों, तब संतुलन हासिल करने के लिए यह एक आसान रास्ता है।

मैं कई वर्षों बाद एक बड़ी वेल्थ-मैनेजमेंट कंपनी के रीजनल हेड से मिल रही थी। हमारी बातचीत के दौरान, उन्होंने मुझे उन सभी सुपर फंड मैनेजरों के बारे में बताना शुरू कर दिया जिनकी वो तलाश करती हैं। वो कैसे अगले प्रशांत जैन (एचडीएफसी के पूर्व स्टार फंड मैनेजर) की तलाश करती हैं, इससे पहले कि वह मशहूर हों। वो लगातार ऊंचे अल्फा और ऊंचे रिटर्न के बारे में बताती रहीं। आखिरकार, मैंने उनसे पूछा, 'तो पोर्टफोलियो में आप सेंसेक्स से कितना ज़्यादा रिटर्न पा लेती हैं?' ओह,

दो या तीन प्रतिशत, उन्होंने लापरवाही से कहा। अब आप समझ गए होंगे कि मुझे आपको यह बताने की ज़रूरत नहीं होगी कि इतना सारा ड्रामा और ऊंची फीस इस तरह की आउटपरफॉर्मेंस के लिए गैर-ज़रूरी है।

सामाजिक मेल-जोल के दौरान किसी दांव में पैसे जीत जाने की बातें करना खुद को बढ़ा-चढ़ाकर दिखाने का तरीका है। ऐसी बातचीत से दूर रहिए। ध्यान से चुनाव कीजिए और बढ़ा-चढ़ाकर बात करने वालों को अपनी प्लानिंग पर असर मत डालने दीजिए। ऐसे लोग हर जगह हैं—सभी सोशल मीडिया चैनलों और साइट्स पर भी, और वे आपको बताएंगे कि सिर्फ उनके पास ही पूरी ज़िंदगी ऊंचा रिटर्न कमाने की रणनीति है।

इन जगहों से मिलने वाली सलाह बिना जांच-परख के दी जाती हैं और इनका मकसद अपने प्रोडक्ट बेचना होता है।

पोर्टफोलियो

नीचे बताए गए हर पोर्टफोलियो में, आपको समय के साथ पैसों की ज़रूरत को देखकर अपना खुद का एसेट एलोकेशन करना होगा। यहां मैं इक्विटी और डेट मिलाकर बुनियादी पोर्टफोलियो बनाऊंगी। डेट हिस्से के अंदर, पीएफ और पीपीएफ जैसी लंबी अवधि की परिसंपत्तियां हैं, और छोटी अवधि के लिए एफडी और डेट फंड हैं। इक्विटी वाले हिस्से में हर तरह के मार्केट कैप वाले इंडेक्स फंड और विदेशी फंड हैं।

जब आप इस ढांचे का इस्तेमाल करके अपनी विशिष्ट समस्याओं के हल के लिए अपना विशिष्ट पोर्टफोलियो बनाएंगे, तब यहां दिए गए पांच पोर्टफोलियो आपके सफर के लिए शुरुआती बिंदु बन सकते हैं। पोर्टफोलियो में पहले स्तर पर बहुत कम जोखिम है, जो पांचवें स्तर तक पहुंचने पर बहुत ज्यादा जोखिम वाला हो जाता है।

पहला स्तर: इक्विटी इंडेक्स फंड्स + पीएफ + पीपीएफ + एफडी

यह शुरुआती स्तर का पोर्टफोलियो एलोकेशन है। इसका मकसद म्युचुअल फंड के नए निवेशक की कम जोखिम के साथ शुरुआत करने में मदद करना है। इसे इस तरह सोचिए कि यह तालाब का कम गहरा किनारा है और अगर आप घबराकर पानी में नीचे जा रहे हैं तो आपके पास एक

लाइफ जैकेट है। लोगों के तो बाथटब में डूबने के भी मामले देखे गए हैं, स्विमिंग पूल के कम गहरे किनारे को तो छोड़ ही दीजिए—दरअसल, डूबने के एक चौथाई मामले पूल के कम गहरे हिस्से में ही होते हैं। इसलिए, मैं पोर्टफोलियो के एक हिस्से के रूप में सुरक्षित प्रोडक्ट्स का लाइफ जैकेट रख रही हूं।

पांच साल या उससे कम की ज़रूरतों के लिए पैसों को फिक्स्ड डिपॉज़िट में रखा गया है। डेट फंड्स का इस्तेमाल करने से पहले कुछ रिसर्च करने की ज़रूरत होती है, इसलिए मैं उन्हें पहले स्तर से ज़्यादा जोखिम वाले प्रोफाइल के लिए रखूंगी। रिटायरमेंट का पैसा आपके पीएफ खाते में है और पीपीएफ में जहां आपको सालाना 1.5 लाख रुपए तक निवेश की अनुमति होती है। दोनों ही निवेश योगदानों में आपको 80सी की टैक्स छूट मिलती है। जब आपको पैसे वापस मिलते हैं तो दोनों निवेश टैक्स फ्री होते हैं—निवेश की अवधि में ब्याज़ पर कोई टैक्स नहीं लगता और बाहर निकलने पर आपके मुनाफे पर भी कोई टैक्स नहीं लगता। ये दोनों भारत सरकार की ओर से मध्यम-वर्ग भारत के लिए एक तोहफे की तरह हैं। इनका इस्तेमाल कीजिए।

अगर आपको अपने काम-धंधे से पीएफ का फायदा नहीं मिलता—आप एक कर्मचारी हों या फुल टाइम एम्प्लॉयमेंट वाले कंसल्टेंट—आपको यह मानकर चलना होगा कि आपकी औसत मासिक आय का 12 प्रतिशत आपके रिटायरमेंट के लिए निवेश करने की ज़रूरत है। संगठित क्षेत्र की नौकरी में लोगों का पीएफ में निवेश उनकी बेसिक सैलरी का 12 प्रतिशत होता है। इसमें एम्प्लॉयर की तरफ से भी 12 प्रतिशत का योगदान दिया जाता है। इससे पीएफ में निवेश बेसिक सैलरी का 24 प्रतिशत हो जाता है। आमतौर पर बेसिक सैलरी कॉस्ट टू कंपनी (सीटीसी) की औसतन 40-50 प्रतिशत होती है। इसलिए, गिग कर्मचारी को अपनी औसत मासिक कमाई का 12 प्रतिशत रिटायरमेंट के लिए रखना चाहिए।

किसी व्यक्ति के लिए लंबी अवधि के डेट एलोकेशन में पीएफ के हिस्से की जगह कुछ और रखने का कोई बेहतर विकल्प नहीं है। नेशनल पेंशन सिस्टम एक अच्छा विकल्प है लेकिन रिटायरमेंट पर, 40 प्रतिशत रकम का इस्तेमाल किसी इंश्योरेंस कंपनी से एन्युटी खरीदने के लिए करना होता है। भारत में एन्युटी मार्केट उतना अच्छा नहीं है और इसका मतलब

है कि आपका अपनी रिटायरमेंट की 40 प्रतिशत रकम पर कंट्रोल चला जाएगा। हो सकता है कि आने वाले सालों में यह नियम बदल जाए, लेकिन इस किताब के लिखे जाने तक यही नियम है। इसलिए मेरी सलाह रहेगी कि अगर आपका रिटायरमेंट 10 साल या उससे दूर है तो पैसे जुटाने के लिए निफ्टी 50 या सेंसेक्स पर आधारित किसी इंडेक्स फंड का इस्तेमाल कीजिए।

ऐसा निवेशक जिसने कभी म्युचुअल फंड में निवेश नहीं किया है, उसकी शुरुआत के लिए इंडेक्स फंड एक शानदार रास्ता है। मैं इसे बार-बार दोहरा सकती हूं: म्युचुअल फंड के माध्यम से इक्विटी निवेश करना डेट फंड में निवेश के मुकाबले आसान है। सावधानी से अपना इंडेक्स फंड चुनिए (अध्याय 11 फिर से पढ़िए) और फिर अपनी लंबी अवधि की पूरी निवेश यात्रा में इसमें बने रहिए। लंबी अवधि में वेल्थ क्रिएशन का यह सबसे आसान, सबसे सुरक्षित, सबसे सस्ता रास्ता है।

दूसरा स्तर: इक्विटी इंडेक्स फंड + पीएफ + पीपीएफ + एफडी + डेट फंड

हम कुछ उद्देश्यों के लिए एफडी की जगह डेट फंड चुनकर इस पोर्टफोलियो में थोड़ा और जोखिम बढ़ा रहे हैं। इक्विटी का हिस्सा पहले स्तर जितना ही रहेगा, जिसमें लंबी अवधि के निवेश के लिए सिर्फ एक इंडेक्स फंड है।

छह महीने के अंदर आने वाली पैसों की ज़रूरतों के लिए, अगर आपका बैंक एफडी में स्वीप की सुविधा देता है तो इसका इस्तेमाल कीजिए, नहीं तो इसे सेविंग्स एकाउंट में ही रहने दीजिए। ज़रूरत के समय पैसों का पास रहना ऊंचे रिटर्न की इच्छा से कहीं ज़्यादा ज़रूरी है। बहुत छोटी अवधि में ऊंचे रिटर्न की इच्छा रखने से आपके रातों की जो नींद हराम होती है, उससे बचने के लिए आपको अपनी सोच में यह बदलाव करना ही होगा।

आपका इमरजेंसी फंड किसी बड़े सरकारी या निजी क्षेत्र के बैंक के फिक्स्ड डिपॉज़िट में रहेगा। कॉरपोरेट डिपॉज़िट और को-ऑपरेटिव बैंक डिपॉज़िट से दूर रहिए, हालांकि वे आपको ज़्यादा ब्याज़ दे सकते हैं। ऊंचा

रिटर्न हमेशा, हमेशा, हमेशा ऊंचे जोखिम के साथ आता है। इमरजेंसी फंड का पैसा कभी-कभी खाने-पीने और रोज़मर्रा के खर्चों का पैसा होता है। ऊंचे रिटर्न के चक्कर में आप उसकी सुरक्षा से समझौता नहीं कर सकते।

अब, एफडी से हटकर छोटी और मध्यम अवधि की ज़रूरतों के लिए डेट फंड्स में निवेश कीजिए। दो साल बाद की ज़रूरतों के लिए मनी मार्केट फंड्स का इस्तेमाल कीजिए और दो से सात साल बाद की ज़रूरतों के लिए बैंकिंग और पीएसयू बॉन्ड फंड चुनिए। अपने पोर्टफोलियो के लिए योजना चुनने की प्रक्रिया याद करने के लिए अध्याय 10 फिर से पढ़िए। एक से पांच साल की अवधि के लिए फंड चुनते वक्त अपने बैंक एफडी पर दिए जा रहे रिटर्न से तुलना ज़रूर करें। कई बार ऐसा भी होता है जब बैंक एफडी में बेहतर रिटर्न मिलता है और अगर आप कर सकें तो ऊंचे रिटर्न पर एफडी लॉक करना अच्छा रहता है।

तीसरा स्तर: इक्विटी इंडेक्स फंड + एक्टिव फंड + पीएफ + पीपीएफ + एफडी + डेट फंड

अब आप पूल के बीच में जा रहे हैं जहां आपके पैरों की उंगलियां ज़मीन से उठ सकती हैं, लेकिन आप अभी भी पूल के किनारों से ज़्यादा दूर नहीं हैं, ताकि किनारे की दीवार की सुरक्षा का अहसास आपको होता रहे।

इक्विटी एलोकेशन

इस पोर्टफोलियो से आपके मनी बॉक्स में कुछेक मैनेज्ड फंड्स शामिल होने लगते हैं। मैं 50 प्रतिशत इंडेक्स, 25 प्रतिशत एग्रेसिव हाइब्रिड और 25 प्रतिशत लार्ज एंड मिडकैप एलोकेशन के साथ शुरुआत करूंगी। अगर आप इक्विटी में 100 रुपये का निवेश कर रहे थे, तो आधा पैसा अभी भी सेंसेक्स या निफ्टी 50 पर आधारित एक इंडेक्स फंड में जा रहा है। आपके इक्विटी एलोकेशन का एक चौथाई एग्रेसिव हाइब्रिड फंड में जाता है जिसमें 65 प्रतिशत से 80 प्रतिशत के बीच निवेश इक्विटी में होता है और बाकी डेट में। डेट हिस्सा स्थिरता देता है और जोखिम कम करता है। अपने पोर्टफोलियो में जगह बनाने वाली योजना को शॉर्टलिस्ट करने की प्रक्रिया को याद करने के लिए अध्याय 10 पर वापस जाइए। आपके

इक्विटी एलोकेशन का एक चौथाई हिस्सा एक लार्ज एंड मिडकैप स्कीम में जाता है जो लार्ज और मिडकैप शेयरों में से हरेक में न्यूनतम 35 प्रतिशत निवेश करता है। जोखिम को कम करने के लिए इनमें से ज़्यादातर फंडों का 35 प्रतिशत मिडकैप शेयरों में और बाकी का लार्जकैप शेयरों में होता है। यह लार्जकैप की तुलना में ज़्यादा जोखिम वाली कैटेगरी है, लेकिन हम पहले से ही आधा पैसा इंडेक्स फंड में लगा रहे हैं, इसलिए आपके पूरे पोर्टफोलियो में मिडकैप शेयरों का हिस्सा आपके पूरे इक्विटी एलोकेशन के 10 प्रतिशत से कम है। आपको प्रक्रिया का पूरी लगन से पालन करके बेंचमार्क से बेहतर प्रदर्शन करने वाली स्कीमें चुनने में सावधानी बरतनी होगी।

डेट एलोकेशन

आप अपने इमरजेंसी फंड को फिक्स्ड डिपॉज़िट में बनाए रख सकते हैं। आपका पीएफ और पीपीएफ का निवेश जारी रहेगा। आप छह महीने से आगे की पैसों की ज़रूरतों के लिए मनी मार्केट और बैंकिंग एंड पीएसयू बॉन्ड फंड का इस्तेमाल करना जारी रखें। अब आप छह महीने के भीतर इस्तेमाल में आने वाले पैसे को लिक्विड बनाए रखने के लिए लिक्विड फंड का इस्तेमाल करना शुरू कर सकते हैं। एक बार जब आपका बैंक प्लेटफॉर्म से जुड़ जाता है, और अगर बाज़ार खुले रहने के दिन दोपहर 3 बजे के पहले, लिक्विड फंड से रिडेम्प्शन किया जाता है तो आपके बैंक एकाउंट में पैसे आने में सिर्फ एक दिन लगता है। ध्यान दें कि मैंने डेट फंड में सबसे सुरक्षित उत्पादों में से एक को अंत के लिए छोड़ दिया है। क्यों? क्योंकि जब तक आप डेट फंड के उपयोग को पूरी तरह से नहीं समझ लेते, मैं आपकी पास की ज़रूरत के पैसे को बिल्कुल भी जोखिम में नहीं डाल सकती।

चौथा स्तर: इक्विटी इंडेक्स + एक्टिव मल्टीकैप फंड + पीएफ + पीपीएफ + डेट फंड

अब आप पूल में गहरे पानी की तरफ बढ़ रहे हैं। आपने काफ़ी अच्छी तरह तैरना सीख लिया है, लेकिन आप जोखिम नहीं उठा रहे हैं और यहां

भी आप अपनी लॉन्ग टर्म सेफ डेट जैकेट पहने रहेंगे। आप सुरक्षित रूप से खेलेंगे और पूल में ज़्यादा गहरा तैरने की कोशिश नहीं करेंगे—इसे हेज फंड मैनेजरों पर छोड़ दीजिए।

इक्विटी एलोकेशन

यहां आपके पास चुनने के लिए कई तरह के दृष्टिकोण हैं। एक है कि 50 प्रतिशत इंडेक्स, 25 प्रतिशत मिडकैप और 25 प्रतिशत स्मॉलकैप फंड में निवेश करें। इंडेक्स फंड आपके पोर्टफोलियो को लंबी अवधि में स्थिर रिटर्न देता है, मिड और स्मॉलकैप फंड रिटर्न को बढ़ाने का काम करते हैं। मिडकैप और स्मॉलकैप दोनों ही कहीं ज़्यादा उतार-चढ़ाव वाले हैं और लंबे समय तक कमज़ोर प्रदर्शन दिखा सकते हैं, लेकिन जब उनकी तेज़ी लौटती है और आपके पास सही स्कीम होती है, तो पोर्टफोलियो का रिटर्न बहुत अच्छा दिखता है।

दूसरा विकल्प है कि 40 प्रतिशत इंडेक्स फंड में लगाइए और 60 प्रतिशत दो मल्टीकैप फंड्स में। आप जो मल्टीकैप फंड चुनें, उनका लार्ज, मिड और स्मॉलकैप शेयरों में से हरेक में न्यूनतम 25 प्रतिशत निवेश होना चाहिए। यह पहली यात्रा की तुलना में आसान है, क्योंकि आपकी पसंद अब केवल दो एक्टिव फंड्स तक सीमित रह गई है। हम दो फंड इसलिए चुन रहे हैं ताकि फंड हाउस के डाइवर्सिफिकेशन का फायदा आपको मिले।

तीसरा विकल्प है कि इंडेक्स, लार्ज एंड मिडकैप, मिडकैप और स्मॉलकैप स्कीमों में से हरेक में 25 प्रतिशत निवेश करें। मुझे निजी तौर पर पहला दृष्टिकोण पसंद है क्योंकि इसमें मुझे अपने पोर्टफोलियो के अनुकूल मिड और स्मॉलकैप स्कीम चुनने का मौका मिलता है। आप तो वो कीजिए जो आपको पसंद है!

डेट एलोकेशन

डेट एलोकेशन में पिछले स्तर से कोई बदलाव नहीं है। जब आप एक्टिव डेट फंड का रास्ता चुनते हैं तब आपको रिस्क-ओ-मीटर की रीडिंग में बदलाव पर ध्यान देते रहना होगा। मुझे अपनी छोटी अवधि की पैसों की

ज़रूरतों के लिए, इस्तेमाल से पहले पैसों को रखने के लिए और उन पैसों को रखने के लिए जिनकी मुझे तुरंत ज़रूरत नहीं है, लिक्विड फंड पसंद हैं। पैसा आपके बचत खाते से दूर हो जाता है जिससे उसके खर्च होने या उधार दिए जाने की आशंका कम हो जाती है। पैसे का इस्तेमाल करने से पहले उसे निकालने की अतिरिक्त बाधा खर्च करने से पहले एक बार फिर से सोचने का मौका मिलने की तरह है।

पांचवां स्तर: इक्विटी इंडेक्स + एक्टिव मल्टीकैप + फॉरेन फंड + पीएफ + पीपीएफ + डेट फंड

यह स्तर उस निवेशक के लिए है जिसका पोर्टफोलियो इतना बड़ा है कि उसे अलग-अलग देशों में अपना निवेश डाइवर्सिफाई करने की ज़रूरत है। अलग-अलग देशों में निवेश को डाइवर्सिफाई करने से स्वदेश के प्रति झुकाव को कम करने में मदद मिलती है, जिससे ज़्यादातर घरेलू पोर्टफोलियो प्रभावित होते हैं। विशेष रूप से टेक्नोलॉजी जैसे क्षेत्रों में, अमेरिकी टेक सेक्टर (जिसमें सभी नए एआई, रोबोटिक्स, न्यूरोसाइंस और उनसे जुड़े उद्योग शामिल हैं) का एक्सपोज़र पोर्टफोलियो के लिए अच्छा है। लेकिन इस काम में कई बार पहुंच और टैक्स से जुड़ी समस्याएं सामने आती हैं। हालांकि कुछ फंड हाउस सीधे तौर पर ऑफशोर फंड मैनेज करते हैं, ज़्यादातर फंड ऑफ फंड्स का रास्ता लेते हैं। फंड ऑफ फंड्स का मतलब है कि कोई भारतीय म्युचुअल फंड ऑफशोर फंड की एक या ज़्यादा स्कीमों में पैसे लगाएगा।

इसके साथ दो मुश्किलें हैं। पहली, आप जो स्कीम खरीदते हैं उसका एक्सपेंस रेश्यो देते हैं, साथ ही उन फंड्स का भी एक्सपेंस रेश्यो चुकाते हैं जिनमें स्कीम का निवेश है। इसलिए, यह बहुत ज़रूरी है कि स्कीम चुनते वक्त पूरे एक्सपेंस रेश्यो को समझ लें। कुछ फंड हाउस ऐसा एक्सपेंस रेश्यो देते हैं जिसमें विदेशी स्कीम की लागत शामिल होती है और कुछ में यह लागत नहीं होती।

दूसरी मुश्किल है कि टैक्स के नियमों में अजीब ढंग से इक्विटी फंड ऑफ फंड्स को डेट प्रोडक्ट में ही गिना जाता है और उसी के अनुसार टैक्स लगाया जाता है। टैक्स के नियमों में सुधार होते रहते हैं, इसलिए ताज़ा टैक्स नियमों के लिए एम्फी की वेबसाइट चेक करते रहिए।[1]

फॉरेन फंड्स में जोखिम रिस्क-ओ-मीटर के दायरे से बाहर हैं क्योंकि रिस्क-ओ-मीटर में जोखिम स्तर 6 पर खत्म हो जाता है जबकि फॉरेन फंड्स का जोखिम स्तर 7 पर अंकित किया गया है। इसलिए सतर्क रहिए और इसमें निवेश के लिए कदम तभी बढ़ाइए जब आपके पास कम से कम 1 करोड़ रुपए की म्युचुअल फंड होल्डिंग हो।

अपने इक्विटी पोर्टफोलियो का 10 प्रतिशत फॉरेन फंड्स में आवंटित करके शुरुआत कीजिए।

एक पोर्टफोलियो में कितनी योजनाएं होनी चाहिएं?

हर पोर्टफोलियो के स्तर के हिसाब से स्कीमों की संख्या बदलती है। पहले स्तर पर सिर्फ एक इक्विटी इंडेक्स फंड से शुरू करके, स्तर पांच के पोर्टफोलियो में छह से दस से ज़्यादा स्कीमें नहीं होनी चाहिए। एक ही कैटेगरी में एक जैसी बहुत सारी योजनाएं न खरीदें—आप बहुत ज़्यादा कीमत पर इंडेक्स में खरीद कर रहे होंगे। मैंने निवेशकों का यह व्यवहार देखा है—वे सावधानी से एक या दो योजनाओं से शुरुआत करते हैं और यदि बाज़ार में तेज़ी का दौर है, तो वे खुद को एक्सपर्ट समझने लगते हैं। दो साल बाद, उनके पोर्टफोलियो में पच्चीस से ज़्यादा स्कीमें होती हैं। वे वो सब कुछ खरीद लेते हैं जिसकी कोई भी सिफारिश करता है। आपके मनी बॉक्स में हर स्कीम के होने की वजह होनी चाहिए। जगह सीमित है—फंडों को अपने पोर्टफोलियो का हिस्सा बनने के लिए प्रतिस्पर्धा करने दीजिए। बेची जा रही हर चीज़ मत खरीद लीजिए; इसके बजाय, अपनी ज़रूरतों के लिए काम करने वाली चीज़ों को सावधानीपूर्वक चुनिए।

पोर्टफोलियो बनाना

जब आप पहली बार अपना पोर्टफोलियो बनाएं, तो उसके लिए भरपूर समय दीजिए। इसके लिए तीन महीने तक का समय लीजिए। इससे ज़्यादा वक्त लगाएंगे तो यह आपकी प्राथमिकता सूची में सबसे नीचे पहुंच जाएगा। इस काम को खत्म करने के लिए अपने वीकेंड पर समय निकालिए। सबसे पहले, अपनी ज़रूरतों को पहचानिए और उन्हें छोटे, मध्यम और लंबी अवधि में बांटिए। फिर डेट और इक्विटी के बीच अपने

एसेट एलोकेशन की योजना बनाइए।

इसके बाद, ऊपर बताए गए पोर्टफोलियो में से किसी एक को चुनिए जो आपको पसंद आया हो। अब पोर्टफोलियो में स्कीमें डालना शुरू कीजिए। स्कीम चुनने के लिए अध्याय 10 और 11 में दी गई प्रक्रिया का पालन कीजिए। प्रदर्शन, स्थिरता, जोखिम और लागत की जांच की प्रक्रिया पूरी कीजिए। योजना में लंबे समय तक बने रहने के बारे में सोचिए और इसे तभी बदलिए जब लगातार खराब प्रदर्शन हो या आपके जीवन स्तर और ज़रूरतों में बदलाव हो।

एक अच्छे पोर्टफोलियो को साफ़-सुथरा रखना

दसियों तरह के पोर्टफोलियो बनाने के लिए सैकड़ों तरीके हो सकते हैं। कभी भी कोई पोर्टफोलियो पर्फेक्ट नहीं होगा और आपको उसके लिए इंतज़ार नहीं करना चाहिए। जैसा कि *इंडियन मैचमेकिंग* की सीमा आंटी कहती हैं: आप जो चाहते हैं उसका 100 प्रतिशत कभी नहीं मिलता, 70 प्रतिशत मिलेगा तो चलेगा। आपने अभी तक नेटफ्लिक्स की यह सीरीज़ नहीं देखी? इसे देखिए—शादी पर आधारित इससे अच्छी सीरीज़ मैंने स्क्रीन पर नहीं देखी। अपने पोर्टफोलियो और स्कीमों के बारे में इसी तरह से सोचिए—आपको कभी भी ऐसी कोई ऐसी स्कीम नहीं मिलेगी जो लगातार नंबर एक पर बनी रहे। ऐसे फंड्स के साथ खुश रहें जो ज़्यादातर समय टॉप 25 प्रतिशत में रहते हैं, कभी-कभी टॉप 50 प्रतिशत (दूसरे क्वार्टाइल) में चले जाते हैं।

आपको निवेश से मुनाफा कब निकालना चाहिए?

इस सवाल को देखने का दूसरा तरीका बेहतर है—आपको अपना पोर्टफोलियो रीबैलेंस कब करना चाहिए? दो चीज़ों में से एक होने पर रीबैलेंस कीजिए। एक, आपकी उम्र, अवस्था या ज़रूरतों में बदलाव हो। जैसे-जैसे आप एक ऐसी समय अवधि की ओर बढ़ते हैं जहां आपकी मौजूदा खर्च की ज़रूरतें आंशिक या पूरी तरह से आपकी परिसंपत्ति से होने वाली आय से पूरी हो रही हैं, आपको इक्विटी की तुलना में डेट में अपना एसेट एलोकेशन बढ़ाना होगा। जब आपके पास लंबे समय तक मौजूदा

काम-धंधे या नौकरी के माध्यम से होने वाली आय का स्रोत है, तो आप इक्विटी में ऊंचा एलोकेशन कर सकते हैं, लेकिन आपकी उम्र बढ़ने के साथ इसमें बदलाव आ जाता है। अपने निजी हालातों में बदलाव के प्रति सचेत रहें और उसके अनुसार अपने पोर्टफोलियो में बदलाव करें। मुनाफा निकाले बिना ऐसा करने का एक तरीका यह है कि जिस एसेट क्लास को बढ़ाने की ज़रूरत है, उसमें निवेश बढ़ाया जाए। इस तरह आपको सिर्फ रीबैलेंसिंग के लिए कैपिटल गेन टैक्स का भुगतान नहीं करना पड़ेगा।

दो, आपने जो एसेट एलोकेशन किया था वह बाज़ार में तेज़ी या मंदी के दौर के कारण बदल गया है। मान लीजिए कि आप एक ऐसे एसेट एलोकेशन से शुरुआत करते हैं जिसमें आप 70:30 पर सहज हैं। मतलब 70 प्रतिशत इक्विटी और 30 प्रतिशत डेट। ज़रूरी नहीं कि यह उन लोगों का एलोकेशन हो जिनकी उम्र तीस साल के आसपास है; यह साठ की उम्र वाले किसी शख्स का भी पोर्टफोलियो हो सकता है जिसके पास पर्याप्त पूंजी है और 30 प्रतिशत डेट कम से कम अगले दशक के लिए उनकी ज़रूरतों को पूरा करने के लिए काफ़ी है। समय बीतने के साथ, इक्विटी बाज़ार की तेज़ी उनके इक्विटी एलोकेशन को 80 प्रतिशत या उससे ज़्यादा तक ले जाती है। यह समय इक्विटी में से मुनाफा निकालने और डेट एसेट खरीदकर 70:30 के रेश्यो पर लौटने का है।

2021 के दौरान, 2020 की अचानक गिरावट के बाद बाज़ार में तेज़ी आई थी और कई लोगों के एलोकेशन में इक्विटी का हिस्सा ज़्यादा था। मुझे याद है कि मैं अपने चुने गए एसेट एलोकेशन पर वापस लौटने के लिए 2021 की गर्मी से लेकर जाड़े तक इक्विटी फंड बेच रही थी। जब बाजार में तेज़ी हो तो बेच पाना आसान नहीं होता, लेकिन हर बार जब भी मैंने खुद रीबैलेंसिंग के नियम का पालन किया है, मैंने अपने अंदर के नौजवान का शुक्रिया अदा किया है जिसने वह फैसला लिया था!

अगर एलोकेशन में मामूली सा ही बदलाव दिख रहा है, तब मुनाफा निकालने और कैपिटल गेन टैक्स भरने के बजाय, आप बस नए निवेश में डेट एलोकेशन बढ़ा सकते हैं। लेकिन आपको रीबैलेंस ज़रूर करना चाहिए।

निवेश का अच्छा समय...

गोल्ड, मिडकैप फंड्स, स्मॉलकैप फंड्स, लिक्विड फंड्स? यह सवाल मुझे डराता है, बिल्कुल पांच फंड्स वाले सवाल की तरह। मेरे पास इसका जवाब देने का कोई तरीका नहीं है, सिवाय उस आंकड़े की तरफ इशारा करने के, जो यह दिखाता है कि हर साल की विजेता कैटेगरी अलग होती है। उदाहरण के लिए, 2014 में, स्मॉलकैप शेयरों ने बाकी सभी कैटेगरीज़ और एसेट क्लास से बेहतर प्रदर्शन किया। लेकिन 2016 तक, वह सबसे खराब प्रदर्शन करने वाली कैटेगरी थी।

साल 2017 में स्मॉलकैप एक बार फिर से टॉप पर थे और फिर दो साल तक सबसे खराब कैटेगरी में रहे। अंतरराष्ट्रीय फंड 2013 और 2019 में सबसे ऊपर थे और 2022 में सबसे नीचे। हर साल एक नया विजेता होता है और पिछले साल का विजेता इस साल हारने वाला हो सकता है। किसी खास कैटेगरी में निवेशित रहने के लिए कोई अच्छा समय नहीं है। आपको हर समय उन सभी कैटेगरीज़ में रहना होगा जिन्हें आपने चुना है। कैटेगरीज़ और फंड्स में आना-जाना करने के बारे में भूल जाइए। सिर्फ पिछले साल के विजेताओं को खरीदकर आप कभी पैसा नहीं बना पाएंगे।

एक अच्छा पोर्टफोलियो बनाने की प्रक्रिया आपको हर कुछ महीनों में यह फैसला लेने से मुक्त करती है कि नए पैसे का क्या करना है। मान लीजिए कि आपके पास इंडेक्स फंड, मिडकैप और स्मॉलकैप फंड के बीच 50:25:25 का पोर्टफोलियो है। अब आपको सालाना बोनस के तौर पर अचानक 6 लाख रुपए मिलते हैं। उसका क्या करें? मान लेते हैं कि यह पूरा पैसा आप निवेश करना चाहते हैं तो 6 लाख उसी अनुपात में बंट जाएगा। 3 लाख रुपए इंडेक्स फंड में जाते हैं, 1.5-1.5 लाख रुपए मिडकैप और स्मॉलकैप में जाते हैं। आप नई स्कीमें नहीं खरीदते हैं, आप बस उसी में निवेश बढ़ा देते हैं जो आपने पहले से चुन रखी हैं।

आपका एसेट एलोकेशन आपके निवेश जीवन का सच्चा आधार है। अपनी वास्तविक जोखिम क्षमता की सही समझ पाने के लिए आपको इसे बाज़ार की गिरावट में ठीक करना होता है। निवेश के बारे में सोचने के लिए पोर्टफोलियो बनाने का नज़रिया सही तरीका है क्यों यह आपको अपने जीतने वाले फंड के बारे में डींग हांकने और अपने हारने वाले फंड के बारे में तनाव लेने से मुक्त रखता है।

आप सही रास्ते पर हैं अगर आप समझते हैं कि

1. बेस्ट रिटर्न कुछ नहीं होता, और जो आज जीतता है, वह कल हार सकता है;
2. आपको अपने पूरे निवेश का एक एसेट एलोकेशन करना चाहिए;
3. आपको पहले कैटेगरीज़ का चुनाव करना होता है;
4. उसके बाद आपको फंड्स चुनने होते हैं;
5. आपको पोर्टफोलियो के साथ बने रहना चाहिए; और
6. एसेट एलोकेशन में या जीवन की परिस्थितियों में बदलाव आने पर आप रीबैलेंस करते हैं।

13

खरीदारी कैसे करें?

बिना किसी सिस्टम के, इंसान जीवन का अनुभव लेने के बजाय सिर्फ रोजमर्रा की प्रक्रियाओं और कार्यों में फंसकर रह जाएगा।

अपनी यात्रा के लिए मेरी एक निर्धारित प्रक्रिया है। मैं घर में किसी विशेष अलमारी या जगह पर अपने साथ ले जाने वाली सभी ज़रूरी चीजें इकट्ठा करना शुरू कर देती हूं। इसमें दस्तावेज़, तोहफे, सफर के लिए ज़रूरी कपड़े, मीटिंग के लिए कोई ज़रूरी कागज़ात, वगैरह शामिल हैं। सूटकेस सफर के दिन पैक होते हैं और, ज़्यादातर, मैं कोई भी अहम चीज़ नहीं भूलती। हम सभी के पास दोहराए जाने वाले कार्यों के लिए प्रोटोकॉल होते हैं जिनका हम पालन करते हैं। मैं चीज़ों को सही ढंग से करने के लिए ब्रेन ट्रिगर और प्लानिंग का मिक्स इस्तेमाल करती हूं। आपको अपने निवेश जीवन के बारे में इसी तरह से सोचने की ज़रूरत है ताकि आपको हर बार पैसे के निवेश या निकासी के लिए उतना ही समय खर्च न करना पड़े।

मेरे बताए गए आसान नियमों का पालन कीजिए और आपको निवेश करने, बदलाव करने या पैसे निकालने में एक मिनट से ज़्यादा नहीं लगेगा। योजना बनाने में काफ़ी समय लग सकता है, लेकिन उसे लागू करने का

काम तेज़, कम खर्चीला और तनाव-रहित होना चाहिए। जब मैं रीबैलेंसिंग करती हूं, मेरे पास असल में उन फंड्स के नाम तैयार होते हैं जिनसे निकलना है या जिनमें निवेश करना है, ताकि काम जल्दी हो सके। हम अपनी ज़िंदगी में लगातार आने वाली नाटकीय घटनाओं में व्यस्त रहते हैं, और जब तक कोई काम बिलकुल साफ़ और आसान ढंग से एक आदत की तरह परिभाषित ना हो, तब तक यह पूरा नहीं हो पाता।

अगले कुछ पन्ने आपको योजनाबद्ध, व्यवस्थित तरीके से म्युचुअल फंड में अपनी निवेश यात्रा शुरू करने के लिए तैयार करेंगे। आप जीवन भर निवेश करने, पैसे निकालने और उसका रख-रखाव करने के लिए तैयार हो रहे हैं, इसलिए इसका निर्माण अच्छी नींव के साथ कीजिए।

दस्तावेज़

विमान में चढ़ने की अनुमति मिलने से पहले आपको किसी एक पहचान पत्र की ज़रूरत होती है। आप गेट पर जो आधार कार्ड, ड्राइविंग लाइसेंस या पासपोर्ट देते हैं उससे आपका नाम और चेहरा मिलाया जाता है। विदेश यात्रा के लिए आपको वीज़ा की ज़रूरत होती है—जिस देश में आप जा रहे हैं वहां की मुहर। वे जानना चाहते हैं कि आप कौन हैं, कहां रहते हैं, आपकी आय कितनी है, आपका पेशा क्या है, आपके पास ठहरने के लिए पैसा है या नहीं और यात्रा का उद्देश्य क्या है। बाहरी देश यह सुनिश्चित करने की कोशिश करते हैं कि पर्यटक वीज़ा पर रहते हुए आप किसी आतंकवादी नेटवर्क का हिस्सा तो नहीं बन जाएंगे या अवैध प्रवासी के रूप में उनके देश में रुक तो नहीं जाएंगे। हालांकि ज़रूरी नहीं कि इससे इन दोनों में से किसी भी चीज़ से बचाव हो जाए, लेकिन यह सबके लिए समय और पैसे की लागत को बढ़ा देता है। फिर भी आप उस लागत और चिड़चिड़ाहट को बर्दाश्त करते हैं, और कागज़ी कार्रवाई करते हैं क्योंकि आप निजी या कारोबारी वजहों से यात्रा करना चाहते हैं।

म्युचुअल फंड में निवेश की प्रक्रिया को यात्रा के लिए वीज़ा लेने जैसा ही समझिए। यह वीज़ा नो-योर-कस्टमर (KYC) प्रक्रिया कहलाता है। केवाईसी के लिए, आपको पैन विवरण और आधार की ज़रूरत होती है। ड्राइविंग लाइसेंस और पासपोर्ट जैसे दूसरे दस्तावेज़ों को भी दिखाया जा सकता है, लेकिन अगर आपके पास आधार है और आप गांजा या

किसी अन्य अवैध सामान की खेती या कारोबार नहीं कर रहे हैं, तो इसका उपयोग कीजिए। एक बार जब आपका सामान्य केवाईसी पूरा हो जाता है, तो आपको हर फंड हाउस से स्कीम खरीदते वक्त इसे कराने की ज़रूरत नहीं होती है। मैं मानकर चल रही हूं कि अगर आप यह किताब पढ़ रहे हैं तो, आपके पास एक बैंक अकाउंट होगा। सिर्फ एक नहीं, बल्कि तीन एकाउंट होंगे—इनकम एकाउंट जहां आपकी सारी कमाई आती है, स्पेंड-इट एकाउंट जहां आप महीने के खर्च के पैसे रखते हैं, और इन्वेस्ट-इट एकाउंट, जहां आप उस बचत को रखते हैं जिसे आपको निवेश करना है ताकि यह खर्च होने या उधार दिए जाने से बची रहे।

अपने इन्वेस्ट-इट एकाउंट को बैंक से पहला लेन-देन करने के लिए तैयार रखें। आप अपने बैंक से केवाईसी करा सकते हैं, या इसे सीधे खुद भी कर सकते हैं। गूगल के ज़रिए जानकारी जुटा लें क्योंकि केवाईसी के नए तरीके आते रहते हैं। मुझे निवेश के लिए बैंक का विकल्प पसंद नहीं है क्योंकि वे आपके पैसों को एक रेगुलर प्लान में डाल देते हैं और कोई सर्विस भी नहीं देते, वे सर्विसेज़ जो एक प्लेटफॉर्म देते हैं या फिर पोर्टफोलियो सर्विसेज़, जो कई बड़े डिस्ट्रीब्यूटर देते हैं। ज़्यादातर बैंकों के ग्राहकों के म्युचुअल फंड पोर्टफोलियो में बहुत सारी स्कीमें होती हैं जो मिलकर एक अच्छा पोर्टफोलियो नहीं बनाती हैं। इसलिए, अपना केवाईसी कराइए और फिर एक डीवाईआई (डू इट योरसेल्फ) प्लेटफॉर्म का इस्तेमाल कीजिए जो आपको ट्रांजैक्शन के लिए एक डायरेक्ट प्लान देता हो।

इसके अलावा, अगर आप किसी डिस्ट्रीब्यूटर, वित्तीय सलाहकार या प्लेटफॉर्म के माध्यम से निवेश कर रहे हैं, तो उनकी मदद से अपनी केवाईसी प्रक्रिया को पूरा कराएं। उनमें से ज़्यादातर इसे मुफ़्त में करते हैं, इस उम्मीद में कि अगर आप एक रेगुलर प्लान में हैं तो ट्रेल कमीशन या ट्रांजैक्शन फीस से उन्हें कमाई हो जाएगी या वेंचर कैपिटलिस्ट को निवेशकों का एक बड़ा समूह दिखाकर वे अपनी वैल्युएशन बढ़ा लेंगे। आप किसी न किसी तरह से पैसे चुकाएंगे ही, हालांकि इस समय ज़्यादातर लोग इस बात को पसंद कर रहे हैं कि इन सेवाओं के लिए सीधे भुगतान करने के बजाय उनके डेटा (निजी जानकारियां) का इस्तेमाल कर लिया जाए। ये वो फैसले हैं जो हम करते हैं।

केवाईसी के नियमों में बदलाव आता रहता है और किसी किताब में पुरानी जानकारी पढ़ने से अच्छा है कि एम्फी की वेबसाइट पर जाकर अपडेट देखें। मूल रूप से, म्युचुअल फंड में अपनी निवेश यात्रा शुरू करने के लिए आपको चार चीज़ों की ज़रूरत होती है—बैंक खाता, पैन, आधार और केवाईसी। और, हां, बचत।

रास्ते

म्युचुअल फंड इंडस्ट्री और इससे जुड़ी सर्विसेज़ में इनोवेशन (और रेगुलेशन) तेज़ है और अक्सर चीज़ें बदलती रहती हैं। मैं यहां सिर्फ बुनियादी बातें बताऊंगी ताकि आपके लिए रास्ता चुनना आसान रहे। आपको सबसे पहले यह तय करना है कि किसी डिस्ट्रीब्यूटर या रेगुलर प्लान वाले किसी प्लेटफॉर्म के साथ जाएंगे या इसे खुद करेंगे और डायरेक्ट प्लान में जाएंगे? या आप तीसरा विकल्प चुनेंगे जहां आप फीस लेने वाले किसी वित्तीय सलाहकार के पास जाएंगे जो सालाना फीस लेकर आपके लिए कम लागत वाले डायरेक्ट प्लान खरीदता है?

डीआईवाई का रास्ता

मेरी दादी एक कहावत कहती थीं: दूध और पूत का काम कभी समाप्त नहीं होता। निवेश करना भी वैसा ही है। काम कभी खत्म नहीं होता। सिर्फ निवेश करना पर्याप्त नहीं है, आपको पोर्टफोलियो मेंटेन करना होता है और इसका मतलब है कि समय-समय पर इसमें बदलाव करना पड़ सकता है। लक्ष्य पूरा होने पर आपको निवेश के कुछ हिस्से से पैसे निकालने भी होंगे। आपका सालाना कैपिटल गेन स्टेटमेंट आपके टैक्स रिटर्न में शामिल होना चाहिए और आपके शॉर्ट और लॉन्ग टर्म कैपिटल गेन्स पर टैक्स भरा जाना चाहिए। अगर डिविडेंड से कोई आय है, तो वह भी आपके टैक्स रिटर्न में जोड़ा जाना चाहिए। यह एक लगातार और कभी न खत्म होने वाली प्रक्रिया है और संभवत: यह आपसे भी ज़्यादा लंबे वक्त तक चलेगी क्योंकि आपका जमा किया हुआ धन आपके नॉमिनी को विरासत में मिलेगा।

जब आप डीआईवाई के रास्ते पर निकलते हैं, तब समझिए कि

आप एसेट एलोकेशन, पोर्टफोलियो बनाने, स्कीम चुनने और उसके बाद एसआईपी सेट करने और कागज़ी कार्रवाई तक का सारा काम अपने ऊपर ले रहे हैं। मैं आपको किसी भी तरह इस बेहद संतोषजनक रास्ते पर जाने से रोक नहीं रही हूं। लेकिन इसमें जो समय लग सकता है, उसे कम करके मत आंकिए। साथ ही मैंने देखा है कि एक निश्चित आकार से अधिक के पोर्टफोलियो के लिए डीआईवाई निवेशक अपने वित्तीय जीवन के प्रबंधन के लिए किसी पेशेवर की मदद खोजने लगते हैं।

अपने दम पर शुरुआत करना अच्छा है क्योंकि इससे आपकी बुनियादी चीज़ों पर अच्छी पकड़ हो जाती है, इसलिए अगर बाद में आप किसी प्लानर के साथ काम करते हैं, तो आप चीज़ों को समझने में आगे होते हैं। एक डीआईवाई निवेशक के तौर पर, आप निश्चित तौर पर डायरेक्ट प्लान खरीदेंगे। फंड्स खरीदने के लिए आपको एक प्लेटफॉर्म की ज़रूरत होगी जहां सभी फंड हाउसों की स्कीम हों और एसआईपी, एसटीपी और एसडब्ल्यूपी जैसी सहूलियतों का विकल्प हो। एमएफ युटिलिटी ऐसा ही एक प्लेटफॉर्म है जिसे इसकी पूंजी में योगदान देने वाले सभी म्युचुअल फंड्स ने मिलकर बनाया है। इसमें कोई ट्रांजैक्शन चार्ज नहीं है (अप्रैल 2023 में यह लिखते वक्त—ये चीज़ें बदल सकती हैं) और हालांकि यह साइट ऐप-आधारित कई नए प्लेटफॉर्मों की तरह लुभावनी नहीं है, इसमें एक ऐसे माध्यम से लेन-देन की सुविधा है जो रातों-रात गायब नहीं होगा जैसे कि कुछ ऐप्स में हो सकता है।

वेंचर कैपिटलिस्टों की पूंजी से बनी कई फिनटेक कंपनियां है जो मुफ़्त में केवाईसी करने के लिए तैयार रहती हैं और बहुत स्मार्ट ऐप्स पर कोई ट्रांजैक्शन चार्ज नहीं लेतीं। वे भी डायरेक्ट प्लान ऑफर करती हैं, लेकिन उनके दिए जा रहे रेडीमेड पोर्टफोलियो से सावधान रहिए। मुझे ऐसे ही एक प्लेटफॉर्म के डेट बंडल में क्रेडिट रिस्क फंड मिले। अगर आप इन रेडीमेड पोर्टफोलियो के माध्यम से निवेश कर रहे हैं तो यह देखना बहुत महत्वपूर्ण है कि पोर्टफोलियो के फंड कौन से हैं।

इसके अलावा स्टॉक ब्रोकरों की कंपनियां होती हैं जो बीएसई और एनएसई के म्युचुअल फंड प्लेटफॉर्म पर काम करती हैं। आपको डायरेक्ट प्लान और आसान ट्रांजैक्शन की सर्विस तो मिलती है, लेकिन ये कितने समय तक मुफ़्त रहेंगी यह साफ़ नहीं है। दूसरी ऐसी संस्थाएं भी हैं

जो प्लेटफॉर्म मुहैया कराती हैं लेकिन उनकी सेवाओं का दायरा छोटा हो सकता है। उदाहरण के लिए, हो सकता है कि उन्होंने सभी फंड हाउसों को अपने साथ न जोड़ा हो। हो सकता है उनके पास एसआईपी, एसटीपी और एसडब्ल्यूपी की सर्विसेज़ जैसे विकल्प न हों।

मैं एक ऐसी कंपनी की तलाश करूंगी जो लंबे समय तक टिके रहने वाली हो, जिसमें सभी फंड हाउस की स्कीमों के ऑफर हों और मेरे पैसों के लिए प्रवेश और निकासी के सभी संभव विकल्प मिलें। आदर्श स्थिति यह होगी कि मुझे इसके लिए शून्य लागत लगे।

अगर आप अभी भी सोच रहे हैं कि मैंने यह सिफारिश क्यों नहीं की कि आप डायरेक्ट ऑनलाइन खरीदने के लिए हर एएमसी के पास जाएं, तो आप पोर्टफोलियो पर अध्याय को समझ नहीं पाए हैं! आपको अपने पैसे लगाने के लिए पोर्टफोलियो दृष्टिकोण की ज़रूरत है न कि इंडिविजुअल प्रोडक्ट चुनने वाले रास्ते की। अगर आपका इरादा केवल एक इंडेक्स फंड या एक डेट फंड खरीदने का है तभी किसी एक एएमसी से डायरेक्ट खरीदने का रास्ता आपके लिए सही रहेगा।

डिस्ट्रीब्यूटर का रास्ता

ब्रेड का डिस्ट्रीब्यूटर आम तौर पर एक खुदरा दुकान होती है। आपके पड़ोस का दुकानदार इसे बेचेगा और बाज़ार मूल्य में छिपा कमीशन लेगा जो उसे ब्रेड निर्माता देता है। दुकानदार के पास आम तौर पर ब्रेड के कई ब्रांड होते हैं और आप या तो जानते हैं कि आपको क्या पसंद है या अपनी पसंद देखने के लिए एक या कोई दूसरा ब्रांड परख सकते हैं। यहां ब्रेड खरीदने में गलत फैसले की लागत बहुत कम होती है क्योंकि ब्रेड की कीमत कम है, इसे आप अक्सर खरीदते हैं और अगर आपको एक ब्रांड पसंद न आए तो अगले दिन आप कुछ और खरीद लेते हैं।

फाइनेंशियल प्रोडक्ट्स की तुलना फ़िज़िकल प्रोडक्ट्स के साथ इस तरह कभी नहीं की जा सकती। वे दिखाई नहीं देते, बिक्री वाली जगह पर प्रोडक्ट आपके दिमाग में बनता है और उसमें जानकारी असंतुलित होती है, जिसका मतलब यह है कि फाइनेंशियल प्रोडक्ट तैयार करने वाला और इसे बेचने वाला इसकी लागत और फायदों के बारे में आपसे कहीं

ज़्यादा जानता है। इसलिए, एक म्युचुअल फंड डिस्ट्रीब्यूटर के पास एक साधारण ब्रेड बेचने वाले की तुलना में कहीं ज़्यादा ज़िम्मेदारी होती है। या, कह सकते हैं, किसी कार डीलर, या किसी मोबाइल फोन कनेक्शन या ब्रॉडबैंड कनेक्शन बेचने वाले की तुलना में। म्युचुअल फंड बेचने वाले को यह सुनिश्चित करना चाहिए कि बिक्री सही ढंग से हो। इसका मतलब यह है कि फंड कैटेगरी और बेची जा रही विशिष्ट योजना निवेशक की उम्र, अवस्था, लक्ष्य और जोखिम क्षमता के हिसाब से हो।

मुझे याद है कि कई साल पहले जब मैं एनडीटीवी के साथ एक शो कर रही थी, तो शो के बाद एक कैमरामैन मुझसे पूछने आया कि क्या उसने सही फंडों में निवेश किया है। मैं यह देखकर डर गई कि बैंक मैनेजर ने कम जोखिम क्षमता वाले एक आदमी को, जिसके लक्ष्य बेहद करीब थे, एक ऊंचे जोखिम वाले सेक्टर फंड में डाल दिया था। यह एक अनुचित बिक्री थी। दूसरी इंडस्ट्री में, पचहत्तर वर्ष के एक बुज़ुर्ग को, जिस पर कोई आश्रित नहीं है, जीवन बीमा कवर बेचना अनुचित है।

सेबी चाहता है कि म्युचुअल फंड डिस्ट्रीब्यूटर, या एमएफडी जैसा कि उन्हें कहा जाता है, बेस्ट-प्रैक्टिसेजड कोड का पालन करें और निवेशक की ज़रूरतों का पता लगाने के बाद सही ढंग से बिक्री करें। एमएफडी एम्फी के साथ रजिस्टर्ड हैं और बिक्री लाइसेंस पाने से पहले उन्हें एक जांच प्रक्रिया से गुज़रना ज़रूरी होता है।

भारत में 1,500 से भी अधिक सक्रिय एमएफडी हैं, जिनमें से कई देश भर में फैले हुए हैं। डिस्ट्रीब्यूटर मुख्य रूप से दो प्रकार के होते हैं—कॉरपोरेट और इंडिविजुअल।[1] वे आपको रेगुलर प्लान बेचते हैं और आप डिस्ट्रीब्यूटर को एक ट्रेल कमीशन देते हैं जो एक्सपेंस रेश्यो में ही जुड़ा होता है। कुछ डिस्ट्रीब्यूटर पोर्टफोलियो बनाने, उनकी देखरेख करने और टैक्स देनदारी संभालने जैसी विशेष सेवाएं देते हैं। कुछ डिस्ट्रीब्यूटर जैसे कई बैंक सही बिक्री और बिक्री के बाद की सेवा के पैमानों पर बहुत खराब प्रदर्शन दिखाते हैं।

पंजीकृत निवेश सलाहकार (रजिस्टर्ड इन्वेस्टमेंट एडवाइज़र) का रास्ता

रजिस्टर्ड इन्वेस्टमेंट एडवाइज़र (आरआईए) एक ऐसी इकाई है जिससे उम्मीद होती है कि वो डिस्ट्रीब्यूटर की तुलना में ज़्यादा बड़ा नज़रिया रखे। आरआईए को आपकी कुल नेटवर्थ, जिसमें म्युचुअल फंड समेत आपकी दूसरी परिसंपत्तियां भी शामिल हों, को ध्यान में रखते हुए आपके पोर्टफोलियो के निर्माण, देख-रेख और उसे टिकाऊ बनाने में मदद करनी चाहिए। उनकी भूमिका सलाहकार की है और वे आपसे शुल्क लेते हैं। रेगुलेटर ने फीस की सीमाएं तय की हैं और क्योंकि ये चीज़ें समय-समय पर बदलती रहती हैं इसलिए ताज़ा नियमों की जांच कर लेना बेहतर होगा।

सही मायने में निवेशक को सिर्फ सलाह नहीं चाहिए; वे चाहते हैं कि उन्हें सुझाए गए पोर्टफोलियो को लागू भी किया जाए। इसलिए आरआईए अब डायरेक्ट प्लान के ज़रिए आपके पोर्टफोलियो को लागू करने में मदद कर सकते हैं। आप एक सालाना फीस भरते हैं और डायरेक्ट प्लान में निवेश करते हैं। इससे ट्रेल कमीशन पर बढ़ती हुई सालाना लागत बचती है जो एक रेगुलर प्लान का खर्च है।

आरआईए अभी भारत में बेहद छोटा समुदाय हैं। इस सेवा के लिए चुकाई जाने वाली कीमत को अच्छी तरह से समझा नहीं गया है। यह समझने की ज़रूरत है कि जिस तरह वकील और डॉक्टर फीस लेते हैं, उसी तरह फाइनेंशियल प्लानर और सलाहकार भी लेते हैं। एक बड़े होते पोर्टफोलियो पर, हमेशा के लिए ट्रेल कमीशन चुकाने से अच्छा है कि आप किसी सलाहकार को तय शुल्क दें।

आपको कौन सा रास्ता चुनना चाहिए?

पिछले कुछ वर्षों में मैं अपने परिवार के सदस्यों और दोस्तों की मदद से इनकार करती रही हूं जो टिप्स और पोर्टफोलियो पर सलाह मांगते थे। अभी मेरे पास इस तरह की सलाह व्यावसायिक रूप से देने का लाइसेंस नहीं है और मैं वास्तव में निजी पोर्टफोलियो मैनेज करने की तुलना में शिक्षा और वित्तीय साक्षरता के क्षेत्र में रहना पसंद करती हूं। लेकिन आप किसी करीबी पारिवारिक मित्र को या जिद पर अड़े रहने वाले चाचा को ना कैसे कह

सकते हैं? इसलिए, मैं उनसे उनकी पसंद के आधार पर किसी डिस्ट्रीब्यूटर या आरआईए की सलाह लेने को कहूंगी। कई बार ऐसे मामले सामने आते हैं: वे अपना पोर्टफोलियो पेशेवर ढंग से बनवाते हैं लेकिन फिर उसे खुद ही चलाने की कोशिश करने लगते हैं। वे सोचते हैं कि यह बस एक बार का काम है! उन्हें ढेर सारे फंड मिल जाते हैं और वे डायरेक्ट प्लान खरीदना शुरू कर देते हैं। लेकिन दो साल बाद, वे फंस जाते हैं क्योंकि जब आप एक्टिव फंड में पैसे लगाते हैं तो चीज़ें बदलती रहती हैं।

मेरा भतीजा कुछ फंड्स में निवेश कर रहा है जिन पर उसने रिसर्च की है और वह मुझसे इसकी पुष्टि कराता है। एक साल बाद, हम पाते हैं कि हमें दो स्कीमें बदलनी हैं। पांच फंड के किसी पोर्टफोलियो के हिसाब से यह बदलाव बहुत बड़ा है। पहला बदलाव हमें इसलिए करना पड़ा क्योंकि फंड हाउस किसी मल्टीनेशनल फंड हाउस को बिक चुका था जिसकी स्कीमों का प्रदर्शन अच्छा नहीं था। दूसरे फंड को कुछ साल पहले कैटेगरीज़ में हुए बदलाव के कारण नुकसान उठाना पड़ा। अगर मेरा भतीजा मुझसे दोबारा संपर्क नहीं करता, तो वह अभी भी पुराने फंडों में ही होता। इसलिए, किसी डिस्ट्रीब्यूटर से पोर्टफोलियो के बारे में सलाह को एक बार की बात मानने की गलती न करें। यह रिश्ता जीवन भर का है। कमीशन बचाने के लिए शॉर्टकट लेकर इसे खराब न करें।

जब आप एक्टिव फंड्स के किसी पोर्टफोलियो में निवेश करते हैं, तब आपको स्कीमों की सालाना समीक्षा की ज़रूरत होती है। प्रेस्क्रिप्शन लेना और खुद दवा खरीदते रहना इलाज के लिए काफ़ी नहीं होता है। निवेश में इस तरह करना न सिर्फ एक घटिया काम है, बल्कि यह आपको छोटी अवधि का एक ऐसा निवेशक बना देता है जो गंभीर नहीं है। अगर मैं कोई कमर्शियल एडवाइज़री चला रही होती, तो मैं पक्के तौर पर ऐसे लोगों के साथ काम करने से मना कर देती!

तो, आपको क्या करना चाहिए? कई निवेशक खुद शुरुआत करते हैं, पोर्टफोलियो का आकार बढ़ने के साथ उन्हें इसे संभालना मुश्किल लगने लगता है और फिर वे किसी डिस्ट्रीब्यूटर या सलाहकार के पास जाते हैं। आज के समय में सलाहकार बहुत कम हैं, इसलिए आपके पास डिस्ट्रीब्यूटर के पास जाने के अलावा कोई और विकल्प नहीं है। आप किसी डिस्ट्रीब्यूटर का चुनाव कैसे करते हैं? आप एक डेंटिस्ट या

वकील कैसे चुनते हैं? आप अपने दोस्तों और परिवार के लोगों से पूछते हैं, आप किसी का सुझाव चाहते हैं। फाइनेंस प्रोफेशनल के लिए भी ऐसा ही कीजिए।

डिस्ट्रीब्यूटर या एडवाइज़र को आपके और आपकी जीवनशैली के फैसलों के बीच तालमेल बिठाने की ज़रूरत होती है। एक ऐसा डिस्ट्रीब्यूटर था जो बेहद रूढ़िवादी पृष्ठभूमि से आया था और महंगी छुट्टियों और विलासिता की वस्तुओं जैसी व्यक्तिगत पसंद पर बहुत नाराज़ होता था, भले ही परिवार इसका खर्च उठा सकता था। किसी ऐसे व्यक्ति के साथ काम करना बेहतर है जो पैसे के मामले में आपके फैसलों का सम्मान करे और साथ ही आपको लंबी अवधि की भलाई के लिए सही दिशा में लेकर जाए।

अब, जब हम इस प्रक्रिया के लगभग अंत पर पहुंच रहे हैं, आपको एक बात याद रखने की ज़रूरत है: सबसे अच्छे आइडिया भी बेकार हैं अगर उन पर काम न शुरू किया जाए। फाइनेंशियल मार्केट में शुरुआती कदम उठाना कोई आसान काम नहीं है। छोटे सौदों से शुरुआत कीजिए और आत्मविश्वास बढ़ाइए। निष्क्रियता और अति-आत्मविश्वास से सावधान रहिए—दोनों ही वेल्थ क्रिएशन के दुश्मन हैं।

आपके पैसों को निवेश से जोड़ने वाली पाइपलाइन बेहद अहम है। जब तक आपके पास एक ऐसा सिस्टम नहीं है जो निवेश, देख-रेख और पैसे की निकासी को तकलीफ रहित नहीं बनाती, आप ज़रूरत पड़ने पर भी कदम आगे नहीं बढ़ाएंगे।

आप सही रास्ते पर हैं अगर आप समझते हैं कि

1. आपको ऑनलाइन बैंकिंग में अच्छा होना चाहिए और आपने अपने बैंक खातों को पैन और आधार से जोड़ रखा है;
2. आपने केवाईसी की प्रक्रिया पूरी कर ली है;
3. आपने अपना निवेश करने के लिए एक प्लेटफॉर्म चुन लिया है;
4. आपका इन्वेस्ट-इट अकाउंट उस प्लेटफॉर्म से जुड़ा है;
5. आपने तय कर लिया है कि इसे खुद करेंगे, या किसी डिस्ट्रीब्यूटर या आरआईए की मदद से करेंगे; और
6. निवेश करने का कोई शॉर्टकट नहीं है और किसी दूसरे की निवेश लिस्ट आपके लिए काम नहीं करेगी।

14

मेरे मनी बॉक्स में फंड

'हर चीज़ के लिए एक जगह और हर चीज़ के लिए सही जगह' सिर्फ रोज़ की ज़िंदगी के लिए नहीं बल्कि आपके मनी बॉक्स के लिए भी सही मंत्र है।

इस अध्याय में मैं मनी बॉक्स के हरेक सेल में उत्पाद डालूँगी। फंडों के नाम नहीं बताऊंगी, बल्कि कैटेगरीज़ और उनके विकल्प। आखिरी उत्पाद के चुनाव का मुश्किल काम आप पर छोड़ दिया गया ताकि आप स्वयं या किसी प्लानर के साथ मिलकर यह काम करें। मुझे लगता है कि किसी व्यक्ति की वित्तीय स्थिति को पूरी तरह समझे बिना उत्पाद के नाम बताना गलत है। यहां तक कि अगर आप किसी प्लानर या डिस्ट्रीब्यूटर के साथ भी काम करते हैं, तो भी आपको पता होगा कि क्या सवाल पूछने हैं और आप उस व्यक्ति पर भरोसा कर सकते हैं या नहीं।

अगर आपने *बात पैसे की* पढ़ी है तो आपको याददाश्त ताज़ा करते हुए बता दूं कि हमारे पास एक मनी बॉक्स है जिसमें हम अपने सभी वित्तीय उत्पाद रखते हैं। बॉक्स में कई सेल हैं। हर सेल एक खास वित्तीय उद्देश्य के लिए है जो कैश फ्लो से शुरू होता है और अगली पीढ़ी को जायदाद सौंपने के लिए बने सेल तक खत्म होता है। आप इसे कागज़ पर बना

सकते हैं या इसे बनाने के लिए एक्सेल शीट का इस्तेमाल कर सकते हैं। इसे आप अपने निवेश से जुड़े कागज़ात रखने के लिए वाकई में एक मनी बॉक्स की शक्ल भी दे सकते हैं। आप एक हाइब्रिड मॉडल के बारे में भी सोच सकते हैं जिसमें कुछ कागज़ात भौतिक रूप से रखे गए हों और बाकी डिजिटल रूप में हों। फ़ोल्डर बनाएं और उन्हें साफ़ तौर पर एक सेल का नाम दें। हर फ़ोल्डर में वित्त वर्ष और किसी दूसरे ज़रूरी दस्तावेज़ के नाम वाले सबफ़ोल्डर होंगे जिन्हें आपको अपने पास रखना होता है।

पहला सेल: कैश फ्लो

हर महीने आपका पैसा कहां खर्च होता है, इस पर बेहतर नियंत्रण रखने के लिए, खर्च को बचत से अलग करना एक अच्छा आइडिया है। मैं थ्री-एकाउंट सिस्टम का इस्तेमाल करती हूं। हर तरह की आमदनी—वेतन, किराया, ब्याज़, लाभांश, मुनाफा, बोनस, लोन रिपेमेंट—एक बैंक खाते में जाती है। इसे नाम दीजिए इनकम एकाउंट। हर महीने, मैं इससे पैसे निकालती हूं और अपने मासिक खर्च को दूसरे बैंक खाते में डाल देती हूं, जिसे मैं कहती हूं अपना स्पेंड-इट एकाउंट। तीसरा खाता मेरा इन्वेस्ट-इट एकाउंट है जहां मैं अपनी बचत जमा करती हूं। जो लोग अभी-अभी निवेश यात्रा शुरू कर रहे हैं, वे बैंक खातों का उपयोग कर सकते हैं। जो लोग अब अपनी बचत और खर्च को अलग करना सीख गए हैं और निवेश के लिए म्युचुअल फंड का उपयोग करना चाहते हैं, वे तीसरे बैंक खाते के बजाय अपनी बचत को लिक्विड फंड में रख सकते हैं। ऐसे लिक्विड फंड का उपयोग करें जिसमें रिस्क-ओ-मीटर पर 'कम जोखिम' हो, और जोखिम का यह स्तर साल भर के दौरान ना बदले।

इस बारे में अपनी याद ताज़ा करने के लिए अध्याय 7 में पृष्ठ 140 पर जाएं। आपको ग्रोथ ऑप्शन चुनना होगा। सबसे अच्छा होगा कि डायरेक्ट प्लान चुनें और किसी रेगुलेर प्लान के मुकाबले कम एक्सपेंस रेश्यो चुकाएं।

टेबल 14.1

इन्वेस्ट-इट सेल	
लिक्विड फंड	
ग्रोथ	✓
डायरेक्ट	✓
रिस्क-ओ-मीटर पर कम जोखिम	✓
कम एक्सपेंस रेश्यो	✓

दूसरा सेल: इमरजेंसी फंड

यह पैसे का वो भंडार है जो वक्त ख़राब होने पर काम आता है। यह आपका पहला निवेश होता है। इमरजेंसी फंड या आपातकालीन निधि का मकसद यह है कि जब आप चाहें तो यह आपको आसानी से मिल सके। इसका मतलब यह है कि आप जो उत्पाद चुनें वह 'लिक्विड' होना चाहिए या कहें कि शून्य या बेहद कम लागत के साथ उसे बेचना आसान होना चाहिए। आपको अपनी आपातकालीन निधि में छह महीने से दो साल के बीच के खर्च रखने की ज़रूरत होती है। जिन पर कोई आश्रित नहीं हैं, उनके लिए छह महीने और ज़्यादा आश्रितों और पचास साल से ज़्यादा उम्र वालों के लिए दो साल तक। सुरक्षा के दृष्टिकोण से आप इस सेल के लिए बैंक फिक्स्ड डिपॉज़िट चुन सकते हैं। छोटे बैंक या सहकारी बैंक के बजाय कोई बड़ा कमर्शियल बैंक चुनें। आप इस पैसे के लिए डेट फंड भी चुन सकते हैं। इस सेल में आपके पास मनी मार्केट और बैंकिंग और पीएसयू फंड का मिश्रण हो सकता है। मनी मार्केट फंड को रिस्क-ओ-मीटर पर कम जोखिम वाला होना चाहिए, और बैंकिंग और पीएसयू फंड को कम से मध्यम जोखिम वाला होना चाहिए। ग्रोथ ऑप्शन चुनें और डायरेक्ट प्लान लें। आप एफडी और म्युचुअल फंड दोनों का मिक्स भी चुन सकते हैं। तीन महीने के खर्च को एफडी में रखें और बाकी डेट फंड में रखें। दो साल तक के खर्चों का इमरजेंसी फंड बनाने वाले, सुरक्षा और रिटर्न के बीच संतुलन बनाने के लिए छह महीने के खर्चे के पैसे को एफडी में और बाकी को डेट फंड में रखें। हम इस सेल से ज़्यादा रिटर्न की

उम्मीद नहीं कर रहे हैं। हम स्थिरता, निश्चितता और लिक्विडिटी देख रहे हैं। विकास विकल्प चुनें और सीधे जाएं। आप एफडी और म्यूचुअल फंड दोनों का संयोजन चुन सकते हैं। तीन महीने की मासिक लागत एफडी में रखें और बाकी डेट फंड में रखें। दो साल तक के जीवन-यापन की लागत का लक्ष्य रखने वालों के लिए, सुरक्षा और रिटर्न के बीच संतुलन बनाने के लिए छह महीने के जीवन-यापन के पैसे को एफडी में और बाकी को डेट फंड में रखें। हम इस सेल से ज्यादा रिटर्न की उम्मीद नहीं कर रहे हैं। हम स्थिरता, निश्चितता और लिक्विडिटी देख रहे हैं।

टेबल 14.2

इमरजेंसी फंड्स सेल		
	मनी मार्केट फंड	बैंकिंग एंड पीएसयू फंड
ग्रोथ	✓	✓
डायरेक्ट	✓	✓
रिस्क-ओ-मीटर पर कम जोखिम	✓	✓
रिस्क-ओ-मीटर पर कम से मध्यम जोखिम	✓	✓
कम एक्सपेंस रेश्यो	✓	✓

तीसरा सेल: मेडिकल इंश्योरेंस

अगर आप महानगर में रहते हैं तो कम से कम 10 लाख रुपए की बीमा राशि वाला फैमिली फ्लोटर चुनें। बीमा पर ज़्यादा जानकारी के लिए *बात पैसे की* में मेडिकल इंश्योरेंस अध्याय ज़रूर देखें। उन लोगों को, जिन्हें मेडिकल कवर नहीं मिल सकता—पहले से मौजूद बीमारी या ज़्यादा उम्र की वजह से—उन्हें अपनी मेडिकल ज़रूरतों के लिए पैसे का एक फंड बनाने की ज़रूरत होगी। ग्रोथ ऑप्शन के साथ कंज़र्वेटिव हाइब्रिड फंड का

इस्तेमाल करें और अपनी परिस्थिति के आधार पर इसमें कम से कम 15 से 25 लाख रुपये का फंड बनाएं। अगर आपको किसी मेडिकल इमरजेंसी के लिए पैसे की ज़रूरत आए, तो आप इस फंड का इस्तेमाल कर सकते हैं। अगर नहीं आती तो फिर इस पैसे को आप अंत में अपने बच्चों को विरासत में दे सकते हैं। लेकिन अगर मुमकिन हो तो स्वयं को अपने बच्चों की समूह बीमा योजनाओं में शामिल करने की कोशिश करें, भले ही इसके लिए भुगतान आपको ही क्यों ना करना पड़े।

टेबल 14.3

मेडिकल इमरजेंसी सेल	
कंज़र्वेटिव हाइब्रिड	
ग्रोथ	✓
डायरेक्ट	✓
रिस्क-ओ-मीटर पर मध्यम या मध्यम से ज़्यादा जोखिम	✓
कम एक्सपेंस रेश्यो	✓

चौथा सेल: लाइफ इंश्योरेंस

आप जो इकलौता प्रोडक्ट खरीदें, वह होगा टर्म इंश्योरेंस कवर। इसे ऑनलाइन खरीदें और ऐसी कंपनी से खरीदें जिसका क्लेम रेश्यो 95 प्रतिशत से ज़्यादा हो। *बात पैसे की* में जीवन बीमा अध्याय ज़रूर पढ़ें। अगर किसी भी वजह से आपको लाइफ कवर नहीं मिलता है, तो आपके पास अपने रिटायरमेंट कॉर्पस को बड़ा रखने के अलावा कोई विकल्प नहीं है। ज़रूरी नहीं कि रिटायरमेंट साठ साल की उम्र में हो जाए। बस, यह वैसा दिन होता है जब आपको काम पर जाने से आज़ादी मिल जाती है। अगर आप लाइफ कवर नहीं खरीद सकते हैं, तो आपको जितनी जल्दी हो सके अपने आश्रितों के लिए यह धनराशि जुटानी होगी ताकि आप बेफिक्र रहें। इस मकसद के लिए फंड के विकल्प क्या हो सकते हैं, यह जानने के लिए रिटायरमेंट सेल देखें।

पांचवां सेल: छोटी अवधि या नज़दीक के लक्ष्य

नज़दीक के लक्ष्य का मतलब है आज से तीन साल या उससे कम की दूरी। आमतौर पर, ये घर के लिए डाउन पेमेंट, आगे की पढ़ाई के लिए पैसा, शादी का खर्च, कार या बाइक के लिए डाउन पेमेंट, विदेश में छुट्टी के लिए डाउन पेमेंट जैसे लक्ष्य होते हैं। बुनियादी नियम है: लक्ष्य आज से जितना करीब होगा, जोखिम उतना ही कम होना चाहिए। यह लिक्विड भी होना चाहिए और बेहद कम लागत पर इसे निकालना आसान होना चाहिए। आपके लक्ष्य कितने दूर और कितने बड़े हैं, इसके आधार पर आपको इस सेल में डेट फंडों के मिक्स की ज़रूरत होगी।

इन सबके लिए ग्रोथ विकल्प चुनें। डायरेक्ट प्लान लें। तीन महीने के भीतर की ज़रूरतों के लिए लिक्विड फंड, दो साल के भीतर की ज़रूरतों के लिए मनी मार्केट फंड और दो से तीन साल के बीच की ज़रूरतों के लिए बैंकिंग एंड पीएसयू फंड का इस्तेमाल करें।

टेबल 14.4

नज़दीकी लक्ष्यों के लिए सेल			
	लिक्विड फंड	मनी मार्केट फंड	बैंकिंग एंड पीएसयू फंड
ग्रोथ	✓	✓	✓
डायरेक्ट	✓	✓	✓
रिस्क-ओ-मीटर पर कम जोखिम	✓	✓	
रिस्क-ओ-मीटर पर कम से मध्यम जोखिम		✓	✓
कम एक्सपेंस रेश्यो	✓	✓	✓

छठा सेल: मध्यम अवधि या थोड़े समय बाद के लक्ष्य

ये ऐसे लक्ष्य हैं जिनकी समय अवधि तीन से सात साल के बीच होती है। इनमें घर खरीदना, अपने लिए उच्च शिक्षा और शादी, या बच्चों की उच्च शिक्षा और शादी जैसे लक्ष्य शामिल हो सकते हैं। भविष्य के लक्ष्यों के लिए सटीक वैल्यू तय करना मुश्किल होता है, लेकिन अपनी आमदनी को ध्यान में रखते हुए हमें पता होता है कि हमारी इच्छा क्या है। सालाना 25 लाख रुपए से कम कमाने वाला कोई व्यक्ति महरौली में एक फार्महाउस खरीदने के बारे में नहीं सोच सकता है, जिसकी कीमत पांच साल में 10 करोड़ रुपए से ज़्यादा होगी, लेकिन वह दिल्ली के किसी उपनगरीय इलाके में दो कमरों के घर की उम्मीद कर सकता है। जब हम तीन साल से अधिक दूर के लक्ष्यों के बारे में सोचते हैं तो हकीकत और ख्वाब का मिलान करना सबसे मुश्किल हिस्सा होता है, लेकिन यह आइडिया सही रहता है कि लक्ष्य के सामने एक संख्या तय कर दी जाए और फिर यह देखा जाए कि कितना निवेश किए जाने ज़रूरत है। आपको कितनी बचत करने की ज़रूरत होगी, यह इस बात पर निर्भर करेगा कि आप किन उत्पादों में निवेश करने का फैसला करते हैं।

आज से जितनी नज़दीक आपके लिए पैसे की ज़रूरत होगी, उतना ही ज़्यादा आवंटन आपको कम से मध्यम जोखिम की कैटेगरीज़ में करना होगा, और ज़रूरत सात साल की अवधि के जितना पास होगी, जोखिम का स्तर मध्यम तक बढ़ाया जा सकता है।

टेबल 14.5

मध्यम अवधि के लक्ष्यों के लिए सेल		
	बैंकिंग एंड पीएसयू फंड	कंज़र्वेटिव हाइब्रिड
ग्रोथ	✓	✓
डायरेक्ट	✓	✓
रिस्क-ओ-मीटर पर कम जोखिम	✓	

मध्यम अवधि के लक्ष्यों के लिए सेल		
	बैंकिंग एंड पीएसयू फंड	कंज़र्वेटिव हाइब्रिड
रिस्क-ओ-मीटर पर कम से मध्यम जोखिम	✓	
रिस्क-ओ-मीटर पर मध्यम से ऊंचा जोखिम		✓
कम एक्सपेंस रेश्यो	✓	✓

सातवां सेल: लंबी अवधि या काफी दूर के लक्ष्य

जब आपको सात साल या उससे अधिक समय में पैसे की ज़रूरत हो, तो आप कहीं ज़्यादा जोखिम लेने के बारे में सोच सकते हैं। बिज़नेस साइकिल समय के साथ अपने तरीके से काम करते हैं और दुनिया खत्म होने की छोटी अवधि की कहानियां भी खत्म हो जाती हैं। पिछले पंद्रह सालों से हर साल मुझे उन लोगों से घबराहट भरे मेसेज, कॉल, व्हाट्सएप मेसेज मिलते हैं जो मुझसे पूछते हैं कि क्या उन्हें अपने इक्विटी निवेश से बाहर निकलना चाहिए। 2008 का संकट, ब्रेक्सिट, ग्रेक्सिट, अमेरिकी चुनाव, भारतीय चुनाव, चीन, तेल की ज़्यादा कीमतें, तेल की कम कीमतें, महामारी—डर फैलाने वाली एक नई वजह हमेशा होती है जो निवेशकों को बाज़ार से बाहर करने के लिए उकसाती हैं। मुझे याद है, मार्च 2020 में जब भारत में कोविड के फैलने की रफ्तार कम करने की कोशिश में सख्त लॉकडाउन लगा तो बाज़ार बुरी तरह गिर गया, मेरा एक मित्र इक्विटी फंड का अपना पूरा पोर्टफोलियो बेचकर बाज़ार से बाहर निकल गया। यह एक ग्लोबल इन्वेस्टमेंट बैंक और विदेश में बसे कुछ शेयर कारोबारियों के डर फैलाने वाले पावरप्वाइंट पर आधारित फैसला था कि बाजार नीचे जाता जाएगा और सब कुछ बेचकर बाहर निकल जाएं या फिर आप सब कुछ गंवा देंगे। जब समझदार लोग दहशत में आ जाते हैं तो मुझे सबसे ज़्यादा अफसोस होता है। बाज़ार में वापस तेज़ी आई और जल्द ही ख़ुशी का माहौल वापस आ गया।

इतिहास हमें बताता है कि बाज़ार ऊपर-नीचे होते रहते हैं और आपके इक्विटी निवेश को उसी तरह समय देने की ज़रूरत होती है जिस तरह आप रियल एस्टेट या गोल्ड को देते हैं। अगर आप बाज़ार में गिरावट के वक्त डर महसूस करते हैं, तो यह सोचकर खुद को राहत दें कि हम गुफाओं में रहने वाले युग में वापस नहीं लौटेंगे। लोग खाते-पीते रहेंगे, कपड़े-जूते पहनते रहेंगे, दवा और स्वास्थ्य सेवाएं खरीदते रहेंगे, फोन, लैपटॉप, सड़कें और बुनियादी ढांचे बनते रहेंगे। जब आप प्रलय के बारे में सोचने लगते हैं तो आप मानवीय भावना की दृढ़ता पर शक कर रहे होते हैं। अगर आपने लंबी अवधि के निवेश वाला अपना पैसा इक्विटी में लगाने का फैसला लिया है, तो शक छोड़ दें और उन कैटेगरीज़ और स्कीमों को चुनने पर फोकस करें जो आपकी ज़रूरतों और रिस्क प्रोफ़ाइल के साथ मेल खाती हैं।

शॉर्टलिस्ट की गई कैटेगरीज़ को अध्याय 12 में बनाए गए पोर्टफोलियो में फिट करने की ज़रूरत होगी। बस यह नियम याद रखें: कम जोखिम वाले पोर्टफोलियो में इंडेक्स फंड अधिक होंगे और ज़्यादा जोखिम वाले पोर्टफोलियो में स्मॉलकैप और मिडकैप फंडों की जगह होगी। बहुत ज़्यादा जोखिम उठाने की क्षमता वाले निवेशकों को ही विदेशी फंडों में निवेश करना चाहिए।

टेबल 14.6

लंबी अवधि के लक्ष्यों के लिए सेल				
	कंसिस्टेंट रिटर्न	कैटेगरी में कम जोखिम	कैटेगरी में कम एक्सपेंस रेश्यो	कम ट्रैकिंग एरर
सेंसेक्स या निफ्टी 50 इंडेक्स फंड			✓	✓
लार्ज एंड मिडकैप फंड	✓	✓	✓	
मिडकैप फंड	✓	✓	✓	

लंबी अवधि के लक्ष्यों के लिए सेल				
	कंसिस्टेंट रिटर्न	कैटेगरी में कम जोखिम	कैटेगरी में कम एक्सपेंस रेश्यो	कम ट्रैकिंग एरर
स्मॉलकैप फंड	✓	✓	✓	
मल्टी-कैप फंड	✓	✓	✓	
ईएलएसएस	✓	✓	✓	
फॉरेन फंड	✓	✓	✓	

आठवां सेल: रिटायरमेंट

यह सबसे मुश्किल काम है। अपने रिटायरमेंट के लिए मुझे कितनी बचत करनी चाहिए, इसका जवाब देना सबसे मुश्किल सवालों में एक है। आप कितने समय तक जीवित रहेंगे, महंगाई की दर क्या होगी, आज से बीस-तीस-चालीस साल बाद जीने की लागत क्या होगी, इसका पता लगाने के लिए आपको भविष्य विज्ञान, गणित, वित्त में डिग्री और साथ में एक क्रिस्टल बॉल की ज़रूरत पड़ेगी। आज सत्तर की उम्र के आसपास पहुंच रहे लोगों को इस बात का अंदाज़ा नहीं था कि वे स्मार्टफोन, टैबलेट, लैपटॉप जैसे गैजेट्स पर पैसा खर्च करेंगे और उनके मासिक खर्चे का एक हिस्सा फोन बिल और डेटा में जाएगा। बीस साल पहले किसने सोचा होगा कि एक बड़े भारतीय महानगर के अस्पताल में पांच दिन भर्ती रहने के लिए 5-7 लाख रुपए लग जाएंगे?

रिटायरमेंट का सवाल यह है: क्या मैं इतनी जल्दी मर जाऊंगा कि रिटायरमेंट के लिए मेरी बचत इतनी ज़्यादा बची रहेगी कि मैं उस कल के लिए अपनी आज की जीवनशैली से समझौता कर रहा हूं जिसके बारे में मुझे कोई अंदाज़ा नहीं है? या, क्या मेरे पास जितना पैसा होगा, उससे ज़्यादा लंबी ज़िंदगी बचेगी? क्या मुझे बुढ़ापे में उस जीवनशैली से समझौता करना पड़ेगा जिसका मैं आदी हो चुका हूं क्योंकि मैं अपनी ज़िंदगी को काफी लंबा देख रहा हूं? आज तीस और चालीस साल के ज़्यादातर लोगों के लिए जोखिम बहुत जल्दी मरने का नहीं है, बल्कि पैसे की बचत के

मुकाबले बहुत लंबे समय तक जीवित रहने का है। रिटायरमेंट की उम्र अट्ठावन और साठ साल तब तय की गई थी जब लोगों की मौत औसतन पचास साल की उम्र में होती थी। नया औसत करीब सत्तर साल का है और कई लोग नब्बे की उम्र तक जीवित रहते हैं। आपके पास रिटायरमेंट के बाद पूरे पच्चीस से तीस साल का समय रहेगा। आपके कामकाजी जीवन के तीस से पैंतीस वर्षों के मुकाबले रिटायरमेंट प्लान बनाने के लिए ये साल बहुत ज़्यादा हैं।

एक छोटी सी सलाह: योजना बनाएं कि काम करना कभी बंद ना हो। आप नौकरी छोड़ सकते हैं, लेकिन काम कभी नहीं छोड़ें। इससे आपके पास करने के लिए कुछ ना कुछ रहता है और आमदनी भी होती रहती है। हममें से कुछ लोग रोज़ की ज़िंदगी की नीरसता से दूर, सभी समस्याओं से दूर, पहाड़ियों पर या समुद्र के किनारे पर्फेक्ट रिटायरमेंट का सपना देखते हैं। रिटायरमेंट वास्तव में वह समय है जब आप अपने परिवार, समुदाय और दोस्तों को अपने आसपास चाहते हैं। बुढ़ापे के लिए किसी अनजान जगह पर घर बनाना सच में एक खराब आइडिया है। जीवन भर उपयोगी बने रहने की योजना बनाएं। जीवन का मतलब समय बर्बाद करना नहीं है, बल्कि इसे अंत तक पूरी तरह जीते रहना है।

लेकिन मैं अभी भी मुख्य मुद्दे पर नहीं आई हूं! तो, मुख्य मुद्दा है—आपको रिटायरमेंट फंड के रूप में साठ साल की उम्र में अपने सालाना खर्च का अठारह से पैंतीस गुना तक जोड़ने की ज़रूरत है। अठारह गुना, अगर आप अपने फंड में से खर्च की योजना बनाते हैं ताकि यह 100 वर्ष की उम्र तक खत्म हो जाए। पैंतीस गुना, अगर आप पूरा फंड बच्चों के लिए विरासत में छोड़ना चाहते हैं। बीच का एक रास्ता है छब्बीस गुना का। इसलिए, अगर आप साठ साल की उम्र में हर साल 20 लाख रुपए खर्च कर रहे हैं, तो 5.2 करोड़ रुपए का फंड तैयार करने की योजना बनाएं। इस पर सोचने का दूसरा तरीका यह है कि आप अपनी उम्र बढ़ने के साथ-साथ इसकी प्लानिंग करें। चालीस साल की उम्र तक, रिटायरमेंट फंड को अपनी सालाना आमदनी का तीन गुना रखें। पचास की उम्र में इसे छह गुना करें। साठ साल की उम्र तक, आपके पास अपनी रिटायरमेंट के लिए सालाना आमदनी का आठ गुना होना ज़रूरी है। दोनों नज़रियों में नंबर में जो फर्क है, उसे आमदनी और खर्चे के अंतर के रूप में देखें। पचास

का दशक सबसे कम खर्च के साथ सबसे ज़्यादा कमाई वाले साल हैं।

अब और भी मुश्किल सवाल: आप अपने लक्ष्य तक पहुंचने के लिए कहां निवेश करें? आपके पोर्टफोलियो का सबसे अहम हिस्सा है ईपीएफ और पीपीएफ जैसे रिस्क-फ्री प्रोडक्ट्स। अगर आप संगठित क्षेत्र का हिस्सा नहीं हैं, तो आपको रिटायरमेंट पोर्टफोलियो का अपना कम जोखिम वाला हिस्सा बनाने की ज़रूरत होगी। आप पीपीएफ को लंबी अवधि के अपने रिटायरमेंट फंड के सुरक्षित हिस्से में भी शामिल कर सकते हैं। अगर खुद से निवेश के लिए प्रोडक्ट चुनने वाले इन्वेस्टर बाज़ार में मौजूद नए उपायों की मदद से किसी टार्गेट मैच्योरिटी फंड से उम्मीद के मुताबिक रिटर्न हासिल करने में कामयाब रहते हैं, तो पैसिव डेट फंड के ज़रिए लंबी अवधि में पैसे जोड़ने के लिए ये अच्छे प्रोडक्ट साबित हो सकते हैं।

आपके पोर्टफोलियो के इक्विटी हिस्से में इंडेक्स, लार्ज एंड मिडकैप, मल्टी-कैप, मिड एंड स्मॉलकैप फंड का मिश्रण होना चाहिए। आप रिटायरमेंट के जितना करीब होंगे, स्मॉल एंड मिडकैप फंड्स का मिश्रण उतना ही कम होगा और आप रिटायरमेंट से जितना दूर होंगे, आप अपने इक्विटी निवेश में उतना ज़्यादा जोखिम उठा सकते हैं।

टेबल 14.7

रिटायरमेंट सेल				
	कंसिस्टेंट रिटर्न	कैटेगरी में कम जोखिम	कैटेगरी में कम एक्सपेंस रेश्यो	कम ट्रैकिंग एरर
सेंसेक्स या निफ्टी 50 इंडेक्स फंड			✓	✓
लार्ज एंड मिडकैप फंड	✓	✓	✓	
मिडकैप फंड	✓	✓	✓	
स्मॉलकैप फंड	✓	✓	✓	

रिटायरमेंट सेल				
	कंसिस्टेंट रिटर्न	कैटेगरी में कम जोखिम	कैटेगरी में कम एक्सपेंस रेश्यो	कम ट्रैकिंग एरर
मल्टी-कैप फंड	✓	✓	✓	
फॉरेन फंड	✓	✓	✓	

नवां सेल: गोल्ड

आपके पोर्टफोलियो में सोना 10 प्रतिशत से अधिक नहीं होना चाहिए क्योंकि इसका काम महंगाई के खिलाफ सुरक्षा-चक्र देना है। वैश्विक संकट होने पर सोना एक सेफ्टी एसेट भी हो जाता है—जैसा कि हमने 2020 की महामारी के दौरान देखा था। आप सरकारी गोल्ड बॉन्ड खरीद सकते हैं या गोल्ड ईटीएफ या इंडेक्स फंड के माध्यम से निवेश कर सकते हैं। गोल्ड इंडेक्स फंड उसी फंड हाउस के गोल्ड ईटीएफ खरीदते हैं और इसमें निवेशकों को बेहतर पहुंच और लिक्विडिटी मिलती है। सॉवरेन गोल्ड बॉन्ड की तुलना में गोल्ड फंड ज़्यादा लिक्विड होते हैं लेकिन गोल्ड फंड में निवेश की लागत बॉन्ड से ज़्यादा होती है। अपनी ज़रूरत के मुताबिक इनमें से एक या दोनों उत्पाद चुनें। लॉक-इन होने के कारण रिटर्न बढ़ता रहे, इस मकसद से हर साल गोल्ड बॉन्ड खरीदा जा सकता है। सोने में निवेश का एक हिस्सा गोल्ड फंड में किया जा सकता है।

टेबल 14.8

गोल्ड सेल	
	गोल्ड इंडेक्स फंड
ग्रोथ	✓
डायरेक्ट	✓
कम एक्सपेंस रेश्यो	✓

दसवां सेल: रियल एस्टेट

भारत में रियल एस्टेट निवेश को ज़रूरत से ज़्यादा महत्व दिया जाता है। जब हम रियल एस्टेट में रिटर्न देखते हैं तो उन लागतों और लंबे समय के होल्डिंग पीरियड को भूल जाते हैं। रियल एस्टेट में निवेश करने का एक बेहतर तरीका म्युचुअल फंड के माध्यम से है जिसे रियल एस्टेट इन्वेस्टमेंट ट्रस्ट (आरईआईटी) कहा जाता है, लेकिन इन्हें अभी तक हमारे पोर्टफोलियो में जगह नहीं मिली है क्योंकि यह बाज़ार अभी भी शुरुआती दौर में है। हमारे यहां रियल एस्टेट परिसंपत्तियों के लिए औपचारिक वित्तीय बाज़ार नहीं होने की एक वजह है अपारदर्शिता और इस सेक्टर में काले धन की मौजूदगी। सिर्फ अपने सिर पर एक छत का इंतजाम करें और अगले गुड़गांव का मोह छोड़ दें। वित्तीय परिसंपत्तियां ज़्यादा लिक्विड होती हैं, उनमें सौदा करना सस्ता होता है और वे टैक्स चुकाए गए पैसे के लिए बेहतर निवेश माध्यम होती हैं।

ग्यारहवां सेल: एस्टेट प्लानिंग

यह वह सेल है जिसे आप बनाते हैं ताकि अगर आपकी असामयिक मौत हो या बुढ़ापे से मौत हो तो जो संपत्ति आप अपने परिवार में छोड़ जाते हैं, वह साफ़ तौर पर चिह्नित हो। कागज़ी कार्रवाई पूरी हो चुकी हो और कोई विवाद ना हो। इस सेल को सही ढंग से बनाने के लिए काफ़ी वक्त देना ज़रूरी है। सुनिश्चित करें कि हर बैंक खाते, हर लॉकर, हर म्युचुअल फंड, बीमा पॉलिसी में आपका नॉमिनेशन पूरा हो गया है। आपकी वसीयत बन चुकी है और आपके लाभार्थियों को पता है कि कागज़ात कहां रखे हैं।

जब हम अलग-अलग सेल से गुज़रते हैं, हमें अपनी जीवन यात्रा में अलग-अलग ज़रूरतों को पूरा करने के लिए कई वित्तीय उत्पादों की ज़रूरत दिखती है। निवेश के विकल्पों की एक कैटेगरी के तौर पर म्युचुअल फंड में ऐसे कई प्रोडक्ट्स होते हैं जो मेडिकल और लाइफ इंश्योरेंस के अलावा इनमें से ज़्यादातर ज़रूरतों को पूरा करते हैं। लेकिन आपके लिए ये प्रोडक्ट सही ढंग से काम करें, इसके लिए ज़रूरी है कि कैटेगरीज़ और स्कीमों का चुनाव सही हो।

हमने इस प्रोडक्ट को बेहतर तरीके से जानने के लिए पिछले

अध्यायों में बहुत मेहनत की है। मुझे उम्मीद है कि आप समझ गए होंगे कि यह जादू की छड़ी नहीं है, जो रातों-रात पैसे को दोगुना और तिगुना कर दे। जब आप फंड के माध्यम से निवेश करना शुरू करें तो जोखिम कम लें, अपना भरोसा बढ़ाएं और फिर मज़बूती से कदम आगे रखें। अपनी निजी यात्रा में मैंने भी इस प्रोडक्ट का इस्तेमाल किया है, गलतियां की हैं और फिर उन्हें सुधारा है। मैं जानती हूं कि मेरा अपना पोर्टफोलियो सबसे अच्छा नहीं है, लेकिन यह मेरी ज़िंदगी और ज़रूरतों के मुताबिक है। अपनी निवेश यात्रा के लिए आप भी ऐसा ही करें। मैं आपकी समृद्ध धन यात्रा की कामना करती हूं।

ऐसे बहुत से प्रोडक्ट्स हैं, जो हमारे मनी बॉक्स में जगह पाने के लिए आपस में मुकाबला करते हैं। सोना, बीमा पॉलिसी, रियल एस्टेट, म्युचुअल फंड, बॉन्ड। मानती हूं कि इससे उलझन हो सकती है। म्युचुअल फंड में ऐसे प्रोड्क्ट्स हैं जो बीमा और आपके सिर पर छत के अलावा पैसे से जुड़ी ज़्यादातर समस्याओं का समाधान करते हैं।

आप सही रास्ते पर हैं अगर आप समझते हैं कि

1. आपके मनी बॉक्स में कई सेल हैं जिनमें अलग-अलग प्रोडक्ट्स डालने की ज़रूरत है;
2. हर सेल में किसी उद्देश्य के लिए दो से अधिक योजनाएं नहीं होंगी;
3. हर उत्पाद को आपके मनी बॉक्स में जगह पाने के लिए दूसरों के साथ प्रतिस्पर्धा करनी चाहिए;
4. यह देखने के लिए कि क्या वे अभी भी निवेश के योग्य हैं, उत्पादों की हर साल समीक्षा करनी चाहिए;
5. आम तौर पर लगातार अच्छा प्रदर्शन करने वाली योजना के लिए एक खराब साल उससे निकलने के लिए पर्याप्त कारण नहीं है; और
6. आपके मनी बॉक्स में बार-बार अदला-बदली होना इस बात का संकेत है कि कुछ तो गड़बड़ है जिसे ठीक करना होगा।

परिशिष्ट 1

शब्दजाल मुक्त निवेश

सादगी को कम करके आंका जाता है। चीज़ों को आसान बनाए रखने के लिए अनुशासन, ज्ञान और धैर्य की आवश्यकता होती है।

अल्फा	किसी फंड का बेंचमार्क से बेहतर परफॉर्मेंस दिखाना अल्फा कहलाता है। मुझे इंडेक्स फंड के अलावा सभी फंड्स में अल्फा पसंद हैं।
एएमसी	एसेट मैनेजमेंट कंपनी जिसे म्युचुअल फंड कंपनी भी कहा जाता है। यह एक कॉर्पोरेट इकाई है जो म्युचुअल फंड को चलाने और निवेशकों के पैसे का प्रबंधन करने का काम करती है।
एसेट क्लास	खाने की थाली में पोषक तत्वों की अलग-अलग कैटेगरीज़ होती हैं। चावल, रोटी, दाल, मांस, सब्ज़ियां, सलाद, दही, अचार—हर चीज़ अपनी विशेषता के साथ मिलकर थाली को एक पूरी शक्ल देती है। इक्विटी, डेट, नकदी, रियल एस्टेट ऐसे ही हैं। सबकी अलग-अलग विशेषताएं हैं जो आपके

	पोर्टफोलियो को एक अलग रंग देती हैं। ग्रोथ के लिए इक्विटी, स्थिरता और लिक्विडिटी के लिए डेट, महंगाई से बचाव के लिए सोना और सिर पर छत के लिए रियल एस्टेट। आपको इन सभी की ज़रूरत हर समय होती है—बस अनुपात अलग-अलग हो जाता है।
एयूएम	एसेट्स अंडर मैनेजमेंट यह बताने के लिए इस्तेमाल होता है कि कोई म्युचुअल फंड किसी एक दिन में निवेशकों के कितने पैसे का मैनेजमेंट कर रहा है। एयूएम की गणना हर स्कीम के लिए, किसी फंड हाउस की सभी स्कीमों के लिए, और म्युचुअल फंड इंडस्ट्री के सभी फंड हाउसों के लिए एक साथ मिलाकर की जाती है।
एवरेज मैच्योरिटी	यह किसी पोर्टफोलियो में मौजूद सभी बॉन्ड्स की मैच्योरिटी का वेटेड एवरेज (weighted average) है। अगर तीन, पांच और दस साल की मैच्योरिटी वाले तीन बॉन्ड हैं, तो एवरेज मैच्योरिटी होगी छह साल। हालांकि, यह औसत तब आएगा, अगर किसी पोर्टफोलियो में अलग-अलग बॉन्ड्स की वैल्यू एक जैसी है। लेकिन अगर किसी बॉन्ड की हिस्सेदारी अधिक है, तो उसकी मैच्योरिटी एवरेज मैच्योरिटी के नंबर पर असर डालेगी।
बेंचमार्क	माप की एक मानक इकाई। अपने आप में किसी आंकड़े से कुछ चीज़ें पता चल सकती हैं, लेकिन जब उसकी तुलना किसी मानक के साथ होती है, तब हमें पता चलता है कि प्रदर्शन औसत से अच्छा है या खराब। उदाहरण के लिए, अलग-अलग देशों में लोगों का औसत कद अलग-अलग होगा और इसलिए हरेक देश में कद का अंदाज़ा उस देश के औसत कद से लगाया जाएगा।
बीटा	इससे औसत से ऊपर या नीचे की तरफ के मूवमेंट

	या उतार-चढ़ाव को मापा जाता है। 1 बीटा वाला फंड बेंचमार्क से पूरी तरह मेल खाता है। 1 से ज़्यादा के बीटा का मतलब है कि फंड में उतार-चढ़ाव बाज़ार के औसत से ज़्यादा है, 1 से कम के बीटा का मतलब है कि फंड में उतार-चढ़ाव बाज़ार के औसत से कम है।
ब्रॉड मार्केट इंडेक्स	एक इंडेक्स जो उन बड़ी, मैच्योर कंपनियों से बना है जिनके पास बाज़ार में लिक्विडिटी देने के लिए पर्याप्त शेयर हैं। ऐसे इंडेक्स में कुछ कंपनियां 'ब्लू चिप्स' या मार्केट लीडर कहलाती हैं जिन्होंने कई सालों तक स्थिर रिटर्न दिया है।
क्रेडिट रिस्क	यह जोखिम कि उधार लेने वाला समय पर, या बिलकुल भी ब्याज़ और मूलधन नहीं चुका पाएगा। समय पर उधार चुकाने वाले भारत जैसे देशों की सरकारों के साथ यह जोखिम शून्य है। रियल एस्टेट जैसे सेक्टरों में यह जोखिम बहुत ज़्यादा है। किसी डेट म्युचुअल फंड में इसी रिस्क पर ध्यान रखना होता है।
चर्न (Churn)	ब्रोकरों और दलालों का ज़्यादा सेल्स कमीशन के लिए इन्वेस्टरों को स्टॉक्स, इंश्योरेंस पॉलिसी और दूसरे वित्तीय उत्पादों में बार-बार खरीद-बिक्री के लिए उत्साहित करना। मुझे निवेशकों के लिए यह चर्निंग पसंद नहीं है।
डेट	वह एसेट क्लास जिसमें फिक्स्ड-रिटर्न प्रोडक्ट्स शामिल होते हैं जैसे फिक्स्ड डिपॉज़िट, कंपनी डिपॉज़िट, पीएफ, पीपीएफ, बॉन्ड और डेट म्युचुअल फंड। ये निवेशकों के पोर्टफोलियो को स्थिरता और लिक्विडिटी देते हैं।
डीमैट	जब शेयर, बॉन्ड, म्युचुअल फंड और इंश्योरेंस सर्टिफिकेट इलेक्ट्रॉनिक रूप से संग्रहीत किए जाते हैं और निवेशकों को कागज़ी प्रमाण पत्र के बजाय

एक स्टेटमेंट दिया जाता है जिसमें उनकी होल्डिंग दिखाई जाती है। कागज़ी प्रमाण पत्रों को संभालने की तुलना में ज़्यादा सुरक्षित, कम लागत और बेहतर तरीका।

डायरेक्ट — निवेश का डायरेक्ट तरीका निवेशकों को उत्पादों के निर्माताओं से सीधे वित्तीय उत्पाद खरीदने और बेचने की अनुमति देता है। यह सुविधा म्युचुअल फंड में होती है, और आरबीआई डायरेक्ट पोर्टल के माध्यम से सरकारी बॉन्ड के लिए भी है।

डाइवर्सिफिकेशन — अलग-अलग परिसंपत्ति वर्गों में बांटकर निवेश करना जिनकी खास विशेषताएं होती हैं ताकि कोई निवेशक किसी एक परिसंपत्ति वर्ग में बहुत ज़्यादा निवेशित ना हो जाए। यह रणनीति पोर्टफोलियो के जोखिम को कम करती है। जैसे कि डाइवर्सिफाइड डाइट का उदाहरण है भोजन की थाली।

डिविडेंड (लाभांश) — मुनाफ़े का वह हिस्सा जो कंपनी बांट देती है। यह मुनाफ़ा कंपनी को सभी खर्चों और टैक्स का भुगतान करने के बाद होता है और कंपनी यह फैसला करती है कि वह मुनाफ़े का दोबारा निवेश करने या नकदी अपने पास रखने के बजाय उसे निवेशकों के बीच बांट देगी।

ड्यूरेशन — वह संख्या जो ब्याज़ दरों में बदलाव को बॉन्ड की कीमतों में बदलाव से जोड़ती है। उदाहरण के लिए, 2 के ड्यूरेशन का मतलब है कि जब ब्याज़ दरों में 1 प्रतिशत का बदलाव आएगा, बॉन्ड की कीमतें (विपरीत दिशा में) 2 प्रतिशत बदलेंगी। ड्यूरेशन जितना ऊंचा रहेगा, ब्याज़ दर का जोखिम उतना ज़्यादा होगा। इस पर नज़र ज़रूर रखें। इसी वजह से एसवीबी बैंक बंद हो गया था।

इक्विटी — किसी कारोबार के शेयर। यह ऐसा एसेट क्लास है जो पोर्टफोलियो को ग्रोथ देने के लिए इस्तेमाल

	होता है। अगर आपका अपना कोई बिज़नेस नहीं है, तो आप किसी और के बिज़नेस में इक्विटी खरीदकर हिस्सा ले सकते हैं।
एक्सपेंस रेश्यो	किसी म्युचुअल फंड के एसेट्स अंडर मैनेजमेंट का वह प्रतिशत जो एसेट मैनेजमेंट कंपनी के खर्च और मुनाफ़े में जाता है। रेगुलेटर ने इस चार्ज की एक सीमा तय कर रखी है।
फंड मैनेजर रिस्क	आपके पैसे का प्रबंधन करने वाले व्यक्ति या कंपनी द्वारा खरीदे और बेचे जाने वाले उत्पादों के बारे में गलत फैसले करने का जोखिम।
फ्यूचर्स (वायदा)	यह भविष्य में एक विशिष्ट कीमत और तारीख पर अंतर्निहित परिसंपत्ति (जैसे कमोडिटी, करेंसी या स्टॉक इंडेक्स) को खरीदने या बेचने के लिए दो पक्षों के बीच एक समझौता है। फ्यूचर्स कॉन्ट्रैक्ट स्टैंडर्डाइज़्ड होते हैं, जिसका मतलब है कि कॉन्ट्रैक्ट का आकार और शर्तें पहले से तय होती हैं। इसका इस्तेमाल मुख्य रूप से ट्रेडर करते हैं उतार-चढ़ाव का असर कम करने के लिए या सट्टेबाजी के लिए।
जी-सेक	भारत सरकार के बॉन्ड जिन्हें अलग-अलग समयावधि के लिए आरबीआई जारी करता है—ये बॉन्ड बहुत छोटी अवधि से लेकर बहुत लंबी अवधि तक के हो सकते हैं। इन्हें क्रेडिट रिस्क से सुरक्षित माना जाता है, लेकिन ब्याज़ दरों के जोखिम से नहीं।
इंडेक्स	यह बाज़ार में मौजूद सभी स्टॉक, बॉन्ड, कमोडिटी और सर्विसेज़ के बीच में से चुनिंदा प्रोडक्ट्स का एक बास्केट है, जिनकी कीमतों का औसत निकालकर एक संख्या निकाली जाती है। इस संख्या में ऊपर या नीचे की तरफ का बदलाव, प्रोडक्ट्स के उस बास्केट की औसत कीमत में

बदलाव का संकेत देता है।

इंडेक्सेशन किसी परिसंपत्ति की कीमत में बढ़ोतरी का एक हिस्सा महंगाई भी होती है। टैक्स के कानून निवेशक को महंगाई के इस असर को हटाने के लिए किसी परिसंपत्ति की खरीद कीमत बढ़ाने की अनुमति देते हैं और इस तरह निवेशक का मुनाफ़ा कम आता है और उस मुनाफ़े पर टैक्स का भुगतान भी कम करना होता है।

महंगाई दर वह दर जिसके अनुसार साल दर साल कीमतें बढ़ती हैं। इसे एक सूचकांक की मदद से मापा जाता है जिसे कॉस्ट ऑफ लिविंग इंडेक्स (जीवन यापन सूचकांक) या कंज़्यूमर प्राइस इंडेक्स (उपभोक्ता मूल्य सूचकांक) कहा जाता है।

लोड किसी वित्तीय उत्पाद की बिक्री मूल्य में जुड़ा हुआ कमीशन। इसकी वजह से किसी निवेशक ने जो पैसे परिसंपत्ति में निवेश के लिए दिए होते हैं, वह एजेंट या ब्रोकर को मिले कमीशन की रकम के मुताबिक कम हो जाती है। मुझे ये लोड पसंद नहीं हैं।

लॉक-इन वह प्रतिबंध अवधि जिसमें कोई परिसंपत्ति बेची नहीं जा सकती। यह अवधि कुछ दिनों से लेकर रिटायरमेंट की उम्र तक की हो सकती है। ईएलएसएस फंड में तीन साल का लॉक-इन होता है। ज़्यादातर इक्विटी फंडों में एक साल का लॉक-इन हो सकता है।

मैकाले ड्यूरेशन अवधि की एक और माप। यह उस औसत समय अवधि को मापता है जिसके पहले निवेशक को बॉन्ड से पैसे मिलने लगेंगे। यह मूलधन की वापसी के साथ-साथ बॉन्ड से समय-समय पर मिलने वाले ब्याज़ को भी ध्यान में रखता है।

मनी मार्केट बहुत छोटी अवधि के फिक्स्ड इनकम सिक्योरिटीज़

	जैसे ओवरनाइट बॉन्ड्स, कमर्शियल पेपर और बहुत छोटी अवधि के ट्रेज़री बॉन्ड्स का बाज़ार।
एनएवी	नेट एसेट वैल्यू म्युचुअल फंड की एक यूनिट की कीमत है। यह कीमत एसेट अंडर मैनेजमेंट में से सारे खर्च घटाने के बाद बची रकम को यूनिट की संख्या से विभाजित करके निकाली जाती है। समय के साथ इसमें जो बदलाव आता है, उसका इस्तेमाल आपके रिटर्न की गणना के लिए किया जाता है।
ऑप्शंस	यह एक कॉन्ट्रैक्ट है जो होल्डर को एक तय कीमत पर, जिसे स्ट्राइक प्राइस कहा जाता है, और भविष्य की किसी तारीख पर अंतर्निहित परिसंपत्ति को खरीदने या बेचने का अधिकार देता है। इसमें खरीदने की बाध्यता नहीं होती है—होल्डर के पास खरीदने या न खरीदने का विकल्प रहता है।
पोर्टफोलियो	इसे भोजन की थाली की तरह देखें— आपके शारीरिक सेहत की दिक्कतों का हल निकालने के लिए पोषक तत्वों की अलग-अलग मात्रा। इसी तरह पोर्टफोलियो में आपकी वित्तीय सेहत के मुद्दों को हल करने के लिए अलग-अलग परिसंपत्ति वर्ग, और हर परिसंपत्ति वर्ग के भीतर अलग-अलग वित्तीय उत्पाद होते हैं।
क्वार्टाइल	जब आप डेटा को किसी मापक पैमाने पर ऊपर से नीचे की तरफ चार बराबर भागों में विभाजित करते हैं, हर भाग क्वार्टाइल कहलाता है। एक टॉप क्वार्टाइल फंड वह होता है जो रिटर्न के मामले में हमेशा सभी फंडों के टॉप 25 प्रतिशत में रहता है।
आरएंडटी एजेंट	थर्ड-पार्टी इकाइयां जो निवेशक से संबंधित सभी विवरणों का रिकॉर्ड रखती हैं। ये एजेंट बैंक बदलने, संपर्क विवरण, पता बदलने जैसी जानकारी अपडेट करने का ध्यान रखते हैं। वे किसी निवेशक के सभी

सौदों का रिकॉर्ड भी रखते हैं। ये म्युचुअल फंड इंडस्ट्री के बैक-ऑफिस की तरह काम करते हैं।

रिटल रिटर्न — महंगाई के असर को ध्यान में रखने के बाद मिला रिटर्न। वास्तविक रिटर्न पाने के लिए नॉमिनल रिटर्न से मंहगाई दर को घटा दें।

रेगुलर (नियमित) — म्युचुअल फंड में रेगुलर ऑप्शन का मतलब है कि आप एजेंट या ब्रोकर से स्कीम खरीदते हैं, जिसे एएमसी से ट्रेल कमीशन मिलता है। यह कमीशन फंड के एक्सपेंस रेश्यो का हिस्सा है, जो इसे डायरेक्ट ऑप्शन से ज़्यादा महंगा बना देता है।

सेंसेक्स — बॉम्बे स्टॉक एक्सचेंज का 30 शेयरों का दिग्गज इंडेक्स जो भारत की 30 टॉप कंपनियों को ट्रैक करता है। देश का सबसे पुराना ब्रॉड मार्केट इंडेक्स।

एसआईपी — किसी म्युचुअल फंड स्कीम में निवेश करने का एक तरीका है सिस्टमैटिक इन्वेस्टमेंट प्लान। इसमें पहले से तय किसी स्कीम में एक तय रकम नियमित रूप से निवेशित की जाती है।

स्पॉन्सर (प्रायोजक) — वह इकाई जो म्युचुअल फंड व्यवसाय स्थापित करती है। आम तौर पर एक वित्तीय संस्थान जैसे बैंक या सार्वजनिक वित्तीय संस्थान, एक प्रायोजक को भारत में म्युचुअल फंड स्थापित करने की अनुमति पाने से पहले नेटवर्थ और पात्रता के पैमानों पर खरा उतरना होता है।

स्पॉट मार्केट — ऐसा बाज़ार जहां सिक्योरिटी की डिलीवरी तुरंत होती है, भविष्य में नहीं। सिक्योरिटी के बदले नक़दी का लेन-देन किया जाता है।

स्टैंडर्ड डेविएशन (मानक विचलन) — आंकड़ों के एक समूह के मध्यम मान से किसी आंकड़े की दूरी। अगर डेटा प्वॉइंट्स मध्यम मान से काफ़ी दूर हैं, तब स्टैंडर्ड डेविएशन ज़्यादा होगा और अगर डेटा प्वॉइंट्स मध्यम मान से करीब है, तबस्टैंडर्ड डेविएशन कम होगा।

	किसी म्युचुअल फंड में ज़्यादा स्टैंडर्ड डेविएशन का मतलब है ऊंचा जोखिम।
एसटीपी	सिस्टमैटिक ट्रांसफर प्लान वह विकल्प है जो निवेशकों को एक होल्डिंग फंड बनाने की अनुमति देता है जिसमें से नियमित अंतराल पर एक निश्चित फंड स्कीम में पैसा डाला जाता है। आम तौर पर शेयर बाज़ार के उतार-चढ़ाव का असर कम करने के मकसद से एकमुश्त निवेश करने के बजाय उसी रकम का निवेश छह महीने से एक वर्ष के दौरान किया जाता है।
एसडब्ल्यूपी	सिस्टमैटिक विड्रॉल प्लान निवेशकों को इजाज़त देता है कि वे किसी म्युचुअल फंड स्कीम से नियमित अंतराल पर या तो एक तय संख्या में यूनिट या एक तय रकम की निकासी कर सकें।
ट्रैकिंग एरर	किसी इंडेक्स फंड और उसके द्वारा ट्रैक किए जा रहे इंडेक्स के प्रदर्शन में अंतर। आदर्श स्थिति यह है कि इंडेक्स फंड और इंडेक्स के प्रदर्शन में कोई अंतर नहीं होना चाहिए।
ट्रस्ट	वह इकाई जो भारत में निवेशकों का धन रखती है। ट्रस्टों के नियम बहुत सख्त हैं और इस वजह से प्रायोजक या एएमसी निवेशकों का पैसा लेकर भाग नहीं सकते।
यील्ड	एक निश्चित अवधि में मिले रिटर्न को आंकने का मापक। इसे प्रोडक्ट के वर्तमान मूल्य के आधार पर प्रतिशत संख्या में दर्शाया जाता है।

परिशिष्ट 2

कहानियां जो आपके पोर्टफोलियो को सुधारने में मदद करेंगी

हर किसी की कहानी अनोखी होती है। एक तरीका हर किसी की समस्या का समाधान नहीं कर सकता।

नया गिग वर्कर

सूरज गुप्ता एक वीडियो एडिटर है। वह अट्ठाईस साल का है और सोशल मीडिया पर वीडियो ब्लॉगिंग और रील्स के आने से उसकी ज़िंदगी बदल गई। तनाव और कड़वाहट से भरी मीडिया की नौकरी छोड़कर, जहां उसे हर महीने 45,000 रुपए के लिए बारह घंटे काम करना पड़ता था, उसने महामारी के दौरान अस्थायी नौकरियां करना शुरू कर दिया और फिर जनवरी 2022 में, अपने दम पर काम करना शुरू किया। उसका व्यवसाय चल निकला और उसने दो और लोगों को काम पर रखा ताकि उसे अपने काम का हिसाब-किताब रखने में मदद मिल सके। उसे जो वेतन मिलता था, अब वह उससे कई गुना ज़्यादा कमा रहा है, लेकिन उसकी आमदनी अनियमित है और उसे बचत करना मुश्किल लगता है क्योंकि उसे यह

नहीं पता कि पैसे आने कब बंद हो जाएं। उसे अपने निवेश की योजना कैसे बनानी चाहिए?

सूरज को अपने व्यावसायिक खर्चों को अपने निजी खर्चों से अलग करने की ज़रूरत है। उसे मेरा थ्री-एकाउंट सिस्टम अपनाना चाहिए और इसमें थोड़ा बदलाव कर एक चौथा एकाउंट—बिज़नेस एक्सपेंस एकाउंट भी जोड़ना चाहिए। वह आने वाले सभी पैसों को इकट्ठा करने के लिए एक बैंक खाते का उपयोग करे। फिर जो पैसा वह निजी ज़रूरतों पर खर्च करेगा उसे दूसरे बैंक खाते में डाल ले। बिज़नेस की ज़रूरतों के लिए आवंटित राशि तीसरे खाते में जाती है और बचत की रकम चौथे एकाउंट—इन्वेस्ट-इट एकाउंट में जाती है। बिज़नेस से होने वाली अनियमित आमदनी को देखते हुए सेफ्टी नेट के तौर पर उसे निजी और बिज़नेस दोनों ज़रूरतों के लिए तीन महीने के खर्च के बराबर रकम किसी लिक्विड फंड में रखनी चाहिए। उसे एक इमरजेंसी फंड बनाना चाहिए जो उसके दो साल के खर्चों के बराबर हो। यह सब पूरा हो जाने के बाद, उसे अब भविष्य के लिए निवेश शुरू करना होगा। उस महीने में जब आय में मंदी होती है (कभी-कभी ग्राहकों को भुगतान मिलने में समय लगता है), उसे अपने लिक्विड फंड से तुरंत पैसा मिल सकता है जो उसके खर्च वाले एकाउंट्स से जुड़ा होता है। जैसे-जैसे सूरज की तरक्की होती जाएगी, अनुशासन और सिस्टम उसके बहुत काम आएंगी। एक वित्तीय गड़बड़ी किसी उभरते व्यवसाय को तबाह कर सकती है। उसे जीएसटी और दूसरी टैक्स ज़रूरतों में मदद के लिए एक अच्छा टैक्स प्लानर नियुक्त करना चाहिए।

अमीर बुजुर्ग अंकल

रमन जेवी पचहत्तर साल के हैं। वो अकेले हैं और उन पर कोई आश्रित नहीं है, वो एक सेवानिवृत्त कॉलेज प्रोफेसर हैं जो पुरानी दिल्ली में अपने पैतृक घर में अपने भाइयों (जिनकी शादी नहीं हुई है) के साथ रहते हैं। रमन को पेंशन मिलती है जो उनकी ज़रूरतों के लिए काफ़ी है और उनके पास कुछ प्रॉपर्टीज़, बैंक डिपॉज़िट और बीमा पॉलिसियों के रूप में 5 करोड़ रुपए से ज़्यादा की जायदाद है। वो अपनी संपत्ति को एक जगह लाना चाहते हैं और सिर्फ म्युचुअल फंड खरीदते हैं क्योंकि उन्हें वसीयत करना आसान होता है। वो अमेरिका में अपनी बहन की बेटी को सब कुछ

वसीयत में देना चाहते हैं, जो लगभग बीस वर्ष की है। उनका निवेश पैटर्न कैसा होना चाहिए?

इस सवाल का सबसे सटीक जवाब यह है कि अपनी उम्र को देखते हुए, रमन को कंज़र्वेटिव निवेशक होना चाहिए और बहुत ज़्यादा इक्विटी से दूर रहना चाहिए। लेकिन उनकी प्रोफाइल करीब से देखने पर कुछ और ही कहानी सामने आती है। उन्हें अपने निवेश से पैसे की ज़रूरत नहीं है क्योंकि उनके पास जीवन चलाने के लिए पैसे का अच्छा स्रोत है। उन्हें मेडिकल इमरजेंसी के लिए करीब एक करोड़ रुपए किसी कंज़र्वेटिव हाइब्रिड फंड में रखना चाहिए। बाकी पैसे का इस्तेमाल वो ग्रोथ के लिए कर सकते हैं ताकि जब तक उनकी भतीजी को विरासत मिले, उसे ऐसा पोर्टफोलियो मिल जाए जो उसकी उम्र और अवस्था के लिए अच्छा हो। उन्हें डायरेक्ट ग्रोथ प्लान में इंडेक्स, मिडकैप और स्मॉलकैप फंडों के मिक्स में निवेश करना चाहिए। उन्हें सावधानी के साथ अपने निवेश में नॉमिनी के तौर पर अपनी भतीजी का नाम डालना चाहिए, साथ ही वसीयत बनाकर उसमें भतीजी का संपर्क विवरण देना चाहिए। उन्हें अपनी भतीजी को अपने इरादों के बारे में बता देना चाहिए ताकि वह जान सके कि उसे जायदाद पर दावा करने की ज़रूरत होगी।

अकेले का सफर

राधिका पटेल एक तलाकशुदा पैंतीस वर्षीय महिला है जिसके कोई बच्चे नहीं हैं। वह सूरत में अपनी मिल्कियत वाले फ्लैट में अकेली रहती है। उसका अपना वेब डिज़ाइन बिज़नेस है जो उसकी ज़रूरतों से कहीं ज़्यादा आमदनी देता है। उस पर कोई आश्रित नहीं है, उसके माता-पिता वड़ोदरा में रहते हैं और उनके पास पर्याप्त पेंशन फंड है। वह अपने बुढ़ापे के लिए निवेश शुरू करना चाहती है और अपनी रिटायरमेंट के लिए हर साल 25 लाख रुपए लगाना चाहती है। उसका मानना है कि उसकी रिटायरमेंट साठ साल की उम्र तक शुरू हो जाएगी। उसे अपने पैसे के प्रबंधन में कोई दिलचस्पी नहीं है और वह अपना समय अपने बिज़नेस को बढ़ाने में बिताना पसंद करेगी। वह अपनी मदद के लिए एक फाइनेंशियल प्लानर की तलाश कर रही है। उसे क्या करना चाहिए?

राधिका की आधी समस्याएं हल हो गई हैं क्योंकि उसने फैसला

किया है कि वह निवेश खुद नहीं करेगी और जहां निवेश करना है, उस पर मिलने वाली हर सलाह पर अमल करेगी। लोग इस तरह के एक आसान फैसले की ताक़त को कम आंकते हैं: मैं यह खुद नहीं कर सकता और मदद लूंगा, इसके लिए भुगतान करूंगा और अपना समय वहां बिताऊंगा जहां मैं चाहता हूं। उसे एक डिस्ट्रीब्यूटर या प्लानर की तलाश उसी तरह शुरू करनी चाहिए जैसे वह एक डेंटिस्ट की तलाश करती है। पहले मित्रों और परिवार से सलाह ले। आदर्श स्थिति यह है कि उसे उसी शहर में किसी को चुनना चाहिए जहां वह रहती है। वह एम्फी की वेबसाइट पर डिस्ट्रीब्यूटर का नाम देख सकती है।[1] वह इस साइट पर वित्तीय सलाहकार की तलाश भी कर सकती है।[2]

अगर वह एक रजिस्टर्ड फाइनेंशियल एडवाइज़र की मदद लेने का फैसला करती है, तो उसे प्रबंधन के तहत अपनी संपत्ति का कोई प्रतिशत देने के बजाय एक तय शुल्क का विकल्प चुनना चाहिए। उसे यह सुनिश्चित करना चाहिए कि अगर वह शुल्क का भुगतान कर रही है तो उसका निवेश डायरेक्ट प्लान में है। डिस्ट्रीब्यूटर के सुझाए गए फंडों में क्या देखना है, यह जानने के लिए राधिका को *बात पैसे की* और *बात म्युचुअल फंड की* पढ़ना चाहिए। उसे इस किताब के अध्याय 9, 10, 11 और 12 को खास तौर पर पढ़ना चाहिए।

पहली नौकरी

वी सरिता अपनी पहली नौकरी को लेकर काफी उत्साहित है। पच्चीस साल की उम्र में उसे बैंक की नौकरी में 20 लाख रुपए सालाना की अच्छी सीटीसी के साथ अपना जीवन शुरू करने का मौका मिल रहा है। हालांकि उसने फाइनेंस की पढ़ाई की है, नौकरी में छह महीने के बाद उसे एहसास हुआ कि भले ही उसने मैथ्स और फाइनेंस पढ़े हैं, लेकिन उसे समझ नहीं है कि अपने वेतन के साथ क्या करना है। वह पाती है कि उसका अपने पैसे पर कोई नियंत्रण नहीं है और उसे यह भी नहीं पता कि उसका पैसा कहां खर्च होता है। किसी ने भी उसे स्कूल, कॉलेज या बिज़नेस स्कूल में पर्सनल मनी मैनेजमेंट नहीं सिखाया। उसका कोई विशेष लक्ष्य नहीं है लेकिन उसे लगता है कि उसे कुछ निवेश करने की ज़रूरत है। अगर उसे करियर की दिशा बदलने की ज़रूरत महसूस होती है तो अगले कुछ सालों

में उच्च शिक्षा के लिए उसे सेफ्टी, ग्रोथ और पैसे चाहिए होंगे। उसे प्लानिंग की शुरुआत कैसे करनी चाहिए?

सरिता को नंबर्स समझ आते हैं और उसने फाइनेंस के साथ एमबीए किया है, इसलिए उसे अपना पोर्टफोलियो खुद बनाना चाहिए। उसे ऐसे प्लेटफॉर्म पर एक एकाउंट खोलना चाहिए जहां उसे डायरेक्ट निवेश करने की सुविधा हो। उसे लिक्विडिटी और ग्रोथ दोनों की ज़रूरत है। उसे थ्री-एकाउंट सिस्टम बनाना चाहिए ताकि वह अपनी बचत को अपने खर्च से अलग कर सके। उसे छह महीने तक अपने खर्चों पर नज़र रखनी चाहिए और यह अंदाज़ा लगाना चाहिए कि वह हर महीने कितनी बचत कर सकती है। इसके बाद, उसे अपना इमरजेंसी फंड बनाने के लिए मनी मार्केट फंड में निवेश शुरू करना चाहिए। यह उसके छह महीने के खर्च के बराबर होना चाहिए। इसके बाद वह भविष्य के लिए निवेश करना शुरू कर सकती है। चूंकि इस समय कोई तय लक्ष्य नहीं हैं, इसलिए अपनी बचत को तीन बराबर भागों में बांटना और उन्हें लघु, मध्यम और दीर्घकालिक ज़रूरतों के लिए निवेश करना उचित है। उसे यह देखने के लिए इस किताब में अध्याय 9 को फिर से देखना चाहिए कि उसे किन कैटेगरीज़ में निवेश करने की ज़रूरत है और फिर अपना पोर्टफोलियो बनाने और अपनी स्कीम चुनने के लिए अध्याय 10, 11 और 12 को देखना चाहिए।

नोट्स

4. चुनाव के विकल्प

1 मोनिका हालन, 'रेड्यूसिंग च्वॉइस, नॉट वेल-बिइंग', मिंट, 3 नवंबर 2015, https://www.livemint.com/Money/dTpbbtSpIrQKGQ8CiqeFP/Reducing-choice-not-wellbeing.html

5. प्रवेश और निकास के विकल्प

1 ह्यूग होइकवांग किम और संतोष एनागोल, 'द इंपैक्ट ऑफ श्राउडेड फीस: एविडेंस फ्रॉम ए नेचुरल एक्सपेरिमेंट इन इंडियन म्यूचुअल फंड मार्केट', 3 अगस्त 2010, https://papers.ssrn.com/sol3/papers.cfm?abstract_id= 1660988

2 सूची यहां एएमएफआई वेबसाइट पर देखी जा सकती है: https://www.amfiindia.com/investor-corner/online-center/locate-mf-distributor.aspx

6. लागत, रिटर्न और बेंचमार्क

1 आप हमारे द्वारा तैयार की गई रिपोर्ट यहां पढ़ सकते हैं: 'वित्तीय कल्याण: निवेशक जागरूकता और सुरक्षा पर समिति की रिपोर्ट', वित्त मंत्रालय, https://www.finmin.nic.in/sites/default/files/D%20Swarup%20Committee%20Report.pdf

2 आप इसे यहां पढ़ सकते हैं: 'म्यूचुअल फंड योजनाओं के कुल व्यय अनुपात की समीक्षा का प्रस्ताव', https://www.sebi.gov.in/sebi_data/meetingfiles/oct-2018/1539576106009_1.pdf

3 आप सभी फंडों के लिए नवीनतम एनएवी देखने के लिए इस लिंक का उपयोग कर सकते हैं: https://www.amfiindia.com/net-asset-value

4 आप फर्मों के नाम और फंडों द्वारा प्रथम-स्तरीय उपयोग के लिए बेंचमार्क देखने के लिए एएमएफआई साइट पर जा सकते हैं: https://www.amfiindia.com/research-information/other-data/listofbenchmarkindices।

5 जिन योजनाओं की मैं तुलना कर रही हूं उनके बेंचमार्क विवरणों की जांच करने के लिए मुझे valueresearchonline.com और Morningstar.in जैसी साइटें अच्छी लगती हैं।

7. जोखिम

1 पीटर डिज़िक्स, 'अध्ययन: वाणिज्यिक हवाई यात्रा पहले से कहीं अधिक सुरक्षित है', एमआईटी न्यूज़, 23 जनवरी 2020, https://news.mit.edu/2020/study-commercial-flights-safer-ever-0124

2 यह बहुत जल्दी जटिल हो जाता है, लेकिन रुचि रखने वाले लोग सेबी के इस आदेश को पढ़ सकते हैं: https://www.sebi.gov.in/legal/circulars/nov-2018/guidelines-for-enhanced-disclosures-by-credit-rating- agencies-cras-_40988.html

3 आप इसे यहां एएमएफआई वेबसाइट पर देख सकते हैं: https://

www.amfiindia.com/investor-corner/online-center/riskmeterinformation

4 आप लेख यहां पढ़ सकते हैं: 'रिस्क-ओ-मीटर क्या है और यह कैसे बदल गया है?', 22 मार्च 2021, https://www.valueresearchonline.com/stories/49145/what-is-a-risk-o-meter-and-how-has-it-changed

8. टैक्स

1 आप इसे आयकर विभाग, भारत सरकार की वेबसाइट पर यहां देख सकते हैं: https://incometaxindia.gov.in/

2 आप केंद्रीय अप्रत्यक्ष कर और सीमा शुल्क बोर्ड की वेबसाइट पर सभी दरें यहां देख सकते हैं: https://cbic-gst.gov.in/gst-goods-services-rate.html

3 इस डिडक्शन का फायदा उठाने के सभी रास्ते देखने के लिए आप आयकर विभाग की वेबसाइट पर इस दस्तावेज़ को देख सकते हैं: https://incometaxindia.gov.in/Pages/tools/deduction-under-section-80c.aspx

4 आप आयकर विभाग की वेबसाइट पर दरें और उन कर लाभों को देख सकते हैं जिन्हें आपको छोड़ना होगा: https://incometaxindia.gov.in/Tutorials/2%20Tax%20Rates.pdf

5 यह आयकर विभाग की वेबसाइट पर उपलब्ध एक उपयोगी संसाधन है: https://incometaxindia.gov.in/Pages/faqs.aspx

6 आप इस सरकारी साइट पर इंडेक्सेशन टेबल और फॉर्मूला हासिल कर सकते हैं: https://incometaxindia.gov.in/tutorials/15-%20ltcg.pdf

7 ध्यान रखिए कि ये नियम बदलते रहते हैं और आप आयकर विभाग की वेबसाइट पर इस लिंक का उपयोग कर सकते हैं: https://incometaxindia.gov.in/tutorials/16.%20exemption%20under%2054.pdf

9. विकल्प घटाने की प्रक्रिया

1 एएमएफआई वेबसाइट, नए फंड ऑफर: https://www.amfiindia.com/new-fund-offer

2 वैल्यू रिसर्च, नए फंड ऑफर: https://www.valueresearchonline.com/funds/new-fund-offers/

10. स्कीम चुनने की प्रक्रिया

1 वैल्यू रिसर्च, म्युचुअल फंड मॉनिटर: https://www.valueresearchonline.com/funds/fund-category/

2 मॉर्निंग स्टार: https://www.morningstar.in/featured-reports.aspx

3 क्रिसिल, म्यूचुअल फंड रैंकिंग्स: https://www.crisil.com/en/home/what-we-do/financial-products/mf-ranking.html

4 वैल्यू रिसर्च, फंड कंपेयर: https://www.valueresearchonline.com/funds/fund-compare/

5 आप इसे यहां एएमएफआई वेबसाइट पर देख सकते हैं: https://www.amfiindia.com/investor-corner/online-center/riskmeterinformation

11. इंडेक्स निवेश

1 आप सूची एनएसई वेबसाइट पर यहां देख सकते हैं: https://www.nseindia.com/market-data/live-market-indices

2 एएमएफआई वेबसाइट: https://www.amfiindia.com/research-information/other-data/mf-scheme-performance-details

3 एएमएफआई वेबसाइट: https://www.amfiindia.com/research-information/other-data/tracking_errordata

12. पोर्टफोलियो

1 एएमएफआई वेबसाइट: https://www.amfiindia.com/investor-corner/knowledge-center/tax-corner.html

13. खरीदारी कैसे करें

1 आप यहां एएमएफआई साइट पर सूची देख सकते हैं: https://www.amfiindia.com/locate-your-nearest-mutual-fund-distributor-details

परिशिष्ट 2: कहानियां जो आपके पोर्टफोलियो को सुधारने में मदद करेंगी

1 एएमएफआई वेबसाइट: https://www.amfiindia.com/locate-your-nearest-mutual-fund-distributor-details

2 पंजीकृत निवेश सलाहकारों का संघ: https://aria.org.in/directory/members

आभार

मार्गदर्शन और अनुग्रह के लिए माता और श्री अरबिंदो का आभार।

अटूट धैर्य और अथक प्रोत्साहन के लिए, हार्पर कॉलिन्स इंडिया के अनंत पद्मनाभन और सचिन शर्मा का आभार। यह किताब दो साल देरी से आई है। लेकिन मैं देरी के लिए सिर्फ कोविड-19 और उसके साथ आई बर्बादी को जिम्मेदार ठहराऊंगी।

यह किताब शायद कभी नहीं लिखी गई होती अगर मैंने 2022 में नेशनल इंस्टीट्यूट ऑफ सिक्योरिटीज़ मार्केट्स (एनआईएसएम) में पोस्टग्रेजुएट छात्रों को म्युचुअल फंड पर एक कोर्स नहीं पढ़ाया होता। मैंने अपनी क्लास के नोट्स तैयार करने में जो मेहनत की थी, उसने मुझे इस किताब को बेहतर करने में मदद की। 2024 के सिक्योरिटीज़ मार्केट बैच का बहुत-बहुत शुक्रिया—(ज़्यादातर) मेरी कक्षा में न सोने के लिए।

इस किताब की कॉपी एडिटर श्रेया लाल को विशेष धन्यवाद—आपके संपादनों और मेरी थोड़ी हटके लेखन शैली को समझने के लिए।

कवर पिक्चर शूट में बहुत मज़ा आया। मैं पुराने साथी और अब इंडिपेंडेंट प्रोफेशनल विवान मेहरा को धन्यवाद देना चाहती हूं कि वह पर्फेक्ट शॉट पाने की कोशिश में गौतम चिकरमाने की किसी भी दखलंदाज़ी से परेशान नहीं हुए।

कवर डिज़ाइनर बोनिता शिमरे से मैं बस इतना ही कह सकती हूं

कि कवर की तैयारी करने और उसे लागू करने में लंबी दूरी कोई रुकावट नहीं है। हमें आपकी कमी खली। लेकिन हम फिर भी आपके निर्देशों का पालन करने में कामयाब रहे और उम्मीद है कि हमने एक अच्छा उत्पाद पेश किया।

फाइनल कवर के लिए और ज़्यादा कलर ऑप्शंस के मेरे अनुरोधों पर धैर्य रखने के लिए सौरव दास को धन्यवाद।

यह किताब पुराने सहयोगी और दोस्त कैज़ाद ई. अदजानिया के बिना संभव नहीं होती। उनका दूसरा नाम डॉ. फंड है। म्युचुअल फंडों को उनसे बेहतर शायद फंड भी नहीं जानते होंगे। वह किताब के लिए ज़रूरी संसाधन, स्पष्टीकरण और आंकड़ों के लिए तुरंत हाज़िर थे। धन्यवाद कैज़ाद।

मुझे आवाज़ देने के लिए सेबी म्युचुअल फंड सलाहकार समिति का आभार, जिसमें मैंने 2009 से 2021 तक निवेशकों के लिए नियमों को सही बनाने के लिए काम किया। मेरी बहुत सारी जानकारी उस समिति में बारह वर्षों के दौरान हमारे द्वारा मिलकर किए गए कार्यों पर आधारित है। मैं चाहती हूं कि निवेशकों को पता चले कि म्युचुअल फंड सेक्टर के लिए बनाए गए हर नियम-कानून में समिति कितनी कोशिश करती है।

बात पैसे की के पाठकों का आभार, जो बार-बार मुझसे यह पूछते रहे कि वादे के मुताबिक म्युचुअल फंड पर किताब कब आएगी। मैंने पिछली किताब में इसका वादा किया था। और आप लोगों ने मुझे बचकर जाने नहीं दिया—तो यह किताब आपके सामने है। मुझे आशा है कि इस पर बिताया आपका वक्त बेकार नहीं जाएगा।

मेरे सभी पाठकों, श्रोताओं और दर्शकों का मेरे काम को सार्थक बनाने के लिए हार्दिक आभार। आपका हर संदेश जो मुझे बताता है कि आपको मेरी किताबों, बातचीत, और वीडियो से फायदा हुआ है, मेरा दिन बना देता है। यह मेरे लिए पैसे से भी बढ़कर है।

मेरी न्यूरोसाइंटिस्ट बेटी मीरा का धन्यवाद, जिसे मैं सोशल मीडिया पर बेशर्मी से ट्रैक करती हूं अगर वह रोज़ मुझे मैसेज करना भूल जाए।

मेरे पति गौतम का आभार, जिनके लिए 'बेहतर स्टोरी' का दबाव अब 'अधिक बेहतर' किताब का दबाव बन गया है। और डिनर टेबल की हर बातचीत को एक पैनल डिस्कशन में बदलने के लिए। *सही है!*

लेखक परिचय

मोनिका हालन का करियर मीडिया, पब्लिक पॉलिसी और फाइनेंशियल एजुकेशन तक फैला हुआ है। वह धन चक्र फाइनेंशियल एजुकेशन की संस्थापक और बेस्टसेलिंग किताब *लेट्स टॉक मनी* (हार्पर कॉलिन्स, 2018) की लेखिका हैं। उनके पास पब्लिक पॉलिसी का अनुभव है और उन्होंने भारत सरकार और सेबी की कई हाई-प्रोफाइल समितियों में काम किया है। उन्होंने *मिंट, द इकोनॉमिक टाइम्स* और *द इंडियन एक्सप्रेस* समेत भारत के कई मीडिया संस्थानों में काम किया है और वो *आउटलुक मनी* की संपादक भी थीं। उन्होंने *एनडीटीवी, ज़ी* और *ब्लूमबर्ग इंडिया* पर पर्सनल फाइनेंस से संबंधित चार सफल टीवी सीरीज़ चलाई हैं।

उन्होंने डेल्ही स्कूल ऑफ इकोनॉमिक्स से इकोनॉमिक्स में एमए और यूनिवर्सिटी ऑफ वेल्स से जर्नलिज़्म स्टडीज़ में एमए किया है। हालन येल वर्ल्ड फेलो (2011) हैं और नई दिल्ली में रहती हैं।

आप उनसे mailme@monikahalan.com पर संपर्क कर सकते हैं।

अनुवादक परिचय

अनुवादक धीरज कुमार अग्रवाल मीडिया प्रोफेशनल हैं और मुंबई में रहते हैं। पत्रकारिता और संचार में आपका 18 वर्षों से अधिक का अनुभव है। साथ ही साहित्य सृजन से सक्रिय रूप से जुड़े हैं। आप करीब बीस अंग्रेजी किताबों का हिंदी में अनुवाद कर चुके हैं। इनकी लिखी कविताओं का एक संग्रह 'शाम अभी बाकी है' के नाम से ई-बुक के रूप में प्रकाशित हो चुका है। इसके अतिरिक्त पर्सनल फाइनेंस, बिजनेस और इकोनॉमी से जुड़े मुद्दों में गहरी पकड़ है और कई वेबसाइटों के लिए नियमित लेखन करते रहे हैं।